野口鐵郎先生古稀記念論集刊行委員会（編）

中華世界の歴史的展開

汲古書院

野口鐵郎先生近影

中華世界の歴史的展開／目　次

＊　＊　＊

中華世界の歴史的展開

呻吟する魂 阮籍

渡邉 義浩

はじめに

阮籍は夙に父阮瑀を失い、母の手で育てられた。母を亡くした時、阮籍は喪中にありながら肉を食らい酒をあおった。いよいよ出棺の折、阮籍は「だめだ」と呟くと血を吐いて倒れた（『世説新語』任誕 第二十三）。魂に秘める「孝」を形に表したくない。形骸化し、世俗に塗れるためである。漢代における儒教の中核的な徳目であり、阮籍の生きた曹魏の九品中正制度でも根底に置かれる「孝」に、[一]あるいは「孝」に代表される世俗の価値観のすべてに、公然と反旗を翻したかったのである。しかし、阮籍は血を吐いて倒れた。自らの内なる「孝」に敗れたのである。二百年に及ぶ後漢「儒教国家」の支配は、[二]儒教を阮籍に身体化させていたのである。

吉川幸次郎は、阮籍の礼教への挑戦を健全な精神の発露と捉えた。[三]礼教に対する反発、かといって老荘に溺れるわけでもない阮籍の自立性をそこに見るのである。福永光司は、「詠懐詩」に現れる暗さに、阮籍の懼れと悲しみを読み取る。[四]時代は阮籍にとって、戦慄するほど暗く、不合理な哀しみに満ちていたのだ。大上正美は、阮籍を二重の敗北性から捉え、どうにもならぬ現実の総体を丸ごと抱え込んで、深夜とぐろを巻く熱い想念と白昼いきなり噴出する激しい逸脱の意志とに「詠懐詩」の魅力を求める。[五]阮籍一人では、世の中の欺瞞を一掃することなど、できるはずもなかったのである。

魂の呻吟《うめき》にも似た阮籍の「詠懐詩」、強烈な攻撃性を持つ「大人先生傳」、阮籍の諸作品の中に表白される世俗への反逆は、いかなる背景を持つのであろうか。本稿は、阮籍を通じて、魏晉交替期の政治・社会状況を垣間見ることを目的とするものである。

一、若き日の志と後半生の韜晦

阮籍は建安十五（二一〇）年に生まれた。赤壁の戦いで曹操が敗れた二年後のことである。父阮瑀を失ったのは、建安十七（二一二）年。阮籍は三歳になっていた。当時、二十六歳であった曹丕は、ために賦と詩をものした。〔六〕『藝文類聚』巻三十四 人部十八 哀傷に、

〔魏の文帝〕又た寡婦賦に曰く、陳留の阮元瑜〔阮瑀〕早に亡す。毎に其の遺孤を存するに感《いた》み、未だ嘗て愴然として心を傷めずんばあらず。故に斯の賦を作る。

惟れ生民 艱危すれば、寡婦 在りて常に悲しむ。人 皆 歡樂に處るも、我 獨り依るべ無きを怨む。遺孤を撫して太息し、哀傷に俛《ふ》すも誰にか告げん。……

とある「寡婦賦」には、阮瑀が残した妻子へ向けた曹丕の哀悼の思いが満ちている。曹丕はこの時、別に「寡婦詩」を詠んでいるほか（『藝文類聚』巻三十四 人部十八 哀傷）、王粲にも命じて「寡婦賦」を作らせている（『文選』巻十六 潘岳「寡婦賦」注）。阮瑀もその一翼を担った「建安文学」は、詩人間のサークル活動と評されるほど応酬詩が多く、相互の心情的な結びつきも強かったという。〔七〕そもそも「文学」という新たな文化的価値は、「名士」の価値観

の中核となっていた儒教に対抗して、曹操自らが政治的に宣揚したものであった。[八]阮籍は三歳にしてすでに、その政治的立場において「曹室派」に組み込まれていたと考えてもよい。

阮籍は、母の薫陶を受け、当時の「名士」がおしなべてそうであったように、まず儒教を学び官僚となることを志した。「詠懐詩」[九]八十二首の十五に、

昔年十四五　志尚好詩書　昔年　十四五　志　尚《たか》くして詩書を好む
被褐懐珠玉　顔閔相與期　褐を被《き》て珠玉を懐き　顔・閔　相與《あひとも》に期す
開軒臨四野　登高望所思　軒を開き四野を臨み　高きに登りて思ふ所を望む
丘墓蔽山岡　萬代同一時　丘墓　山岡を蔽ひ　萬代　同じく一時
千秋萬歳後　榮名安所之　千秋　萬歳の後　榮名　安んぞ之《ゆ》く所あらん
乃悟羨門子　噭噭今自嗤　乃ち羨門子に悟り　噭噭として今自ら嗤ふ

と後世、自嘲しながら振り返るように、十四・五歳の頃には阮籍も、儒教の經典を読みふけり、顔淵や閔子騫の徳行を心に期したのであった。『晉書』巻四十九 阮籍傳にも、「(阮) 籍 本は濟世の志有り」とあるように、若年の阮籍は、儒教に基づき国政を担う志を持つ気概に溢れる人物であったし、周囲もまたそれを期待していた。

就中、阮籍の将来を嘱望した者が、族兄の阮武であった。阮武は、曹魏に仕えて清河太守に至る一方で、『阮子正論』を著した思想家でもある。『太平御覽』巻三百四十八 兵部七十九 弩に、

阮子曰く、「世に弩を善くするも弓に拙きもの多し。弓は法准無きが故に巧は意に由るに任す。弩は法准有るが故に善に有ること易し」と。

とあるように、阮武は弩と弓との対比の比喩により、法の規制力の重要性を主張している。法准のある弩が弓よりも

易しいように、統治のためには法が必要だというのである。『阮子正論』は散逸したため、その全貌を明らかにすることはできない。しかし、かかる逸文の内容に加えて、『隋書』巻三十四 經籍三 子が「法家」に著録することを考え併せると、阮武は、後漢末から三國にかけて儒教の新たな展開の中で形成された「猛」[一〇]政を指向する儒者であったと言えよう。阮籍の父、阮瑀もまた、法刑を重視した曹操の下で、司空軍謀祭酒として国政・軍事に関する文書や檄文を、陳琳と共に一手に引き受けていた（『三國志』巻二十一 王粲傳）。父や族兄の思想的系譜を引けば、阮籍も儒教の枠組みの中で法刑を重視しながら学問を実践に役立てていく「猛」政を推進する儒者として世に顕れた可能性もある。ただ、「尤も莊・老を好み、酒を嗜み能く嘯き、彈琴を善くした」（『晉書』巻四十九 阮籍傳）とされる阮籍が、世上の思想的潮流に安直に追従したとも思えないが。阮籍は、「名士」として必須である人物評価を受ける機会まで、わざと棒に振っている。『晉書』巻四十九 阮籍傳に、

（阮）籍 嘗て叔父に隨ひ東郡に至る。兗州刺史の王昶、與に相見へんことを請ふも、終日 一言も開《い》はず。自ら以て測ること能はず。

とあるように、わざわざ面会に来てくれた王昶を袖にしたのである。王昶は、かつて曹丕の太子文學であった。「建安の七子」と称されていた父の阮瑀と面識もあったであろう。その遺児を評価して「名士」社会に参入させようとしたのである。その厚意が鬱陶しかったのかもしれない。王昶に評価されなくても、阮籍は著名人であった。現皇帝の文帝曹丕が、詩賦をものして行く末を案じた「孤」なのであるから。人物評価を受けずとも「名士」としての名声をすでに阮籍は有していたのである。武都太守となっていた庶兄の阮熙を訪ねる傍ら、見聞を広めるために旅をする二十代の阮籍、その未来は洋々としていた。

阮籍の思想と政治的位置に大きな変化をもたらしたものは、三十歳の時に成立した曹爽政権である。文帝の子、明

帝曹叡が崩じて八歳の齊王曹芳が即位すると、輔政の任についた曹爽は、司馬懿を太傅に祭り上げて国政を専断し、曹室の権力再編を目指したのである。[一一]阮籍の身辺も急に慌ただしくなった。『晉書』巻四十九 阮籍傳に、

> 太尉の蔣濟 其の雋才有るを聞きて之を辟す。（阮）籍 都亭に詣りて奏記して曰く、「……吏に補するの召、克く堪ふる所に非ず。……」と。初め、濟 籍の至らざるを恐る。記を得て欣然とし、卒を遣はして之を迎ふるも、籍 已に去れり。濟 大いに怒る。是に於て郷親 共に之を喩す。乃ち吏に就く。後 病と謝して歸る。

とあるように、蔣濟の辟召を受けた阮籍は、名文として『文選』巻四十にも収録される「奏記」により一旦はこれを拒否したが、一族の説得で官に就かざるを得なくなったのである。松本幸男は、蔣濟は朝廷の重鎮といっても、過去の勲功に輝くだけの武人である。阮籍が蔣濟を敬遠したのは、彼の見識なり政治的手腕なりに、なにほどの期待もかけえないことを承知していたからであったと思われる、とする。[一二]事態はそんな悠長なものではなかったし、蔣濟は無能な将軍などではない。蔣濟には軍功もあるが、むしろ注目すべきは、明帝期に高堂隆の議に従って行われた皇皇帝天を圜丘に祀り始祖舜帝を配し、皇天之神を郊に祀って武帝を配し、皇孝文帝を宗祀して上帝に配する郊祀禮の改革を公然と批判した議論にある。[一三]舜を曹室の祖先と位置づける高堂隆に対して、蔣濟は曹室の先祖を邾氏に求めてこれに反対し、さらに進んで鄭玄の『禮記』への注をも批判している。蔣濟は文武の才に秀でた「名士」として司馬懿派の中核をなし、曹爽を打倒した正始の政変の際には、懿とともに洛水の浮橋に駐屯して曹爽に降伏を迫った人物なのである。[一四]かかる蔣濟が、「三歳から曹室派」の阮籍に出仕を求めたのであるから、阮籍の拒否は当然であろうし、それに対する蔣濟の怒りに怯える一族の思いも察しがつく。阮籍は一旦辟召に応じた後、病と称して官を去った。死去まで続く阮籍の韜晦が始まったのである。

曹室の権力再編をめざす曹爽政権からも、当然お呼びがかかる。曹爽から辟召を受けたのは正始八（二四七）年、

曹爽が失脚する二年前のことである。前年、蜀漢への西征に失敗した曹爽は、政権維持のため、より専制の度合いを強めていた。曹室派と思われていた阮籍への辟召も、曹室派強化の一環と考えてよい。しかし、阮籍は一年足らずで政権との関わりを絶った（『晉書』巻四十九　阮籍傳）。曹爽政権の中核にいた者は何晏であった。老子に基づく中央集権化を押し進める何晏は、(一五)思想的には阮籍と近接性がある。しかし、常に「假子」と呼んで何晏を嫌った文帝曹丕の影響であろうか。史書に現れる限りでは、両者の交友関係は認められない。思想史上「正始の音」と呼ばれ、阮籍ら「竹林の七賢」の先駆者と位置づけられる何晏と、(一六)阮籍は直接的な結びつきを持たなかったのである。

しかし、曹室の権力再編をめざす曹爽政権と「三歳から曹室派」の阮籍が、関わりを持たないはずはない。阮籍は夏侯玄と親しかった。『太平御覽』巻十六　律暦に、

> 夏侯玄の『辯樂論』に曰く、「阮生云ふ、『律呂　協へば則ち陰陽　和し、音聲　適へば則ち萬物　類る《のっと》』と。此れ律呂・音聲　徒《ひと》り人物を化治するに非ず、乃ち以て陰陽を調和し、災害を蕩除すべきを言ふなり。……」と。

とあるように、夏侯玄は阮籍の『樂論』を紹介しながら『辯樂論』を著しており、両者が学問的にも交流関係にあったことが分かる。それゆえに、正始の政変で曹爽が打倒され、やがて司馬師により夏侯玄も誅殺されると、阮籍の身辺も騒がしくなる。夏侯玄の裁判に付きまとい、やがて曹室と姻戚関係にあった嵆康を死へと追いやる鍾會が、(一七)阮籍の周りを嗅ぎ廻ったのもこの頃である。危険は身近に迫っていた。夏侯玄に接近しすぎていた許允は罪に陥れられた（『三國志』巻九　夏侯玄傳注引『魏略』）。許允の妻は阮共の娘、阮侃の妹であった。阮籍の韜晦は加速される。

翌、正元二（二五五）年、司馬昭は、息子司馬炎のため阮籍に通婚を求めようとした。(一八)夏侯玄を誅殺した李豐事件を機に、反司馬氏勢力が結集しないための布石の一つである。嫌悪する司馬昭に重用されそうになった阮籍は、六十日間も酔いつぶれて、司馬昭に話を切り出させなかったという（『晉書』巻四十九　阮籍傳）。みごとな韜晦である。

「天下の至愼」（『世説新語』徳行 第一 注引『魏書』）、これが司馬昭の阮籍評である。[一九]
阮籍は欝屈した思いを詩に託す。「詠懷詩」八十二首の一に、

夜中不能寐　起坐彈鳴琴
薄帷鑑明月　清風吹我襟
孤鴻號外野　翔鳥鳴北林
徘徊將何見　憂思獨傷心

夜中　寐ぬる能はず　起坐して鳴琴を彈ず
薄帷　明月を鑑《てら》し　清風　我が襟を吹く
孤鴻　外野に號《な》き　翔鳥　北林に鳴く
徘徊して將《は》た何をか見ん　憂思　獨り心を傷ましむ

この詩が詠まれた時期は明らかではない。しかし、この時期の阮籍の魂の呻吟《うめき》を余すことなく表現している。かかる阮籍の呻吟をよそに、司馬氏の勢力伸長におもねる者も多かった。その代表が王肅である。

二、曲学阿世

漢は儒教の祝福を受けた国家であった。孔子は漢のために『春秋』を制作したと考えられた。[二〇] 後漢は、儒教が国家の支配理念として承認され、こうした儒教が官僚層に浸潤するばかりでなく、支配の具体的な場にも出現し、そうした支配を歓迎する在地勢力によって受容されるという「儒教国家」が成立し、中国国家の原基となった時代である〈注(二)所掲渡邉著書〉。したがって、後漢を打倒して曹魏が建国される際、儒教は大きな自己改革が必要とされた。漢の正統性を支えてきた讖緯思想では、曹魏の成立を祝福する新たな予言が捏造されたし、曹丕の受禅を堯から舜への禅譲に準えるため、明帝期には高堂隆を中心に暦法・天文など、曹魏の正統性を立証する儒教教義の再構築が進展した。[二一] しかし、時代の流れは、それを上回る速さで進んだ。曹魏からの禅譲を司馬氏が受ける正当性を保証する

ための儒教教義が要請されてきたのである。

これに応えて司馬氏の西晉王朝の正統性を支えたものは、王肅の經典解釈である。漢の儒教を集大成した鄭玄の礼学に、王肅は悉く対抗して自説を展開する。王肅の外孫にあたる司馬炎が建国した西晉では、すべて王肅の礼説が採用された。加賀栄治によれば、王肅が反鄭玄的解釈の陣立てをおおむね整え、鄭玄説を継承する王基らと論争を開始したのは、明帝の景初元（二三七）年、王肅四十三歳のころであったという。[二二] 吉川幸次郎は、論争の中で、王肅が自説の論拠として『孔子家語』を偽作したことを厳しく批判する。[二三] しかし、注(二三)所掲加賀著書によれば、鄭・王の論争の中で、『孔子家語』は何ら特別貴重な資料とは見なされていない。『孔子家語』を鄭学の馬昭は偽作と知りながら取り立てて追究せず、王学の徒である孔晁もあえて弁護をしなかったという。加賀栄治は、『孔子家語』を他の多くの魏晉の擬作と同様、古に逼り真を得んとしたもので、そこに貫通させようとしたものは、理性に基づく論理であったとする。しかし、王肅が『孔子家語』を偽作したとされる正始末から嘉平年間における曹魏の政局のなかに置いてみると、『孔子家語』に込められた王肅による司馬氏正当化の論理が浮かび上がってくるのである。

周知のとおり、『孔子家語』は様々な書物に残った孔子の言動を取捨選択し、一部に偽作を加えながら配列したものである。したがって、王肅の意図は、どのような内容の記事をいかなる順序で並べたかにより知ることができる。『孔子家語』相魯 第一は、孔子が魯の「相」として行った四つの話柄が並べられる。[二四] 当然それは、王肅が生きた曹魏において宰相が行うべき政治の手本として選ばれたものである。具体的には、①法律を定めるが用いることはない。②会盟の際に無礼な俳優・侏儒を誅殺する。③三桓（季孫・叔孫・孟孫）の三つの都城を取り壊す。④これらの孔子の政治により男は忠信・女は貞順を尊ぶようになった、という四話が掲げられている。④は①〜③の施策の結果実現した理想社会を述べるもので、いわば成果である。これに至るための三つの施策が、王肅の生きた曹魏の時代に符合するのである。①は曹操以来、曹室が法刑を尊重し、中でも明帝がそれを推進したことへの批判である。かつて王肅は、明帝に刑罰の濫用を慎むように上奏したが、聞き入れられなかった（『三國志』巻十三 王朗傳附王肅傳）。自己の主張を孔子の言動により立証したのである。②からは齊王曹芳が司馬師によって廃位される際、理由として掲げられた俳優を引き込み淫らな行為を繰り返していた話柄が想起される（『三國志』巻四 齊王芳紀注引『魏書』）。君主の傍らで俳優が淫らな行為をすれば、孔子ですら人を殺したのだ。司馬師が皇帝を廃位するのは当然、ということになる。ちなみに、廃位された齊王曹芳に代わって即位する高貴郷公曹髦を迎えに行った者は、王肅である（『三國志』巻十三 王朗傳附王肅傳）。③は史実とは異なる。王肅が剽窃の典拠とした『春秋左氏傳』定公 傳十二年、或いは『史記』巻四十七 孔子世家では、三都を壊す策は失敗に終わっている。王肅は、偽作により事実を歪めてまで、孔子が鼇王の叔父の子孫である三桓子を打倒したことを描きたかった。司馬懿が曹爽を殺害しているからである。司馬昭が夏侯玄を誅殺することも、これにより正当化されよう。君主の宗族であっても、専横な行いがあれば打倒されるべきなのだ、と。

　第二は始誅として、①少正卯を誅したこと、②孝を刑より優先すべきことを説く。①は具体的には、子貢に、「夫れ少正卯は魯の聞人なり。今 夫子、政を爲して、始めて之を誅す。或いは失せりと爲さんか」と問わせることから始める。五悪・七種の悪人を説明したのち、末尾で、「小人の羣を成すは、斯れ憂ふるに足れり」と孔子に語らせて終わっている。たとえ「聞人」、すなわち名声が高い者でも五悪を兼ね、「以て徒を撮《あつ》めて黨を成」している少正卯は殺害すべきなのである。（二五）「聞人」が何晏や夏侯玄を中心に徒党を組んで名声を高め、「浮華」と称されていた曹爽一派を指すことは言うまでもない。『三國志』巻十三 王朗傳附王肅傳に、

　　時に大將軍の曹爽 權を專らにし、何晏・鄧颺らを任用す。（王）肅 太尉の蔣濟・司農の桓範と論じて時政に及

ぶに、肅 色を正して曰く、「此の輩 卽ち弘恭・石顯の屬、復た說《かた》るに稱《たり》るや」と。

とある。弘恭・石顯は、著名な儒者蕭望之を陥れた前漢元帝期の佞臣である。王肅は曹爽政権の構成員を弘恭・石顯に準えて厳しく批判し、やがて曹爽により免官に追い込まれる。曹爽に辟召された阮籍は、王肅のかかる態度を熟知していたことであろう。②の「孝」は、司馬師が齊王曹芳を廃位する時にも、司馬昭が高貴鄕公を殺害する際にも、いずれも皇帝の「不孝」を理由に自己を正当化したように、司馬氏政権の正当性を支える中心理念であった〈注(一)所掲渡邉論文〉。

第三は王言解として、明王の道を論じる。具体的には、禹が舜の輔佐をして内に「七教」・外に「三至」を行ったことを説く。曹魏は黄徳の王朝で舜の後継を自認していた。舜の輔佐を行い、舜から禅譲を受けた者が禹である。となれば司馬氏は禹にあたる。その禹が、「孝」を筆頭とする「七教」を内に行い、外は礼を中心とする「三至」によって悪政に苦しむ民に明王の軍を心待ちにさせる。すなわち、明王である司馬氏が、蜀漢・孫呉を征服することが予言されているのである。

第四は大昏解として、君主の婚姻が重要であることを述べる。王肅の娘は司馬昭に嫁ぎ、西晉の武帝司馬炎と弟の齊獻王司馬攸を生んだ〈『三國志』巻十三 王朗傳附王肅傳〉。君主は、姻戚を重視しなければならないのである。以下、第五 儒行解は儒者のあるべき姿を、第六 問禮は王肅の鄭玄批判の中心であった礼のあり方へと巻は進んでいくが、『孔子家語』編集の意図は、もはや明白であろう。王肅は、司馬氏が曹爽から政権を奪取し、皇帝を廃位したことを正当化し、やがて曹魏を簒奪するための論理までをも提供しようとしたのである。

王肅の父、王朗は曹魏の司徒に至ったが、高位の割にはその献策は曹魏の政策に反映していない〈『三國志』巻十三 王朗傳〉。後漢の「寛」治を正当化してきた儒教を継承する王朗、さらにはその子の王肅は、「猛」政を尊重する曹魏では、自己の抱負を国家に反映することができなかった。[二六] そうした中で王粛は、曹魏を簒奪せんとする司馬氏を正当化する一方で、自己の学説を鄭玄説に代わるものとして西晋の礼制に反映させることができたのである。みごとな巻き返しであった。阮籍にそれが如何なる姿に映ったかは別問題として。

三、権力からの自律性

夏侯玄が殺された翌年、すなわち司馬昭から通婚を迫られていた正元二（二五五）年、阮籍は母を失った。六十日間酔いつぶれて司馬昭との通婚を避けているうちに、最も大切な母親を失ったのである。悲しみは深く怒りは強い。阮籍はここに至り、公然と礼教に反逆する。冒頭に掲げた、母の喪に際して肉を食らい酒をあおる行状は、司馬昭の前でも堂々と行われた。『世説新語』任誕 第二十三に、

阮籍 母の喪に遭ひ、晉の文王〔司馬昭〕の坐に在りて酒肉を進む。司隷の何曾も亦 坐に在りて曰く、「明公 方に孝を以て天下を治む。而るに阮籍は重喪を以て、顯かに公の坐に於て酒を飲み肉を食らふ。宜しく之を海外に流し、以て風教を正すべし」と。文王曰く、「嗣宗 毀頓すること此の如し。君 共に之を憂ふる能はざるは、何の謂ぞ。且つ疾有りて酒を飲み肉を食らふは、固より喪禮なり」と。籍 飮噉して輟めず。神色自若たり。

とある。何曾の言の如く、司馬昭は儒教、就中「孝」を規範の中核に据えて国政を運用していた〈注(一)所掲渡邉論文〉。その「孝」で求められるべき外在的な規範を、阮籍は司馬昭の坐で公然と無視した。偽善的で欺瞞に満ちた司馬氏の外在的な「孝」に、自己の内的価値観としての「孝」を対峙させているのである。司馬昭は、阮籍が「毀頓」している、換言すれば、自分なりの「孝」を尽くしていることを口にして、阮籍の態度を擁護した。これは、阮籍な

りの「孝」、すなわち「名士」阮籍の自律的価値基準を容認することになる。司馬昭が阮籍の自律性を容認した理由は何か。大上正美は、それを権力者自身の度量の大きさを喧伝する恰好の材料であったことに求める〈注(五)所掲大上著書〉。その通りであろう。しかし、それだけではあるまい。『世説新語』任誕 第二十三 注引 干寶『晉紀』に、

何曾 嘗て阮籍に謂ひて曰く、「卿 情を恣にし性に任せ、俗を敗るの人なり。……」と。復た之を太祖（司馬昭）に言ふも、籍 飲啜して輟めず。故に魏晉の間、被髪・夷傲の事、死に背き生を忘るる人、反って禮を行ふ者と謂はるる有るは、籍 之が爲なり。

とあるように、「名士」或いはその後継者となる貴族は、偽善的で欺瞞に満ちた司馬氏の儒教よりも、内に秘めた阮籍の儒教、権力からの自律性を守った阮籍の価値観を真の「禮」として支持していく。(一七) 司馬昭は、かかる阮籍への「名士」の支持を慮らざるを得なかったのである。

「名士」層は、荀彧の殺害以降、「名士」と対峙的であった曹室に対しては、本来の自律性を保つことができていた〈注(八)所掲渡邉論文〉。しかし、「名士」出身の司馬氏が表面的には儒教に従って国政を運用しながら権力を確立していく過程で、権力からの自律性を失いかけていた。そうした中で阮籍、及び彼の思索の中で確立されていく玄学は、「名士」の存立基盤であった文化的価値が、君主権力からの自律性を持ち続けるために大きな役割を果たす。儒教が内面化され一般化されるほど進行するその世俗化と腐敗の中で、表面的には儒教を主持する君主権力との対峙性を持つ玄学は、やがて貴族の間に広く流行していくのである。(一八)

しかし、一方でこれは危険な行為でもあった。現実世界に絶望し、自己の内なる価値観に従って行動することは、一切を主観のうちに処理することになる。阮籍の如き堅固な倫理性を内に持さずその外形のみを模倣すれば、客観的な規範である儒教の外形的秩序を崩壊させ、社会秩序の混乱を来す。王衍の清談が西晉を滅ぼした、という言に代表

される玄学への批判は、阮籍がもたらした主観的な価値判断の危険性を明瞭に指摘するものである。（二九）子の阮渾が自分の真似を始めた時、阮籍はこれを許さなかった（『世説新語』任誕 第二十三）。主観的価値観の創出の危険性と困難を誰よりも熟知していたためであろう。（三〇）

それでも阮籍の呻吟する魂は、内なる自律性を持て余し、外在的な礼教を激しく攻撃する言辞となって噴出する。「大人先生傳」である。『阮嗣宗集』巻上に、

或る人 大人先生に書を遺りて曰く、「天下の貴、君子より貴きは莫し。……」と。（大人先生曰く）、「……往者《むかし》天は嘗て下に在り、地は嘗て上に在り。反覆・顚倒して未だ之れ安固ならず。……且つ汝 獨り見ざるか、虱の褌の中に處るを。……汝が君子の禮法は、誠に天下の殘賤にして、亂危・死亡の術なるのみ。……」と。

とあるように、天地が逆さまになるような価値観の転倒の中で、ただ礼教を守る君子は褌の中に居心地よく身をおく虱でしかなく、その礼法は身の破滅を招くだけである、と阮籍は礼教を激しく糾弾する。（三一）しかし、現実世界はその「虱」の如き礼教の君子達に占められている。さらに、「虱」の群れは阮籍に、内的自律性を捨てて外在的な君主権力へ屈伏することを要求してくるのである。

景元二（二六一）年八月、阮籍は司馬昭を晉公に勧進するための文章を代作することを迫られた。（三二）司馬氏に諂う鄭沖らに、司馬氏への屈伏を要求されたのである。阮籍は、曹操を魏公へと勧進した荀攸らの「勸進魏公牋」を念頭に置いた上で、新たな部分を付加した勧進文を執筆する。『文選』巻四十 牋 爲鄭沖勸晉王牋に、

今 大魏の德、唐・虞より光《かがや》き、明公の盛勳、桓・文を超ゆ。然る後 滄州に臨みて支伯に謝し、箕山に登りて許由に揖せば、豈に盛んならずや。至公・至平、誰か與に隣を爲さん。何ぞ必ずしも勤勤として小讓せんや。

とあるように、予州支伯と許由、ことに舜からの禅譲を辞退した予州支伯の先例を付加し、舜の後裔たる曹魏からの

禅譲を辞退すれば、この上もない「至公・至平」であると、阮籍は司馬昭の即位を牽制したのである。君主権力からの自律性により高い名声を持つ「名士」阮籍を禅譲劇に利用し、その自律性を収斂せんとする司馬氏側と、あくまでも権力からの自律性を貫こうとする阮籍との厳しいせめぎあいをこの文章に見ることができるのである。

現実世界には、阮籍の内面的な真実の赴くままに生きるべき「道」はすでになかった。『三國志』巻二十一　王粲傳附阮籍傳注引『魏氏春秋』に、

（阮籍）時に意に率ひて獨り駕し、徑路に由らず、車迹 窮まりし所、輒ち慟哭して反る。

とある。阮籍が生きる「道」は、どこも行き止まりであった。それでは、「達莊論」や「大人先生傳」で描きあげた神仙の世界には、阮籍の理想や安らぎがあるのだろうか。否。「詠懷詩」八十二首の四十一の末尾二句には、

採藥無旋還　神仙志不符　藥を採るものは旋《めぐ》り還らず　神仙も志《ふみ》は符《あ》はず
逼此良可惑　令我久躊躇　此れに逼られて良《まこと》に惑ふべし　我をして久しく躊躇せしむ。

と詠われる。阮籍は、神仙にも十全な救いを求められなかったのである。

阮籍の魂は、現実世界と内面の真実との間で苦しみ、呻吟を続けた。景元四（二六三）年、魂が永遠の安らぎを得た時、阮籍は五十四歳であった。王肅の外孫で司馬昭の子である司馬炎が西晉を建国する、二年前のことである。

おわりに

「名士」層は、その初発形態においては、腐敗した後漢国家の官制的な秩序とは別の自律的秩序を持ち、それは儒教を中核とする人物評価によって先鋭的に表現されていた。しかし、九品中正制度により、人物評価は官品として国

家的秩序へ昇華する一方で、郷品として国家の秩序の中に収斂された。また、国政を担うためには、ある程度「節」を枉げて官僚となり、王朝に仕えなければならなかった。「名士」の価値基準の中核にあった儒教は、それを容易に行い得る可塑的な思想であった。儒教は經典の解釈により、一つの事項に対して様々な評価を下し得るものなのである。しかし、王肅の司馬氏への迎合、あるいは司馬氏の儒教を媒介とした簒奪への準備を眼前に、阮籍は呻吟した。儒教に反発するからではない。儒教を身体化しているが故に、彼らの儒教のあり方に、権力の運用の仕方に、阮籍は猛然と抵抗したのである。その怒りの噴出が「大人先生傳」であり、哀しみの表白が「詠懷詩」であった。

かかる営みを通じて阮籍は、腐敗した王朝あるいは権力に対する自律性を、「名士」が豪族の支持を受けて階層として成立した当初から持っていた自律性を、保持し得たのである。自己の存立基盤の初発形態である自律性を阮籍に見た「名士」の中からは、阮籍を支持し、それを模倣する者も現れた。王朝に対する自律性を特徴とする貴族は、儒教を根底に据えながら、老荘思想・文学など様々な文化的価値を身につけていくことにより自律性を保持する。その自律性によって階層としての卓越性を維持していく。そうした貴族の祖型の一つとして、阮籍は貴族制の時代から振り返られ、仰ぎ見られていくのである。

《 注 》

（一）三國時代における「孝」の規範性、及び司馬氏による政治的利用については、渡邉義浩「九品中正制度における『孝』」（『大東文化大学漢学会誌』四一、二〇〇二年）を参照。

（二）後漢を「儒教国家」と措定すること、及びその支配と在地勢力との関わりについては、渡邉義浩『後漢国家の支配と儒教』（雄山閣出版、一九九五年）を参照。

（三）吉川幸次郎「阮籍伝」（『文学界』四—一〇、一九五〇年、『吉川幸次郎全集』第七巻、筑摩書房、一九六八年に所収）。

（四）福永光司「阮籍における懼れと慰め—阮籍の生活と思想」（『東方学報』（京都）二八、一九五八年）。

（五）大上正美「『詠懐詩』試論—表現構造にみる詩人の敗北性について」（『漢文学会会報』三六、一九七七年、『阮籍・嵆康の文学』創文社、二〇〇〇年に所収）。

（六）洪順隆『魏文帝曹丕年譜暨作品繫年』（台湾商務印書館、一九八九年）、易健賢（訳注）『魏文帝集全訳』（貴州人民出版社、一九九八年）を参照。

（七）鈴木修次『漢魏詩の研究』（大修館書店、一九六七年）。

（八）渡邉義浩「三国時代における『文学』の政治的宣揚—六朝貴族制形成史の視点から」（『東洋史研究』五四—三、一九九五年）。

（九）阮籍の「詠懐詩」は、古直「阮嗣宗詩箋定本」（『層氷堂五種』国立編訳館重印、一九八四年）を底本とした。それ以外の文については、『阮籍集』（上海古籍出版社、一九七八年）に依った。

（一〇）渡邉義浩「『寛』治から『猛』政へ」（『東方学』一〇二、二〇〇一年）。

（一一）曹爽政権、なかでもその中核となった何晏の思想的動向と政治的な施策については渡邉義浩「浮き草の貴公子 何晏」（『漢意とは何か—大久保隆郎教授退官紀念論集』東方書店、二〇〇一年）を参照。

（一二）松本幸男『阮籍の生涯と詠懐詩』（木耳社、一九七七年）。また、松本幸男は、司馬懿と蔣濟の関係について、（蔣濟は）いくぶんか司馬懿に同調するところさえあったが、事件後、政敵に報復的な粛正を加える司馬懿の手きびしさにはとてもついてゆけず、さりとていまさら口出しもならないという始末におわった、と両者の積極的な結合関係を否定している。しかし、『三國志』巻九 夏侯尚傳附夏侯玄傳注引『魏略』に、「（司馬）宣王與（蔣）濟善」とあり、『三國志』巻九 曹爽傳にも、「太尉臣（蔣）濟・尚書令臣（司馬）孚等、皆以爽爲有無君之心」とあるように、司馬孚とともに曹爽を弾劾した蔣濟が、司馬懿派に属していることは明白である。

(一三) 両者の論争の礼学的な背景は、藤川正數『魏晉時代における喪服禮の研究』(敬文社、一九六〇年) で詳細に検討されている。また、渡辺信一郎「宮闕と園林―3～6世紀中国における皇帝権力の空間構成」(『考古学研究』四七―二、二〇〇〇年) も参照。

(一四) 伊藤敏雄「正始の政変をめぐって―曹爽政権の人的構成を中心に」(『中国史における乱の構図』雄山閣出版、一九八六年)。また葭森健介「魏晋革命前夜の政界―曹爽政権と州大中正設置問題」(『史学雑誌』九五―一、一九八六年) も参照。

(一五) 何晏の政治、及びその思想的背景については、渡邉義浩「浮き草の貴公子 何晏」(前掲) のほか、福永光司「何晏の立場―その学問と政治理念」(『愛知学芸大学研究報告』人文科学 七、一九五八年) を参照。

(一六) 大著である王葆玹『玄学通論』(五南図書出版公司、一九九六年) をはじめ、許抗生『魏晉思想史』(桂冠圖書公司、一九九二年)・蔡振豊『魏晉名士与玄学清談』(黎明文化事業公司、一九九七年)・徐斌『魏晋玄学新論』(上海古籍出版社、二〇〇〇年) など多くの研究が、かかる理解を提供している。

(一七) 鍾會については、大上正美「鍾會論」(『青山学院大学文学部紀要』三〇、一九八九年、『阮籍・嵆康の文学』前掲に所収) を参照。

(一八) 注 (一三) 所掲松本著書に附載される「七賢関係年表」は、司馬昭が阮籍に通婚を求めた年代、阮籍の母が死去した年代をともに正元二 (二五五) 年に繫年する。高晨陽『阮籍評伝』(南京大学出版社、一九九四年) が、後者を甘露元 (二五六) 年に繫年するように、異説がないわけではないが、ここでは松本著書に従った。

(一九) 司馬昭は、阮籍の如き自分の権力を無視する態度を常に許容したわけではない。阮籍より若く、するどい攻撃性を見せた嵆康は、呂安事件を機に鍾會に陥れられて殺害されている。大上正美「嵆康論 (一) ―絶交書二首に見る表現の位相」(『中国文化』一九八九、一九八九年、『阮籍・嵆康の文学』前掲に改題のうえ所収) を参照。

(二〇) 何休は『春秋公羊解詁』により『春秋』が漢のために制作されたことを説いている。渡邉義浩『『寛』治から『猛』へ」

（前掲）を参照。

（二一）小林春樹「三国時代の正統理論について」（『東洋研究』一三九、二〇〇一年）は、曹魏が禅譲を中心として、終始五徳説・讖緯思想・天文・暦法を駆使して正統理論を作成し、漢の権威に対抗しようとしたことを明らかにしている。

（二二）加賀栄治『中国古典解釈史 魏晋篇』（勁草書房、一九六四年）。

（二三）吉川幸次郎「学者のいましめ―王肅について」（『産業経済新聞』一九五九年一月八日、『吉川幸次郎全集』七、筑摩書房、一九六八年に所収）。王肅の『孔子家語』が、宋の王柏の『家語考』から偽書と考えられ、清の范家相の『家語證偽』、孫志祖の『家語疏證』、陳士珂の『孔子家語疏證』により確定されたことに関しては、山城喜憲「知見孔子家語諸本提要（一）～（三）」（『斯道文庫論集』二一、二二、二四、一九八四、八七、八九年）を参照。また、内閣文庫に所蔵する戸崎允明の『孔子家語考』については、尼子昭彦「『孔子家語』補注稿（一）（二）」（『北の丸』三二、三三、一九九九、二〇〇〇年）を参照。

（二四）それぞれの話の具体的内容、及びその典拠については、宇野精一『孔子家語』（明治書院、一九九六年）を参照。また、王肅の補綴と自説の強化については、伊藤文定「王肅と孔子家語」（『静岡大学教育学部研究報告』人文・社会科学篇 二五、一九七五年）を参照。

（二五）孔子が少正卯を誅殺したことは、のちに司馬昭による嵇康誅殺を正当化した。『世説新語』雅量 第六 注引『文士傳』に、「呂安罹事、（嵇）康詣獄以明之。鍾會庭論康曰、『今皇道開明、四海風靡、邊鄙無詭隨之民、街巷無異口之議。而康上不臣天子、下不事王侯、輕時傲世、不爲物用、無益於今、有敗於俗。昔太公誅華士、孔子戮少正卯、以其負才亂羣惑衆也。今不誅康、無以清潔王道』。……」とあるように、鍾會は王肅が『孔子家語』で強調していた孔子による少正卯の誅殺を正当性の論拠に嵇康を誅殺して王道を貫くべきことを主張している。

（二六）曹魏が「猛」政を尊重したことは、注（二〇）所掲渡邉論文参照。また、父の王朗の「寬」治を尊重する態度を受け、王肅も「寬」治を主張していた。『孔子家語』王言解 第三に、「曾子曰、敢問、何謂七教。孔子曰、上敬老、則下益孝。上尊齒、則下益弟。上樂施、則下益寛。……」とあるように、『孔子家語』でも「七教」の結果の一つとして「寛」を掲げている。

(二七) 阮籍を筆頭とする「竹林の七賢」という呼称が東晋で成立し、抵抗する知識人の象徴となることに関しては、福井文雅「竹林の七賢についての一試論」(『フィロソフィア』三七、一九五九年)、趙剣敏『竹林七賢』(学林出版社、二〇〇〇年)を参照。

(二八) 六朝時代の貴族が、玄儒文史の「四学」と儒仏道の「三教」を兼習したことについては、吉川忠夫「六朝士大夫の精神生活」(『世界歴史』五、岩波書店、一九七〇年、『六朝精神史研究』同朋舎出版、一九八四年に所収)を参照。

(二九) 阿部順子「東晋時代の史書における阮籍評価の相違」(『芸文研究』六八、一九九五年)によれば、東晋の史書における阮籍の評価は、その放縦の否定と肯定とに分かれ、否定は西晉滅亡時の「元康の名士」の祖としての阮籍を批判するものであるという。

(三〇) 西順蔵「竹林の士とその『自然』について」(『一橋大学社会学年報』一、一九五六年、『中国思想論集』筑摩書房、一九六九年に所収)は、かかる危険性を、阮籍は一方で司馬氏とよろしくやりながら一方で「首陽山賦」をつくったが、慟哭する彼自身は「自然」に安置しようとした。司馬氏とのやりくりに満足せず、「首陽山賦」をうたって偽善を憤り「独行」「甘死」をたたえたのは彼の当時の豪族たちとちがうシンの強さであるが、現実にはその強さを主張し実現する余地はなかったから「自然」を観念し、この観念に彼自身を置こうとした、と表現している。

(三一) もちろん、現実世界における阮籍の処世は極めて慎重なもので、また「大人先生傳」もかくあらんとするより高次の自己の生を次々と問うもので、礼教批判に止まるものではない。阮籍の処世については、大上正美「阮籍と情況—伏義との往返書簡」(『六朝学術学会報』一、一九九九年)を、「大人先生傳」の理解については、大上正美「『達荘論』と『大人先生伝』」(『比較物語研究』一九九九年、いずれも『阮籍・嵇康の文学』前掲に所収)を参照。

(三二) 諸説ある勧進文の作成年代、及び内容の理解については、大上正美「阮籍の『爲鄭沖勸晉王牋』について」(『日本中国学会報』三四、一九八二年、『阮籍・嵇康の文学』前掲に改題のうえ所収)に依拠した。

李柏文書小考

―出土地と書写年代を中心に―

伊藤　敏雄

はじめに

本稿は、李柏文書に関する諸問題のうち、出土地問題について片山章雄氏の楼蘭故城（スタイン編号でＬＡ遺址）出土説を再確認するとともに、未解決の書写年代について明らかにすることを目的とする。(一)

いわゆる李柏文書とは、一九〇九年三月または四月（おそらく三月）に第二次大谷探険隊の橘瑞超氏が楼蘭地区で発見した前涼の西域長史李柏の書信草稿とその断片を指す。現在、龍谷大学大宮図書館に、ほぼ完全な書信の草稿二通（西域文化資料 538A・B,以下「主文書Ａ」「主文書Ｂ」と称す）と断片三十九点（西域文化資料 8001 ～ 8039）が所蔵されている(ただし、『西域攷古図譜』に写真が掲載されていて、(二)現在行方不明の断片も六点ある。)。(三)「主文書Ａ」「主文書Ｂ」は、ほぼ完全な世界最古の書信草稿として世界的に注目され、歴史研究者からは西域史・前涼史の一級史料、木簡と紙の併用時代の貴重な史料として注目され、書道史家からは王羲之とほぼ同時代の書蹟として注目され、種々の研究がなされると同時に、種々の疑問を生み出し、出土地や書写年代等について論争が展開されて来た。

出土地問題については、後述のようにLA出土説・LK出土説をめぐって様々な論議がなされてきたが、片山章雄氏によって明快な結論が得られるに至った。しかし、それにもかかわらず、LK出土説を支持するような見解が、後述のように依然として見られる。そこで、諸説を検討した上で、出土地について再確認しておく必要があると思われる。

一方、書写年代については、後述のように三二五年説・三二八年説・三四六年説などが唱えられているが、いずれも、李柏文書主文書及び断片の理解について不十分な部分を残しており、説得的な結論を得るに至っていない。そこで、諸説とその問題点を検討した上で、李柏文書断片等も検討しながら、書写年代を明確にしたい。

一、李柏文書の出土地

(一) 出土地に関する諸説と問題点

まず後掲の[史料2]にあるように、「主文書B」の一行目の発信地を示す「海頭」の二字が墨で消され、代わりに四行目の「到此」の「此」が消されて傍に「海頭」と書き改められており、[史料1]の「主文書A」の五・六行目に「來到海頭」とあるので、すでに指摘されているようにこの書信草稿は海頭で書かれたものと考えられる。(四)

その出土地について、当初、日本で李柏文書を紹介するにあたっては漠然と孔雀河下流の遺址とし、(五)一九一〇年に橘瑞超氏と会見したオーレル・スタイン氏は楼蘭故城出土として紹介していたが、(六)こうした中で「海頭」との関係で疑問を呈示したのは王国維氏であった。李柏文書の出土地をスウェン・ヘディンとスタイン両氏発見の故城と見なしながら、スタイン氏将来の漢文文書に楼蘭から送られたと判断される文書が見られることや、故城が『水経注』の楼蘭の位置と合わないこととともに、「主文書Ａ・Ｂ」に前掲のように「海頭」とあることを根拠として、故城は楼蘭ではなく海頭であるとし、海頭非楼蘭説を説いた。(七)一方、ヘディン・スタイン両氏が将来した漢文文書がそれぞれ楼蘭出土として公刊され、故城またはその地域が楼蘭と呼ばれていたこともほぼ確定された。(八)

こうして、海頭と楼蘭故城及び楼蘭との関係が疑問のまま存在し続けることになったが、森鹿三氏が一九五九年に橘瑞超氏と対談した際に、橘氏がヘディン発見の遺址で収取したとする一方で、氏が提供した写真がスタインのＬＫ遺址の写真と酷似していたことから、王氏の疑問を踏まえて後者を重視してＬＫ出土説を説くに至り、(九)ヘディン・スタイン両氏が漢文文書を発見したのがＬＡ遺址（楼蘭故城）、橘氏が李柏文書を発見したのがＬＫ遺址ということで、その疑問も解決したかの如くなり、ＬＫ出土説がほぼ定説化した。(一〇)

ところが、一九八〇年代に入り、中国で楼蘭故城自体の調査が実施されると同時に、中国では楼蘭故城の廃棄問題や楼蘭史の理解と関連しながら、孟凡人・侯燦氏らの間でＬＡ・ＬＫ出土地論争が展開されるようになった。孟凡人氏はＬＡ出土説を説いたが、その主な論拠は概ね以下のとおりである。(一一)

（1）スタイン氏の *Serindia* に、橘氏との会見時の話として、楼蘭故城の LA.II.iv 房址中の壁中の穴より見つけたと記述している。

（2）ＬＫの規模は西域長史の駐屯地にふさわしくなく、城内の遺跡と遺物は西域長史と無関係である。

（3）漢文文書紀年の最後の三三〇年を以て楼蘭故城の年代の下限を代表させることはできない。三三〇年以後も故城は使用されていた。

（4）橘氏の工作の重点は楼蘭故城であり、橘氏が提供した写真は出土情況を示す現場写真ではない。

これに対し、侯燦氏や奚国金氏は、楼蘭故城が廃棄された後、西域長史は南の海頭城に移ったとし、ＬＫ出土説を

主張した。その主な論拠は概ね以下の通りである。[一二]

（1）橘氏が提供した写真を重視すべきである。

（2）三三〇年に楼蘭城は廃棄されたので、三三〇年以後に書写された文書は楼蘭故城出土のはずはない。

（3）孔雀河支流で東南に改道した河流がＬＫ付近で牢蘭海（カラ・コシュン）に注いでいて、海頭の称に相応しい。

一方、日本では、片山章雄氏が別の視角から、ＬＡ出土説を唱えた。すなわち、橘氏の初期の探険報告・記録を博捜し、皆、ヘディン氏が発見した故城と称していることを明らかにした。なかでも、故城で文書を発見し、故城の南の城では古銭以外獲得できなかった旨を記した後掲の講演記録を発見したのは、[一三]決定的であった。これに孟凡人氏が賛同したのは言うまでもなく、余太山氏も支持し、林梅村氏はこれで決着が着いたと評した。[一四]

しかし、その後も、藤枝晃氏が孟凡人氏の論拠の一つを批判してＬＫ遺址の規模こそ前涼の西域長史の地位に相応しいとしてＬＫ出土説を支持し、[一五]侯燦氏が片山氏の見解を若干認めつつも、橘氏獲得の古文書を三組に分け、第一組（木簡 Ot.(1)）・三組（紙文書 Ot.(8)）はＬＡ出土だが、第二組（紙文書 Ot.538A・B,8001～8039）は別であり、別の場所すなわちＬＫ遺址からの出土であり、橘氏が写真を提供した事実を重視すべきであるとし、片山説を批判している。[一六]更に侯燦氏は、二〇〇〇年三月の楼蘭遺址再訪を踏まえ、スタイン氏の *Serindia* に記述されているように、楼蘭故城の LA.II.iv 房址中の壁中の穴らしき部分を確認したとしつつ、そこから出土したのは第一・三組の文書で、第二組はＬＫ遺址出土であると強調している。[一七]

このように、ほぼ結論が得られているにもかかわらず、異論も提出されている情況なので、ここで、私の考えを示し、出土地を再確認しておきたい。[一八]

（二）出土地の確定

出土地について、結論から先に言えば、片山説すなわちＬＡ出土説を支持する。なぜならば、五十年後に橘氏が森氏との会談の中で示した写真よりも、橘氏自身が森氏にヘディン氏発見の故城と述べていることや、片山章雄氏が博捜して得た初期探険報告・記録を重視すべきだと思うからである。

まず、問題となるのは橘氏が提供した写真であるが、孟凡人氏も指摘するように、この写真は橘氏がＬＫ遺址に到達したことは説明できるが、ここで李柏文書を発見したということは必ずしも説明できないと思われる。また榎一雄氏は橘氏の記憶の正確度を疑っていたが、[一九] 片山章雄氏も指摘するように写真を取り違えて提示した可能性が高い。[二〇] 写真を取り違えることは専門の研究者の間でも間々見られることであり、楼蘭地区のような茫漠とした地域ではなおさらである。[二一] 更に一九六八年に橘氏と会談した金子民雄氏によれば、「ヘディンの発見した例の粘土の塔（スタインの仏塔）の下の砂地を掘っていたとき、丸められた紙屑として出土したのだと、粘土の塔の写真を示されて」説明されたという。[二二] したがって、橘氏がＬＫ遺址の写真を示したからといってＬＫ遺址出土とは限らないのである。何よりも橘氏が森鹿三氏や金子民雄氏と会談した際にヘディン氏発見の故城出土と認識していたことを重視すべきであろう。

片山章雄氏が博捜した橘氏の初期の探険報告・記録は皆ヘディン氏が発見した故城すなわち楼蘭故城から出土したように記している。[二三] 中でも一九一二年六月一七日の東京地学協会での講演筆記を「中央亜細亜探険」として『地学雑誌』二四年二八五号に掲載した次の記事は、非常に明快で決定的である。

> スエン、ヘヂン博士は此地を探検して一の城跡を発見しました。其位置はアトミシブラクから約二日行程の南の所でありますが、私も前回に此処に行って発掘して二三の土器、東晋時代に属する一の古文書を掘出しました。

スエン、ヘヂン博士の説に依れば、此城は樓蘭国の本城でなければならぬと言ふて居ります。私が第一回の旅行を終つて、英吉利にスタイン博士を訪ふた時に、博士は、私は樓蘭国の本城はスエンヘヂン博士の言ふより南でなければならぬと思うと言ふて居りました。（中略）私は第一回の旅行には、スタイン博士の如く南の方からアトミシブラクの北の方に進みました。さうしてスエンヘヂン博士の発見した城の南約二日行程の所に二つの城を新しく見出しました。其二つの城は構造に於て余り大きくない。発掘を試みたけれども古銭を得た外何物も得ませぬ。

すなわち、ヘディン氏が発見した故城で橘氏も二・三の土器と東晋時代の古文紙を掘り出したといい、その故城の南約二日行程の所に二つの城を見つけたが、二つの城は構造において大きくなく、発掘を試みたが古銭以外何も獲得できなかったとある。したがって、先ずヘディン氏発見の故城と南の二つの城址が規模・構造上明確に異なるということが認識されていたこと分かる。同時に、スタイン・ベリイマン両氏の報告書・地図と比較すると、[二四] 東晋時代の古文紙を掘り出したヘディン氏発見の古城はＬＡを指し、南の二つの城址は、片山章雄氏が当初ＬＫ・ＬＭ遺址としたが、後に修正したように[二五]ＬＫ・ＬＬ遺址を指すことは明らかである。そして後者では古銭以外獲得できなかったといっているので、李柏文書はＬＫではなくＬＡ出土であることは明らかである。

更に片山章雄氏が取り上げなかったものに『大阪毎日新聞』一九一二年九月二一日一面の記事「中亜探検旅行記(六九)」がある。[二六] それによると、

第一回の探検に於て私はヘヂン博士の所謂昔の樓蘭國を探ね多少の發掘物を獲ましたが私は尚遥かに其の南に當て未だ兩博士の見て居ない二ツの古城址を発見したのです、併し残念のことには此所では樓蘭國の位置を云々すべき何等の發掘物をも獲て居ない、要するに樓蘭國の位置は今尚朦朧として考古学者の頭上を往来して居るので

あります、而してヘヂン博士の所謂王城扜泥城も遥か南方にあるべき筈である。

とあり、橘氏は楼蘭故城の遥か南でヘディン・スタイン両氏未発見の二つの故城址を発見したが、そこでは楼蘭国の位置に関わる発掘物を何ら得ていないと述べている。片山章雄氏の引く『国民新聞』一九一一年九月二二日一面「沙漠行（三二）」の中で、「此の古址に獲たる故紙を見るに蓋し樓蘭の王城にあらずと雖も樓蘭国の一城には非らざるか」と述べているので、李柏文書を楼蘭国の位置に関わる文書と認識していたと考えて大過ない。したがって、二つの故城はLK・LL遺址に相当するので、一九一二年段階で、橘氏は一貫してヘディンの故城で発見し、LK遺址では文書を発見していないことを主張していたと言え、文書を発見したのは楼蘭故城であることは明らかである。また、スタイン氏もLK遺址で漢文文書を発見していないことは、LK出土ではないことを裏付けると思われる。現時点では、LKから漢文文書は一点も発見されていないと言えるのである。

ところで、侯燦氏は三三〇年に楼蘭故城が廃棄されたことをLK出土説の論拠の一つとしているが、孟凡人氏も指摘するように三三〇年に楼蘭故城が廃棄されたとは限らないということは言うまでもない。三三〇年は楼蘭故城出土漢文文書の紀年の下限ではあるが、故城の年代の下限とは言えない。更に、漢文文書の紀年の下限が三三〇年であることは、李柏文書の書写年代が三三〇年以前であれば、故城出土と考えて大過ないことになり、三三〇年以後であれば、故城が三三〇年以後も使用されていたとする余地を残すことになるので、LK出土説の根拠とはなり得ない。

また、侯燦氏は前述のように橘氏が古文書をLAで獲得したことと橘氏がスタイン氏に語った内容を認めつつ、橘氏獲得の古文書を三組に分け、第一組・三組はLA出土だが、第二組は別であり、別の場所すなわちLK遺址からの出土であるとしているが、それは無理がある。何よりも第二組・第三組分類の根拠が説得力を欠く上、橘氏が異なる場所から発見したという論拠は全く見られないし、橘氏がスタイン氏に李柏文書の出土状況について語ったとすれば、明らかに第二組について述べたと考えるのが自然である。[二七] 主文書の発見について語らず、わずかな断片の方の発見を主体に語ったとは考えがたい。したがって、橘氏がＬＡで漢文文書を発見したのを認める以上、それは主文書についての認識であって、主文書はＬＡ出土と考えるのが自然であろう。

以上のことより、李柏文書の出土地は楼蘭故城（ＬＡ遺址）として確定できよう。こうして出土地がＬＡ遺址と確定したとすると、新たな課題となるのが、王国維氏の疑問の出発点でもある、楼蘭と海頭の関係である。李柏文書断片中には「楼蘭」の記載を有する断片（Ot.8020「月九日樓蘭起書械曰惟北忽以旬日」）もあるので、この断片が李柏と同時期のものだとすれば、「楼蘭」と「海頭」が併用されていたことになる。[二八] 未だ結論は得られず、孟凡人氏は楼蘭城は別に海頭とも称したと考えているが、[二九] この点は、今後の課題としたい。

二、李柏文書の書写時期と付随する諸問題

(一)李柏文書と検討に関わる断片

李柏文書の書写時期等について検討する前に、李柏文書主文書と検討に関わる断片の釈文を示すと、以下のようになる（▒は墨で消した部分を指す）[三〇]。

[史料1] 主文書Ａ Ot.538A 〈624〉《A61》**【606】**

1. 五月七日西域長史關内侯
2. 柏頓首ゝゝ闊久不知問常
3. 懐思想不知親相念

4. 便見忘也詔家見遣
5. 來慰勞諸國此月二日來到
6. 海頭未知王問邑ゝゝ天熱
7. 想王国大小平安王使
8. 招亘倶共發從北虜中與
9. 嚴參事往不知到未今
10. 遣使符太往通消息
11. 書不盡意李柏頓
12. 首ゝゝ

［史料2］ 主文書B　Ot.538B　〈623〉《A60》【605】

1. 五月七日海頭西域長史［關内］
2. 侯李柏頓首頓首別［久思想］　（藤枝晃は「〜別來□□」、片山章雄は「〜闊久思想」）
3. 恒不去心今奉臺使來西月
4. 二日到　此海頭　未知王消息想國中
5. 平安王使廻復羅從北虜
6. 中與使嚴參事往想是到也
7. 今遣相符大往相聞通
8. 知消息書不悉意李柏頓首頓

9．首

［史料３］Ot.8001 〈631・634〉《B68》【608(1)】

1．▨使?君教命王可　　　（孟凡人に同じ。林梅村は「使和教命王□」）
　　蕩?前自爲逆
2．▨□趙阿舍黄金　　　（孟凡人は「□趙□前自爲逆」）
3．▨□殺之首?欲撃　　　（孟凡人に同じ。林梅村は「□頓首欲撃」）
　　□
4．▨□事急報一故　　　（孟凡人は「□□事急□故」。林梅村は「□聿急□致」）
5．　▨□□具知　　　（林梅村は「白具知」）
6．▨□□令歸復一　　　（林梅村は「□□舎緜服一」。西川寧は「令歸服▨」）
7．　▨□□▨□
8．　▨委曲問□　　　（林梅村は「□□□□」）
9．　▨黄金完　　　（林梅村は「□舎完」）
10．▨□一切?不問罪　　　（林梅村は「□不問罪」）
11．　▨□保任白　　　（林梅村は「□你任白」）

［史料４］Ot.8005 〈632〉《B68》【608(2)】

1．　善趙阿▨
2．　欲向?官?□▨　　　（林梅村は「欲問官□▨」）
3．　也□若欲▨　　　（林梅村は「也□若□▨」）

［史料５］Ot.8018 〈625〉《A62》【607(1)】

1. 五月七日西域長史關内
2. 侯李柏五月⧄

［史料6］Ot.8033〈625〉《A59》【609(3)】

1. ⧄達海頭□⧄
2. ⧄□命慰勞⧄
3. ⧄□誠惶誠恐□⧄

［史料7］Ot.8035〈627〉《A58》【609(2)】

1. ⧄□逆賊趙⧄
2. ⧄□□□□⧄

［史料8］Ot.8036〈628〉《A57》【609(1)】

1. 臣⧄
2. 尚書
3. 臣柏言焉耆王□⧄
4. 月十五日共發□⧄

（二）書写時期等に関する諸説

李柏文書の内容や書写時期等に関する研究を振り返ると、羽田亨氏の研究に始まると言って良い。まず、氏は『太平御覧』『晋書』の中から「西域長史李柏」の名を発見し、焉耆王宛の可能性を指摘した上で、趙貞降伏の年（三二

八か三二九年）または翌年すなわち三二八～三三〇年の間の書写と推定した。(三一)

これに対し、王国維氏は、文書中の「臺使」「詔家」という表現は天子の用いる言葉であり、断片中に「尚書」「臣」とあるから、前涼王張駿が王を称した後すなわち三四五年以後とし、併せて、一旦趙貞に破れた李柏が西域長史に再任されたと考えた。(三二)一方、橘瑞超氏からスタイン氏を経由して文書の写真を入手したシャヴァンヌ氏は『晋書』から李柏が西域長史となったのは三二四年と分かるとし、(三三)スタイン氏はそれをもとに三二四年の手紙の草稿として紹介した。(三四)

その後、松田寿男氏は、李柏の西域長史再任説を疑問視し、張駿が正式に王を称するのは三四五年だが、それ以前に劉曜に涼王に封じられているし、実質的に王としてふるまった可能性があると考えた上で、張駿が趙貞を破り高昌郡を設置する前の書写とし、三二八年五月に限定した。(三五)以後、多くの李柏文書の解説などに三二八年説が多く使われることになった。(三六)

西川寧氏は、王国維氏に全面的に賛成し、松田説を批判した上で、宛先については松田氏同様に焉耆王宛ての書信と考え、張駿が王を称し、更に焉耆を征服した後の五月すなわち三四六年五月に限定した。(三七)これに対し、藤枝晃氏は、楼蘭文書全体の下限をかなり下げなければならない点に難があると指摘した。(三八)

中国では、侯燦氏も王国維説によって三四六年としたが、(三九)陳世良氏は、趙貞が三二七年かやや前に高昌郡を設置して前涼に叛し、三四〇年に張駿に捕えられたとした上で、李柏は三三〇年に趙貞に敗れて免職され、前涼も西域から撤退したが、三三五年に楊宣が亀茲・鄯善を攻略した後、三三六年に李柏が再任されたとし、三三五年に臣下が張駿を王と称するようになった後、三三六年の再任の際に書写したと考えた。(四〇)

以上の諸説を受けて、楼蘭史全体の中に位置付け、詳細に論を展開したのが孟凡人氏である。氏は、まず、主文書と断片の内容から逆賊趙貞を討つため焉耆王に宛てた書信と考え、李柏が趙貞を攻撃する前に書写したとする。次に、張駿が趙貞を破り高昌郡を設置した時期を三二七年と推定するとともに、三二三〜三二七年に張茂と張駿が相次いで、すでに涼王に封じられており、張駿は事実上王としてふるまい、三三五年に王を自称し三四五年に前涼の制度を完成させたとした。その上で、書写年代を、張駿が張茂を嗣いだ三二四年五月以降、三二七年以前とし、即位に近い三二五年（太寧三年）五月に限定した。[四一] 余太山氏はほぼ同様に趙貞を攻撃して破れる以前とした上で、張駿即位の翌年に西域各国の使者が来朝したと考え、三二五年五月の可能性を指摘している。[四二] なお、藤枝晃氏は書写年代について詳しい分析は加えていないが、張駿が趙貞を破った後を想定し、[四三] 冨谷至氏は何にもとづいたか示していないが咸和元年（三二一《ママ》）としている。[四四]

以上のように、現時点では、概ね三二五年説、三二八年説（三二七〜三二八年を含む）、三三六年説、三四六年説（三四六年以降を含む）に分かれているといえる。

(三) 書写時期の確定

以下、前述の諸説を踏まえながら、書写時期及びそれに付随する諸問題について考察することにしたい。

先に、関連する文献史料を挙げると、『晋書』巻八十六 張駿伝に、

西域長史李柏請撃叛將趙貞、爲貞所敗。議者以柏造謀致敗、請誅之。駿曰、「吾每以漢世宗之王恢、不如秦穆之孟明。」。竟以減死論、羣心咸悅。

とあり、李柏が高昌に拠る叛将趙貞を攻撃して敗北し、死罪になるところを許されている。また、同伝に、

初、戊己校尉趙貞不附于駿。至是、駿擊擒之、以其地爲高昌郡。

とあり、張駿が戊己校尉趙貞を破り、高昌郡を設置したとある。

この時期と李柏文書の時期を直接的・間接的に関連付けるのが三二五年説・三二八年説である。一方、三四六年説は、この時死罪を許された李柏が西域長史に再任されたとし、焉耆征服後に焉耆宛に出された書信の草稿と考えるのである。その大きな違いは、文書中に見られる「臺使」（史料2）「詔家」（史料1）「臣」「尚書」（史料8）などが張駿が王を称した後の用語であるという点と、焉耆征服後と考える点である。なお、羽田亨氏は、高昌・于闐・鄯善・大宛の使者が三三〇～三三二年の間に来たのと同様に焉耆もこの段階で降伏していたと見ている。

まず、焉耆征服後と考える点から検討しよう。焉耆征服との関連で考えるのは、李柏文書を焉耆王宛という前提に立つからである。また、この前提は、三四六年説だけではなく、藤枝晃・余太山両氏を除く、前掲のすべての論者に共通する。しかし、焉耆宛の論拠となった断片 Ot.8036（史料8）には、「臣柏言焉耆王□▨」とあり、すでに王国維・西川寧・藤枝晃・余太山各氏が指摘したように、「臣柏が焉耆王□に言う」という焉耆王宛の文書ではなく、「臣柏が申し上げるには、焉耆王□云々」という本国宛の文書であることは、明らかである。本国あてに焉耆王の動静を報告したものと考えられる。あるいは焉耆王でもなく、焉耆にいる王某の可能性もある。「臣柏言焉耆王□▨」の不明部分を「龍」と読み「焉耆王龍熙」宛とする場合も多いが、文書を見る限り「龍」とは読めないことも藤枝晃氏の指摘のとおりである。[四五] また、主文書二通も、藤枝晃氏が指摘したように、別々の王に宛てたもので、焉耆国王宛とは限らない。「主文書A」（史料1）の使者は「招」と「亘」、「主文書B」（史料2）の使者は「廻復羅」となっているし、断片 Ot.8018（史料5）は主文書と同様の書き出しで始まり、同様の草稿の冒頭部分と考えられ、少なくとも同様の草稿が3通以上あったと考えられる。したがって、焉耆王宛という前提に立つのは問題であり、焉耆征服後とする必然性はないのである。

「臺使」「詔家」「臣」「尚書」などが王を称した後の用語であるというのは確かであろう。(四六) しかし、孟凡人氏等が指摘するように、三四五年以前から王に封じられ、実質上、王として振る舞っていたと考えられる。『資治通鑑』巻九十二 明帝太寧元年(三二三)条に、

（劉）曜拜（張）茂侍中、（中略）涼州牧、封涼王、加九錫。

とあり、太寧二年（三二四）五月に後を継いだ張駿について、『晉書』巻八十六 張駿伝に、

劉曜又使人拜（張）駿涼州牧・涼王。

とあり、『資治通鑑』巻九十三 成帝咸和二年(三二七)条に、

張駿聞趙兵爲後趙所敗、乃去趙官爵、復僞晉大將軍・涼州牧。

とあるように、三二三年、三二四年に張茂と張駿が相次いで劉曜から涼王に封じられ、その後、三二七年に張駿は晋の大将軍・涼州牧を称している。また、『晉書』巻八十六 張駿伝に、

太寧元（二の誤り）年（三二四）、（張）駿猶僞建興十二年、駿親耕籍田。

とあり、張駿は即位後、建興の年号を用いた上、籍田の儀礼も行なっている。したがって、三二七年以前から、王に封じられ、実質上王として振る舞っていたと考えられるので、三四五年以後にこだわる必要はなかろう。西域長史再任を物語るものは無いし、再任説は無理に結び付けている印象を与えるが、その前提となる上述の問題が無くなれば、当然問題とはならなくなる。

したがって、西域長史再任とまで結び付けて三四六年説を無理にとる必要はあるまい。直接的・間接的にしろ前掲の『晉書』張駿伝の李柏の記事の前後で考えるのが自然であろう。そして、次の理由から、李柏が趙貞に破れる以前と考えるべきであろう。

（1）趙貞に破れ、死罪になるところを免じられたが、その際に西域長史の職は解任されたと考えられる。
（2）「主文書Ａ・Ｂ」にそれぞれ「此月二日來到海頭」「月二日到海頭（此）」とわざわざ表現されていることから、李柏の赴任時の文書と考えられる。(四七)

「主文書Ｂ」で一行目の日付の後に「海頭」と書き、もう一度出て来るので消しているが、他の楼蘭出土文書を見る限り、普段であれば日付のあとなどに発信地を記せば良かったか、あるいは発信地が無くても良かったと思われる。孟凡人氏は、「主文書Ａ」に「闊久不知問常懷思想」とあることから、最初の赴任時ではなく、涼州に行って趙貞攻撃を相談して戻って来た時と考え、余太山氏も戻って来た時としているが、対外的に赴任地に戻るたびに到着のことを記す必要は無いと思われる。また後述のように文書が趙貞攻撃と関わるかどうかは不明である。

李柏が西域長史となった時期は不明であるが、「主文書」が李柏赴任時のものと考えれば、前述のように文書中に「臺使」などの後が見られるので、張茂が涼王に封じられた三二三年以後であろう。「主文書Ａ・Ｂ」で別々の国からの使者を厳参事が一緒に送っている点や「慰労諸国」とある点を考慮すると、三二四年五月に張茂が死んで張駿が即位した後（特に翌年正月）に各国から使者が来て、それを送って行った可能性があろう。したがって、張駿が即位した以後と考えておきたい。また、張駿が趙貞を破り、高昌郡を設置した年代については、松田寿男氏は三二八年とし、孟凡人氏は三二七年としているが、高昌郡設置の年代については論考も多く、(四八)それだけで複雑な考証を必要とするので、ここでは三二七年または三二八年とするに止めておきたい。ともかく、李柏が西域長史であったのは、三二三年又は三二五年から三二七年又は三二八年の間と考えられる。特に主文書に見える使者が、張駿が即位した後に来て、その使者を厳参事が送っていった可能性があり、李柏は三二五年五月に西域長史として赴任し、到着後に各国王宛に書信を書写した可能性があろう。そして、断片には同時期及びその後の書信草稿などの断片が含まれると思われる。なお、李柏と直接関係しない文書も含まれている可能性もある。

李柏文書主文書の書写時期について得られた結論は、概ね孟凡人・余太山氏同様で、三二五年（または三二三年）から三二七年（または三二八年）の間で、特に三二五年の可能性があると思われる。ただし、孟凡人氏は、逆賊趙貞を討つため焉耆王に宛てた書信と考えたが、そうではなく李柏の赴任時の書信の草稿と考える方が妥当であろう。前述のように、主文書は別々の王宛で、焉耆王宛とは限らない。断片 **8035** に「逆賊趙」とあるのを趙貞と結び付け、**8001** の二行目を「…趙□□前?自為逆」と釈読して趙貞と結び付けたが、前者は趙貞はどうかは不明であり、後者は明らかに趙貞ではなく趙阿という人物で、趙阿が黄金を強奪し反逆したことに関わるものである。この趙阿の名は断片 **8005** にも見える。したがって趙貞と結び付けることはできない（但し、趙阿が趙貞の字名または別称か一族の可能性も残るが、不明である）。これまで孟凡人氏だけでなく他の論者も趙貞と結び付け過ぎていたのではないだろうか。李柏文書を見る限り、趙貞との関係は不明と言わざるを得ない。同様に藤枝晃氏は主文書中の「北虜」を趙貞を指すとしたが、王国維氏のように鮮卑などを指すと考えるのが妥当であろう（なお、藤枝氏が「北虜」は趙貞を指すとしながら、李柏文書の書写時期を趙貞降伏後とするのは矛盾する）。なお、片山章雄氏は、「主文書B」二行目の末尾を「闊[久思想]」と釈読するが、(四九) 字形から考えて「別[久思想]」の方が良いように思われる。

おわりに

以上の検討の結果、李柏文書は、楼蘭故城出土とすべきことが確認できた。またその「主文書」の書写時期は、李柏が趙貞に破れる以前とすべきで、三二五年（又は三二三年）から三二七年（又は三二八年）の間と考えられた。特に、張駿が即位し、各国から使者が来て帰国する時期、李柏が西域長史として赴任した時で三二五年の可能性が高いと思われる。

《注》

（一）片山章雄「李柏文書の出土地」（『中国古代の法と社会 栗原益男先生古稀記念論集』汲古書院、一九八八年。中訳「李柏文書的出土地」『新疆文物』一九九八年第四期）。

（二）香川黙識（編）『西域攷古図譜』上・下巻、国華社、一九一五年。中文版、学苑出版社、一九九九年一〇月。

（三）以下、西域文化資料の文書番号については、Ot.～として示し、行方不明のものについては、Ot.（～）として前掲『西域攷古図譜』の「史料」番号と位置を示すことにする。

（四）羽田亨「大谷伯爵所蔵 新疆史料解説 第一」（『東洋学報』第一巻第二号、一九一一年。『羽田博士史学論文集 歴史篇』東洋史研究会、一九五七年、所収）、王国維・羅振玉『流沙墜簡』影印本（一九一四年。校正重印本一九三四年。中華書局一九九三年）など。

（五）例えば、内藤虎次郎（湖南）「西本願寺の発掘物」（『大阪朝日新聞』一九一〇年八月三日～五日。『内藤湖南全集 六』筑摩書房、一九七〇年、所収）、前掲、羽田亨「大谷伯爵所蔵 新疆史料解説 第一」など。詳しくは、前掲、片山章雄「李柏文書の出土地」参照。

（六）Aurel Stein ; *Serindia*,1921,5vols.など。詳しくは、前掲、片山章雄「李柏文書の出土地」参照。

（七）王国維・羅振玉、前掲『流沙墜簡』。

（八）August Conrady; *Die Chinesischen Handschriften und sonstigen Kleinfunde Sven Hedins in Lou-lan*, 1vol. Stockholm, 1920. E'douard Chavannes; *Les documents chinois decouverts par Aurel Stein dans les Sables du Turkestan oriental*, 1vol. Oxford, 1913. なお、王国維

氏が楼蘭から送られたと判断した紙文書は楼蘭で記された草稿の可能性が高いことになる。

(九) 森鹿三「李柏文書の出土地」(『龍谷史壇』四五、一九五九年。『東洋学研究　居延漢簡篇』同朋舎、一九七五年、所収。中訳『新疆文物』一九九一年第四期)及び「楼蘭出土李柏文書」(『書道全集　第三巻』平凡社、一九五九年。前掲『東洋学研究　居延漢簡篇』所収)。

(一〇) 例えば、長澤和俊『楼蘭王国』(角川新書、角川書店、一九六三年。レグルス文庫、第三文明社、一九七六年)は森説によってLK遺址を海頭と称している。

なお、中国では、例えば譚其驤(主編)『中国歴史地図集　第三冊　三国・両晋時期』(地図出版社、一九七四年試行。一九八二年正式発行)、郭沫若(主編)『中国史稿地図集(上冊)』(地図出版社　一九七九年)は、王国維説をもとにLA遺址の位置に西域長史府を置き海頭とも称していたが、近年、新疆ではLK遺址を海頭とする見方が定着している。例えば、穆舜英『神秘的古城楼蘭』(絲路叢書　新疆人民出版社、一九八七年)は一九七九年六月の予備調査の際にヘリから海頭遺址すなわちLK遺址を確認できなかったとし、周紹祖等編『中国新疆名勝古迹』(新疆青少年出版社、一九九六年)はLK遺址を海頭古城遺址とし王国維・森鹿三氏の見解を簡単に紹介しながら解説している。

(一一) 孟凡人「李柏文書出土于LK遺址説質疑」(『考古与文物』一九八三年第三期)、「論李柏文書的年代和出土地点」(『中国歴史博物館館刊』総第一三・一四期、一九八九年)、『楼蘭新史』(中国辺境・民族歴史和文化研究指南叢書、光明日報出版社、一九九〇年)、『楼蘭鄯善簡牘年代学研究』(新疆人民出版社、一九九五年)。

(一二) 侯燦「李柏文書出于LK説」(『新疆社会科学』一九八四年第三期)、侯燦・奚国金「関于李柏文書出土地点問題与孟凡人同志商榷」(『新疆社会科学研究』一九八四年第一五期)、侯燦・奚国金「李柏文書出于LK析疑　—兼与孟凡人同志商榷」(『考古与文物』一九八五年第三期)、侯燦『高昌楼蘭研究論集』(新疆人民出版社、一九九〇年)。なお、陳世良氏も、三三〇年に李柏が趙貞に敗れた後、楼蘭故城が廃棄され、前涼が西域から撤退したが、後に西域長史を再置した際に海頭に駐屯するようになったとし、LK説を支持した(「李柏文書新探」『新疆社会科学』一九八七年第六期)。

（一三）片山章雄、前掲「李柏文書の出土地」。

（一四）孟凡人、前掲『楼蘭新史』。余太山「新疆出土文書札記 関于"李柏文書"」（『西域研究』一九九五年第一期。『両漢魏晋南北朝与西域関係史研究』中国社会科学出版社、一九九五年）。林梅村「楼蘭国始都考」（『文物』一九九五年第六期。後に『漢唐西域与中国文明』文物出版社、一九九八年に改訂所収）。

（一五）藤枝晃「李柏文書」（『仏教東漸 ―祇園精舎から飛鳥まで―』思文閣出版、一九九一年）。なお、旧稿「楼蘭文書札記」（『東方学報』（京都）第四十一冊、一九七〇年）では、後述のように榎一雄氏が橘氏の記憶の正確度を疑ったのに対し、記憶が信頼できないというのであれば状況判断に拠るしかないと述べていた。

（一六）侯燦「跋片山章雄《李柏文書的出土地》」（『西域研究』一九九九年第三期、『新疆文物』一九九九年第二期）。

（一七）侯燦「楼蘭出土張済逞文書与李柏文書再探」（『四川大学考古専業創建四十周年暨馮漢驥教授百年誕辰紀念文集』四川大学出版社、二〇〇一年）。

（一八）なお、何培斉氏は内藤湖南・羽田亨・王国維・森鹿三各氏の見解を詳細に紹介した上で、王国維説を是としながら、ロプ・ノール東北の遺址としているのを西北の誤りとして故城出土と確認しているが（何培齊「〈李柏文書〉及其出土地問題」簡牘學會編輯部編『勞貞一先生九秩榮慶論文集』（『簡牘學報』第一六期）、一九九七年）、片山章雄氏など近年の研究にはわずかに言及するのみで、説得力に欠け、現段階の研究としては意味がない。

（一九）The Location of the Capital of Lou-lan and the Date of Kharosthī Inscriptions, *Memoirs of the Reserch Department of the Toyo Bunko* 22,1963.「鄯善の都城の位置とその移動について(二)」『オリエント』第八巻第二号、一九六六年、「法顕の通過した鄯善国について」『東方学』第三四輯、一九六七年（後の二点は『榎一雄著作集 第一巻』汲古書院、一九九二年に再録）。

（二〇）片山章雄、前掲「李柏文書の出土地」。

（二一）例えば、呉三保責任編輯『神秘的羅布泊 The Mysterious Lop Lake 中国科学院新疆分院羅布泊総合科学考察隊』（科学出版社、一九八五年）も楼蘭故城の航空写真をヤルダンの写真として取り違えて掲載している。

(二二) 金子民雄「解説」(橘瑞超『中亜探検』改訂版、中公文庫、中央公論社、一九八九年)。なお、金子民雄「ヘディンをめぐる人々(一五)――橘瑞超」(『ヘディン探検紀行全集』第一五巻付録月報一五号、白水社、一九七九年。『ヘディン　人と旅』白水社、一九八二年、『ヘディン交遊録』角川文庫、二〇〇二年に増補再録)でも簡単に紹介されている。

(二三) 片山章雄、前掲「李柏文書の出土地」。

(二四) **Aurel Stein;** ***Innermost Asia,*** **1928, 5vols. Folke Bergman;** ***Archaeological Resseaches in Sinkiang Especially the Lop-Nor Region,*** **1939.**

(二五) 片山章雄、前掲「李柏文書的出土地」(中訳)。

(二六) 橘瑞超『中亜探検』(博文館、一九一二年。改訂版、中公文庫、一九八九年)にほぼ再録。

(二七) なお、第一組は木簡であり、**LA.II.iv** 房址中の壁中の穴から発見されたとは考えがたい。また **LA.II.iv** 房址中からヘディン・スタイン氏が何等文書を発見していないことを考慮すると、**LA.II.ii** にあたる房址と取り違えた可能性もある。

(二八) なお、スタイン将来の紙文書に、次のような文書があり、末尾がマスペロ以来「至海頭」と釈読されてきた。しかし、写真版を見る限り、西川寧氏も指摘するように「海頭」とは断定しかねる(前掲『西川寧著作集　第四巻』)。「至」字は「与」とすべきで、「海」字は「海」か「汝」か迷うところであるが、「頭」字は全く不明である(釈文の《　》内は西川寧氏、【　】内は孟凡人氏の補正である)。

Ma.252-LA.VI.ii.062〈596〉《C109》**【586】**

1. ⧄愈足言嘗住□⧄
　【僉】　《吾》
【出?】　五日
　《汝》　《与汝□》

2. ⧄若□無駝足來至海頭
　【用】　**【口】**

(二九) 孟凡人、前掲『楼蘭新史』など。

(三〇) 李柏文書とその断片の釈文については、後掲の研究等で取り上げられているほか、林梅村編『楼蘭尼雅出土文書（秦漢魏晋出土文献）』（文物出版社、一九八五年）、西川寧『西川寧著作集 第四巻 西域出土晋代墨蹟の書道史的研究』（二玄社、一九九一年）、孟凡人、前掲『楼蘭鄯善簡牘年代学研究』、侯燦・楊代欣編『樓蘭漢文簡紙文書集成』（成都天地出版社、一九九九年）などでまとめて取り上げられている。以上のうち、整理番号のあるものについて、林梅村氏の整理番号を〈 〉、西川寧氏の整理番号を《 》、孟凡人氏の整理番号を【 】で併記する。

(三一) 羽田亨、前掲「大谷伯爵所蔵 新疆史料解説 第一」。

(三二) 王国維・羅振玉、前掲『流沙墜簡』。

(三三) E'douard Chavannes; Transcript of text and annotated translation of Chinese documents found by Mr.Tachibana at the Lou-lan Site. op.cit. Aurel Stein; *Serindia.* 但し、『晋書』には324年とする記事は見当たらない。

(三四) op.cit. Aurel Stein; *Serindia.*

(三五) 松田寿男『古代天山の歴史地理学的研究』（早稲田大学出版部、一九五六年。増補版一九七〇年）。

(三六) 例えば、『書道全集 第三巻』（平凡社、一九五九年）、『龍谷大学創立三五〇周年記念 大谷探検隊将来 西域文化資料選目録』（龍谷大学、一九八九年）など。

(三七) 西川寧「李柏書稿年代考」（『東京教育大学教育学部紀要』第八巻、一九六七年。前掲『西川寧著作集 第四巻』所収）。

(三八) 藤枝晃、前掲「楼蘭文書札記」。

(三九) 侯燦、前掲「李柏文書出于ＬＫ説」、『高昌楼蘭研究論集』、侯燦・奚国金、前掲「李柏文書出于ＬＫ析疑 ―兼与孟凡人同志商榷」など。

(四〇) 陳世良「李柏文書新探」『新疆社会科学』一九八七年第六期。

(四一) 孟凡人、前掲「論李柏文書的年代和出土地点」、『楼蘭新史』、『楼蘭鄯善簡牘年代学研究』。

（四二）余太山、前掲「新疆出土文書札記　関于〝李柏文書〟」。

（四三）藤枝晃、前掲「李柏文書」。

（四四）冨谷至「三世紀から四世紀にかけての書写材料の変遷　楼蘭出土文字資料を中心に」（同編『流沙出土の文字資料　楼蘭・尼雅文書を中心に』京都大学学術出版会、二〇〇一年）。

（四五）なお、西川寧氏と藤枝晃氏（前掲「李柏文書」）は断片8036（史料8）を上表文の首部、8033（史料6）を末尾と解しているが、片山章雄氏は逆に8033の後に8036が接続する可能性を指摘している。8036の冒頭一行目に「臣▨」、二行目に「尚書」とあり、一行目の下に8033の末尾「▨□誠惶誠恐□▨」（最初の□は「柏？」）を接続すると、「臣柏？誠惶誠恐□～尚書」となり、蔡邕『独断』に記す表式に「表者不需頭。上言臣某言。下言臣某誠惶誠恐頓首頓首死罪死罪。左方下付日。某官臣某甲上。詣尚書通者也。」とある末尾の形式に合致し、それぞれの接合部分の切断状況がほぼ一致するとする。また、そのことから、二通文の草稿が一枚に続けて記されていた可能性を指摘している（中国庫爾勒開催の「中国西域楼蘭学与中亜文明学術討論会」一九九五年一〇月二六～二八日での口頭発表及び配布資料）。

（四六）「臺使」「詔家」について、藤枝晃氏は見馴れない官職名とした上で天子の側近を指すと推測し本国朝廷から派遣された使者と解しているが（前掲「李柏文書」）、「臺使」はすでに王国維氏も引く『晋書』巻六十三　段匹磾伝に、「(邵)泊復欲執台使王英送於(石)季龍、(段)匹磾正色責之曰、「卿不能遵兄之志、逼吾不得帰朝、亦以甚矣、復欲執天子使者、我雖胡夷、所未聞也。」とあり、天子の使者を指すことが分かる。このほか「臺使」の事例は『晋書』巻五十九　成都王穎伝、『宋書』巻七十四　臧質伝、巻九十七　夷蛮伝百済国条などに散見する。「詔家」については、王国維氏は『晋書』巻九十九　桓玄伝に、「(桓)玄左右偁玄為桓詔、桓胤諫曰、「詔者、施於辞令、不以為偁謂也。漢魏之主皆無此言、唯聞北虜以苻詔耳。」とあるのを引き、「詔家」は「臺」とともに天子の意味で用いられ、「大家」「官家」のような意味で張氏を指すとした。しかし、「主文書A」に「詔家見遣」とあり、天子が派遣されることは有り得ないので、詔を受けて全権を委ねられた人物を指すように用いられたのではないだろうか。あるいは、「詔家」が天子を指す以外にありえないとすれば、「詔家見遣」は

「詔家」より派遣されたということか、「詔家」が現に派遣したということかもしれない。

(四七) 李柏と「臺使」と「詔家」との関係について、まず羽田亨氏は李柏が諸国慰労のために西に来たと解したが(前掲「大谷伯爵所蔵 新疆史料解説 第一」)、王国維氏が「臺」「詔家」が天子すなわち張駿を指すとし(前掲『流沙墜簡』)、それを受けて西川寧氏は「臺使」は前涼王の答礼使であって、羽田氏が李柏自身を答礼使とするのは全くの誤りであるとした(前掲「李柏書稿年代考」、『西川寧著作集 第四巻』)。更に藤枝晃氏は本国皇帝からの使節(臺使・詔家)が派遣されて来たので西域長史李柏が部下を西域諸国に廻らせることになったと解し、[史料2]の「奉臺使~」を「臺使の西に来れるを奉《むか》へて~」と訓読したが(前掲「楼蘭文書札記」)、新稿では「臺使の西に来れるを奉じて~」と訓読し、李柏が本国からの使者のお供をしてやって来たと解した(前掲「李柏文書」)。

しかしながら、[史料2]では「奉臺使~」とあり、「臺使」を迎えたりお供をしたようにも解せるが、[史料1]では「詔家見遣~」とあり、「詔家」あるいは「詔家」から派遣された使者が来たのを迎えたりしたとは解せない。「詔家」あるいは「詔家」派遣の使者と同一の使者を指すとすれば、「奉臺使~」は使者を迎えたなどと解するよりは、使者が「臺使」を奉じた使者として来たと解すべきであろう。したがって、李柏自身が「臺使」を奉じ、天子の使者として派遣され、西に来たものと考えられるので、李柏が西域長史に任ぜられ、天子の使者として諸国慰労の任を帯びて赴任したと考えるのが妥当であろう。なお、孟凡人・余太山両氏はその関係について特に論じていないが、李柏自身が焉耆または諸国慰労の命を受けたと考えている(前掲、余太山「新疆出土文書札記 関于〝李柏文書〟」、孟凡人『楼蘭新史』など)。

(四八) 山口洋「高昌郡設置年代考」(『小田義久博士還暦記念東洋史論集』龍谷大学東洋史学研究会、一九九五年)参照。

(四九) 片山章雄「李柏文書(538B)の冒頭部分 —李柏文書覚え書き(1)—」(『吐魯番出土文物研究会会報』第六五号、一九九一年)。

[附記] 本稿は、文部省派遣在外研究中に北京大学歴史系で二〇〇〇年六月一六日に発表した「関于楼蘭(鄯善)史的几个問題

——国都問題及関于李柏文書的諸問題——」の後半部分に加筆修正したものである。発表の機会を与えていただいた北京大学歴史系の栄新江先生や、当日司会や通訳の労をそれぞれ取っていただいた同歴史系の羅新・蒋非非各先生を始めとする諸先生に、非常にお世話になると同時に、貴重な御意見をいただくことができました。また、李柏文書とその断片群の閲覧に際しましては、龍谷大学大宮図書館に大変お世話になりました。ここに、記して謝す次第です。

麹氏高昌国時代における僧侶の経済活動

町田　隆吉

はじめに

唐の貞観十四年（六四〇）、交河道行軍大総管の侯君集らによって麹氏高昌国が滅ぼされたとき、その国の規模は三郡五県二十二城、戸数八千四十六、人口三万七千七百三十八であったとされる（『唐會要』巻九十五 高昌條）。これより先に、インドに赴く途中の唐僧玄奘が、高昌王麹文泰（在位六二四〜六四〇）に請われて高昌国に立ち寄った際に、王は「僧徒は少ないとはいえ数千人はいる」（『大唐大慈恩寺三藏法師傳』巻一）と述べている。これは概数であるとはいえ（また多少の誇張が含まれているにせよ）、麹氏高昌国末期における総人口三万七千七百三十八人にしめる僧侶の割合の高さを示している。また、麹氏高昌国時代には姓のみを冠した氏寺のような寺院や、追善供養のためかと思われるような姓名を冠した寺院が多いという特徴が見られる。麹氏高昌国では、そうした寺院の建立が比較的自由であったようで、今のところ出土文献に残っているものを数えあげただけでも、百七十九カ寺に及んでいる(一)。こうした多くの寺院や僧侶が、それぞれに作人や使人などとよばれる隷属民を所有し必要な労働に従事させていたことについては、かつて述べたことがある（町田b、朱b）。くわえて寺院や僧侶がさまざまな経済活動をおこなっていたことも知られている（小田、呉a・b、謝、町田d・e）。同時代の中原地域の諸政権では、寺院や僧侶に税役免除の特権をあたえていたが、麹氏高昌国では、俗人と同じような経済活動を行うこれらに対して相応の税役（たとえば「道役」「僧逋銭」「僧租酒」など）を課していた。ここに、この地の政治権力の地域的特殊性がうかがえる。そこで、小稿では、トゥルファン文書を利用しながら、そうした税役の基礎とされる僧侶個人の経済活動に限って具体的に検証してみることにしたい（以下、『吐魯番出土文書』は『文書』と略記。そのうち図録本は図、録文本は録と記し、冊数・頁数を付す。引用資料の冒頭の数字は行数を示す。異体字は印刷の都合で正字に改めた）。

一、僧侶による居宅の所有・貸借

麹氏高昌国時代における僧侶個人による寺院や居宅の所有の実態については、「僧法安等寺宅簿」（59TAM302:32/2『文書』図貳 - 193、録5 - 49）を、その傍証とすることができよう。

1　］師法安有寺一、［
2　］有寺一、城外宅一。趙師［
3　］師明信有寺一。趙師［

ここには、1行目の法安という僧侶は寺院一ヵ所を、2行目の欠名の僧侶は寺院一ヵ所と城外の居宅一ヵ所を、3行目の明信という僧侶は寺院一ヵ所を、それぞれ所有していると記されている。この記載をそのままに読み取れば、寺院や居宅などの不動産の所有主体が僧侶個人であったことがわかる。このうち2行目の記述から僧侶が必ずしも寺院にばかり常住していたわけでないことも推測できる。この僧侶の場合、城内の寺院と城外の居宅との間を行き来していたかもしれない。

こうした僧侶個人が寺院を所有する場合とは、「高昌主客長史陰尚□造寺碑」に見られる「よりてこの旧舘を捐てて、この伽藍一所を建つ」とあるような、いわゆる捨宅寺院などの事例が該当するのではないかと考える（池田a）。つまり、こうした寺院の所有権は、それを建立した当人（出家者）や同族出身の僧侶にあったように思われる。とりわけ、自ら出家し、その居宅をそのまま寺院とするような場合などは、まさしく僧侶が寺院を所有する可能性として最も高いのではないだろうか。

　ところで、この紀年・干支のない「僧法安等寺宅簿」はいつごろ書かれたのであろうか。この文書が出土したアスターナ三〇二号墓は、男女合葬墓（男一体、女二体）で、この墳墓からは、紙幅の大きさにもとづき麹氏高昌国時代と推測される随葬衣物疏（女性で欠名）および唐永徽四年（六五三）趙松柏の墓誌が出土している。このことから、この墳墓は麹氏高昌国時代から唐・西州時代にかけて営まれたとされる。この文書のなかには、僧名について「〇師法安」（1行目）、もしくは「〇師明信」（3行目）とあり、さらに「趙師」（2・3行目）とあるので、ここでは僧名を「[姓] 師＋ [法名]」というように記していたことがわかる。[二] こうした僧名の記載のしかたについていえば、やはり麹氏高昌国時代から唐・西州時代への交替期における弘寶寺関係文書のひとつ「唐西州高昌県弘寶寺僧曇隆等名籍」（64TAM15:20『文書』図貳 - 32、録4 - 52）にも

1　　］僧［
2　□□曇隆　良師曇會　索師宣珎　合僧［
3　□師海岳　合壹人
4　索師善信　侯師明進　合僧貳人（上の三字に抹消線あり）　厳師道進
5　□師太覚　合僧壹人

6　］合僧壹人
7　］□師智相　史師衆慶　董師道貫

とあって、同様の記載方法であることがわかる。すなわち、「師」字の前の文字は俗姓であり、「師」字の後が法名であることは明らかである。なお、この文書を含む一連の弘寳寺関係文書は、唐の貞観十四年（六四〇）閏十月及びその直後に書かれたものと考えられている。こうした僧名の記載の類似性からも、上記文書を麹氏高昌国時代もしくは唐による征服直後のものとみなしてよいように思われる。さらに想像を逞しくすれば、こうした「僧法安等寺宅簿」のような寺院や居宅の所有に言及する文書は、この地が唐の支配下に入った直後に僧侶の資産を調査した際の記録の一部であったかもしれない。いずれにせよ、僧侶が寺院以外にも居宅を所有していたことの証左のひとつとすることができる。

麹氏高昌国におけるこうした僧侶による居宅の所有は、次にあげる契約文書からも明らかである。ここでは、一般の俗人が僧侶からその所有する居宅を購入している事例をとりあげておきたい。これによって、居宅も耕地と同様に売買の対象とされていたことがわかる。くわえて、その当事者の一方、つまり売主が僧侶であることに注目しておきたい。すなわち、「高昌甲辰歳張阿趙買舎契」（60TAM338:14/5『文書』図貳-２３９、録５-１３８～９）には、

1　］年甲辰歳十一月九（日）、張阿趙従道人願恵□
2　□舎両間、交与銀銭伍文。舎東詣張阿成、南□
3　道、西詣張趙養、北詣張阿成。四在之内、長不還、
4　短不与、［
5　佲者、仰本［　　］和可、後為巻要。巻成之

6　後、各各不得□□□□□罰二、入不悔者。民有私
7　□、□行二主、各自署名為信。
8　　　　　　　倩書　道人　法賢
9　　時見　　　□衆養

とあり、甲辰歳の十一月九日に張阿趙という人物が道人（＝道に入った人、ここでは僧侶を指す）の願恵から舎（居宅）の二間を、銀銭五文で購入するというものである。これからも、道人の願恵が居宅を所有していたことが知られる。但し、願恵自身がここに常住していたかどうかは確認できていない。なお、その書かれた年代についても明らかではないが、一応、以下のように考えられている。この文書が出土したアスターナ三三八号墓は、三人の合葬墓であるが、盗掘で甚だしく乱されていたといわれる。唐・乾封二年（六六七）の范郷願の墓誌が出土していることから、出土した文書は麹氏高昌国時代から唐代までとされる。ちなみに紀年が記された文書で最も早いものは高昌延寿二年（六二五）、最も遅いものは唐の龍朔四年（六六四）である。右の文書については、紀年部分が欠けているため、整理者は、「干支と署名の形式から麹氏高昌国時代の文書であり、最後の「甲辰歳」は延昌二十三年（五八四）であるので、あるいはこの年ではないだろうか」と述べている（『文書』図貳－２３９、録５－１３８）。但し、紙鞋を構成していた十一点の文書のうち本文書を除く五点の文書の紀年が、それぞれ延寿六年（六二九年、14/1）、延寿四年（六二七年、14/2）、延寿十年（六三三年、14/3－1, 14/3－2）、延寿二年（六二五年、14/4）であることから考えると、この文書のみ時期の上で四十年以上もさかのぼることになり、その時間的な隔たりが大きすぎるように思われる。書式や形状からこの文書が麹氏高昌国時代の文書であることは確かであるが、あるいは干支そのものに、もしくは紀年比定に問題があるかもしれない。

　以上の事例から、僧侶がその所有する居宅を売買の対象にしていたことがわかる。くわえて、索寺主を舎主とする舎の貸借契の存在を念頭におけば、[三]所有する居宅を貸し出す場合があったかもしれない。こうした居宅の売買、もしくは賃貸などは僧侶による俗人と変わることのない経済活動の一部であると見なしてよいように思われる。

二、僧侶による土地所有とその経営

（1）僧侶による土地所有

　次に僧侶による土地所有とその経営について取り上げてみたい。まずは、麹氏高昌国時代以前における僧侶による土地所有の事例を確認しておきたい。たとえば、トゥルファン文書のうち「北涼貲簿」と称される官文書には、すでに僧侶の土地所有を示す内容が記されている。その関連する部分のみを取り出せば、「道人愿道常田五畝半」「道人知進?桑七畝」「道人曇普常田二畝半」「田地道人僧威常田三〔畝〕」「道人恵並常田二畝半」「出鹵田四畝入田地道人恵政」など六件の事例を指摘することができる。ここには耕地の種類として常田、桑田、鹵田があり、田地県の僧侶の名前もある。この文書は五世紀、すなわち五胡十六国時代末期の北涼政権時代（もしくは沮渠氏高昌国時代）のものとされており（朱a、町田a、王）、麹氏高昌国時代の僧侶による土地所有は、このような前代における僧侶による土地所有を継承していたものと理解できる。

　麹氏高昌国時代における僧侶による土地所有を示唆する文書は数多く存在するが、ここではその一例として、（ア）「高昌諸寺田畝帳」（『文書』図貳-255～8、録5-167～174。なお、「　」内は朱字。＊は、この部分から文字の右側に朱筆の勾勒があることを示す）を移録し、その内容を検討することから始めたい。

（一）

〔前缺〕

1　」憙田十三、次九、桃四畝六十「

2　」[寺]明瑜田十三畝六十歩、桃「

3　」桃半畝　張寺智峻田七畝「　　「[足]」

4　」＊智峻田十二、「中七畝入趙寺[明]瑜、＊次五畝入張寺究住」　　「足」

5　」智峻田五畝　趙孟季

6　「　　「足」

7　」[法]朗田十五[半]、桃四(曹)○(進)(田)(二)(畝)(半)　　「足」

8　」趙孟季寺樹十三

〔中缺〕

9　」隆寺田八[畝]「　」[曇]「　」[田]一畝半　和子「

10　」歩　　「[足]」

11　」延□田一畝　　「足」

12　」＊蔵田二半、桃一

13　］主田卌四半、桃二樹一　　曹寺［
14　］半矛田廿四半六十歩［

［後缺］

(67TAM92:49(b), 44(b), 50/1(b), 50/2(b), 45(b), 46(b))

(二)

［前缺］

1　］寺□憙田十七半、桃二半六十歩、天宮養祐桃半畝六十歩
2　田寺太覚田二畝廿四歩、馮寺明曇田半畝「足」
「半」
3　牛寺僧攬田九半、桃一半、
4　］九半＊「中半畝卌入牛寺、田四畝」［

［後缺］

(67TAM92:48(a))

(三)

［前缺］

1　］田一半六十歩、桃一半。陰寺相歓□□畝［
2　□田四畝六十歩。
「足」

3　員＊寺相歓田□半。「入陰寺」［

［中缺］

- - - - - - - - - -

「半」

4　］善和寺田五畝六十歩、桃二畝、史寺相隆田二［

5　］寶娥田［

［後缺］

（67TAM92:47(b)）

（四）

［前缺］

「半」

1　劉寺梵□田□半　桃一、樹一　［　］寺田一［

2　五十歩

「足」

「半」　＊□「田」［

3　田寺太覚田□半［

［後缺］

（67TAM92:42(b)）

（（五）は省略）

これらの文書では、「田（耕地）」、「桃（葡萄園）」、「樹（棗などの果樹か？）」の所有者名と面積・本数、さらに変更がある場合には朱筆による追記と、部分的に照合がなされた痕跡が見える。そのなかで、（一）の4行目は興味深い内容を含んでいる。この行は、3行目をふまえると「（張寺の）智峻の田は十二畝。『うち七畝は趙寺の明瑜に入り、次の五畝は張寺の宂住に入る』」と読み取ることができ、『　』の部分が変更点として後になって朱筆で付け足されたものと考えられる。すなわち、張寺の智峻が所有した耕地十二畝について、そのうちの七畝は趙寺の明瑜の所有に、残りの五畝は張寺の宂住の所有に帰したと理解できる。こうした所有権の移動が単なる売買によるものなのか、あるいは智峻が没したことによって移譲されたものなのかを詳らかにすることはできないが、これらから僧侶が個人として耕地や葡萄園を所有していたことがわかる。さらに、（二）の3〜4行目は、「牛寺の僧攬の田九畝半、桃（葡萄園）一畝半。……（僧攬の田）九畝半。『うち半畝四十歩は牛寺に入り、田四畝は（某々に入る）』」と読むことができ、ここでは牛寺の僧攬が所有した耕地九畝半と葡萄園一畝半のうち、耕地の半畝四十歩は牛寺の所有に、四畝はいずれかの所有に帰したことがわかる。ここでも理由は明らかでないが、僧攬という僧侶個人から彼が常住していたと考えられる牛寺などに所有権が移ったと理解できる。これらのことから、僧侶個人と寺院とは、それぞれ別の名義で耕地や葡萄園などの不動産を所有していたとみなしてよいようである。なお寺院の例としては、ほかに「趙孟季寺」「［　］隆寺」「善和寺」などが見えている。

このほかに、同墓からは（イ）「高昌諸寺田畝官絹帳」（『文書』図貳‐259〜261、録5‐175〜180）と（ウ）「高昌某歳諸寺官絹捎本」（『文書』図貳‐261〜2、録5‐181〜3）の二件の文書が出土しているが、ここでは、行論の都合上、（イ）から必要部分を抜粋して移録するにとどめたい。

（一）

1 法祐下　大司馬自田卌九畝六十［

2 一百卌二歩。樊寺真智半畝□□二歩［

3 半八十四歩。馮寺明曇十五歩。

4 ］自卌八畝半六十歩、桃九畝、樹一株。南劉都寺田三畝。大韓□田九［

5 ］馮寺明曇田廿畝、絹二半綿二半［

［後缺］

（67TAM92:47（a））

（二）

［前缺］

1 趙里賢寺自田十畝半　王阿勒寺○一○［

2 田七畝六十歩　張阿忠寺樹一株　「絹半綿半」

「上此」

3 ］桃四畝、汜寺法朗二畝半

「□」

「上　此」

4 ］畝、桃二畝半六十歩。趙光義寺田半

「□　半　綿　半」

［後缺］

(67TAM92:48(b))

(三)

［前缺］

1　□寺自田六畝　橋寺田七畝　裴寺四畝　張玄隆寺［

「絹半　綿半」

「上　此」

2　］桃三畝半六十歩　王寺元収田

3　］神謙寺田三畝　張阿忠寺

4　］畝六十歩「絹一綿一」

「上此」

5　］□□□□寺四十三畝

［後缺］

(67TAM92:42(a))

(以下、(四)(五)は省略)

これらの文書では、僧侶や寺院が所有する耕地や葡萄園の面積、あるいは「樹」の本数などに応じて、負担すべき織物の量が「絹半綿半」あるいは「絹一綿一」というように朱記されているように見える（なお、(ウ)はこうした絹と綿の負担額のみを僧侶あるいは寺院ごとにまとめて記した台帳のようなものである）。

この（イ）の文書でも、先に述べた（ア）と同様に、耕地や葡萄園などの所有が僧侶個人か寺院かという点は明瞭に区別されていたことがわかる。たとえば、（一）の3行目「馮寺明曇十五歩」、同4行目「南劉都寺田三畝」、（二）の1行目「趙里賢寺自田十畝半」、同3行目「氾寺法朗二畝半」などのように、寺院と僧侶個人とは明らかに分けて記述されており、ここからも僧侶個人の所有する耕地が存在したことは明らかである。なお、ここにあげた「馮寺明曇（馮寺の明曇）」は同じく5行目にも認められるが、この僧名は、先にあげた（ア）の（二）2行目にみえる「馮寺明曇」と同一人物であると考えられることなどから（くわえてこれらの文書が表裏の関係にあることもあって）、（ア）（イ）はほぼ同時期の文書であるとみなすことができる。[四]

これら（ア）～（ウ）の三件の文書が出土したアスターナ九二号墓は夫婦合葬墓で、ここからは高昌延寿十六年（六三九）陽(楊)保救妻張氏墓誌と唐総章元年（六六八）楊保救墓誌が出土している。ここにあげた一連の文書（42～52号文書）は、すべて女性の紙鞋から拆出されており、墓誌をふまえると、延寿十六年以前の文書と考えられ、麹氏高昌国時代の僧侶個人と寺院による土地所有を示すものと見なしてよい。

このように、耕地や葡萄園には、僧侶個人が所有する「僧田」と寺院が所有する「寺田」とが存在することを確認できたが、このうち僧侶個人が所有する土地の来源は、俗人のときに所有していたものを出家後も引き継いでいる場合もあれば、出家後に購入したり寄進されたりするなどによって新たに入手する場合もあったと思われる。

ところで、僧侶個人が新たに土地を入手したことを示す資料は今のところ確認できないので、ここでもまた、その傍証として寺院に関する事例を取り上げておきたい。たとえば、「高昌侍郎焦朗等傳尼顕法等計田承役文書」（68TAM99:6 (a)『文書』図壹-441、録4-補64～65）のなかに、

1 ……侍郎焦朗傳、張武僞寺主尼顕法田地隗略渠桃一畝半役
2 聴断除。次傳、張羊皮田地劉居渠断除桃一園、承一畝半六十歩役、給与張武僞
3 寺主顕法永為業。（略）
4 ……通事張益傳、索寺主徳嵩師交何王渠常田一畝半、次
5 高渠薄田六畝半、承厚田二畝半、次小澤?渠常田三畝半、合厚田七畝半役、
6 聴出俗役入道役、永為業。（略）
7 ………侍郎明
8 孶?傳、氾寺主法興左官渠俗役常田二畝、聴入道役、永為業。…（以下、略）

とある。ここに記された張武僞寺、索寺、氾寺の場合、いずれも寺院財産としての耕地や葡萄園にかかわる徭役について述べられており、したがって寺院の管理責任者である寺主の名のもとに記されているものと理解される。このうち張武僞寺の場合、その理由は述べられていないが、二ヵ所の葡萄園の徭役が免除されており、索寺と氾寺の場合は「俗役」から「道役」への変更が見られる。また、「姓」を冠した索寺と氾寺は、それぞれ索氏、氾氏という氏族の経済力を背景にしていたはずである。なお、索寺主の徳嵩は、「高昌張武順等葡萄畝数及租酒帳」（三）（60TAM320:01/2『文書』図壹-327、録3-53）に

2 ］歩、得酒陸斛。索寺徳嵩桃貳畝、儲酒捌斛、得酒壹姓［

と記されている「索寺徳嵩」と同一人物であると思われ、徳嵩が寺主であった期間に限れば、彼は寺主として索寺の寺田を管理運営するとともに、自らが所有する「桃（葡萄園）二畝」を経営（葡萄生産およびその加工品である葡萄

酒製造などを含む）していたことになる。一方、張武儁寺のような「姓名」を冠した寺院（おそらく故人の供養のために建立された追善供養のための寺院）の場合、こうした氏寺などと比べると経営規模は小さかったものと推測され、僧侶の数もわずかであったと思われる。ここでは寺主が尼であり、あるいは張武儁の妻や娘など親族であったとも考えられる。また、そうした小規模の寺院であれば、寺院所有の土地と僧侶所有の土地との間の区別は、税役負担など法的な面では明らかであったかもしれないが、実際の管理・経営にあたってはその区別をつけがたかったように思われる。なお、ここでの引用では省略したが、上記文書のなかで売買をともなって所有権が移動する場合は、「依巻（＝券）聴某買田（契約書に依拠して某が耕地を購入するのを聴した）」とあるので、ここにみえる耕地の所有権の移動は、売買でなく、おそらくは寄進などによるものであったかもしれない（2行目から「給与（寄進）」されたのは張羊皮所有の葡萄園であり、あるいは同族であることから張武儁寺に寄進したのかもしれない）。

このように見てくると、麹氏高昌国時代には、寺院所有の土地と僧侶個人（僧侶集団＝サンガとしてではではない）が所有する土地とが並存しており、当該政権はそれらを区別して掌握していたと考えられる。また、俗人との間で土地所有権の移動が生じた場合には、「道役」の語に示されるように、俗人とは異なる役が寺院に対して課されており、僧侶個人に対しても同様の措置がとられていたものと推測される。

（2）僧侶による土地経営

それでは、僧侶個人は自ら所有する耕地や葡萄園などをどのように経営していたのであろうか。これについても今のところ具体的な資料はない。とはいえ、そうした土地が自作（直営）もしくは小作、あるいは両者を併用する方式で経営されていたことはほぼ間違いないだろう。一般に僧侶が自ら耕作することは戒律の上から認められていなかったといわれているが、それがこの地で厳格に守られていたかどうかは明らかでない。その点はひとまずおくとしても、寺院などと同様に僧侶が私的隷属民を所有していれば彼らに耕作させていたと考えられる。また、そうした労働力を所有していないか、もしくは所有していても十分でない場合で、僧侶個人に経済的な余裕があり、かつ外部からの労働力に依存する方が効率的であったと判断されるときには、「外作人」などの農業労働者を雇用して土地経営を行っていたと思われる（朱b、町田b）。小作に出すのは、僧侶の側に十分な労働力がなく、外から労働力を雇用するまでの財力がない場合であったろう。そのほかに、僧侶の側に経済力があり、もしくは余分な労働力を保有している場合には、逆に経済的に弱い周辺農民の土地を借りるといった関係も見られたはずである。

そこで、まず、僧侶側が地主として土地を①小作に出している場合と、逆に他者の土地を②小作している場合に分けて検討してみたい。ただし、それに先立ち断っておかなければならない点がある。すなわち、契約当事者の一方が寺院における三綱の一人である寺主の場合、小作させている土地が寺主個人の所有する土地か、寺院所有の土地か判然としない場合がある。また、逆に小作している場合でも、その主体が寺院そのものであるのか、それとも寺主である僧侶個人なのか明らかでないこともある。たとえば、前者の例として「高昌某人従寺主智演邊夏田券」（60TAM326:01/3『文書』図貳－２５２、録５－１５９～１６０）をとりあげてみたい。

［前缺］

1　寺主智演邊、夏力　渠田南長田三畝、□（五）

2　与夏價小麦貳斛五斗。若渠破水讁、仰耕

3　田［人］了。若紫租百役、仰寺主了。二主各□

4　□返悔。々者壹罰二入［不］入悔者。民祐□□、□

5　□二主、各自署名為信。

6　　　　倩書□□師

7　□□　　　□□□

この小作契約文書は、「紫租百役」の語から整理者によって麹氏高昌国時代の延昌年間（五六一～六〇一）以前のものと推測されている。このなかで、寺主の智演が小作料小麦二斛五斗で某人に小作させている長（常）田三畝は、寺主である智演自身の所有なのか、それとも智演が寺主をつとめる寺院の所有なのか、これだけではにわかに決めがたい。このように、契約文書のなかに地主もしくは貸主など契約当事者の一方に寺主の名前がしばしば見られる。こうしたことは、寺主が寺院の全般的な管理責任者として当該寺院が所有する耕地などに対して対外的な責任を負っていたからであると考えられる。したがって、ひとまず寺主を当事者の一方とする契約文書については、寺院にかかわるものと理解し、そうした耕地や葡萄園などについていえば、寺院の土地経営を検討する機会にあらためて取り上げることにしたい。(六) ただ、寺主にかかわる土地のなかには、捨宅寺院のような小規模な寺院の場合など僧侶個人の所有とほとんど区別しがたい事例もあると推測されるが、それも寺院所有の範疇で考えたい。今のところ、僧侶個人が自己の所有する土地を小作に出している事例はトゥルファン文書から見出せない。

その一方で、僧侶個人が他者の土地を小作している事例は存在する。そうした小作契約文書の例として「高昌延昌二十四年（五八四）道人智賈夏田券」（60TAM326:01/6『文書』図貳－２５０、録５－１５４）がある。

1　延昌廿四年甲辰歳二月七日、道人智賈□

2　田阿〇衆邊、夏南渠常田一畝、交与銀

3　銭五文。銭即畢、田即苻。秕租百役、更田人

4　悉不知。渠破水讁、田主不知。二主和同立□□

これは、延昌二十四年（五八四）二月七日、道人（僧侶）の智賈が田阿衆から常田一畝を銀銭五文の小作料で借りるという内容である。また「銭即畢、田即苻。」とあるように、小作料前払い形式の小作人優位のものであったと考えられる。さらに、「高昌道人真明夏床田券」（66TAM48:22『文書』図壹‐354、録3‐108）には、次のように見える。

1　」歳五月竟日、真道人真明従時顕明
2　」埳床田拾柒畝、々与夏價参斛、依官斗斛誻城
3　」役、仰田主了。渠破水讁、仰耕田人了。若風虫賊破、水
4　」苗本主。二主先和、後為巻要、巻成之後、「
5　」□罰受貳倍入不悔者。「
6　　　倩□「
7　」要使浄取「

ここでは道人の真明が時顕明から床田七畝を小作料畝当たり三斛で借りている。この小作料が前払いかどうか明らかではないが、これも僧侶個人による小作経営の事例となる。こうして借りうけた耕地を具体的にどのように経営していたかを示す資料はないが、おそらくは僧侶個人が所有する隷属民に委ねていたと考えられる。

（3）僧侶による棗樹の貸借契約

このほかにも、僧侶を当事者の一方とする契約文書が存在する。[七] たとえば、次に紹介する「高昌延昌二十八年（五

八八）某道人従□伯崇邊夏棗樹券」（67TAM364:11『文書』図壹－386、録3－189〜190）は、延昌二十八年（五八八）に道人（僧侶）の某が□伯崇から棗樹（棗の木）を借りるという契約文書であり、以下に移録してみたい。

1　延昌廿八年戊［
2　□伯崇邊夏［
3　□与干大棗参［
4　具、仰道人自高［
5　平為棗直、樹［
6　罰銀銭弍文、［
7　完具、若亡失樹［
8　了、若風破大枯随［
9　返悔、々者壹［

この文書は破損部分が多く、残念ながらその全容を明らかにできない恨みが残るが、棗樹の賃貸料（前払いか後払いかは不明）は、乾燥した棗の実であったようである。つまり、収穫後、手をくわえて保存が可能になった加工品が賃貸料にあてられているように見える。とすれば、棗の収穫、その後の乾燥といった一連の作業過程が考えられるが、こうした労働もまた僧侶自ら担っていたかどうか明らかでなく、あるいは私的な隷属民などに委ねていたかもしれない。ここでは、先に紹介した「高昌諸寺田畝官絹帳」に「樹〇本」などと見られるように、果樹の所有も税役負担の基礎になっていた点に注意を促すにとどめたい。

むすびにかえて

麹氏高昌国時代の僧侶には、寺院や居宅、土地（通常の耕地、葡萄園）などの不動産を所有するものが存在した。僧侶による土地所有は、麹氏高昌国に先んじる五世紀の北涼政権時代（もしくは沮渠氏高昌国時代）から見られ、それを継承していることも確認できた。その一方で寺院に居住せず、居宅さえももたずに部屋を間借りして生活する尼の姿もあり（「高昌卯歳尼高参等二人賃舎券」、注（三）参照）、僧侶は必ずしもすべてが寺院に常住していたわけでないことも明らかになった。くわえて所有する居宅を売ったり、他者の土地を小作したりする僧侶もおり、規模の大小こそあるものの、僧侶も俗人と同様の経済活動を展開していたと考えてよいようである。

ところで、僧侶にかかわる経済活動は土地に関するものばかりではなかった。たとえば「高昌延寿九年（六三二）范阿僚挙銭作醤券」（69TAM140:18/2『文書』図貳－197、録5－56）という契約文書がある。

1　延寿九年壬辰歳四月一日、范阿僚従道人元□□□
2　取挙銀銭貳拾文、到十月曹頭与甜醤拾陸斛伍
3　斗、与詐〔＝酢〕参斛、与糟壹斛。甜醤麴霉、瓮子中取。到十月
4　曹頭甜醤不畢、醤壹斗転為苦酒壹斗。貳主□
5　同立巻、々城之後、各不得返悔、々者壹□□□□
6　悔者。民有私要、々行貳主、各自署名為□。
7　倩書趙善得

８　　時見張善祐
９　　臨坐康冬々

これは、延寿九年（六三二）四月一日に范阿僚が道人（僧侶）の元某から銀銭二十文を借り、十月に甜醤十六斛五斗と酢三斛、糟一斛を返すというものである。ここに見える范阿僚は、甜醤をはじめとする醸造製品を作る手工業者であったと思われ、これらを醸造するための資本を四月に僧侶元某から融通してもらったと考えられる。范阿僚は十月に製品ができあがったところで、それらで返済したことになる。つまり、ここに見える僧侶の行為は一種の金貸しであり、その対価として自己の生活必需品である醸造製品を得ていたということがわかる。ちなみに、こうした金貸し業は、ここにみえる僧侶の元某だけが行っていたわけではないであろう。そのように考えると、この契約文書は、麹氏高昌国時代における僧侶の多様な経済活動の一端を示唆するものと見なしてよい。[八]

麹氏高昌国時代には僧俗を問わず種々の税役が課せられていた。僧侶や寺院にかかわるものだけでも、たとえば「僧逋銭」（「高昌某年永安等地剤僧俗逋絹銭條記」67TAM366:5『文書』図壹‐４５８、録３‐３３５）、「道役」（「高昌侍郎焦朗等傳尼顕法等計田承役文書」68TAM99:6（a）『文書』図壹‐４４１、録４‐補６４～６５）、「僧租酒」（「高昌延寿十三年（六三六）正月趙寺法嵩入乙未僧租酒條記」69TAM138:16/1『文書』図壹‐４４５、録３‐３０７）などがあり、このような僧侶や寺院に課される税役は中原の政権下では見られない特殊なものであった。そうした背景には、冒頭でもふれた総人口にしめる僧侶の割合の多さも考えられるし、さらに俗人と変わらない僧侶個人の経済活動があったと思われる。ここでは、寺院の経済活動については言及しなかったが、僧侶の経済活動は、それらとも関連させて明らかにする必要があり、くわえて寄進や布施などを含む僧侶や寺院の収入全般と関連させて寺院経済の全体像とそのもつ社会的意味を解明していきたいと考えている。

［資料］

国家文物局古文献研究室・新疆維吾爾自治区博物館・武漢大学歴史系編『吐魯番出土文書』第2冊〜第5冊（文物出版社、一九八一〜一九八三年）
中国文物研究所・新疆維吾爾自治区博物館・武漢大学歴史系編、唐長孺主編『吐魯番出土文書』［壹］・［貳］（文物出版社、一九九二〜一九九四年）
柳洪亮『新出吐魯番文書及其研究』（新疆人民出版社、一九九七年）

［参考文献］

池田　温a「高昌三碑略考」（三上次男博士喜寿記念論文集編集委員会編『三上次男博士喜寿記念論文集　歴史編』一九八五年、平凡社）
池田　温b「吐魯番・敦煌文書にみえる地方城市の住居」（唐代史研究会編『唐代史研究会報告第Ⅵ集　中国都市の歴史的研究』一九八八年）
池田　温c「中国古代の租田契」（上）（中）（下）（『東洋文化研究所紀要』第六〇・六五・一〇七号、一九七三・一九七五・一九九二年）
小田義久「麹氏高昌国時代の仏寺について」（『龍谷大学論集』四三三、一九八九年、『大谷文書の研究』法蔵館、一九九六年所収）
王　素「吐魯番出土北凉貲簿補説」（『文物』一九九六年第七期）
呉　震a「寺院経済在高昌社会中的地位」（『新疆文物』一九九〇年第四期）
呉　震b「7世紀前後吐魯番地区農業生産的特色—高昌寺院経済管窺—」（殷晴主編『新疆経済発展史研究』上冊、新疆人民

謝重光　「麹氏高昌寺院経済試探」（『中国経済史研究』一九八七年第一期。『漢唐仏教社会史論』国際文化事業有限公司、一九九〇年所収）
朱　雷ａ「吐魯番出土北凉貲簿考釈」（『武漢大学学報』哲学社会科学版一九八〇年第四期、『敦煌吐魯番文書論叢』甘粛人民出版社、二〇〇〇年所収）
朱　雷ｂ「論麹氏高昌時期的『作人』」（『敦煌吐魯番文書初探』武漢大学出版社、一九八三年。『敦煌吐魯番文書論叢』甘粛人民出版社、二〇〇〇年所収）
町田隆吉ａ「吐魯番出土『北凉貲簿』をめぐって」（『東洋史論』第三号、一九八二年）
町田隆吉ｂ「使人と作人―麹氏高昌国時代の寺院・僧侶の隷属民―」（『駿台史学』第七八号、一九九〇年）
町田隆吉ｃ「吐魯番出土文書にみえる仏教寺院名について―吐魯番出土文書研究ノート（１）―」（『東京学芸大学附属高等学校大泉校舎研究紀要』第一五集、一九九〇年）
町田隆吉ｄ「張寺小攷―六～七世紀トゥルファン盆地における寺院経済の一例―」（『東洋史苑』第五〇・五一号、一九九八年）
町田隆吉ｅ「麹氏高昌国時代馬寺経済文書攷―吐魯番出土仏教寺院経済関係文書管見―」（『東京学芸大学附属高等学校大泉校舎研究紀要』第二三集、一九九八年）

《注》

（一）吐魯番文献にもとづいた麹氏高昌国時代の寺院数については、町田ｃを参照。但し、その後に公刊された資料をふまえると一七九カ寺を数える。この点について別に「吐魯番出土文献に見える仏教寺院名一覧」を発表する予定である。

(二) 小田義久氏は、1行目の「法安」の上に「禅師」か「法師」かのいずれかがくると推測しておられるが、2・3行目の「趙師」の例から明らかなように、ここでは「師」の上には俗姓が冠されていたと考えられる。

(三) 「高昌卯歳尼高参等二人賃舎券」(67TAM364:9 - 2『文書』図壹 - 389、録3 - 199)には、次のように記されている。

1　］卯歳五月十二日、女□□・尼高参二人、従索寺主
2　］賃。二人各賃舎壹堅、□□□賃價銭貳文、高
3　□□賃價銭参文。二人要逕壹年　［
4　□遮余人。不得病死。若病死者、罰銭［
5　与銭壹文、高参交与銭貳文、［
6　□主和同立□、□成之後、各不得返悔、［
7　□要、々行三主、各自署名為信。
8　　　　　　倩書　索善□
9　　　　　　時見　［

これから、索寺の寺主某は、尼の高参と俗人の女性とに、索寺所有と考えられる居宅のうちそれぞれ一間づつ貸していたことがわかる。ちなみに、このことから寺院に居住しない尼の存在を知ることができる。池田b併看。

(四) ちなみに(ア)と(ウ)にも共通する僧名「田寺太覚(田寺の太覚)」がおり、(ア)(イ)(ウ)はほぼ同時期のものと見なしてよい。

(五) 1行目の「寺主智演邊、夏力　渠田南長田三畝、□」は、もと「長南」につくり、右傍にレ点があるため、語順を直してある。また、「智演」は「高昌延昌二十三年(五八三)張阿悏取婆致垣四壁用碓券」(60TAM326:01/5『文書』図貳 - 249、録5 - 153)に「寺主師」とみえており、寺院名は未詳だが、六世紀後半に寺主であった。

(六) 寺主を当事者の一方とする小作契約文書に、「高昌曹、張二人夏果園券」(72TAM153:38(a)『文書』図壹-283、録2-337~8。「馮寺主」)、「高昌重光四年(六二三)孟阿養夏菜園券」(文書番号なし、『文書』図壹-446、録3-310、「趙寺主法嵩」)があり、馬寺の寺主である恵岳を田主とする「高昌延和四年(六〇五)連相忠等夏田券」(86TAM386:35-1b, 35-2b, 33-4b『新出吐魯番文書及其研究』五六頁)もある。さらに「唐貞観十四年(六四〇)張某夏田契」(64TAM15:23『文書』図貳-25、録4-40~41)の田主の個所に記された「(弘)寶寺都□」も、「唐西州高昌県弘寶寺僧及奴婢名籍一」(64TAM15:15(b)『文書』図貳-30、録4-48~49)などをふまえれば、弘寶寺の都維那(憧海)をさしているように理解でき、この中で張某に小作させている「匡渠常田拾柒畝」も弘寶寺の寺田であると考えてよい。また、寺田であることが明確な小作契約文書に「高昌延壽六年(六二九)鄭海儒夏田券」(72TAM155:31『文書』図壹-426、録3-280「闞寺常田」)と「高昌夏某寺葡萄園券」(72TAM153:36, 37『文書』図壹-283、録2-336「(某)寺浮桃壹園」)がある。なお、「高昌延昌三十八年(五九八)参軍張顕□租葡萄園券」(86TAM386:35-1a, 35-2a, 33-4a『新出吐魯番文書及其研究』五〇頁)の葡萄園も寺田であることが明らかである。池田c参照。

(七) 契約内容は明らかでないが、道人(僧侶)を当事者の一方とする契約文書(草稿)の例に、「高昌延昌二十七年(五八七)道人智軒残券稿」(60TAM323:07/1『文書』図壹-237、録2-281)がある。

(八) 寺院や僧侶が醸造業そのものに関与している例として、「高昌某年永安安楽等地酢酒名簿」(一)(73TAM517:06/1(a)『文書』図壹-256、録4-補6)をあげることができる。ここには「安寺阿冬七斛五□」「阿潤寺五斛六□」とあり、寺院や僧侶によって酢酒が醸造されていたことがわかる。ほかにも同(三)(73TAM517:06/2(a)『文書』図壹-257、録4-補8)、「高昌某年田地高寧等地酢酒名簿」(一)(73TAM517:20/1(a), 06/4(a), 20/5-4(a), 06/6(a)『文書』図壹-257、録4-補9)、同(二)(73TAM517:06/3(a), 20/2(a), 06/5(a), 20/6(a)『文書』図壹-258、録4-補9~11)、「高昌某年浮桃寺等酢酒名簿」(一)(73TAM517:20/4-1『文書』図壹-259、録4-補12~13)などに見えている。

「牛羊日暦」作者考

渡邊　孝

はじめに

晁載之『續談助』三、また繆荃孫『藕香零拾』に遺存する「牛羊日暦」なる断章は、牛李党争の渦中にあって、「牛羊」すなわち牛僧孺・楊虞卿ら牛党の要人を暴露的に中傷する怪文書的著作である。その著者については、『新唐書』五十九 藝文志に、

劉軻「牛羊日暦」一卷。牛僧孺・楊虞卿事。檀欒子皇甫松序。

とあり、『通鑑』二百四十二 長慶二年十二月条『考異』及び陳振孫『直齋書録解題』七も、劉軻の撰述とする。(一) しかしながら、中唐の史官として称せられる劉軻を以てかかる怪文書の著者にあてることには、夙に明の胡応麟が疑義を表明しており(『四部正譌』下)、近くは王夢鷗氏が韋瓘(伝・牛僧孺撰「周秦行記」の偽作者として知られる)の偽作とする説を提示している。(二) 小稿は、「牛羊日暦」及び劉軻・韋瓘の周辺を洗い直す作業を通じて、この問題についての一斑を考究しようとするものである。

一、「牛羊日暦」について

『續談助』（北宋・崇寧年間成書）本「牛羊日暦」は文宗・大和九年（八三五）七月の記事三条の断章と晁氏の跋から成り、『藕香零拾』（光緒二十二年序）本はさらに二条を加える。繆氏は当書の出典について何ら注記せず、また跋文も付していないが、付加された二条は、『通鑑』二百四十二 長慶二年十二月癸巳条『考異』に「劉軻『牛羊日暦』曰」として、同じく二百四十三 寶暦元年正月乙卯条『考異』に「皇甫松『續牛羊日暦』曰」として引く記事にそれぞれ全文一致し、恐らくは『續談助』本の三条に『考異』所引の二条を合綴したものであろう。何故「續牛羊日暦」とある条まで付入されたかは後述するとして、今さしあたり『藕香零拾』本によって各条の摘要を示せば、以下の如くである。各条は概ね、まず日付干支と当日の基幹記事（＝牛党人士の貶官記事）を記した冒頭部の後に、当該人士に関わる旧悪・醜聞を縷々付述するという体裁をとる。

Ⅰ　冒頭「大和九年七月一日甲辰」の日付を置き「京兆尹楊虞卿を貶して虔州司馬と爲す」の記事下に、楊虞卿・漢公兄弟が「三史六經、曾て一面せず」という無学ながら、ただ要路の人間と交結することによって栄達・跋扈したことを記し、私党を結んで「三十餘年朝廷の陰蠹と爲」ったと痛罵する。[三]

Ⅱ　第Ⅰ条終わりから本条冒頭にかけて十数字の闕字がある。続く「敕す。守明州刺史李宗閔、虔州長史たる可し。驛に馳せて前去せよ」が基幹記事とすると、冒頭「九日壬子」の日付があったことは確実であろう。[四]李宗閔が牛僧孺と互相援引して「門生故吏、牛に非ざれば則ち李」と称され、楊虞卿らと朋党を結んで横私を極めたことの他、牛僧孺が外戚辛秘の縁から宦官楊承和と交結し、穆宗定策の功を以て楊承和が枢密使となると「數年ならずして臺座に登」り、爾来、楊承和が牛僧孺一味の「奥主」となったという秘事を述べる。また、世上は牛僧孺を「太牢」「丑座」、楊虞卿を「少牢」なる隠語を以て貶称していたことが記される。

Ⅲ 冒頭「十四日丁巳」の日付を置き「司封員外郎楊漢公を出して舒州刺史と爲す」の記事下に、宝暦中（八二五〜二七）太尉李愿の愛姫であった真珠を楊虞卿・漢公が奇怪な術策を弄して牛僧孺の側室に納れたという醜聞を暴露し、これより僧孺は真珠に惑溺し、牛・楊はいよいよ狎昵を固めた次第を記す。[五]

Ⅳ 『通鑑』長慶二年十二月癸巳「詔して景王湛を立てて皇太子と爲す」条『考異』。原文の部分的引用と考えられるため、日付以下冒頭部分は見えない。長慶二年（八二二）穆宗が不予となり、景王（後の敬宗）の立太子が議された折、牛僧孺は密かに諸子を立てることを謀り、楊虞卿・漢公と結んで、時の内官王守澄・梁守謙らが廃立を企図しているとのデマを流して「大亂を冀謀」したと記す。[六]

Ⅴ 『通鑑』寶曆元年正月乙卯「鄂岳を升して武昌軍と爲し、僧孺を以て同平章事もて武昌節度使に充つ」条『考異』。前条と同様、日付以下冒頭部分は見えない。「太牢既にして惡黨と交はり」と、いきなり「太牢」の貶辞を以て始まる。「太牢」すなわち牛僧孺が穆宗朝に楊承和の引薦によって位将相を兼ねるに至り、夏口出鎮の折も相印・節旄の優遇が加えられたことを記した後、僧孺の母周氏は夫（牛要簡）に早く先立たれた後「冶蕩檢しむ無く、鄉里云云」する所となったため、兄弟は羞じて李清心なる者に再嫁させたという極めつけの醜聞を記す。而して僧孺が栄達の後この母に追贈を請うたのは、まことに礼に悖る振る舞いであり、さらに『周秦行紀』を作り、徳宗を呼びて沈婆の兒と爲し、睿眞皇太后を謂ひて沈婆と爲すは、此れ乃ち君を無みするの甚だしき矣」と言い立てて結ぶ。

以上、全編これ醜言の連続にして、肉親への中傷にさえ及ぶまさしく「怪文書」と呼ぶよりない述作であり、『考異』がそれぞれ「此れ朋黨の言に出づれば、信ずるに足らざるなり」「此れ朋黨の論、今取らず」として切り捨てているのも、宜なるかなとすべきであろう。一体誰が何の目的でかかる述作を残したのか、興趣を覚える所であるが、

その前に、当文書の体例や当時の政治状況等について、あらまし検討をしておきたい。(七)

まず「日暦」なる史纂物については、『唐會要』六十三 修國史に、

貞元元年九月、監修國史・宰臣韋執誼奏。伏以、皇王大典、實存簡册、施于千載、傳述不輕。竊見自頃已來、史臣所有修撰、皆于私家紀錄、其本不在館中。褒貶之間、恐傷獨見、編紀之際、或慮遺文。從前已來、有此乖闕。自今已後、伏望、令修撰官各撰「日曆」、凡至月終、即於館中都會詳定是非、使置姓名、同共封鏁。除已成「實錄」撰進宣下者、其餘見修「日曆」、並不得私家置本。仍請永爲常式。從之。

とある。「貞元元年（七八五）」は、『通鑑』二百三十六 永貞元年九月壬申条により、明らかに「永貞元年（八〇五）」の誤りであるが、(八)これこそが「日暦」なる官撰史料の嚆矢である。晩唐の裴庭裕『東観奏記』序を参酌すれば、宮廷の日々の記録である「起居注」が史館に送られ、史館において修撰官が「日暦」を撰し、後日「實錄」が編纂される際、両者はともども参取されたという。(九)「日暦」の〈原本〉が各史官によって別個に撰されたのか、或は輪番制で撰されたのか、その辺は判然としない。ともあれ史官によって撰された「日暦」の〈原本〉は、月末ごとに史館での会論に付され、いわば〈定本〉が詳定された後、史官らの署名・封印の上、収蔵された如くである。「日暦」〈定本〉はかく館外不出であったが、〈原本〉の方は撰者たる史官の草稿が編せられ、世上に流出することもあったらしい。『舊唐書』百四十九 蔣乂傳に、蔣乂（徳～憲宗朝の史官）―係（文宗朝の史官）・伸・偕（ともに宣宗朝の史官）父子が史才を以て聞こえ「時に良史を推すに、京師『蔣氏日曆』を云ひ、士族家藏せざるは靡し」という「蔣氏日暦」はその例であろう。「日暦」は、その名の通り、逐日の重要事件を整理・叙述したものであるが、そこに聊か史官の私意が付加されることもあった如くである。これは五代・後周初の例であるが、宰相竇貞固らと隙を生じた史臣賈緯が「撰する所の日暦を以て」宰相・監修国史王峻に示した所、「皆な貞固及び蘇禹珪の短を媒孽し、朝士の

先達なる者を歴詆す」るものであったので、王峻はこれを悪んで賈緯を外任に遷したという（『舊五代史』百三十一賈緯傳）。

以上からすれば、「牛羊日暦」は、大和九年七月における「日暦」という体裁をひとまず備えており、後述の如く当時確かに史館修撰に在任していた劉軻の〈原本〉に出る可能性は一応あり得よう。しかしながら、その内容はといえば、微言どころか露骨の上にも露骨な人身攻撃であり、およそ史官たるの志操矜持とはほど遠く、到底月末の史館における会論に付し得るような代物であったとは考え難い。この点をまず怪しむべきであろう。ましてや劉軻は修史たりし時、宰輔に人を得、藩條に事有り。朝廷に凡そ瑕勣有らば悉く之を書かんと欲し、人に惕励せんことを冀はんとするも、董狐の筆を縦にせんと擬《はか》れば、尤謗必ず生じ、其の功過を匿さば、又た史職に非ず。常に暮るれば沈湎して出ず（范攄『雲谿友議』中「葬書生」）。と称され、史職にあっては極めて慎重を持して自己抑制に努め、ためにその屈託を飲酒に紛らせていたと伝えられるのである。

なお、牛党の領袖が次々と貶逐された大和九年秋は、李党が政権のヘゲモニーを握っていた訳ではなかった。つまり「牛羊日暦」は党争の勝者が敗者を罵倒するというスタンスで書かれたものではない。大和九年の政治情勢といえば、次のようなものであった。

文宗はかねて「宦者の强盛を患ひ」（『通鑑』二百四十四　太和四年六月条）、かつ「河北の賊を去るは易く、朝廷の朋黨を去るは難し」（同二百四十五　同八年十一月条）と嘆ずるほどの熾烈な党争に辟易し、大和八年頃から宦官と党人を両々剪除する策謀に手を染めて行く。その意を体して謀議を凝らしたのが李訓と鄭注であった。李訓は旧名を仲言といい、穆・敬宗朝の辣腕の宰相李逢吉の族人、かつて罪を得て嶺表に流されたが赦に遇い、権閹王守澄の引薦を得て文宗の目にとまり、八年八月には四門助教、十月には翰林侍講学士に進められた。鄭注は医薬を事とする術士あがり、夙に王守澄に取り入って手蔓を摑み、大和七年末、風疾を病んだ文宗に王守澄が注を薦めて効あったことから俄かに親信を得、翌八年十二月には太僕卿への叙任が発令されるに至った。いずれも朝士の悪評嘖々たる中、異例中の異例とも言うべき抜擢であれば、訓・注とも文宗のため鷹犬の労に挺身するよりなく、またいずれも宦官の首魁王守澄の縁の者とあれば、閹党の目を欺くことができるとの計算もあった。大和八年十月、李訓・鄭注は王守澄とともに、まず李徳裕を宰相の座から追う。その準備工作として牛党の李宗閔を山南西道節度使から入相させているから、この段階では、誰の目にも訓・注と閹党・牛党が合作しての李党排撃と映ったに違いない。翌九年三月には李徳裕を浙西観察使から太子賓客分司の閑職に追い、四月には李徳裕を救解せんとした宰相路隋を方鎮に転出させ、徳裕を袁州長史に再貶するなど、李党の弾圧が着々と進められたが、束の間の勝利に酔う牛党の領袖連も王守澄も、まさか明日は我が身とは思いもよらぬことであったろう。五月、仇士良を左神策中尉に登用して王守澄の権を削ぎ、六月にはついに牛党の粛清が開始される。事の起こりは京兆尹楊虞卿の家人から妖言が発したというもので、ここに楊虞卿は獄に下り、これを救解せんとした宰相李宗閔は壬寅二十八日に明州刺史に貶される。[一〇] かくして「牛羊日暦」に記される所の七月となる。その後、八月に入っても牛李両党に対する苛烈な粛清は続き、「二李（この場合李徳裕と李宗閔を指す）の黨」と目された者は貶逐に虚日なく、ついに九月癸卯朔「應そ徳裕・宗閔と親舊ある、及び門生故吏は、今日以前貶黜さるるの外、餘は皆な問はず」との詔が出されるに至って「人情稍々安ん」じたという（『通鑑』二百四十五　同条）。これと平行して楊承和・韋元素らの権閹も次々と粛清に殪れ、今や権勢並ぶ者もない訓（九月入相）・注（同工部尚書から鳳翔節度使）は、ついに最大の標的王守澄を実権のない地位に祭り上げると、十月、時を置かず死を賜った。こうして閹党の覆滅はいよいよ秒読みの段階に入ったが、功を焦った李訓により十一月「甘露の変」が発動され、（一一）すべては破局に帰した―。

かかる状況下に、次節で述べる如くどちらかというと牛党寄りの人脈に位置した劉軻が、かくも激越に牛党の人士を中傷する必然性があったとは考え難い。また劉軻は明らかに李訓・鄭注の一派に属する者ではなかった。「甘露の変」の失敗直後、宦官―神策軍による報復のテロルが吹き荒れる中、訓・注の謀議に参画した大官王璠の子遐休は当日弘文館に直しており「善き所の學士令狐定、及び劉軻・劉軿・仲無頗・柳喜は其の所に集ひたれば、皆な縛せら」れたが、いずれも弁明して釈放されるを得、ただ遐休のみ誅されたと伝えられる（『新唐書』百七十九　王璠傳）。また劉軻は次節で述べる如く「甘露の変」を経た開成年間、守秘書丞を以て引き続き史館修撰の任にあったことが知られる。いずれも劉軻が明瞭に訓・注に与する者であったとすれば、かなわぬことであったろう。一体「牛羊日暦」は何者の手に成るのか、次節以下、考察を進めて行きたいが、その前に、前掲第Ｖ条を『考異』が皇甫松「續牛羊日暦」の文として引いていることについて、考えておく必要がある。

『續談助』本「牛羊日暦」には、晁載之（伯宇）の次のような跋文が付されている。

　右鈔大和九年秋季「牛羊（一作楊）日暦」。其後有檀欒子皇甫松續記云「太牢作『周秦行紀』、呼徳宗爲沈婆兒、謂睿眞皇后爲沈婆、此乃無君甚矣。承和公私之事、必啓太牢而後行。世傳太牢父事承和、諸牘文父事叔康」。乃好事之説、過其實也。

ここで注目されるのは、「牛羊日暦」には皇甫松による「續記」が付されていると言い、その『周秦行紀』を作りて」から「君を無みするの甚だしき矣」までの一文は前掲第Ｖ条とほぼ完全に一致することである。（一二）さらに前引の『新唐書』藝文志は「檀欒子皇甫松序」と記す。「續記」の部分が冒頭に遷されて「序」となっている版本も存在したということであろう。とすれば、「續記」の部分が独立して、あたかも「續牛羊日暦」の如くになっていた版本があったと想定することも、十分可能なのではあるまいか。恐らくは『考異』はかかる版本に基づき、繆荃孫はこうした事情を諒察の上、本条を「牛羊日暦」の逸文として採録したのであろう。すなわち、第V条は皇甫松の「續記」に由来する文章と考えられ、「續記」にはさらに上引の晁載之跋に見える「世々傳ふらく、太牢は承和に父事し、諸その牘文は叔康に父事す」の一文も存していた。承和は第II条に見える宦官楊承和、叔康は或は宣宗朝の左神策軍中尉・左街功徳使として名の見える宦官宋叔康かと思われる。(一三)

いずれにせよ「牛羊日暦」は、劉軻の撰なる本文に、その尻馬に乗って一層の罵声を浴びせる皇甫松の「續記」を付すという体裁で、一巻の書と成されていたと考えられる。それにしても奇妙なのは、劉軻も牛僧孺を「太牢」と称し（第II条）、皇甫松もまた「太牢」と称して、両者はあたかも気脈を通ずるが如くであることである。「續記」は全く本文の延長のようであり、首尾相応じて牛党の攻訐に孜めるその呼吸は、ほとんど一人の手に出るような気配と言ってよい。そもそも劉軻・皇甫松とは何者であろうか。

二、劉軻・皇甫松とその周辺

劉軻は「孟軻の文を爲るを慕ひ、故に以て名とす。少くして僧と爲り、豫章高安縣の南華園に止まる。復た黃老の術を求め、廬山に隱る。旣にして進士登第し、文章は韓・柳と名を齊しくす」（王定保『唐摭言』十一　反初及第）と称せられ、その生平についてはとりわけ吉川忠夫氏の研究に詳しい。(一四)嶺南の辺陬から羅浮山を経て廬山東林寺に至るまでの劉軻の精神的遍歴については右に譲るとして、ここでは元和の後年、廬山を出て官界に身を投じてのちの劉軻の経歴について考察しておきたい。

廬山にあった劉軻が、科挙への応試を本格的に志したのは、憲宗の元和十二年（八一七）のことである。その年の三月、時に江州司馬の任にあった白居易が、上京する劉軻のために、京師の知友への紹介状として書いてやった書簡が残っている（『白氏文集』四十三「代書」）。ここで「長安に到らば此の札を持して」訪うべしとされた「集賢庾三十二補闕」は庾敬休、「翰林杜十四拾遺」は杜元穎、「金部元八員外」は元宗簡、「監察牛二侍御」は牛僧孺、「藍田楊主簿兄弟」は楊汝士・楊虞卿を指す。[一五] このうち庾敬休は、元和十三年・十四年の知貢挙となる庾承宣の再従兄弟にあたるが、何といっても目を引くのは牛僧孺と楊虞卿兄弟であろう。白居易の妻は楊虞卿の従父妹にあたる。楊虞卿はやがて朋党の領袖となるに相応しく、親党知己に篤い人物であったと伝えられる。憲宗の逆鱗に触れた白居易が江州に貶されゆく時、一人滻水まで馬を飛ばし、手を執って別れを惜しんでくれたのはこの人であった。[一六] その白居易が紹介状を添えた人物を無下にも扱ったとは思われない。

劉軻が進士登第を果たした年は、元和十三年と元和十四年の二説がある。前者は徐松の『登科記考』十八の所説、後者は北宋の陳舜兪『廬山記』三 敍山南篇に、

　軻、元和十四年進士登第、太和初歴監察御史、四年轉殿中。開成中、遷祕書丞・史館修撰・學士、出洺州刺史。

とあるに拠る。徐松の繋年は、恐らく劉軻に「玉聲如樂詩」（『文苑英華』百八十六）一首が残されており、当詩が元和十三年の進士科の賦詩（省試）題であったことに由来する。しかしながら、柳宗元に貞元九年登第時の省試題「平權衡賦」「風光草際浮詩」が伝存せず、[一七] かえって下第時の作品と考えられる「省試觀慶雲圖詩」（『柳河東集』四十三）が残されているように、下第時の賦詩が多々伝存している例に鑑みれば、[一八] これのみを以て登科年度を決定するのは早計であろう。この点において参考とすべきは、劉軻の手になる「上崔相公書」「再上崔相公書」（『唐文粋』七十九）の二書である。前者の末尾には「謹んで嘗て著す所の『隋監』一巻・『右史』十巻を獻ず。伏して希ふらくは樞

務の暇に一たび覽讀を賜はらんことを」とあり、これが科挙受験にあたっての有力者への事前運動、所謂「行巻」[一九]に添えられたものであることは、まず間違いない。とすれば「崔相公」は崔羣、その宰相在任は元和十二年七月から十四年十二月までであるから、[二〇]これらの書が元和十三年春の科挙に向けてのものか、十四年春の科挙に向けてのものか、依然両様の可能性が残る。しかしながら、前者の書き出しに「當今、帝堯上に在り、夔龍相と爲り、犬戎は新たに逐はれ、三晉四戰の地に梟雛狠子無し」とあるのは甚だ注目される。この文は明らかに後文の「今、論を云云する者、犬戎の邊より退くこと數十里ならざるを見れば、便ち邊に虞る可き無く、虜能く爲す無からんと謂ひ、趙魏の地一帥を死《ころ》し一將を易ふれば、便ち天下無事ならんと謂ふ」とあるに対応する。ところで、元和十三年四月には、多年唐朝に拒命を続けて来た「趙帥」成徳節度使王承宗が、前年冬の淮西呉元済の敗滅を見てついに膝を屈し、先に帰順していた「魏帥」魏博節度使田弘正の取りなしにより、二子の入朝と徳・棣二州の奉還を以て恭順の意を表明している。憲宗は初めこれを許さぬ所存であったが、田弘正の顔を立てて帰順を受け入れ、同月付で王承宗の官爵を復している。[二一]加えて同年十月には、「犬戎」すなわち吐蕃が河曲に入寇したが、十一月にかけて霊武・夏州の兵によって撃退される事件が起きている。[二二]また「再上崔相公書」は、前書の三日後に奉呈されたものであるが、この中で劉軻は「相公の未だ枕を廟堂の上に高くするを得ざる」こと四事を指摘するが、その第三事は「功臣を任ずるに政を以てする無き」ことを訴えたものである。元和十三年九月、淮西征討戦においてよく供軍の用を支えた財臣皇甫鎛と程异が入相し、「錢穀の吏」を以て宰相に登ったことから「朝野駭愕し、市井負販の者に至るまで亦た之を嗤ふ」(『通鑑』二百四十　元和十三年九月甲辰条)というセンセーションを呼び起こした。劉軻の書き出しは「昔西京の初め、留侯、高祖の蕭曹の故人を表用せるを譏る」というもので、蕭何・曹参はともに小吏の出身、また蕭何は兵糧兵站に抜群の功績あったことからすれば、これは皇甫鎛・程异に中てたものである可能性が強かろう。また第四事は、国防の要地朔方の軍士には美利・爵賞につき特段の配慮が必要であることを説くが、中に「比者、姦回政を秉り、計を司る者秋毫を析して以て肌骨を刻し、紅粟腐帛に非ざれば邊兵に及ばず」の一節があり、十三年九月には実際「時に積年の繒帛を内出し、度支に付して賣らしむ。（皇甫）鎛悉く高價を以て之を買ひ、以て邊軍に給す。其の繒帛朽敗し、手に隨ひて破裂すれば、邊軍聚めて之を焚く」（『通鑑』二百四十　同条）という事件が出来している。こうしたことからすると「上崔相公書」「再上崔相公書」は、元和十三年の状況によく合致するようである。[一三] すなわち劉軻の登第は元和十四年春の貢挙と見てよいのではないか。とすれば、後に宣宗朝の宰相となる馬植と同年の進士ということになる。

進士登第後の劉軻の官歴については、長慶中（八二一〜二四）に国子博士（賛寧『宋高僧傳』九　石頭希遷）、大和初年に福建観察支使・監察御史裏行（前引『廬山記』敍山南篇、及び同五　古碑目篇「唐栖霞寺故大徳玼律師碑并序」）、同四年に殿中侍御史（敍山南篇）、大和九年に行尚書膳部員外郎・史館修撰（『隋唐五代墓誌匯編（洛陽一三）』一三九頁「侯績墓誌」）、開成中（八三六〜四〇）に守秘書丞・史館修撰・「學士」（敍山南篇）、同四年に検校尚書屯田郎中・守洺州刺史・兼侍御史（『金石萃編』百十三「玄奘塔銘」）と追うことができる。ここでまず注目すべきは、劉軻が大和初年に福建観察使張仲方（大和元〜三年在任）[一四] に辟され、その幕僚（観察支使）となっていることであろう（因みに劉軻が墓誌を撰した侯績は、誌文によれば大和元年に張仲方に辟されて福建観察推官となっており、当時の劉軻の同僚であったと考えられる）。というのも、張仲方は元和中卒した李徳裕の父吉甫の諡号授与に異議を唱えてより「徳裕の黨に擯斥され」、例えば大和七年に李徳裕が入相すると右散騎常侍から太子賓客分司に逐われ、翌年徳裕が罷免されて李宗閔が入相すると散騎常侍に呼び戻されるという経歴をたどっているからである（『舊唐書』百七十一　張仲方傳）。明瞭に牛党サイドに立つ人物であり、開成元年には秘書監になっているから（同前）、劉

軻が開成中に秘書丞となったのも、この人の引きであった可能性がある。[二五]

次に考えるべきは、劉軻の手になる「與馬植書」（『唐文粋』八十二）なる一篇である。「始め存之予を以て古拙とせず」と、字（存之）による親しい呼びかけに始まるこの書において、劉軻は赤裸々に自らの来し方と胸の内を明かし、史筆にかける己の鬱勃たる志と自負を吐露し、「或は大君の前に鼓吹する有りて『眞に良史なり』と曰ひ、且し『上古の人も昭明する能わず』と曰ふあらば、某は其れ如何」「傳に云はずや『心志既に通ずるも名譽聞かれざる〔は友の罪なり〕[二六]』と。其れ足下何ぞ遺《わす》れん邪。此れ存之の宜しく心を動かすべき所なり」などの言辞が連ねられる。さきに一言した如く、馬植は劉軻の同年進士であり、これは同年の知友に対し、史館への推薦を懇請する書状であった如くである。時期的には、劉軻が福建観察使下の外任を終え、叙山南篇の記述によれば殿中侍御史となった大和四年以降のことであろうか。当時の馬植が史館への推薦をなし得る地位にあったかどうかは残念ながら確かめ難い。馬植は進士登第後、寿州団練副使なる州府の幕職官に釈褐し、大和二年に制挙（賢良方正能直言極諫科）登第、恐らくこれにより秘書省校書郎の好官を得、[二七]「三遷して饒州刺史」となり、開成元年に饒州刺史から安南都護に転出している（『舊唐書』十七下 文宗紀 開成元年九月条、同百七十六 馬植傳）。そしていずれかの時点において長安令であったと伝えられる（莫休符『桂林風土記』碧潯亭条。なおこの史料は次節で詳しく検討する）。京県の令は正五品上と位が高いから、恐らくは制挙登第後、饒州刺史に至るまでの間、すなわち大和の中頃であろう。ところで唐後半期には、清要な地位にある一部の官人に、年に一度、自ら朝廷の任用に耐えると考える者を中央に挙薦する「冬薦」なる制度が定められていた。「冬薦」を行い得る官人とは、「常參の清官幷びに諸使三品以上の官、左右庶子、少詹事、少卿、監、司業、少尹、諭德、國子博士、長安・萬年縣令、著作郎、郎中、中允、中舍人、祕書・太常の丞、贊善、洗馬」（『通典』十五 選擧三 歴代制）とされ、例えば『韓昌黎集』三十八「冬薦官殷侑狀」は、元和十一年

（八一六）太子右庶子にあった韓愈が殷侑を「任、御史・太常博士に堪ふ」として挙薦したもので、翌十二年の「送殷員外序」（同二十二）によれば、この年殷侑は太常博士から虞部員外郎兼侍御史となって回鶻に遣使されているから、韓愈の「冬薦」は成就しているのである。ここで「長安・萬年縣令」にも「冬薦」の権が付与されていることに注目したい。時期的にも符合するので、劉軻が、同年の馬植が長安令にあるのを奇貨として史官への「冬薦」を懇請し、これが成就したと考えるのも、あながち無理な想定ではないと考える。ところで、馬植は「曾て衞公（李德裕）の忌む所と爲り、出だされて外任と爲る」（孫光憲『北夢瑣言』六）と伝えられ、大中初年、牛党辣腕の宰相白敏中が「凡そ德裕の薄する所の者、皆な次ならずして之を用う」（『通鑑』二百四十八 大中元年二月条）といった情勢下に刑部侍郎に登用され、大理卿盧言・御史中丞魏扶とともに、李党にとって致命傷となった「吳湘の案」（二八）を審理・断罪し、李徳裕の政治生命を絶ったその人に他ならない。すなわち完全に牛党陣営中の人物だったのである。

以上の如く、牛僧孺・楊虞卿への紹介に始まって、張仲方、馬植と、劉軻はほとんど一貫して牛党の人脈に近い場所に位置していたと考えられる。「牛羊日曆」のようなものを著述せねばならぬ必然性は何一つないと言ってよい。ここにおいて「牛羊日曆」は劉軻の名を騙った偽作である可能性が濃厚であるとせねばならない。それでは「續記」の著者に擬せられた皇甫松はどうであろうか。

皇甫松は韓愈の門友として知られる皇甫湜の子と伝えられる（高彦休『唐闕史』上「裴晉公大度」、計有功『唐詩紀事』五十二）。「醉鄉日月」なる著作があったといい、『直齋書録解題』十一によれば「唐人の飲酒令、此の書詳しく載す」という。『唐摭言』十「韋莊奏請追贈不及第人近代者」に名が見えるので、文才はありながらついに科挙登第は果たさなかったらしい。温庭筠流の人物像が浮かんで来るようである。ところで『唐摭言』前条は、

或曰、松、丞相奇章公（牛僧孺）表甥。然公不薦。因襄陽大水、遂爲「大水辯」、極言誹謗、有「夜入眞珠室、

朝遊璹瑁宮」之句。公有愛姫名眞珠。

なる記事を伝える。「襄陽の大水」とは、会昌元年（八四一）漢水が決壊し、「李太尉徳裕……修理至らざるを曰ひ」て僧孺が山南東道節度使を罷免された事件を指す（『樊川文集』七「唐故太子少師奇章郡開國公贈太尉牛公墓誌銘并序」）。さきに触れた胡応麟『四部正譌』は、これを以て劉軻の名を騙ったのは「必ず賛皇（李徳裕）の黨にして且つ軻を惡む者、之を爲す也。案ずるに『通鑑』注引きて皇甫松と作す。松、僧孺を恨む有ること傳に見ゆ。或は當に之に近かるべし」と述べる。しかしながら、皇甫松の父湜は韓愈とともに無名時代の牛僧孺の才を見抜いてこれを称揚したエピソードで知られるし（『唐摭言』七「升沈後進」）、何より湜と僧孺（及び李宗閔）は、元和三年の制挙（賢良方正能直言極諫科）の同年の登第であり、とかくの物議を醸したこのたびの制挙において、ともに荒波をかぶった仲である。[二九] 両者が肝胆相照らし、松が僧孺の表甥であった、すなわち湜が僧孺の表姉妹（いとこ）を妻としたとしても不思議はない。松と僧孺の間に果たして齟齬があったかどうかは、『唐摭言』の「或は曰ふ」というカッコ付きの伝聞だけでは軽々に判断し難い。しかしながら、よしんば齟齬があったとしても、「牛羊日暦」の「續記」をものするような、或は「牛羊日暦」そのものを偽作するような挙に出たとは聊か信じ難い。何故なら、「續記」（第Ⅴ条）はさきに見た通り、僧孺の母に対する醜言が述べ立てられているが、松が僧孺の血縁に連なる者であったとすれば、それはまさしく天に唾する行為となるからである。いかに「醉郷」に耽溺するとても、士類の者のよくなし得る所ではなかったろう。[三〇]

かくの如く、皇甫松もまた「續記」乃至「牛羊日暦」全編の撰者とは考え難いとすると、ここに劉軻と皇甫松の名を騙って全編を偽作した陰湿な工作者、「第三の男」の存在を探らねばならないようである。

三、韋瓘とその周辺

『太平廣記』四百八十九に出典を記さず「牛僧孺撰」として収める「周秦行記」[三二]は、徳宗の貞元中、科挙に落第した主人公が夜道に迷ってとある邸宅（実は漢の薄太后の廟跡）に入り込み、漢の戚夫人・薄太后・王昭君、晋の緑珠、斉の潘淑妃、唐の楊貴妃ら歴史上の美女と一夜の歓を尽くすという物語である。その一節に、今上が徳宗だと聞かされた楊貴妃が「沈婆の兒、天子と爲るや、大いに奇なり」と笑う箇所があり、これこそ「牛羊日曆」が不敬の極みとして指弾する所のものに他ならない。しかし、この小説が牛僧孺の手に出るものではなく、李党の韋瓘が僧孺を陥れるため偽作したものであることは、夙に宋初の賈黄中の談論を採録した張洎『賈氏談録』が、

衞公再居相位、僧孺卒遭譴逐。世傳「周秦行紀」、非僧孺所作、是徳裕門人韋瓘所撰。

と述べ、南宋初『祕書省續編到四庫闕書目』小説類は直截に「韋瓘『周秦行紀』一巻」とするように、ほとんど定説となっている。韋瓘は名門京兆韋氏の出、徳宗朝から憲宗朝の高官韋夏卿の弟正卿の子にして、『新唐書』百六十二韋夏卿傳の付伝に、

及進士第、仕累中書舍人。與李徳裕善、徳裕任宰相、罕接士、唯瓘往請無間也。李宗閔惡之、徳裕罷、貶明州長史。會昌末、累遷楚州刺史、終桂管觀察使。

と記されるように、李徳裕の親党であった。

さて、ともに偽作物たる「周秦行記」が不敬の言辞を弄し、片や「牛羊日曆」がその不敬を指弾するという図柄を見れば、畢竟両者は同一人（＝韋瓘）の手になる自作自演ではないかとする王夢鷗氏の説は、かなり魅力的であるといえよう。実際『賈氏談録』は、

開成中、曾爲憲司所覈。文宗覽之笑曰、此必假名僧孺。若貞元中進士、豈敢呼德宗爲「沈婆兒」也。事遂寢。

と、「周秦行記」は果たして憲司による弾劾騒ぎにまで発展したことを記し、しかし文宗の一笑を以てこの作者苦心の「文字の獄」は水泡に帰し、僧孺は虎口を脱したと述べる。時あたかも「牛羊日暦」が扱う大和末年に続く開成年間であるから、時期的には全く吻合する。また「周秦行記」中の王昭君との一件に「牛羊日暦」と連関する作者の悪意が見て取れるとする王夢鷗氏の指摘は注目に値すると思われる。すなわち、作中王昭君は薄太后から僧孺の夜伽を命じられるのであるが、その際「昭君始め呼韓單于に嫁し、復た株纍弟單于の婦と爲る。固より自ら宜[三二]しからん」と称されている。これが「牛羊日暦」に見える僧孺の母親の失節への当てつけになっているというのである。[三三]鋭い指摘といってよいのではあるまいか。如上の点をも踏まえつつ、以下、韋瓘の経歴を少しく追ってみたい。

韋瓘は元和四年（八〇九）、弱冠二十一歳で状元を以て進士登第を果たした。[三四]逆算すれば貞元五年（七八九）の生、李德裕より二歳年少となる。『桂林風土記』碧潯亭条は、

亭館、大中初、前韋舍瓘人吵籾造。……韋舍人、年十九入闕、選進士舉、二十一進士狀頭。榜下、除左拾遺。於時名重縉紳、指期直上。馬相（植）爲長安令、二十八度候謁、不蒙一見。後任廉察桂林、纔半歲而馬相執大政、尋追懷舊事、非時除賓客分司。

と記す。これによれば、韋瓘は登第直後に左拾遺となった如くであるが、実際は『唐會要』五十五　諫議大夫に「(元和)十五年八月、諫議大夫鄭覃・崔郾、右補闕辛邱度、左拾遺韋瓘・溫畬[三五]閤中に於て奏事し、諫むるに上の宴樂過度を以てす」とあり、左拾遺に登ったのは元和十五年近辺と考えられ、元和の中期には宣歙・浙東の幕職にあったことを示唆する史料がある。[三六]王氏は上記『桂林風土記』の記事を以て、韋瓘の進士登第を元和十四年とする（とすれば馬植と同年となる）説を唱えるが、成立し難いようである。[三七]その後、元稹『元氏長慶集』四十七「獨孤朗授尚書都官員

外郎」に、「左拾遺韋瓘……守右補闕もて史館修撰に充つ可し」と見え、これは長慶元年（八二一）のことと考えられる。(三八) ここで韋瓘が史館修撰に任じられた経歴を有することは注目されよう。すなわち韋瓘は「日暦」の体例などについて熟知していたことになる。その後、倉部員外郎を経て、恐らく大和七年（八三三）に司勲郎中、(三九)『桂林風土記』にいう誼みを通ぜんとした長安令馬植を歯牙にもかけず遺恨を生じたのは、恐らくこの間のことであろう。あたかも当大和七年に李徳裕が入相、かくて『新唐書』の伝にいう如く李徳裕の親信を受け、官も中書舎人に進んだが、李宗閔に悪まれ、翌八年十月の李徳裕の失脚に連累する形で貶逐を被ったものと考えられる。ところで「唐韋瓘浯溪題名」（『湖南通志』二百六十五　藝文二十一・金石七）には、

太僕卿分司東都韋瓘、大中二年十二月七日過此。余、大和中以中書舎人謫官康州、逮今十六年。去冬罷楚州刺史、……今年三月有桂林之命、……

と見える。馬植の入相は大中二年（八四八）六月であるから、(四〇) 状況は同年のことに合致するが、しかし大中二年の十六年前は大和七年となる。洪邁以来この点を問題にする所説は多いが、(四一) ただ記題の時期が大中二年も既に臘月であるゆえ「十六年になんなんとす」ぐらいの含意であったと考えれば、李徳裕とともに大和八年に失脚したとする所伝に必ずしも抵触しない。その貶官先は明州長史ではなく、ここにいう如く嶺南瘴癘の地康州（恐らく司馬）であり、のち明州長史に量移されたものと思われる。

状元登第のプライドをもち、拾遺・補闕から員外郎―郎中―中書舎人と、絵に描いたような栄達コースを歩んでいた韋瓘にとって、このたびの蹉跌は、その心中に甚だしい怨恨を生ぜしめたことであろう。前節で見た如く、八年十月の李徳裕の失脚劇は李訓・鄭注・王守澄と宰相李宗閔の合作の形をとっていた。この段階では未だ訓・注ら「小人」の影は大きくなく、李宗閔が楊承和らの宦官とかねて昵懇であることは公然の事実だったから、(四二) 貶逐された李党

の党人にしてみれば、このたびの政変はむしろ牛党と閹党のイニシアティブの下に発動されたと観じられたことであろう。それが翌九年秋に至ってにわかに形勢変じ、憎んで余りある牛党の領袖と権閹連が次々に貶逐されたという。その知らせを聞いた時、流謫の中にあった李党の党人はいかばかり溜飲を下げたことであろうか。しかし、李宗閔・楊虞卿・漢公兄弟ら牛党の首脳があいついで貶逐される中、その暴風の圏外にあって、未だ隠然たる実力を養っているかに見える牛党の巨魁が、ただ一人だけいた。すなわち大和六年十二月、宰相から淮南節度使に出鎮し、九年の政変をも尻目に、傍らに美姫真珠を侍らせながら、(四三)開成二年までこの重賦の地に鎮座した牛僧孺その人である。

かくて、流謫の憤懣の中にあり、かつ「日暦」なるものの体例について熟知していた李党の人士の手によって、牛党の秘事・旧悪を暴いて石打つとともに、憎悪の標的たる牛僧孺を死地に陥れるため、「牛羊日暦」と「周秦行紀」が首尾あい応じて偽作された。劉軻と皇甫松の名が騙られたのは、前者は当時の史官にしてかつ馬植ら牛党の人脈に近い者、後者は牛僧孺の表甥、いずれ敵方の陣営の者であり、偽作の撰者に当てて名聞を傷つけた所で何らの気兼ねもなく、あまつさえ「内部告発」的効果を発揮して、餓狼あい喰む如き牛党陣営の醜態が強調されるといった計算が働いたためではなかったろうか。その陰険な工作者が韋瓘であった可能性は大いにある、ということを小稿の一応の結論としたい。

エピローグ

開成年間、「文字の獄」を以て牛僧孺を陥れようとした、この特異なる謀略は失敗に帰したが、やがて会昌へと年号が変わり、武宗の登極とともに一躍権力の座についた李徳裕の下で、韋瓘は再び中央に呼び戻されて御史中丞の要官に就いた如くである。(四四) しかし、会昌六年（八四六）三月、武宗が崩じ、宦官の定策によって宣宗が即位すると、李徳裕はその権力の基盤を一挙に失い、宿怨に燃える牛党の反動攻勢が開始された。『新唐書』の伝にいう韋瓘の会昌末の楚州刺史への転出＝左遷は恐らくかかる情勢下に行われたものであろう。その後、一旦桂管観察使に任じられたものの、図らずも馬植の入相によって横槍が入る。還暦を目前にしてのことであった。この歳で太僕卿分司東都の閑職への左遷は、ほぼ政治生命の終焉を意味することを韋瓘は自覚していたことであろう。二十一で状元を以て登第してより、壮年期を苛烈な党争の渦中に過ごし、激しい浮沈を繰り返した己の来し方を振り返って、韋瓘の胸中に去来したものは何であったろうか。

小稿は、「牛羊日暦」を韋瓘の偽作とする王夢鷗氏の説を敷衍する形で、「牛羊日暦」や劉軻・韋瓘らの周辺について、聊か考察の歩を進めてみたものである。事柄の性質上、推論に頼らねばならぬ点が多かったことを懼れる。また「周秦行記」をめぐっては、もう一つ、李徳裕の名を称（恐らく偽称）した「周秦行紀論」（『李文饒文集』外集四）という難物が残っている。この点についての更なる解明は、後日の課題としたい。

《注》

（一）劉軻については、Edwin Pulleyblank, “Liu K‘o, A Forgotten Rival of Han Yü”, *Asia Major* 7(1959). および吉川忠夫「劉軻伝」（『中国中世史研究続編』京都大学学術出版会、一九九五）参照。

（二）王夢鷗「牛羊日暦及其相関的作品与作家弁」（一九七六→同『唐人小説研究(四)』台湾・芸文印書館、一九七八）。

（三）同条には「兄弟元和中並進士第、二十年來、上撓執政、下干有司」とも見え、元和〜大和間の年数を勘案すると、「三十餘年」は「二十餘年」の誤記と見られる。

（四）『通鑑』二百四十五によれば、李宗閔は大和九年六月壬寅に中書侍郎・同中書門下平章事（宰相）から明州刺史に貶され、七月壬子に虔州長史に再貶されている。

（五）『舊唐書』百七十六　楊漢公傳、『洛陽出土歴代墓誌輯縄』（中国社会科学出版社、一九九一）六九九「楊漢公墓誌」によれば、当時の漢公の官銜は司封員外郎ではなく司封郎中である。これも史官による正規の「日暦」たるを疑わせるものとなろう。また墓誌は、楊漢公も大和の中葉に史館修撰であったと伝え、劉軻と同僚であった可能性もある。

（六）王守澄・梁守謙は憲宗弑殺の中核となった宦官（所謂「元和逆党」）で、穆宗朝から敬宗朝を経て文宗大和年間に至るまで権勢を振るった。牛志平「唐宦官年表」（『唐史論叢（二）』陝西人民出版社、一九八七）によれば、長慶二年現在、王守澄は枢密使、梁守謙は右神策護軍中尉の任にあった。なお、この景王立太子は時の宰相李逢吉の進言と裴度の賛同によって行われたが（『通鑑』同条）、これについて「李司徒逢吉與杜循州元穎同作相。穆宗寢疾、議建儲弐、與公（牛僧孺）不協」とする史料がある（『文苑英華』八百八十八　李珏「故丞相太子少師贈太尉牛公神道碑」）。立太子について牛僧孺に異見があったことは事実のようであり、『牛羊日暦』はこれに誇誕の言を附会したものであろう。立太子に関わる議論と駆け引きは、事柄の性質上、隠微にわたる部分を多く含むが、この点、後述のように韋瓘が長慶初年に史官の任にあったことは興味深い。

（七）牛李党争に関わる研究史については、拙稿「牛李の党争研究の現状と展望」（『史境』二九、一九九四）参照。それ以降に出た重要な研究としては、王炎平『牛李党争』（西北大学出版社、一九九六）、丁鼎『牛僧孺年譜』（遼海出版社、一九九七）、傅璇琮・周建国『李徳裕文集校箋』河北教育出版社、二〇〇〇）のみ挙げておく。

（八）韋執誼の宰相在任は、貞元二十一年＝永貞元年の二月～十一月（『通鑑』二百三十六）。

（九）裴庭裕『東觀奏記』序に「國朝故事、以左右史修起居注、逐季送史館。史館別設修撰官、起居注外、又置日曆。至修實錄之日、取信於日曆・起居注、參而成之」と述べる。「日曆」については、Denis Twitchett, *The Writing of Official History Under the T'ang*, Cambridge Univ. Press (1992), ch. 7 "The Dairy Calendar (Jih-li)" 参照。

(一〇) 以上は『通鑑』二百四十五、『舊唐書』百六十九・『新唐書』百七十九　李訓・鄭注傳による。

(一一) 「甘露の変」については、横山裕男「『甘露の変』始末」(『長野大学紀要』五、一九七五) 及び盧向前氏の一連の近業「《甘露之変》前後鄭注行蹤考弁」(『文史』四六、一九九八)、「李訓鄭注与牛李党人」(『学術集林』一三、一九九八)、「《惜訓悪注》与時人心態」(『唐研究』六、二〇〇〇) 参照。また「甘露の変」も含めた近年における唐代宦官研究動向については松本保宣「唐代宦官論」(『立命館文学』五六二、一九九九) が参考になる。

(一二) 「續記」が「睿眞皇太后」を「睿眞皇后」に作るのみ違う。

(一三) 杜牧『樊川文集』二十「宋叔康妻封邑號制」、『東觀奏記』上。

(一四) 吉川前注(一)論文。

(一五) 朱金城『白居易集箋校』(上海古籍出版社、一九八八) 二六七一～七二頁。

(一六) 『白氏文集』四十四「與楊虞卿書」。同書にはまた、楊虞卿が貧疾に苦しむ李弘慶や冤罪で下獄した崔行倹の家族に援助を惜しまなかったことを記している。

(一七) 『登科記考』十三。

(一八) 例えば呂温は「鑒止水賦」「青出藍詩」を試題とする貞元十四年の進士 (『登科記考』十四) であるが、『呂衡州集』一には「白雲起封中賦〔題中用韻六十字成〕」があり、元和十年の進士張嗣初 (同十八)、登科年度を記さぬ李正辞にも同名の賦が残される (『文苑英華』百八十一) など、『文苑英華』百八十～八十九 (省詩一～十) に収める作品を閲すれば、その例は枚挙に暇がない。

(一九) 行巻の習については、特に程千帆『唐代進士行巻与文学』(上海古籍出版社、一九八〇、松岡栄志・町田隆吉訳『唐代の科挙と文学』凱風社、一九八六) 参照。

(二〇) 『舊唐書』十五　憲宗紀下。なお **Pulleyblank** 前注(一)論文が「崔相公」を崔植 (元和十五～長慶二年在任) にあてるのは、吉川前注(一)論文がいうように、従い難い。

(二一)『通鑑』二百四十 同条。

(二二)『舊唐書』十五 憲宗紀下、『通鑑』二百四十 同条。

(二三)また第二事は、皇位の継承にあたって宦官の策謀を許してはならぬことを説くが、これは元和七年に遂王(穆宗)が既に立太子されていることからすれば、少しく異様である。実は立太子に際しては澧王を擁立せんとした宦官吐突承璀・李吉甫らと穆宗派の李絳・崔羣らの間に激しい暗闘があった。その後、憲宗の意を得て吐突承璀は徐々に巻き返しを策すが、その吐突承璀と深く結託したのが皇甫鎛なのである(黄永年「唐元和後期党争与憲宗之死」『中華文史論叢』四九、一九九二)。この第二事の背景には、皇甫鎛の入相を迎えて俄然緊張の度合いを増した皇儲問題があったのではないか。

(二四)呉廷燮『唐方鎭年表』六。

(二五)このことはPulleyblank前注(一)論文が指摘する。

(二六)『春秋穀梁傳』昭公十九年。

(二七)進士→校書郎→畿尉→監察御史→拾遺→員外郎→中書舎人→中書侍郎という、有名な「八儁」コース(封演『封氏聞見記』三)に見られるように、校書郎は栄達の本線上に位置するエリート・ポストであった。

(二八)「呉湘の案」とは、会昌五年、李党の淮南節度使李紳が江都令呉湘を横領罪で告発し、冤罪の疑惑をいう諫官らの抗訴を退けて、李徳裕が湘を死に処した疑獄事件を指す。

(二九)元和三年の制挙で、牛僧孺・李宗閔・皇甫湜の策文が「時政の失を指切し」(『舊唐書』百七十六 李宗閔傳)、「貴倖」(『唐會要』七十六)の泣訴する所となった。この「貴倖」が宰臣李吉甫ではなく宦官を指すことについては、松井秀一「所謂牛李の党争の発端について」(『佐久間重男教授退休記念中国史・陶磁史論集』燎原、一九八三)参照。

(三〇)銭易『南部新書』己に「殷僧弁・周僧達、與牛相公同母異父兄弟也」なる一節がある。しかし僧孺の母が周氏であれば、周僧達なる者と同母異父兄弟であることはあり得まい。僧孺の母の再婚をめぐり、奇怪かつ酷薄な中傷をなす者が存在したことを知る。

(三一)『顧氏文房小説』及び『李文饒文集』外集四「周秦行紀論」付編にも見え、また王重民『敦煌古籍叙録』に引く《P.3741》敦煌文書に残巻(約三分の二ほど)が残る。なお、『太平廣記』以外の諸本・諸史料はいずれも「行紀」に作るが、しばらく『太平廣記』に従う。本篇の解題としては、李剣国『唐五代志怪伝奇叙録(下)』(南開大学出版社、一九九三)が最も詳細を尽くす。

(三二)諸本「用」に作るが、曾慥『類説』二十八所収の節録により改む。

(三三)なお登場人物のうち、薄太后は魏豹の下から漢祖の後宮に入った者、楊貴妃は東宮(粛宗)の室から玄宗の後宮に入った者である。

(三四)『登科記考』十七。同年の知貢挙は戸部侍郎張弘靖であり、また南宋・逸名氏編『錦繡萬花谷後集』三十四所引『續定命錄』「垣下生善筮」に、韋瓘が知貢挙張弘靖のとき状元登第する話柄が見える。『續定命錄』の撰者は後引の文に見える元和十五年当時韋瓘の同僚(左拾遺)であった温畬である。なお徐松は、元和四年状元の韋瓘(韋正卿の子)と『桂林風土記』の韋瓘を別人とするが、同一人物として何ら齟齬を生じない。

(三五)原文は温会に作るが、『新唐書』百八十二 李珏傳により改む。

(三六)韋瓘「宣州南陵縣大農陂記」(『文苑英華』八百十三)「修漢太守馬君廟記」(『全唐文』六百九十五)

(三七)王前注(二)論文は、『登科記考』十八の元和十四年状元韋譓(徐應秋『玉芝堂談薈』二「歴代狀元」による)を韋瓘の誤記と考え、『桂林風土記』にいう「榜下るに左拾遺に除せらる」の一文に合致せしめようとする。しかし、元和十四年状元の韋譓は、宣宗朝に義武・天平などの藩帥を経て刑部尚書に至った韋損の改名前の名であり(『新唐書』七十四上 宰相世系表)、また諫官たる左拾遺は従八品上ながら供奉官に列する格式の高い官であり(前注(三七)に挙げた「八儁」コースでも四命にして任じられる官である)、如何に状元とはいえ、進士登第後ただちに叙せられる官ではない。筆者は前稿「中晩唐期における官人の幕職官入仕とその背景」(松本肇・川合康三編『中唐文学の視角』創文社、一九九八)注(三三)において王氏の韋譓=韋瓘説に与する見解をとったが、ここに撤回したい。

（三八）同制において「尚書都官員外郎、前に依りて史館修撰たる可し」とされた独孤朗は、長慶元年十二月、諫議大夫李景倹の飲酒～中書乱入事件に連座して韶州刺史に貶官されている（『舊唐書』十六　穆宗紀）。

（三九）趙鉞・労格『唐尚書省郎官石柱題名考』七、一八。

（四〇）厳耕望『唐僕尚丞郎表』輯考四下・戸侍の考証を参照。

（四一）『容齋隨筆』八。岑仲勉（『隋唐史』高等教育出版社、一九五七）・傅璇琮（『李徳裕年譜』斉魯書社、一九八四）ら「李徳裕無党」説をとる一部の論者は、これを以て韋瓘を李党ではない（＝「周秦行記」の偽作者でない）とするが、無理があろう。なお『八瓊室金石補正』六十一のみ「大中二年」を「大中三年」に作るが、馬植との経緯からすると、二年は動かし難い所であろう。『北京図書館蔵中国歴代石刻拓本匯編（唐〇三二）』（中州古籍出版社、一九八九）二四頁に拓本を収めるが、磨滅が甚だしく判読できない。

（四二）『舊唐書』百七十六　李宗閔傳、『通鑑』二百四十四　太和三年八月条。

（四三）李紳に「憶被牛相留醉州中時無他賓牛公出眞珠輩數人」（『全唐詩』四百八十一）なる一首があり「淮海一従雲雨散、杳然倶是夢魂中」の句が見える。大和七年、李紳が浙東観察使に赴任する途上のことと考えられ、真珠は僧孺の淮南在任時代よりの寵姫であった如くである。なお李剣国前注(三一)書によると、南宋・周守忠『姫侍類偶』なる鈔本（四庫全書未収）巻下に「眞妃〔珠〕絶倫」（出『眞珍〔珠〕釵錄』）の一節を収め「牛丞相鎮襄陽、納婢曰眞珠。有殊色、歌舞之態、時號絶倫」とのみ記すという。

（四四）晩年を淮南に放浪した詩人張祜（大中年間没。傅璇琮『唐才子傳校箋』六）に「楚州韋中丞箜篌」（『全唐詩』五百十一）なる詩があり、潤州の人許渾（大和六年の進士。『唐才子傳校箋』七）に「淮陰阻風寄呈楚州韋中丞」（『全唐詩』五百三十四）、楚州山陽の人趙祜（会昌四年の進士。『唐才子傳校箋』七）に「山陽韋中丞罷因獻」（『全唐詩』五百四十九）「送韋中丞」（同五百五十）なる詩がある。これらの「韋中丞」が、御史中丞から楚州刺史に転出せしめられた韋瓘を指す可能性は高いと考えられる。

唐沢潞昭義軍節度使考

―中晩唐期における唐朝と河北藩鎮の関係をめぐって―

森部　豊

はじめに

沢潞昭義軍は、中晩唐時期に現在の山西省東南部の山間部から河北省西南部および河南省北部の平野部にまたがって存在した藩鎮である。この藩鎮は、もとは安史の乱中に唐朝が藩屏として河東南部に設置した沢潞節度使（会府は潞州。属領は沢州）と、安史の乱後に安禄山軍将の薛嵩を河北南部に置いた相衛節度使（会府は相州。属領は衛・貝・洺・邢・磁州）という、性格の相反する二つの藩鎮の流れをくむものである。

大暦八年（七七三）正月、相衛節度使薛嵩が卒すると、隣接する魏博の田承嗣は昭義の軍将に軍乱を起こさせ、その混乱に乗じて相衛の属領の領有をはかった。これに対し、唐朝は魏博の勢力拡張をきらった成徳などと歩調を整え軍事介入をおこなった。この結果、相衛の属領のうち、相・衛・貝・洺州の四州が魏博の属領となり、邢・磁二州は、唐朝のコントロール下にくみこまれ、沢潞行軍司馬だった李抱真が相衛節度留後として管理することとなる。李抱真が大暦十二年（七七七）に沢潞節度留後となると、沢潞節度使と旧相衛節度使の一部との事実上の合併がなされ、旧相衛節度使の軍額であった昭義軍も潞州へうつされた。その後、建中三年（七八二）に洺州が昭義の属領となり、ここで太行山脈の鉱物資源と河北平原の穀倉地帯を有す沢潞昭義軍（以下、昭義とする）が成立し、経済的に自立できる力を持ち、唐末まで唐朝の河北経略の拠点として機能することになったが、[一] その一方で昭義は唐朝に対して度々反乱を起こす動きもみせる。

ところで、従来の唐後半期の政治史においては、唐朝と河北藩鎮[二]は一貫して対立していたという静態的構図で捉えられてきた。[三] しかし、最近では張国剛氏の河北藩鎮も唐朝の一種のコントロール下に組み込まれていたという説や、[四] 渡邊孝氏による幕職官の研究から、唐朝と河北藩鎮にはパイプラインが存在していたという事実が指摘されている。[五] ならば、河北藩鎮がとっていた反中央・半独立割拠といった態度と、これら最新の研究成果はどのように整合的に説明されるのであろうか。

本論は、このような問題関心に基づき、地理的に両京と河朔との間に位置し、時には中央寄りに、時には反中央的態度を示した昭義の動向を追うことによって、従来の中央対河朔という固定した図式をより動態的なものとして提示することを目的とする。そこでまず昭義の歴代節度使の出身および選出事情の変化を論じ、次に昭義で起こったいくつかの軍乱についてその性格の違いを明らかにし、最後に唐朝官僚らの昭義に対する認識の変化を明らかにし、それらが唐朝と河朔との政治・軍事関係の変化とどのように連動していたのかを探っていきたい。

一、昭義軍節度使の選出事情

昭義は、唐朝の河北経略にとって最前線に位置する重要な拠点であり、昭義軍節度使の選出には、細心の注意が払われたはずである。表1は、『舊唐書』、『新唐書』、『資治通鑑』およびその他関連史料をもに作成した歴代昭義軍節

表1　歴代昭義軍節度使一覧

氏名	本貫	出自	就任形式	在任期間	在任年数	就任前官職	退官理由・退官後職位	伝記史料	備考(その他の典拠史料)
李抱真	河西	武官	朝命	大暦11～貞元10	18	沢潞行軍司馬	卒	旧伝132 新伝138	
王虔休	汝州	武官	朝命	貞元10～貞元15	5	昭義歩軍都虞候	卒	旧伝132 新伝147	
李長栄	?	武官	朝命	貞元15～貞元20	6	河陽節度使	卒	—	嘉定鎮江志16
盧従史	范陽	武官	朝命	貞元20～元和5	6	昭義兵馬使	捕縛	旧伝132 新伝141	
孟元陽	?	武官	朝命	元和5～元和6	1	河陽節度使	右羽林統軍	旧伝151 新伝170	
郗士美	高平	文官	朝命	元和6～元和12	7	河南府尹	工部尚書	旧伝157 新伝143	
辛　秘	隴西	文官(明経)	朝命	元和12～元和15	2	河南府尹	帰還中卒	旧伝157 新伝143	
李　愬	洮州臨潭	文官(蔭)	朝命	元和15	②	武寧節度使	魏博節度使	旧伝133 新伝154	本貫は新伝による
劉　悟	懐州	武官	朝命	元和15～宝暦1	5	義成節度使	卒	旧伝161 新伝214	
劉従諫	懐州	武官	世襲	宝暦1～会昌3	20	将作監主簿	卒	旧伝161 新伝214	
(劉稹)	懐州	武官	世襲	会昌3	—	牙内都知兵馬使	卒	旧伝161 新伝214	
盧　鈞	京兆	文官(進士)	朝命	会昌4～会昌5	2	山南東道節度使	戸部侍郎	旧伝177 新伝182	
李執方	?	武官?	朝命	大中1～大中2	2	?	?	—	
薛元賞	?	文官?	朝命	大中2～大中6	4	袁王傅	卒	新伝197	
鄭　涓	滎陽	?	朝命	大中6～大中9	4	武寧節度使	河東節度使	—	新表75上
韋　博	京兆	文官(進士)	朝命	大中9～大中10	2	淄青節度使	卒	新伝177	
畢　諴	鄆州	文官(進士)	朝命	大中10～大中11	2	邠寧節度使	河東節度使	旧伝177 新伝183	
裴　休	孟州	文官(進士)	朝命	大中11～大中13	2	太子少保	河東節度使	旧伝177 新伝182	
唐　持	晋陽	文官(進士)	朝命	咸通1～咸通2	2	朔方節度使	卒	旧伝190 下新伝8	
劉　潼	曹州	文官(進士)	朝命	咸通2～咸通4	2	左散騎常侍	河東節度使	新伝149	
沈　詢	呉	文官(進士)	朝命	咸通4	—	礼部侍郎	軍乱により殺害される	旧伝149 新伝132	
李　蠙	隴西	文官(進士)	朝命	咸通5～咸通7	3	京兆尹	?	—	新表70上
盧　匡	范陽	文官	朝命	咸通9	?	?	?	—	
高　湜	渤海	文官(進士)	朝命	咸通13～咸通14	2	兵部侍郎	?	旧伝168 新伝177	高瀚墓誌銘
張彦遠	河東	文官	朝命	咸通14～乾符1	3	?	?	旧伝129 新伝127	
高　湜	渤海	文官(進士)	朝命	乾符1～乾符2	2	?	連州司馬	旧伝168 新伝177	再任
曹　翔	?	武官	朝命	乾符2～乾符5	3	左金吾大将軍	河東節度使	—	唐隴西李氏長女墓誌銘并序
李　鈞	隴西	武官?	朝命	乾符5	②	汝州防禦使	戦死	—	
高　潯	?	?	朝命	乾符6～中和1	3	陜虢観察使	軍乱により殺害される	—	
孟方立	邢州	武官	朝命	中和1～中和3	3	沢州遊奕使	卒	旧伝187 旧史62 新史42	

略記：旧伝＝『旧唐書』列伝、新伝＝『新唐書』列伝，新表＝『新唐書』表，旧史＝『旧五代史』，新史＝『新五代史』

注：(1)本表は、沢潞と相衛両節度使合併後、孟方立による分離独立までの昭義節度使の一覧である。作成にあたり、王寿南『唐代藩鎮与中央関係之研究』(嘉新水泥公司、1969)の「唐代藩鎮総表」を参照した。

(2)正史立伝以外の者は、正史・『資治通鑑』などの史料に断片的に見える記事によった。詳しくは本文参照。

(3)不明な事項は「？」で示した。

(4)出自は、本人の経歴から武官と文官とに区別した。また、明経・進士出身は徐松『登科記考』を参照。

(5)在任年数の数字は「年」単位、○数字は「月」単位、「—」は数ヶ月の意味。

(6)伝記史料欄の「—」は立伝されていないことを示す。

度使の一覧表である。ただし、この表には合併以前の沢潞節度使と相衛節度使はふくめていない。この表から明らかなのは、①劉従諫、劉稹を除いたすべての節度使は、ほぼ朝命による任官であること、②盧従史までは武人を任用していたが、その後、劉従諫までは文官・武人（武官）の併用となり、さらにそれ以降は、唐極末の黄巣の乱の時期を除き、概ね文官を任用したことの二点である。以下、昭義軍節度使の選出事情を個別に検討してみる。なお、以下の記述は、特に注記しないかぎり『舊唐書』『新唐書』の列伝にもとづく。

初代昭義軍節度使の李抱真は貞元十年（七九四）六月一日に卒した。彼の先祖は高祖朝の功臣安興貴であり、代々河西に居住していたことと、姓が安氏であることからソグド系武人と考えられる。李姓は、至徳二年（七五七）五月に唐朝から賜ったものである。李抱真は、安史の乱後、相衛、沢潞両節度使合併や昭義軍歩兵の創設に尽力し、また昭義軍節度使として唐朝の河北経略の一端を担ってきた人物である。この昭義軍を創設したともいえる李抱真の子が李緘である。李緘は李抱真の死を秘すと、営田副使の盧会昌および李抱真の従甥の元仲經の応援をうけ、昭義軍節度使の世襲を画策する。すなわち、李緘を後任にするという李抱真の偽の命令を発し、節度副使の李説らが李緘を推戴することへの賛同をとりつけた。これに対し唐朝は、李氏の世襲を認めず、後任に昭義軍将の王延貴を考えていた。中使の第五守進が潞州に至り、朝廷の考えが伝えられると、李緘にいったんは組みしていた昭義の諸将らはこぞって離反した。そのため、李緘は懼れて節度使継承をあきらめ、王延貴が継承することに内定した。同年七月一日、王延貴は昭義留後に任じられ、虔休の名を賜った。(六) 王虔休は汝州の人で、若い頃から書籍に親しむ一方、武芸にも秀でていた。大暦年間（七六六―七七九）に、汝州刺史の李深に武将として仕えたが、その後、沢潞節度使の李抱真がその名を聞き、厚く財帛をもって招き、そのまま兵馬使押衙として昭義に名を連ねることとなった人物である。昭義で軍功をたて、李抱真の卒時には、歩軍都虞候に抜擢されていた。すなわち、昭義の軍将である。

王虔休が貞元十五年（七九九）三月十四日に卒すると、同月二十四日、河陽三城節度使の李元が潞州長史・昭義軍節度使・沢潞磁邢洛観察使に任じられた。(七) この間の事情は史料が無いため詳しいことは分からないが、朝命による移鎮であろう。李元の昭義軍節度使就任にあたって、昭義軍内に混乱が起きたという史料は伝わらない。李元はもと李長栄という名で、右神策将軍から河陽三城懐州団練使に転出し、その際に名を元と賜わり、(八) その後昭義軍節度使となった武将である。

貞元二十年（八〇四）七月、昭義軍節度使李元（長栄）が病没すると、(九) 唐朝は昭義軍内で人望がある軍将に節度使を継承させようとした。当時の昭義軍内では、大将の來希皓に衆望があったが、彼自身は節度使の地位を辞退する。すると軍内で第四位にいた兵馬使の盧従史が監軍使と結託し、昭義軍節度使を継承することとなった。(一〇) 盧従史は、名族范陽の盧氏の末裔であるが、名望が低い傍系の家柄出身だったようである。(一一) 父の盧虔は進士出身で、御史を経て秘書監に至った人物であるが、盧従史は若いころから騎射を好んだというから、武人とみなしてよいであろう。盧従史は沢・潞州を遊していた際、前の節度使李元に用いられた。盧従史は後年、反唐朝的行動をとるようになる。

盧従史が、反唐朝的行動を示したため捕縛され長安に送還されると、その後任として捕縛に協力した昭義軍牙将の烏重胤が次期節度使候補となった。しかし、当時宰相であった李絳はこの人事案に反対し、烏重胤を河陽節度使とし、河陽節度使の孟元陽を昭義軍節度使とすべきであると提言した。(一二) この結果、孟元陽が昭義軍節度使に任命された。孟元陽の本貫は不明であるが、もとは陳・許節度使下の軍将である。

元和六年（八一一）三月、中央禁軍（右羽林統軍）へ転任した孟元陽の後継者として、河南府尹の郗士美が昭義軍節度使に選ばれた。郗士美は兗州金郷県（現在の山東省金郷）の人で、若いときから五経や『史記』『漢書』に通じ、記憶力に優れていたと伝えられる。郗士美は李抱真が昭義軍節度使の任にあった時、従事として辟召され、王虔休・李元两節度使に仕えた後、坊州刺史→持節黔中経略招討観察塩鉄等使→京兆尹→鄂州刺史→河南尹を経て昭義軍節度使に就任した。昭義軍節度使史上、初の文官節度使である。郗士美は昭義軍に対し優遇措置を講ぜず、倹約を推し進めた。例えば、李抱真以来の軍人出身の節度使が行ってきた公費を節度使個人の食費にあて使用することや、盧従史が一日あたり牙兵三百人分の食事を用意した前例をことごとく廃した。

郗士美が元和十二年（八一七）八月に工部尚書として中央へ転任すると、河南府尹の辛祕が後継者として赴任する。辛祕は隴西の人で、貞元年間（七八五—八〇五）の明経出身の文官である。昭義軍節度使に着任した当時、成徳の王承宗征伐が続行されており、唐朝側として成徳出兵をしていた昭義軍の財政は逼迫していた。辛祕も倹約を実行し、四年間で銭十七万緡、糧七十万斛を貯えたと伝えられる。（一三）

元和十五年（八二〇）九月、武寧節度使李愬が昭義軍節度使として着任した。李愬は洮州臨潭（現在の甘粛省臨潭）の人で、李晟の息子で、父の蔭により起家した。その後、太常寺協律郎、衛尉少卿、右庶子、少府監、左庶子などの中央官職を歴任した後、坊州・晋州刺史を経て、再び庶子となって中央に戻り、太子詹事、宮苑閑廏使となっている。その経歴からすれば、李愬は文官といえるが、その一方で軍事戦略に長け、騎射も得意としていた。そのためであろうか、彼は諸藩鎮の節度使に任じられている。ただ、その昭義在任期間は二ケ月足らずであった。

李愬着任の翌月（元和十五年十月）、成徳節度使の王承宗が卒した。成徳軍内では王承宗の弟の王承元を推戴する動きがあったが、王承元はこれを受けず、密かに朝廷に別の節度使を請うたため、唐朝はこれを機会に河北地域における藩帥の大幅な入れ替えを画策する。すでに帰順していた魏博節度使田弘正を成徳節度使に、昭義軍節度使李愬を魏博節度使に、王承宗を義成節度使とし、義成節度使の劉悟を昭義軍節度使に任じたのである。（一四）

劉悟の祖父は劉客奴といい、もとは安禄山の部将であったが、安史の乱に際し、唐朝に帰順し、正臣の名を賜った。劉悟の叔父の劉全諒（逸準）も軍人で、宣武軍節度使をつとめた。(一五)劉悟は、かつて宣武軍節度使下の牙将であったが、罪を犯して潞州に逃げ、その当時昭義軍節度使であった王虔休の軍将となったことがある。元和年間（八〇六―八二〇）に淄青節度使のもとで都知兵馬使となったが、憲宗の淄青討伐の際、節度使李師道の首を献じて帰順した。この功績をもって義成節度使に任じられ、ついで憲宗が亡くなり穆宗が立つと昭義軍節度使に移るのである。劉悟の没後、子の劉従諫が世襲し、さらに甥の劉稹が節度使の地位を引き継ごうとしたが、唐朝はこの世襲を許さなかった。劉稹は唐朝に対し、乱を起こすのだが、結局鎮圧されてしまうのである。

劉稹以降の節度使任官の事情は、史料上の制約が大きい。そのため、すべての節度使の名が判明するわけではなく、またその任期や就任に至る事情についてもほとんど明らかでない。ここでは、主として彼らの出身に焦点をあててみてみたい。

まず盧鈞は、もとは范陽盧氏であるが、京兆に貫籍をうつしている。元和四年（八〇九）の進士及第者である。李執方は本貫・出自ともに不明である。その経歴は、左金吾衛大将軍から河陽節度使となり、易定節度使、忠武軍節度使を経て昭義軍節度使となっており、(一六)あるいは武人かもしれない。薛元賞はその本貫は失伝し不明。その経歴は司農少卿から漢州刺史となり、司農卿、京兆尹（大中九年）、武寧軍節度使、邠寧節度使を経て、会昌四年（八四四）五月に再び京兆尹となっている。彼は李徳裕の派閥と目される人物で、李徳裕の失脚とともに袁王傅に左遷されたが、その後昭義軍節度使になっており文官とみなせる。鄭涓は滎陽の鄭氏に連なる。(一七)韋博は京兆の人、及第年代は不明であるが進士出身である。畢諴は鄆州の人、太和六年（八三二）の進士及第。裴休は孟州の人で、長慶二年（八二二）の進士及第者。唐持は晋陽の人で、元和十五年（八二〇）の進士及第者。劉潼は曹州の人、年代は不明であるが進士出身である。沈詢は呉の出身で、会昌元年（八四一）に進士及第している。李蠙も同じく会昌元年（八四一）の進士及第者で、宗室の一族でもある。(一八) 盧匡は咸通中（八六〇―八七三）、吏部侍郎であったことが確認でき、(一九) 文官である。高湜は及第年代不明の進士出身者。『舊唐書』『新唐書』の同伝では本貫不明とするが、近年公刊された「高瀚墓誌銘」により、渤海の人であることが判明した。(二〇) 張彦遠は蒲州猗氏（山西省臨猗）の人で、大中（八四七―八六〇）のはじめに祠部員外郎となり、その後の経緯は不明であるが、昭義軍節度使の後は中央へ再びもどり、乾符二年（八七五）七月に大理卿となっているから、(二一) これも文官とみなせよう。曹翔は兗海節度使、左金吾大将軍を経て昭義軍節度使になった人で、(二二) 武官と見なしてよいだろう。李鈞は隴西李氏郇王房に連なる者で、乾符五年（八七八）に汝州防禦使から昭義軍節度使となった。(二三) 高潯については出自は不明である。(二四) 最後の節度使孟方立は、昭義の軍将で、唐極末の混乱期に乗じ、昭義管内の河北三州に拠って自立した者である。

以上、現在確認できるすべての昭義軍節度使の出自とその選出の経緯をみてみたが、まず、李抱真から劉悟にいたる九人の節度使のうち、李抱真・王虔休・盧従史・郗士美・劉悟の五人は昭義の軍将あるいは幕職官であったことがわかる。河朔三鎮のように、代々節度使を内部から選出して、唐朝に反抗している藩鎮ならば、こういった現象も不思議ではなかろうが、昭義で内部からの選出を許したのは、河北に対する戦略上、昭義軍の内情に通じ、軍を熟知している者を選んで、その軍の指揮を容易にしようとしたのではないかと考えられる。次に李元、孟元陽、郗士美、辛祕の前任官職をみてみると、李元と孟元陽は河陽節度使であり、郗士美、辛祕は河南尹を務めている。いずれも、昭義と隣接しているか極めて近く、また河北にも地理的に近い。このことは、おそらく彼らの赴任先の地の利から河北の事情をある程度理解し、そのため河北経略上、役立つことから藩帥に選ばれたと考えられる。一方、対照的なのが盧鈞以降の節度使であり、全十八名中（再任されている高湜は一回で計算）、曹翔以降の節度使が黄巣の乱と重なり、武人系の節度使が再び選出されるようになるのを除外すれば、その大部分は中央からの任命によって昭義外から赴任した文官であり、また科挙出身者が八名もいるのが特徴的である。

昭義軍節度使の選出のされ方を検討すると、その権限はほぼ朝廷に握られており、唐末の孟方立に至って、はじめて昭義から藩帥選出を行ったことがわかる。このことからみれば、唐代における昭義は、比較的唐朝の支配が浸透していた藩鎮に見える。しかし、劉従諫を境にして、その藩帥選出の傾向に大きな変化があることを見落としてはならない。李抱真から盧従史までは、李元を除いた全ての節度使が昭義内部から選出されており、孟元陽から劉悟までは、昭義内部から直接は選出されていないといっても、郗士美・劉悟はかつて昭義に仕えていたことのある経歴の持ち主である。

このことは、当該時期における昭義の政治的位置とも密接に関係する人事異動であると考えられる。すなわち、その大半が軍人であったことを考えると、八〜九世紀初めの昭義における藩帥選出の必要条件として、まず軍事的能力に秀でていたこと、そして昭義軍内や昭義周辺の事情にある程度通じていて、当藩鎮の軍隊の指揮が速やかに遂行できる者であることであった。このことは、唐朝の河北に対する関係が緊張したものであり、昭義が常に唐朝の河北経略の第一線にあったことをうかがわせる。しかし、このような理由にもとづく藩帥選出は常に危険が伴った。それが、盧従史や劉氏三代の反唐朝的態度にむすびつく。昭義の内部事情に通じたこれらの節度使が、一旦跋扈の気風を身に帯びるや、親中央的藩鎮がたちまちのうちに反中央的藩鎮に転じてしまうのである。このような事件を経て、唐朝の昭義軍節度使選出の方法も変化していく。盧鈞以降、高湜に至るまで、ほとんどが文官出身、中には宗室の者の姿も見られる。又、その任期も長くても四年が限度で、節度使権力が昭義全体に浸透するのを防いでいるようである。

二、昭義軍乱の性格

昭義ではいくつかの軍乱が起きている。それは唐朝に対する大規模な反乱から、節度使に対する小規模なものまで様々である。以下、この昭義で起きた軍乱を概観し、その性格の変化について分析してみたい。

（一）元誼の乱

昭義での最初の軍乱は、貞元十年（七九四）七月に起きた洺州刺史元誼の乱である。この月、昭義歩軍都虞候の王延貴（虔休）が昭義留後に任じられると、昭義行軍司馬で洺州刺史だった元誼はこの人事を不服とし、昭義管轄州のうち、河北の磁・邢・洺州（以下、河北三州）を分離して一鎮となさんことを請願した。これに対し、徳宗は中使を派遣して諭したが、元誼は従わなかった。そのため、王虔休はみずから軍を率い、洺州征伐を行うこととなった。しかし、元誼は相当な抵抗をしたようで、この乱は足掛け三年にわたって続き、貞元十二年（七九六）正月に元誼がその一党と魏博節度使田緒のもとへ亡命するに至ってようやく終結したのである。(二五)

元誼が軍乱をおこした原因は、王虔休の昭義軍節度使就任への不満であるが、これは元誼が昭義行軍司馬のポストにあり、概ねこのポストにあるのは、次期節度使候補である場合が多かったからと推測できる。(二六)では、元誼がこのような軍乱を起こすに至った背景、基盤は何であったのだろうか。このことを直接示す史料は無いが、反乱の首謀である元誼が河朔三鎮の一つである魏博と連携していた可能性が挙げられる。それは、乱が失敗するにあたって元誼が魏博へ亡命していること、また元誼の娘が魏博節度使田緒の子の田季安の夫人となり、田懐諫を生んでいることの二点(二七)から推測できる。この姻戚関係が、元誼の魏博への亡命後になされたものか、それ以前から結ばれていたものかは不明であるが、魏博と密接な関係を有していたことは間違いないであろう。

そもそも、元誼が河北三州の独立を求めたのは、自らが昭義の藩帥たらんとしたことによるのだが、その背景には昭義軍中の精兵が河北三州にあったことが指摘できる。(二八)河北三州は、もとは相衛節度使の属領であり、騎射を得意とした安史軍の流れをくむ相衛節度使以来の兵士の後裔がおり、反唐的な雰囲気が残っていた可能性も否定できない。例えば、元誼グループの軍将には李文通・常悦・石定蕃・康秀玢といった名が見えるが、(二九)石定蕃や康秀玢はその姓がソグド系であることから安史の残党の流れを汲む相衛以来の軍将とも考えられる。こういった安史の旧党が元誼を利用して乱を起こした可能性もあるだろう。そもそも洺州は、建中三年（七八二）にようやく昭義の属領になった州で、それ以前は魏博の属領であった地である。

また、この河北三州は、太行山ろく沿いの幹線道路が走っていて交通の要所にあたっており、産物も豊富であった。(三〇)後に李徳裕が、「昭義の根本はことごとく山東にある」(三一)といっているように、河北三州さえ掌握していれば、たとえ山西側を失おうと、経済的に自立でき抵抗できたと考えられる。元誼の乱が、河北三州の経済力と軍事力を基盤とし、河北藩鎮と唐朝との軍事的緊張関係が継続する状況の中から生まれ出たことだけは間違いない。

（二）盧従史の跋扈

元誼の乱が鎮圧された後、昭義で見られた不穏な動きは、昭義軍節度使盧従史の行動である。盧従史は唐朝に対し公然と反乱こそ起こさなかったものの、その行動はすこぶる不遜なもので、反乱を起こす一歩手前であったとみなせる。

盧従史は、貞元二十年（八〇四）に昭義軍節度使に就任するや、その直後から「漸く狂恣たること不道たり、部將の妻妾を奪うに至」った。(三二)また、内では河朔三鎮のうち成徳や盧竜とひそかに通じる一方で、表面上は河北回復の策を建議し、会府の潞州から河北三州へ出兵し、朝廷からとがめられても就食を名目として直ちには軍を帰還しない態度をとった。(三三)元和の初め、盧従史の父が亡くなると、いったんは節度使の職を離れるが、その後しばらく起復の命がなく、これに危機感を抱いた盧従史は、朝廷に成徳討伐の計画を献策し、それによって再び昭義軍節度使を授けられた。当時、成徳節度使王士真が亡くなり、その後継者として王承宗が成徳軍内から選出されたが、この世襲を唐朝は認めず、盧従史の献策とあいまって、元和四年（八〇九）十月、左神策中尉の吐突承璀を鎮州行営招討処置等使とし、その他内官を将帥とした行営軍が組織され、成徳討伐の詔が下った。しかし、行軍が出兵しても盧従史は逗留して進まず、かえって王承宗と通謀し、昭義の軍士にはひそかに賊である成徳の号をなじませるほどであった。また、昭義属領の邢州と成徳属領の趙州の界に駐屯していた唐朝行軍に対して、盧従史は昭義の穀物の価格をつり上げ、度支に売って利をむさぼった。さらに宰相の地位を朝廷に求めたり、諸軍が賊と通じているから兵は進めるべきではないとまで誣奏したという。このような盧従史の行動に対し、唐朝は昭義軍牙将の王翊元を通じ、同じく昭義軍牙将の烏重胤らと計り、盧従史捕縛を決行した。盧従史は時おり吐突承璀の軍営で賭け事をしていたので、盧従史が再び吐突承璀の営にやってきた機会を利用して捕縛し、長安へ送還したのである。(三四)

以上が盧従史の唐朝に対する不遜な行動の経過と結果である。盧従史は「王承宗・田緒と陰かに相連結し、河朔の事に效い以て其の位を固めんと欲」(三五)したといわれるように、昭義を河朔三鎮化し、唐朝のコントロールから離脱した半独立的藩鎮を創りあげようとしていたと考えられる。ここでいう「河朔の事」とは、河朔の旧事と同意義で、具体的には管内の官吏を自ら任命し、また管内の戸籍を把握して唐朝に報告せず、租税は中央へ送らず、藩帥は世襲、あるいは藩鎮内から選出し、唐朝の介入を許さないことを指すものであろう。

盧従史のこの行動は、元誼のそれと通じる点が少なくない。すなわち、昭義属領の河北三州の経済力・軍事力を利用し、かつ隣接する河朔三鎮のうち、魏博、成徳と連動した点である。当時、河朔三鎮の半独立割拠の風潮は依然として強く、唐朝の介入を断固として拒否する状況であった。盧従史は、このような河朔の状況から、多分に影響を受けたものと思われる。

このような河北三州の環境を利用し、唐朝に対し不遜な態度を取り続け、昭義の半独立化を画策した盧従史であったが、結局その目論見は失敗した。その原因として、人心掌握の失敗と軍の掌握が不完全だったことが考えられる。前節で述べたように彼の節度使就任は、來希皓を推していた他の軍将達との間に確執を生じたことに間違いない。さらに節度使就任後、部将の妻妾を奪ったことは、彼の人望をいっそう低下させたと推測できる。その結果、少なからぬ幕職官が昭義を去っていった。たとえば盧従史が辟召した書記の孔戡は、盧従史の河朔三鎮に倣うことに反対して辞職しているし、[三六]従事の竇牟も盧従史の驕慢さについていけず、辞任し洛陽にもどっている。[三七]このような記録としては残らなかったものの、盧従史に不満を持っていた者はさらに多かったであろう。ただ、その一方で昭義節度判官の徐玫のように、盧従史の跋扈を助長するような人物もいたが、盧従史が積極的にこれらの層を把握しようとした動きは、史料からはうかがえない。

盧従史は、「牙兵」の優遇と義児の設置を通じて軍事力の掌握をはかった。「牙兵」、すなわち節度使身辺にいた親衛軍のうち、毎日、三百人分の食事を準備したという。これは、もとから昭義にいた牙兵に対し優遇措置を講じたものであるが、その一方、盧従史は義児三千人も養っていた。盧従史が起復した際、この義児三千人のみが起復を請願し、もとからの昭義軍将や兵士たちはこれに同調しなかったといわれる。[三八]この義児は、盧従史跋扈の基盤の一つと考えられるが、盧従史捕縛後の彼らは、あるいは投降しあるいは魏博へ亡命している。[三九]この義児を中心とした軍が盧従史の対中央反抗の動きを体現していた者たちであったことは明らかである。ただ、盧従史の反唐朝的な行動が昭義軍全体の意思ではなかったことは、盧従史の捕縛と同時に彼らが魏博へ逃亡していることから窺える。このように盧従史の反唐的行動が未遂におわったのは、昭義全軍の把握に成功しなかった点が挙げられる。盧従史が、確実に自分の勢力としたのは義児三千人ないし五千人のもの達と「牙兵」の一部だけで、潞州の旧勢力すべてをコントロール下におくことができなかった。その結果、昭義軍の旧将の烏思胤が立ち上がって、盧従史を逮捕するに至ったのである。

（三）劉稹の乱

劉稹は昭義軍節度使劉悟の孫であり、おなじく昭義軍節度使劉従諫の甥である。この劉氏三代の世襲をめぐり、会昌三年（八四三）から四年（八四四）にかけて劉稹は、朝廷に対し大規模な反乱を起こした。この劉稹が乱を起こすに至った遠因は、劉悟が節度使であった時にさかのぼる。

劉悟が昭義軍節度使として赴任した時、監軍使は劉承偕であった。劉承偕は穆宗即位に功績があり、（四〇）恩寵が深かった。そのため昭義監軍使として赴任しても、その横暴ぶりは酷く、劉悟をあなどり、しばしば衆の面前で軽んじ辱め、軍の規律を乱した。（四一）さらに磁州刺史の張汶（張問）と結託し、劉悟を捕縛して京師へ送還し、張玫を昭義軍節度使に据えることを計った。それに対し劉悟は軍を誘導して乱を起こし、張玫を殺して劉承偕を幽閉してしまった。（四二）唐朝は劉承偕を左遷させて、この事件に決着をつけたが、事件後、劉悟は河朔三鎮に倣って唐朝に対し不遜な態度をとるようになり、また唐朝に対し不満を持つものたちが多く昭義に身を寄せるようになった。（四三）また、劉悟は、昭義の会府を河北側の邢州に移したが、（四四）これは元誼や盧従史同様、邢州をはじめとする河北三州の地の利を獲得し、半独立への準備だったのかもしれない。

宝暦元年（八二五）八月、再び昭義の河朔三鎮化を計った劉悟が亡くなると、子の劉従諫が節度使を世襲する。しかし、世襲にあたっては、内外から相当の抵抗があった。朝廷においては、昭義は「内鎮」であって「河朔」とは違うのだから世襲を許すべきではないとの意見が多勢を占めた。(四五)結局、朝廷では劉従諫から賄賂を受け取ったといわれる宰相の李逢吉と宦官の王守澄の請願により、その世襲は認められた。一方、昭義内部においても世襲反対の動きがあった。劉従諫の世襲を支持したのは、厚遇していた僅かに一、二千人に過ぎなかったという。(四六)この軍は、劉悟が鄆州から引き連れてきた軍である。(四七)とすれば、世襲を支持しなかったのは、劉悟赴任以前からの昭義軍であろう。劉従諫は、節度使就任以前は将作監主簿であり、軍職についていなかったことも、節度使就任にあたって軍の賛同を得られなかった原因の一つと思われる。劉従諫は、世襲反対グループによる軍乱を恐れ、河北側の兵士に自ら武器をたくわえることを禁ずる一方、(四八)会府を再び邢州から潞州へ戻し、さらには劉悟の「苛擾」な態度に対し劉従諫は「寛厚」な態度で軍と接し、人心を収斂していったが、(四九)それらは不安定な状況を一日も早く落ちつかせることにあったと考えられる。

劉従諫は当初、朝廷に対し忠義の態度とっていたが、太和六年（八六二）の入朝を境に次第に朝廷を軽んじ驕った態度をとりはじめ、(五〇)甘露の変で李訓らが破れ、王涯がそれに連座して罰せられるや、仇士良の罪を糾弾するとともに、宦官暗殺に失敗した中央官僚の昭義に出奔してきた者たちをかくまった。(五一)これ以後、劉従諫と仇士良の対立は、日増しにその度合いを強めていった。武宗が即位した時、劉従諫が馬を献上したが、その馬を武宗が受けなかったのを仇士良の仕業と考え、ついに軍備を整え始めることとなる。(五二)亡命の徒を招き呼び寄せて、(五三)武具・武器を修繕し、財政面では、馬牧および客商から徴税し、年ごとに五万銭の収入を得、また鉄と煮塩を売り、これでまた数万緡の収入を得たという。このため、隣境の藩鎮はひそかに昭義に対する備えをなした。

劉従諫は没する間際に、妻の裴氏、幕客の張谷・陳揚庭らと計って河北藩鎮に倣わんとし、劉従諫の弟である劉従素の子の劉稹を牙内都知兵馬使、従子の劉匡周を中軍兵馬使とし、血縁によって軍の要職を固め、さらに孔目官の王協を押牙親軍兵馬使、奴の李士貴を使宅十将兵馬使とし、劉守義・劉守忠・董可武・崔玄度らに「牙兵」を率いさせるなど、要所の腹心を配し体制を整えた。ついで劉従諫が亡くなると、劉稹は喪を秘し、監軍の崔士康に迫って、自分を留後とすべきことを上奏させた。時に、宰相の多くは、「回鶻の餘燼いまだ滅せず、邊境なおすべからく警備すべくがごとし。また澤潞を討つは、國力支えず。請うらくは劉稹をもってかりに軍の事を知せしめんことを」と判断した。[五四]しかし、李徳裕は劉稹の世襲に反対し、武宗も李徳裕の考えを採用して、昭義討伐が行われることとなった。

会昌三年（八四三）五月に昭義討伐は始まり、唐朝は河陽節度使王茂元を沢州の南側に、河東節度使劉沔を潞州の北側に、魏博節度使の何弘敬と成徳節度使の王元逵を太行山脈の東側に、河中節度使の陳夷行を沢・潞州の西側にそれぞれ配置し、昭義を四方から包囲した。当初、討伐軍の動きの鈍さにより昭義が優勢であったが、同年十二月に朝廷軍が沢州南境の天井関を奪取すると形勢が変わり、朝廷側が次第に優勢となっていった。はじめ、天井関守将の薛茂卿は、朝廷の軍をよく防いで昭義管内への進入を許さなかったが、劉稹は恩賞を与えなかった。[五五]そのため、薛茂卿はついに朝廷側と通じようとし、朝廷軍の王宰が天井関を攻撃するにあたって、その守りを放棄し沢州へ奔走したのである。薛茂卿は劉稹によって処罰され、同時に粛清された軍将もいたらしい。[五六]そして、この事件をきっかけに洺州の王釗のように、劉稹ら会府の指揮に疑いを持つ者たちが現れてきたのである。

会昌四年（八四四）閏七月、河北三州が降伏した。まず降伏したのは邢州である。当時、邢州を指揮していたのは、劉従諫の妻の弟の裴問である。裴問はこの地で兵を募って富商の子弟五百人を得て、これを「夜飛将」と号していた。[五七]話はさかのぼるが、昭義の財務を担っていたもと孔目官の王協は、州ごとに軍将一人を派遣して商人から徴税するシステムを導入した。これを税商といった。邢州に派遣された税商の軍将は劉渓である。彼は貪欲かつ残忍な性格のため、かつて劉従諫に斥けられた人物である。しかし、劉渓は王協に賄賂を贈り、そのため富商が最も多い邢州での徴税を命じられた。劉渓は邢州に至ると、「夜飛」の父兄を捕らえたので、「夜飛」の軍士達は裴問に訴えた。そこで裴問が兵士らのためにその父兄の釈放を頼んだが、劉渓は不遜な言葉で答え許さなかった。裴問は怒って、密かに麾下の者たちと計画して劉渓を殺し、朝廷に帰順しようとした。さらに裴問はこの計画を邢州刺史の崔嘏に告げて仲間とし、邢州城を閉じて城中の大将四人を斬り、成徳節度使王元逵に降伏した。時に党山（堯山）に居た高元武も、これを聞いて降伏した。邢州に続いて洺州が降伏する。これより先、潞州の節度使府は洺州の軍士に一人あたり一端の布を与えた。まもなくこれを冬賜の代わりとして充当することが通告された。たまたま、税商の軍将が洺州に至ると、王釗は人心の不安を利用し、倉庫を開いて絹と穀物を兵士に分け与えた。こうして、人心を把握した王釗は洺州城を閉じ、魏博節度使何弘敬に降伏することを願い出た。王釗は、王協の推薦をうけて洺州都知兵馬使の職にあったが、節度使劉稹が年少であったため、軍の実権が王協・李士貴らの手に移っていることへの不満があったようである。これに、先に見たように、薛茂卿の粛清に関して、会府潞州への不信が生じ、この両者の絡み合ったところに洺州の離反は起ったと言えるだろう。邢・洺二州が降伏すると、磁州に居た安玉も降伏するに至ったのである。

河北三州の降伏は、会府潞州を愕然とさせ、昭義中枢にいた郭誼・王協らは劉稹を暗殺して帰順することを計画し、また、郭誼は昭義での実権を握り、次期節度使たらんと画策した。そのため、まず郭誼は中軍使兼押牙として軍を掌握していた劉匡周を解任し、牙院から追い出した。ついで郭誼は都知兵馬使となり、この時点で劉匡周に代わって「牙兵」統率の実権を握ったと考えられる。郭誼は鄆州の出身であり、またその兄の郭岌は劉悟の時の牙将であることから、鄆州以来の元従の一員であろう。中軍に関してもかなりのネットワークが持っていただろうから、「牙兵」を押さえると同時に鄆州以来の中軍に対しても仲間意識を通じて連帯感を持ちつつ勢力下に置いたと考えられる。

郭誼の支配系統に入っていなかったのは後院の兵、すなわち節度使の私宅を守備する兵である。後院軍は李士貴が押さえていた。李士貴は郭誼の都知兵馬使就任を嫌い、後院の兵を率いて郭誼を攻撃したが、郭誼は後院の兵士を説き伏せ、自らのコントロール下に置くことに成功する。この時点で、郭誼は劉匡周・李士貴という自分の勢力拡大に邪魔な存在を消し、会府にあったほぼ全軍を押さえることとなった。そして劉稹を殺害し朝廷に帰順し、自ら留後になろうとしたのである。しかし、郭誼の思惑通りには事は運ばず、朝廷は郭誼らを京師において処刑し、かくして劉稹の乱は終結したのである。(五八)

劉稹の乱が、これ以前に昭義で起った反乱と異なる点は、河北藩鎮と連動していないことである。この時、幽州盧竜軍は、北辺の防戍の任に当たっており、魏博・成徳軍の両藩鎮は、昭義討伐に従事するという状況であった。魏博・成徳軍の両藩鎮の討伐対象は、昭義の河北三州であった。さきに見たように河北三州の降伏は、その内部からの崩壊が原因であるが、魏博・成徳軍の圧迫という外的要因も少なからず昭義側に影響したであろう。結局、魏博・成徳軍の両藩鎮の朝廷側への加担が、劉稹の乱の終結にある程度の役割を果たしたのである。

劉稹以降、昭義軍節度使は唐朝から任命された文官があたるようになり、唐朝に対する大規模な反乱は起きていない。そのかわり、軍内での節度使殺害が見られるようになる。例えば咸通四年（八六三）、節度使沈詢は、「奴」の帰秦が沈詢の侍婢と通じたため、帰秦を殺さんとした。しかし、反対に帰秦が牙将と結託して沈詢を殺害する事件となった。(五九)ついで、乾符二年（八七五）十月、昭義大将の劉広が節度使高湜を放逐し、自ら留後を称する事件が起きる。(六〇)そして、中和元年（八八一）八月、黄巣軍と戦い、敗れた昭義軍節度使高潯を、昭義十将の成麟が殺害し、その混乱

に乗じ、天井関の戍将であった孟方立が自立し、後に邢州に拠って昭義軍節度使となる。(六一)

以上が昭義でおきた軍乱である。これを通じて見ると、昭義の軍乱は三種類に分類できる。まず、八世紀から九世紀はじめにかけて起きた元誼と盧従史の行動は、河朔三鎮のうち成徳や魏博と連携した反唐朝的なものであった。これは、その当時の唐朝と河北との関係が政治的にも軍事的にも緊張関係にあったことと大きく関係するものといえよう。次に九世紀前半におきた劉稹の乱はやや性格を異にする。というのは、この乱に河朔三鎮との連動が見られないばかりか、河朔三鎮は唐朝側にたって昭義討伐に参戦しているのである。これは、穆宗朝時期の河朔三鎮の再離反から、唐朝と河朔三鎮の対立関係が徐々に政治的にも軍事的にも利用しあう関係へと移行していった結果と考えられる。このような趨勢に反動する形でおきたところに劉稹の乱が鎮圧された原因があるのではなかろうか。そして、最後に盧鈞以降では、唐朝に対する大規模な軍乱は姿を消し、昭義軍内での節度使殺害といったものが出現するのである。

三、唐朝の対昭義認識の推移

最後に唐朝中央官僚らの昭義に対する認識の変化を通じて、後期唐朝の対河北政策の推移と藩鎮昭義軍の政治上・軍事上の位置を明らかにしてみたい。唐朝の官僚で、昭義について論じているのは、権徳輿、李絳、李徳裕、杜牧らである。以下、時代順にとりあげてみたい。

憲宗が即位した九世紀の初めは、唐朝領域の各地にあった藩鎮のうち、特に中央の威令に服さないものに対し、強硬な態度で対処する政策が進められた。安史の乱以降、半独立体制を維持し続けてきた河北藩鎮に対してもその世襲を認めず、唐朝は積極的に節度使継承問題に介入していった。この時期、昭義軍節度使だったのは盧従史である。盧従史の父、盧虔が亡くなり、それにともなって盧従史を起復させるべきかどうかが朝廷で議論される。この時、盧従史の昭義軍節度使への起復を反対したのが、当時兵部侍郎であった権徳輿である。彼の「昭義軍事宜」にその考えが見える。

昭義軍の事について。河北の節度使は肥沃な土地と武器を保有し、この三十年間に次第に強大となっております。父が亡くなればその子が世襲し、起復して軍を統率する始末です。名（爵位）と器（その爵位に相応の車・衣服）は朝廷から賜るといっても、爵位も土地も節度使が握っているのが実情です。昭義軍節度使は、もとより勢力の盛んな藩鎮で、属領の磁・邢・洺三州は河北の数道と犬の牙のように交錯して接しております。それゆえに、山東（河北）の慣わしを変えようとするのならば、まず昭義軍節度使を選びとらなければなりません。そうすれば、兵を訓練し、賦は法制に循わせることができます。威重をもって鎮め、河北の喉元を押さえ、河北藩鎮の欺きたくらむことを教化し、ここに軌度《のり》を納入するのです。このことは、［河北藩鎮を抑えるのに］重要な鍵なので、慎重を期さねばなりません。（右、山東節將、有沃壤利兵、三十年間、寖以強大、或父歿子繼、起復臨戎。名器雖出於中朝、爵地實專於外閫。澤潞素爲雄鎭。磁・邢・洺與數道犬牙。故欲變山東之俗、先在擇昭義之帥。可以練兵、賦循法制、鎭以威重、扼其咽喉、化彼譸張、納諸軌度、此爲樞鍵、不可不愼。）（四部叢刊初編『權德輿文集』巻四十七 十二葉表）。

これによれば、昭義は、その管轄領域に河北地区を有しており、それが河北の藩鎮の勢力範囲に食い込む形となっているために、河北諸藩鎮を押さえるのには重要な藩鎮であり、昭義軍節度使の選択が重要であるというのである。権徳輿は、続けて盧従史の起復は認めるべきではないと言う。

さらに成徳の事情は昭義とは違います。衆情が成徳の世襲の請願を許すならば、可としてよいでしょう。しかし、昭義の請願を許すのはいけません。というのは、恒冀（成徳）の〔父子世襲の〕慣わしは長期にわたっており既成事実化しているからです。もし成徳のような輩がお互いに連結したら、〔その時は〕恥を忍んで恩恵を広く及ぼして、〔その後で〕ゆっくりと押さえていけばよいのです。上党（潞州）は内地という理由で、いまだかつて因循したことはなく、これを失うことは、はじめはささいなことでも、後でその利害は非常に大きなものになるでしょう。（且成徳事體與昭義不同。衆情以爲許成徳之請、則可、許昭義之請、則不可、以恆冀習俗頗久。倘類相因、含垢推恩、制之以漸。故上黨内地、未嘗因循、失之毫釐、利害相萬。）（同書 十二葉裏）。

すなわち、成徳（恒冀）は、河朔の旧事の伝統ができてしまっているので、藩帥の世襲も黙認せざるを得ないし、またそうしても、いまさら大きな反対は起こらない。しかし、昭義は河北藩鎮に対して「内地」の藩鎮なのであって、今、その世襲をみとめて、それが既成事実化することは、将来きっと不利になることは必定なので、最近その態度が不遜になりつつある盧従史の起復は認めるべきではないと言う。結局、この権徳輿の意見は聞きいれられず、憲宗は盧従史の起復を認める。その結果、盧従史の跋扈の風潮はますます高まっていくことになる。

憲宗期時代に、盧従史の行動が問題化し、捕縛された後、後任の昭義軍節度使に関して論及したのが李絳である。李絳の意見は、盧従史の後任の節度使を誰にするかということを論じ、盧従史逮捕に功績のあった沢潞牙将の烏重允を後任とすべきではなく、彼は他の藩鎮に出させ、河陽節度使の孟元陽を沢潞節度使にすべきであるというものである。そして、昭義の位置づけについて、

まさに沢潞五州（昭義軍節度使）は、山東の要害の地に拠っていて、河北と隣接していることから、河北を制御することができるのです。昭義の属領である磁・邢・洺三州は、河北の内部に食い込む形であり、国の秩序を保

つ規範の在るところであり、この地域にまさに平安と危険とがかかっているのです。(且澤潞五州、據山東要害、河北連結、唯此制之、磁・邢・洺三州、入其腹內、國紀所在、實繫安危。)(叢書集成初編『李相國論事集』巻三「澤潞事宜」)。

と述べている。(六二)

権徳輿と李絳の二人の認識は、昭義の属領には河北地域にある磁・邢・洺の三州を含んでおり、それが河北藩鎮を抑えるうえで、軍事上、重要な拠点になるということである。つまり、昭義は河北経略の最前線にあたっていた。それ故、この地は朝廷が把握しておかなければならない場所であり、その藩帥には中央の意向に沿った者が選出されねばならない、というのである。憲宗期における昭義の位置の重要性はこのようなものであった。

ところで、盧従史が反唐朝的態度をとり、その結果逮捕され闕下に送られたのは、憲宗の藩鎮強硬政策に由来している。その憲宗の在位中、一応河朔三鎮の帰順が成功する。まず元和七年(八一七)十一月辛酉に河朔三鎮のうち魏博が帰順し、百五十万緡をもって魏博の軍士を賞した。(六三)続いて元和十三年(八一八)四月に成徳の王承宗が朝廷に帰順し「帛万匹」を賜った。(六四)最後に長慶元年(八二一)三月丁巳に盧竜節度使劉総が帰順し、盧竜の兵士にも銭百万緡が下賜された。(六五)しかし、河朔三鎮は唐朝から離反し、これら河朔三鎮の帰順に伴い支払った恩賞は、結局のところ、無駄な散財となってしまった。唐朝は、河朔三鎮の離反を再び引き戻すことを放棄し、以降、唐朝と河北藩鎮は、お互いに政治的・軍事的に利用しあう関係になっていくこととなる。それは、文宗の太和五年(八三一)正月に盧竜の副兵馬使楊志誠が軍を扇動してクーデターを引き起こし、節度使の李載義を放逐した際、文宗が「范陽の変はいかに?」と下問にしたのに対する牛僧孺の返答に窺える。牛僧孺は、かつて元和の末に盧竜節度使の劉総が盧竜の地をもって帰順した時、朝廷は巨費を投じたものの、結局ふたたび離反してしまった。故に、此度の軍乱に対しても楊志

誠の節度使就任を認めて安堵させ、そのまま奚・契丹など東北方面の防衛を委ねるのが良策であるとの考えを示した。(六六)

この牛僧孺の言葉から、この時点においては、朝廷は河朔三鎮の一つ、幽州盧竜軍の回復を放棄し、その半独立を黙認する代わり、北辺の対奚・契丹防衛の任を請け負わせる政策を打ち出したことが分かる。このことが、それ以外の成徳軍・魏博への対応とどう係わったのか、ここで大きなポイントとなってくるのだが、残念ながらそれを直接示す史料は見出せない。しかし、たとえば、成徳節度使の王廷湊が大和八年（八三四）に亡くなるが、その子の王元逵への世襲は全く問題なく行われ、朝廷の干渉はなかった。また、魏博では、太和三年（八二九）に史憲誠から何進滔への異姓間の節度使交代が行われ、その後何氏による三代世襲がなされたが、この場合も朝廷側の介入はなく、それぞれ内部において軍によって藩帥が擁立され、唐朝は事後承認の形を取っている。先の牛僧孺の言葉にあるように、憲宗の時、河朔三鎮が相次いで唐朝に帰順したとき、朝廷はこれらの藩鎮に賞賜として巨費を投じたが、それらは結局無駄になってしまった。このような財政面での問題も、朝廷の河朔三鎮の半独立・世襲を黙認する方向を決定づけたのであろう。すなわち、穆宗以後、敬宗・文宗の三代の時期は、河朔三鎮に対してその半独立を黙認し、特に盧竜には朝廷の管轄外として北辺の防備を任せるという政策が取られたのである。

この政策の転換は、その創設以来、唐朝の河北経略の拠点として位置づけられてきた昭義の役割にも、微妙な変化をもたらしたに違いない。すなわち、権徳輿や李絳が認識していたような河北藩鎮を牽制する役割は、相対的に低下したと考えられるのである。このように昭義の存在意義が微妙に変化しつつあった際、昭義では劉氏による世襲が図られていた。結局は、唐朝廷内には反対もあったが、劉氏の世襲は容認されることとなる。その後の劉従諫が亡くなり、劉稹が世襲を計った時は、先述のごとく宰相のほとんどが反対しなかった。このことからも、昭義の対河北牽制の最前線という認識は、この時期の朝廷ではかなり後退していたと言えるだろう。

しかし、ここで、一人昭義軍の世襲に反対したのが李徳裕である。彼の考えは、『資治通鑑』巻二百四十七 會昌三年四月条に、昭義における劉稹の世襲に反対し、強硬政策を採るべきであるという考えが見られる。

沢潞節度使の事態は河朔三鎮とは違います。河朔は乱に慣れ親しむことすでに長期にわたっており、人の心は改め難く、こういう訳で歴代の朝廷は、河朔三鎮を度外視してきたのです。しかし、沢潞節度使は近くの心腹（要害の地）にあり、そのすべての軍隊は忠義をもって称せられ、かつては〔幽州節度使の〕朱滔を討ち破り、盧従史を捕縛したこともあります。近年は多く文臣を用いて節度使としていますが、例えば李抱真のように、この昭義の軍隊を作り上げた者でさえ、徳宗はその世襲を許さず、その子李緘には喪を守って東都洛陽に帰らせました。敬宗は国務を憂えず、宰相達もまた奥深いはかりごとが無かったため、劉悟が亡くなると、そのまま劉従諫に（節度使を）授けてしまいました。その後、劉従諫は跋扈して制しがたくなり、かさねて意見書を奉じて朝廷を脅し迫ったばかりか、今また死に際して軍事権をかってに世襲させようとしています。もし、朝廷がまた前例によって節度使の位を授けるようなことになれば、各地の藩鎮はみな昭義のやり方を倣うようになり、天子の威光と命令も、二度とは行われなくなるでしょう。（澤潞事體與河朔三鎭不同。河朔習亂已久、人心難化、是故累朝以来、置之度外。澤潞近處心腹、一軍素稱忠義、嘗破走朱滔、擒盧従史。頃時多用儒臣爲帥、如李抱眞成立此軍、德宗猶不許承襲、使李緘護喪歸東都。敬宗不恤國務、宰相又無遠略、劉悟之死、因循以授従諫。従諫跋扈難制、累上表迫脅朝廷、今垂死之際、復以兵權擅付豎子。朝廷若又因而授之、則四方諸鎭誰不思効其所爲、天子威令不復行矣。）

とある。この後、武宗から昭義をどのように制御するのかと尋ねられる。続けてつぎのように答えている。

劉稹の頼みとするものは河朔三鎮であります。ただ成徳と魏博とが味方しなければ、劉稹は何もできません。重臣を派遣して成徳節度使の王元逵と魏博節度使の何弘敬のもとへ行かせ、こう諭すのが良いでしょう。すなわち、河北は安史の乱以来、代々の皇帝はその世襲を許してきて、すでに故事になっており、沢潞節度使とは違うのだ。今朝廷は沢潞を征伐しようとしているが、禁軍を出動させて河北地域に行かせたくはない。そこで昭義に属す河北三州は、成徳・魏博両藩鎮にこれを攻撃するのを委ねたい、と。あわせてあまねく将士らにも賊が平定されたあかつきには、厚く官吏のポストと褒美を与えると諭すのです。もし両藩鎮が朝廷の命令を聞き、そばから官軍の邪魔をし、乱すことをしなければ、劉稹は必ずや捕えることができましょう。（稹所恃者河朔三鎮。但得鎮・魏不與之同、則稹無能爲也。若遣重臣往諭王元逵・何弘敬、以河朔自艱難以來、列聖許其傳襲、已成故事、與澤潞不同。今朝廷將加兵澤潞、不欲更出禁軍至山東。其山東三州隷昭義者、委兩鎮攻之。兼令徧諭將士、以賊平之日厚加官賞。苟兩鎮聽命、不從旁沮橈官軍、則稹必成擒矣。）。

この李徳裕の意見は、杜牧の考えとほぼ同じで、おそらく杜牧が李徳裕に送った意見書に基づいて、この上奏がなされたのであろう。(六七) 杜牧が李徳裕に送った意見書は、「上李司徒相公論用兵書」（『樊川文集』巻十一）であり、その要旨は、つぎのようなものである。

沢潞節度使は、安史の乱の時も賊にくみせず、建中年間以降はよく河北藩鎮を抑制してきた。貞元年間に盧従史が節度使になると、一時中央に反抗的になった。盧従史の父が亡くなった時、盧従史は起復を願い出たが、それに賛同したのは、彼が創設した義児と一部の軍士達だけであった。盧従史が逮捕されるや、またその忠義の態度にもどった。元和年間に劉悟が昭義軍節度使になる。長慶年間に、盧竜と成徳が反すると、昭義は賊を討ち破り、功績を挙げた。その直後、昭義の軍が乱れ、監軍使の劉承階が捕らわれる事件が起こったが、これは劉承階に罪があり、昭義軍の責任ではない。劉悟が亡くなり、劉従諫が世襲した際、それを支援したのは、劉悟が鄆州から引き連れてきた二千人の中軍だけであり、もとからの昭義軍の将士達は世襲には躊躇していた。いま、劉従諫の世襲から二十年経ったが、劉氏の世襲に心からは賛同していない、もとからの昭義軍の将士達も生き残っている。この後は、対昭義戦略のことを述べて、杜牧の意見書はおわっている。(六八)

こうしてみると、李徳裕と杜牧の昭義認識は、前代文宗までの消極政策から、憲宗期の対藩鎮強行策に戻ったような感じをうけるが、その中には、権徳輿や李絳のそれと比べて、微妙な違いがあることに気付かされる。権徳輿や李絳が、昭義軍節度使の選出に気を配ったのは、昭義が対河北藩鎮防衛の第一線に位置し、非常に重要な地理的・政治的位置にあったことにもとづくものであった。その考えの根底には、割拠している河北藩鎮を教化して再び唐朝の統制下に組み入れようという考えがあったことを見逃すわけにはいかない。しかし、李徳裕や杜牧の昭義認識には、昭義は河北藩鎮に対する抑えの要であるという考えがかなり後退していて、むしろ昭義はもともと朝廷に忠実な藩鎮であるが故に、劉稹の世襲を許すべきでないという主張が前面に出ている。この違いは、穆宗期以降の、対藩鎮消極政策による河北藩鎮の半独立を黙認するという唐朝の態度に端を発しているのであろう。武宗期になって、対藩鎮主戦論者の李徳裕が宰相となるや、その政策は前代までの消極策から積極策へ転じていったが、結局のところ、河北藩鎮の半独立の黙認という唐朝の態度は、基本的には変化しなかったといえる。

おわりに

以上、昭義の歴史を、節度使の選出、昭義の軍乱、唐朝官僚の対昭義認識の三点から概観してきたが、この考察の結果を踏まえ、中晩唐期における唐朝と河北藩鎮の関係を視野に入れてまとめてみたい。

　安史の乱終結直後の河北情勢は、安史軍の残党が依然として割拠し、唐朝の支配の及ばない地域となってしまった。代宗以降、河北回復が唐朝の政治的課題となったことが、そのため、唐朝が河北経略の拠点としたのが昭義であった。昭義は、その地理的位置が東都洛陽に近接する潞州を会府とし、さらに太行山脈を越えて河北平原の磁・刑・洺の三州を属領とし、河朔三鎮のうち成徳と魏博を南北に分断する絶好の形をなしていたのである。それゆえ、昭義軍節度使には主に武人を配し、時には軍情をよく理解する昭義軍内から、時には河北情勢に通じた昭義近隣の藩鎮河陽軍から節度使を選出した。ただこれらの武人系節度使や昭義軍将の中には、盧従史や元誼など河北三州の軍事力と経済力を背景に、河朔三鎮の反唐朝的態度と連動して反唐朝的動きを示す者も出現した。これらに出現を境に昭義軍節度使には、昭義と河北の両事情に通じた河陽節度使や河南府の尹が選ばれ、昭義をコントロールしつつ、河北情勢にも対処していく状況が生まれる。九世紀前半に河朔三鎮が唐朝に帰順し、ふたたび離反していくと、当初は警戒態勢をとった唐朝も、おそらく財政的事情などから河朔三鎮の半独立を黙認する方向へ政策を転換しはじめる。この時、昭義は劉悟、劉従諫の世襲体制が確立していた。唐朝と河朔との政治的・軍事的関係が従来ほど緊張していない状況の中での昭義の「河朔三鎮化」は時代の逆行するものであったのだろう。劉従諫の死とともに、その甥の劉稹の世襲を許さず、従来敵対関係にあった河朔三鎮のうち、魏博・成徳の協力を得て、昭義世襲体制を潰したのである。これ以降、対河北経略拠点としての昭義の役割は急速に低下する。節度使は進士及第者などの文官が選出され、二、三年の周期で交代させられた。黄巣の乱が勃発すると、再び武人系節度使が選ばれるようになるが、その最中、昭義軍将の孟方立が邢州によって自立するにおよんで、昭義はふたたび沢潞と邢洺磁に分裂し、その歴史に幕を閉じたのであった。

《注》

（一）昭義の成立とその位置づけについては、森部豊「藩鎮昭義軍の成立過程について」（野口鐵郎編『中国史における教と国家』雄山閣出版、一九九四年）参照。

（二）本稿では、河北藩鎮と河朔三鎮の語を使用する。河北藩鎮は、魏博・成徳・盧竜の河朔三鎮（河北三鎮）のほか、義武軍節度使、横海軍節度使を加えた表現である。

（三）河朔三鎮に関する古典的研究として、まず陳寅恪『唐代政治史述論稿』（一九四三→上海古籍出版社、一九八二）と、日野開三郎『支那中世の軍閥』（一九四二→『日野開三郎東洋史学論集』一、三一書房、一九八〇）を挙げねばならない。両書ともに河朔三鎮の専論ではないが、後の河朔三鎮研究に大きな影響を与えている点で、今なお熟読すべき研究である。一九五〇年代以降の主な研究としては、日本では、堀敏一「藩鎮親衛軍の権力構造」（『東洋文化研究所紀要』二〇、一九六〇）、谷川道雄「河朔三鎮における節度使権力の性格」（『名古屋大学文学部研究論集』七四、一九七八）、同「北朝末～五代の義兄弟結合について」（『東洋史研究』三九―二、一九八〇）、同「河朔三鎮における藩帥の承継について」（『中国古代の法と社会』、汲古書院、一九八八）、森部豊「略論唐代霊州和河北藩鎮」（史念海編『漢唐長安与黄土高原』、陝西師範大学中国歴史地理研究所、一九九八）を参照。中国人の研究としては、黄永年「論安史之乱的平定和河北藩鎮的重建」（一九八一→同『唐代史事考釈』、聯経出版事業公司、一九九八）、同「唐代河北藩鎮与奚契丹」（一九八二→同前書）、樊文礼「試論唐河朔三鎮内外矛盾的発展変化」（『内蒙古大学学報〈哲社版〉』一九八三―四）、方積六「論唐代河朔三鎮的長期割拠」（『中国史研究』一九八四―一）、同「唐代河朔三鎮『胡化』説辨析」（『紀念陳寅恪教授国際学術討論会文集』、中山大学出版社、一九八九）、張国剛「唐代藩鎮割拠為什麼長期存続」（同『唐代藩鎮研究』、湖南教育出版社、一九八七）、馬馳

「唐幽州境僑治羈縻州与河朔藩鎮割拠」（『唐研究』四、北京大学出版、一九九八）といった研究が見られる。アメリカではC. A. Peterson, 'The autonomy of the northeastern provinces in period following the An Lu-shan rebellion' (University of Washington, 1966) があるが、まだ刊行されていない。河北藩鎮の立地条件については、李孝聡「論唐代後期華北三個区域中心城市的形成」（『北京大学大学報』一九九二―二）、この地域の文化状況については、王壽南「論唐代河北鎮之独立性在文化上的原因」（『中山学術文化集』一、一九六八）、毛漢光「論安史乱後河北地区之社会与文化 ―挙在籍大士族為例―」（『晩唐的社会与文化』、台湾・学生書局、一九九〇）を参照。

河朔三鎮のうち、藩鎮盧竜に関しては、松井秀一「盧龍藩鎮攷」（『史学雑誌』六八―一二、一九五九）、呉光華「唐代盧龍鎮初期之政局」（『史原』一一、一九八一）、同「唐代幽州地域主義的形成」（『晩唐的社会与文化』、台湾・学生書局、一九九〇）などの研究があり、また王永興「関于唐代後期方鎮官制新史料考釈」（『紀念陳寅恪先生誕辰百年学術論文集』、北京大学出版社、一九八九）は、北京郊外房山出土の房山石経題記を利用して藩鎮盧竜の官制を分析したものである。藩鎮魏博に関しては、韓国磐「関于魏博鎮影響唐末五代政権遞嬗的社会経済分析」（一九五四↓同『隋唐五代史論集』、三聯書店、一九七九）、堀敏一「魏博天雄軍の歴史」（一九五八↓同『中国古代史の視点』汲古書院、一九九四）、李樹桐「論唐代魏博鎮」（『傅楽成教授紀年論文集　中国史新論』、台湾・聯経出版事業公司、一九八五）、毛漢光「唐末五代政治社会之研究―魏博二百年史論」（一九七九↓同『中国中古政治史論』、台湾・聯経出版事業公司、一九九〇）、方積六「唐及五代的魏博鎮」（『魏晋南北朝隋唐史資料』一一、武漢大学出版社、一九九一）、森部豊「『唐魏博節度使何弘敬墓誌銘』試釈」（『吉田寅先生古稀記念アジア史論集』、東京法令、一九九七）、同「河北藩鎮における范陽盧氏の動向 ―「盧侶墓誌銘」訳注を中心に―」（『史峯』八、一九九九）の諸研究がある。藩鎮成徳に関しては、渡邊孝「魏博と成徳―河朔三鎮の権力構造についての再検討」（『東洋史研究』五四―二、一九九五）が唯一の専論。なお渡邊論文は、藩鎮魏博の権力構造にも言及している。また、藩鎮成徳軍下での宗教について、柳田聖山「唐末五代の河北地方に於ける禅宗興起の歴史的社会的事情について」（『日本仏教学会年報』二五、一九六〇）、金井徳幸「唐末五代鎮州に於ける臨済禅 ―鎮将王鎔並びに五台山文殊信仰との関連を中心に」（『立正史学』三七、一九七三）、西尾賢隆「唐代後半期における成徳藩鎮下の仏教」（『古代文化』三三、一九八一）などの論考がある。
（四）張国剛『唐代藩鎮研究』（湖南教育出版社、一九八七）。
（五）渡邊孝「滎陽鄭氏襄城公房一支と成徳軍藩鎮—河朔三鎮の幕職官をめぐる一考察—」（『吉田寅先生古稀記念アジア史論集』、東京法令、一九九七）、同「中晩唐期における官人の幕職官入仕とその背景」（松本肇・川合康三編『中唐文学の視角』、創文社、一九九八）参照。また、藩鎮における幕職官問題をとりあつかった同「唐後半期の藩鎮辟召制についての再検討—淮南・浙西藩鎮における幕職官の人的構成などをてがかりに—」（『東洋史研究』六〇—一、二〇〇一）も参照。
（六）この間の詳しい経緯は、『資治通鑑』巻二百三十五　貞元十年六月壬申条も参照。また、『舊唐書』巻百三十二　王虔休傳によれば、李緘世襲をめぐって軍が擾乱した際、王虔休（もとの名は王延貴）は「軍と州は天子のものである。将帥に欠員がでれば、朝命を待つべきである。それなのに、どうして云々してみだりに違った考えを生じさせるのか」といって軍を鎮め、李緘世襲の計画を頓挫させた。その結果、朝廷は喜び、その功績によって潞州左司馬に任じ、ついで昭義留後になったと伝える。
（七）『舊唐書』巻十三　徳宗本紀　貞元十五年三月戊午および戊辰条。
（八）『舊唐書』巻十三　徳宗本紀　貞元四年十月丙戌条。
（九）潘孟陽「祁連郡王李公墓誌銘」。この墓誌銘の所在はいまだ手掛かりがつかめていない。ここでは、呉廷燮『唐方鎮年表』（中華書局、一九八〇年）引用の史料に拠る。
（一〇）この間の経緯は『資治通鑑』巻二百三十六　貞元二十年六月甲寅条に詳しい。
（一一）愛宕元「唐代范陽盧氏研究」（川勝義雄・礪波護編『中国貴族制社会の研究』、京都大学人文科学研究所、一九八七）一六三—一六四頁参照。
（一二）李絳「澤潞事宜」（『李相國論事集』巻三、叢書集成初編、二一〇—二一二頁）、「澤潞節度使」（同、二一二—二一三頁）。

(一三) 牛僧孺「昭義軍節度使辛公神道碑」(『文苑英華』巻九百十五)。
(一四)『舊唐書』巻百四十二 王承元傳。
(一五)『舊唐書』巻百四十五 劉全諒傳。
(一六) 李執方の経歴は、左金吾衛大将軍から河陽節度使となったことが『舊唐書』巻十七下 文宗本紀 開成二年六月戊申条に見える以外は不明である。ここでは、李商隠「爲滎陽公與昭義李僕射狀」「上許昌李尚書狀」に付された銭振倫・銭振常の箋(『樊南文集』上海古籍出版社、一九八八)に拠る。
(一七)『新唐書』巻七十五上 宰相世系表。
(一八)『新唐書』巻七十上 宗室世系表大鄭王房。
(一九)『舊唐書』巻十九上 懿宗本紀 咸通八年十月条。
(二〇)「高瀚墓誌銘」は『隋唐五代墓誌匯編』洛陽巻第十四冊(天津古籍出版社、一九九一、六二頁)に収められる。撰者が高瀚の実弟である高湜である。
(二一) 本貫は『新唐書』巻七十二下 宰相世系表・河東張氏条、経歴は『舊唐書』巻十九下 僖宗本紀 乾符二年七月条。
(二二)『舊唐書』巻十九上 懿宗本紀 咸通十年正月癸亥条、『資治通鑑』巻二百五十二 乾符二年十月条。
(二三)『舊唐書』巻十九下 僖宗本紀 乾符元年十一月条に「初(李)鈞父業鎮太原」と見え、父の名が李業と判明する。李業は『新唐書』巻七十 宗室世系表に名が見え、郇王房に連なることが確認できる。ただし、同「世系表」には李業に李鈞という子がいた記載はない。「唐隴西李氏長女墓誌銘並序」(『千唐誌齋藏誌』下、一一四九頁)に「隴西李氏女、唐郇王禕八代孫。曽祖文通……祖業……父鈞」とあり、李鈞が郇王房の李業の子であることが確認できる。
(二四)『資治通鑑』巻二百五十三 乾符六年二月辛巳条及び巻二百五十四 中和元年八月条。
(二五) 元誼の乱の記述は、『舊唐書』巻十三 徳宗本紀 貞元十年七月壬申条、同書同巻貞元十二年正月庚子条、『新唐書』巻七 徳宗本紀 貞元十年十月条、『新唐書』巻百四十七 王虔休傳、『資治通鑑』巻二百三十五 貞元十年七月壬申条、九月条、十二月条、同書同巻貞元十一年閏八月戊辰条、同書同巻貞元十二年正月庚子条に拠る。
(二六) 厳耕望「唐代方鎮使府僚佐考」(『唐史研究叢稿』、新亜研究所、一九六九年) 一八二—一八七頁。
(二七)『舊唐書』巻百四十一　田季安傳、『新唐書』巻二百十　田季安傳、『資治通鑑』巻二百三十八　元和七年八月戊戌条。
(二八)『資治通鑑』巻二百三十五　貞元十年七月壬申条。
(二九) 中華書局『宋本册府元龜』巻百七十六　帝王部　姑息参照。このうち石定蕃はもともと磁州刺史馬正卿の裨将であったが、元誼側に寝返った者である。『資治通鑑』巻二百三十五　徳宗貞元十年七月壬申条を参照。
(三〇) 森部豊前注 (一) 論文参照。
(三一)『資治通鑑』巻二百四十八　會昌四年八月辛卯条の李徳裕の言。
(三二)『舊唐書』巻百三十二　盧従史傳。
(三三)『資治通鑑』巻二百三十七　元和二年十一月条、李絳「論盧従史請用兵事」(『李相国論事集』巻三　二〇頁)。
(三四) 以上、盧従史の一連の行動については、『舊唐書』巻百三十二　盧従史傳、『新唐書』巻百四十一　盧従史傳、『資治通鑑』巻二百三十七　元和二年十一月条、同巻二百三十八　元和五年三月条に拠る。
(三五)『舊唐書』巻百五十四　孔戣傳。
(三六)『舊唐書』巻百五十四　孔戣傳。
(三七)『舊唐書』巻百五十五　竇牟傳、『新唐書』巻百七十五　竇牟傳。
(三八) 杜牧「上李司徒相公論用兵書」(『樊川文集』巻十一、上海古籍出版社、一六五頁)。
(三九)『新唐書』巻百五十六　陽旻傳に、「盧従史既縛、潞軍潰。有驍卒五千、従史嘗以子視者。奔于 (邢州刺史陽) 旻。旻閉城不内。衆皆哭曰、『奴失帥、今公有完城、又度支錢百萬在府、少賜之、爲表天子求旌節』。旻開諭禍福遣之、衆感悟、遂還軍」とあり、「驍卒五千」人が邢州刺史陽旻のもとへ逃亡してきた時のことを記している。「従史嘗て子を以て視る者」とあるから、この「驍卒五千」人の軍隊は、義児を中心とした部隊だったと考えてよいであろう。また、その義兒たちは魏博にも出奔している。『資治通鑑』巻二百三十八　元和五年五月乙巳条に、「五月乙巳、昭義軍三千餘人、夜潰奔魏州」とみえ、胡三省は「潰奔する者、盧従史の黨なり」と注している。邢州に至った「驍卒五千」と魏州に奔った「昭義軍三千餘人」が同一のグループなのかは判断できないが、おそらく投降グループと逃亡グループに分裂したのではないかと考えられる。

(四〇)『舊唐書』巻百八十四　王守澄傳。
(四一)『資治通鑑』巻二百四十二　長慶二年二月条。
(四二)『新唐書』巻二百十四　劉悟傳、『資治通鑑』巻二百四十二　長慶二年二月条。両書は劉悟が軍を煽動したと記すが、『舊唐書』巻百六十一　劉悟傳では軍自らが動いたと記す。また、『資治通鑑』は磁州刺史張汶とするが、『新唐書』では都将張問とする。
(四三)『舊唐書』巻百六十一　劉悟傳。
(四四)『新唐書』巻二百十四　劉從諫傳。
(四五)『資治通鑑』巻二百四十三　寶曆元年十一月条。
(四六)李絳「論劉從諫求爲留後疏」(『李相國論事集』遺文)。
(四七)杜牧「上李司徒相公論用兵書」(『樊川文集』巻十一、一六六頁)。
(四八)『資治通鑑』巻二百四十三　寶曆元年十二月条。
(四九)『新唐書』巻二百十四　劉從諫傳。
(五〇)『資治通鑑』巻二百四十四　太和六年十二月乙亥および太和七年正月条。
(五一)『新唐書』巻二百十四　劉從諫傳。
(五二)『資治通鑑』巻二百四十七　會昌三年四月条。
(五三)李徳裕「代彦佐與澤潞三軍書」(『李徳裕文集校箋』河北教育出版社、二〇〇〇年、一四九―一五〇頁)によるとこれら

「亡命」の者たち—逆人・親党・遊客・布衣の輩はみんな、宴会にあって、大将の上位に列せられ、優遇されたという。

(五四) 以上の記述は『資治通鑑』巻二百四十七 會昌三年四月条に拠る。

(五五) 劉稹が恩賞を与えなかったのは、『資治通鑑』巻二百四十七 會昌三年十一月条によれば、「留後が求めているのは、〔節度使の印たる〕節だけです。薛茂卿は敵のふところに奥深く攻め込み、たくさんの官軍を殺し、朝廷を激怒させてしまいました。このことによって節がもたらされるのが益々遅くなっている訳なのです。」というある者の讒言を聞き入れたためであった。

(五六) 李徳裕「續得高文端賊中事宜四狀」(『李徳裕文集校箋』、一四五—一四七頁)。

(五七)『新唐書』巻二百十四 劉稹傳。

(五八) 以上、河北三州の降伏と劉稹の殺害・帰順については『資治通鑑』巻二百四十八 武宗會昌四年閏七月条。

(五九)『舊唐書』巻百四十九 沈詢傳、『資治通鑑』巻二百五十 咸通四年十二月乙酉条。

(六〇)『資治通鑑』巻二百五十二 乾符二年十月条。

(六一)『資治通鑑』巻二百五十四 中和元年八月条及び九月条。

(六二)『新唐書』巻百五十二 李絳傳、『資治通鑑』巻二百三十八 元和五年三月条にもその一部が引用されている。特に、『新唐書』李絳傳では、昭義の地理的位置に関して、「澤潞據山東要害、磁・邢・洺跨兩河間、可制其合從」といい、河南・河北の藩鎮の連合、あるいは成徳・魏博両藩鎮の連合を阻止する位置にあったとしている。

(六三)『資治通鑑』巻二百三十九 元和七年十一月辛酉条。

(六四)『新唐書』巻二百十一 王承宗傳。

(六五)『資治通鑑』巻二百四十一 長慶元年三月丁巳条。

(六六)『舊唐書』巻百七十二 牛僧孺傳、『資治通鑑』巻二百四十四 太和五年正月庚申条。

(六七) 杜牧は一般に牛党派と言われており、その彼の意見を李党の首領たる李徳裕が採用したことは、矛盾しているようであるが、この点に関しては、杜牧の立場は純粋に牛党に立つものではなく、両者の間を揺れ動いた存在であったという、山崎宏氏の説が示唆的である。山崎宏「晩唐党争渦中の文士杜牧」（立正大学史学会創立五十周年記念事業実行委員会編『宗教社会史研究』雄山閣出版、一九七七年）参照。

（六八）杜牧は太和九年（八三五）頃、「罪言」なる一文を著し、穆宗以来の朝廷の対応策の失敗により山東の藩鎮がいまだ帰順していない点について対策を述べたが、この「上李司徒相公論用兵書」に見られる対藩鎮強硬論は、その延長上にあると考えられる。とすると、李徳裕の対藩鎮強硬政策は牛党の消極策に対置するものと考えられるから、杜牧のそれには、牛党の対藩鎮消極政策とは別次元に立脚するものがあったのであろう。

唐宋期の皇后・皇太后
——太廟制度と皇后——

新城　理恵

はじめに

歴代の中国の諸王朝において、国家儀礼の挙行はその最も重要な職務の一つであると言える。近年、国家儀礼について様々な視点からの研究が進んでいるが、[一]こうした儀礼には、通常は皇后以下の女性は参加しないことが原則である。

しかし、皇后ないし皇太后が中心となって行われる儀礼も皆無ではない。筆者はこれまでこうした儀礼のうち、皇后の先蚕儀礼[二]と皇后・皇太后の受朝賀[三]について分析し、儀礼の場における皇帝の配偶者ないし母としての女性の地位を探ることによって、その背後にある皇帝権力のひとつの側面を明らかにしようとしてきた。

とくに、唐代は、中国史上、唯一の女性の皇帝を生んだ時代であり、儀礼を通してこの時代の女性の地位について考察を加えることにより、唐宋変革の問題も含めて、この時代の一つの特質を明らかにすることができるのではないだろうか。

本論においては、儀礼の主宰者としての皇后・皇太后から、祭祀の対象としての皇后・皇太后に視点を移し、死後の皇后の御霊を祭る皇后の廟祭について取り上げてみたい。

もともと、祖廟においては、「配」（配食、配饗、合食）といって、祖先にその配偶者を合わせて祭ることが原則であるので、[四]帝室の祖廟である太廟の祭祀においても、各皇帝にその皇后を合わせて祭ることになる。しかし、最高君主たる皇帝に合わせられるわけだから、誰を皇后として皇帝に配するかということは、その時代の政治的な状況を反映して、大きな議論を巻き起こすこととなる。

本来は、生前に皇后だった者（嫡妻）がひとりだけ祭られる、「一帝一后」が原則であり、次代の皇帝の母となった者でも、皇后でなかった場合は太廟には祭られず、別に廟が立てられるのが通例であった。ところが、唐の玄宗が睿宗の皇后でなかった自分の生母を太廟に配したことが先例となり、北宋になってから、この原則が徐々に突き崩されていくことになる。北宋では、多くの皇后が次代の皇帝の生母ではなく、その結果、皇帝たちは、先代の皇帝にその皇后と自分の生母の両方を太廟へ祭ろうとするようになるのである。

本稿においては、唐宋期を中心に、皇后の廟祭の変遷を概観、その背景を明らかにし、そこに見える皇后・皇太后の地位について考察したい。

一、漢～南北朝における展開

①　漢代の嫡妻優越

史料上、死後の皇帝の御霊に皇后として誰を配するかが問題となったのは、前漢の武帝が最初である。武帝は、衛皇后が巫蠱の事件の折に廃后されて以来、新たに皇后を立てなかった。そこで、皇帝が崩じた際、霍光が寵愛の篤かった李夫人に李武皇后の尊号を与えた上で帝に配した。(五)そして、新帝昭帝の生母趙氏については、その陵の雲陵に別に廟を設けてその御霊を祭るようにしたのである。(六)皇后が空位であった場合、これに準ずる存在として、新帝の生母ではなく、先帝の意を汲んでその第一の寵妃が選ばれているのは、太廟には次の皇帝の生母となった者よりも夫である皇帝の意思による「嫡妻」が祭られるべきという当時の考え方を反映したものであると言える。

また、後漢の章帝について、生前に皇后だった竇皇后の方を配して、次の和帝の生母梁貴人の御霊は、やはり陵寝において祭るようにされた、という事例がある。(七)梁貴人は竇后によって殺害されたと言われていたにも関わらず、和帝は竇后を重んぜざるを得なかったのだ。

この二例を見ると、漢代においては、あくまでも太廟で皇帝に配されるのは次代の皇帝の生母より前皇帝の嫡妻たる地位にあった者の方であったことになる。

このような、漢代における嫡母(父の嫡妻)の庶母(嫡妻でない生母)に対する優越は、帝位継承の手続においても現れており、皇帝と一体となって宗廟に仕える、という理念に依拠するものである、と谷口やすよ氏は指摘している。(八)また、渡邉義浩氏は、そのような宗廟への奉仕を根拠とする嫡母の優越が後漢において外戚権力の正当性を支えていた、と指摘する。(九)

つまり、太廟での嫡妻の優越は、儒教的な国家儀礼の制度が確立していく後漢期において、自らの権力基盤を守るために、外戚側が皇帝に対して、廟祭においても嫡母を優越的に取り扱うよう圧力をかけ続けた結果のことと考えられるだろう。

②　小廟制度の成立

曹魏においては、明帝の時に太廟の制が定まるが、その際、武帝(曹操)には正妻の卞氏(武宣皇后)、文帝には郭皇后(文徳皇后)を配し、明帝の生母の甄氏(文昭皇后)のためには別に廟(文昭廟)を建て、代々祭るように定めている。(一〇)甄氏が、郭氏の讒言によって皇后の地位を追われた上、死を賜っているにも関わらず、やはりここでも嫡母の優越は揺るいでいないのである。が、その一方で、明帝は生みの母のために特に廟を設け、太廟の祭祀と同様代々これを祭るようにしている。漢代では、庶母の祭祀は子である皇帝の一代限りで留めるべきだと考えられていた(一一)ので、生母を慕う皇帝の個人的感情が伝統に対して一歩譲歩を迫ったことになるだろう。

また、文昭廟建立の根拠とされたのは、周祖后稷の母姜嫄を祭った閟宮(一二)の制で、「文昭皇后は、天の神聖なるしを受け、皇帝陛下を生み育てられました。」(一三)と、文昭皇后が皇帝たる存在をこの世に生み出した聖なる存在であることが強調されている。生母をこのような形で尊崇することによって、皇帝そのものの神聖さを強調する意図があったとも考えられる。

曹魏で始められた、このような庶母のために別に廟を建て代々これを祭るという制度は、以後も南朝において引き継がれた。

まず、東晋の簡文帝は生母鄭太后のために太廟とは別に廟を建てている。(一四)そして、のちの孝武帝、安帝も自らの生母を次々とここに祭っている。(一五)この傾向は続く劉宋でも同様で、文帝が生母の胡婕妤に章皇太后を贈り、そのための廟を建てたが、これに孝武帝と明帝も自分の生母を祭っており、(一六)梁に至ると、皇帝の庶母を祭るための小廟というものが特に設けられるまでになる。(一七)南朝においては、皇帝の庶母のために代々祭祀を行うことが公然と認められるようになり、制度として確立されたのである。

その一方で、東晋の簡文帝の時に生母の鄭氏の方を元帝に配しようという動きがあったものの、皇后の地位になかった生母を太廟に配するのは子孫の身で祖先の立配を行うことであり、正義ではないという反対意見が出て、断念している。[一八]ここに、生みの母を重んじたい皇帝の個人的感情と伝統の遵守を主張する官人たちの間の綱引きが見て取れる。庶母のための別廟の建立とその代々の祭祀は、両者の妥協の産物であると言えるだろう。

③　北魏における皇后の廟祭

一方、北朝の状況について見ると、関連の史料が残るのは北魏であるが、周知のように、この王朝では、帝位継承者の生母となった女性には外戚の弊を除くため死を賜るのが通例であり、皇后が次の皇帝の生母となることはない。

ところが、表①に見えるように、太廟において、代々の皇帝に配祀されたのは、生前に皇后の地位にあった者ではなく、例外なく皇帝の生みの母となった女性が皇后の位を追贈された上で配されている。[一九]臨朝した馮太后ですら、御霊を祭るために特に壽宮という宮が設けられている。[二〇]

これは、非漢族の王朝である北魏では、嫡庶の別なく皇帝の個人的感情を優先させることが可能だったからであろう。あるいは、遊牧的な伝統の中では皇帝との直接の血のつながりの方が重視されていたのかもしれない。

表①　北魏皇后太廟状況表（『魏書』后妃伝による）

皇帝	姓	号	太廟	生前冊立	所生皇帝
神元帝	竇氏				
文帝	封氏		○		桓帝・穆帝
桓帝	惟氏				恵帝・煬帝
平文帝	王氏		○		昭成帝
昭成帝	慕容氏		○		献明帝
献明帝	賀氏		○		道武帝
道武帝	慕容氏			○	
	劉氏	宣穆皇后	○		明元帝
明元帝	姚氏	昭哀皇后			
	杜氏	密皇后	○		太武帝
太武帝	赫連氏			○	
	賀氏	敬哀皇后	○		景穆帝
景穆帝	郁久閭氏	恭皇后	○		文成帝
文成帝	馮氏	文明皇后		○	
	李氏	元皇后	○		献文帝
献文帝	李氏	思皇后	○		孝文帝
孝文帝	林氏	貞皇后			
	馮氏	廃皇后		○	
	馮氏	幽皇后		○	
	高氏	文昭皇后	○		宣武帝
宣武帝	于氏	順皇后		○	
	高氏			○	
	胡氏	霊皇后			孝明帝
孝明帝	胡氏			○	
孝武帝	高氏			○	

二、唐代における皇后の廟祭

① 睿宗と二皇后について

唐代においては、高宗までの皇帝の皇后は三人とも次代の皇帝の生母であり、太廟への配食の問題は生じない。中宗については庶人に落とされた韋后の代わりに皇太子妃の時に武后に殺された趙氏が和思皇后を追贈された上で配されている(表②)。

問題は、次の睿宗である。睿宗には武后執政期に一時即位した時に皇后に立てられた正妻の劉氏(粛明皇后)がおり、後に玄宗の生母竇氏(昭成皇后)と共に、武后によって殺害されている。睿宗が復位した際、二人に皇后位が追贈され、共に儀坤廟という別廟に祭られた。[一一]そして、睿宗が亡くなって太廟に祔されるにあたって、これに配されたのは正妻の粛明皇后ではなく、新皇帝の生母昭成皇后であった。[一二]

その背景には、玄宗の即位をめぐる、当時の政治状況がある。睿宗には、粛明皇后との間に長子李成器(李憲)がおり、武后執政期には一時皇太子にも立てられている。[一三]韋后一派を除き睿宗の復位に大きな功績のあった李隆基(玄宗)が当然のように皇太子となり、睿宗の後を襲って帝位についたが、本来ならば年長で嫡出子の李成器がその地位にあるべきだったのだ。現に、対立する太平公主の一派はこの点を捉えて、「太子(玄宗)は長子でないのだから皇帝に立つべきでない」という流言を行って玄宗の即位を妨害しようとしている。[一四]

玄宗は、このような反対勢力や嫡出の長兄を牽制するために、是非とも自分の生母の祭りを父の嫡妻として行わなければならなかったのである。

表② 唐代皇后表（両唐書・后妃伝による）

皇帝	姓	号	冊立年	◎太廟	所生皇帝
高祖	竇氏	太穆順聖皇后	618 追冊皇后	635	太宗
太宗	長孫氏	文徳順聖皇后	626 冊皇后	649	高宗
高宗	王氏		650 冊皇后、655 廃后		
	武氏	則天順聖皇后	655 冊皇后	706	中宗・睿宗
中宗	趙氏	和思皇后	705 追冊皇后	710	
	韋氏		684 冊皇后(同年中宗廃位)、705 冊皇后、710 没		
睿宗	劉氏	粛明順聖皇后	684 冊皇后(690 睿宗降皇嗣) 693 没 710 追冊皇后	732	
	竇氏	昭成順聖皇后	710 追冊皇后	716	玄宗
玄宗	王氏		712 冊皇后、724 廃后		
	武氏	貞順皇后	737 追冊皇后		
	楊氏	元献皇后	757 追冊皇太后	763	粛宗
粛宗	張氏		758 冊皇后		
	呉氏	章敬皇后	782 追冊皇太后	762	代宗
代宗	独孤氏	貞懿皇后	775 追冊皇后		
	沈氏	睿真皇后	780 遥冊皇太后	805	徳宗
徳宗	王氏	昭徳皇后	787 冊皇后、同日 没	805	順宗
順宗	王氏	荘憲皇后	806 冊太上皇后	816	憲宗
憲宗	郭氏	懿安皇后	820 冊皇太后	865	穆宗
	鄭氏	孝明皇后	846 冊皇太后		宣宗
穆宗	王氏	恭僖皇后	824 冊皇太后		敬宗
	蕭氏	貞献皇后	827 冊皇太后		文宗
	韋氏	宣懿皇后	840 追冊皇太后	841	武宗
敬宗					
文宗					
武宗					
宣宗	晁氏	元昭皇后	859 追冊皇太后	859	懿宗
懿宗	王氏	恵安皇后	873 追冊皇太后	873	僖宗
	王氏	恭憲皇后	888 追冊皇太后	888	昭宗
昭宗	何氏		896 冊皇后		哀帝

また、昭成皇后の配食を正当化するにあたって、「昭成皇后には太姒(周文王の妃、武王の母)の徳がある」と表現が見られるが、[二五]ここで、昭成皇后を周の武王の母に比定しているのは、玄宗自身を武王になぞらえて、玄宗が唐朝復興の功労者であることを強調しようとする意図が働いているのではないか。

ところが、開元二十一年(七三三)になって、玄宗は粛明皇后を太廟に移して睿宗に配している。[二六]これによって睿宗には二人の皇后が配されることとなり、「一帝一后」の原則に背反する前例のない事態となる。正史はその理由については特に述べてはいないが、やはり睿宗の嫡妻にあたる粛明皇后が別廟に置かれている状況を正当化することは難しく、玄宗の治世が安定したところで、妥協的に二后を睿宗に配することにしたものと思われる。

② 憲宗・穆宗・懿宗の事例について

既に別稿で述べたように、粛宗より以後の皇帝は当時の錯綜した政治情勢を反映して生前に皇后を立てなくなる。[二七]玄宗も王皇后を廃した後は皇后を立てず、粛宗の張皇后は代宗と対立した挙句粛宗の死の混乱の中で殺される。[二八]この結果、玄宗以降の皇帝には、次皇帝の生母が配されることになる(表②)。このため、穆宗と宣宗、敬宗と文宗と武宗、僖宗と昭宗のように異母兄弟が皇帝に即位した場合、問題は複雑になってくる。

まず、穆宗と宣宗の父憲宗の事例について見ると、穆宗の生母郭氏(懿安皇后)は政治的思惑から皇后には立てられなかったものの即位前の憲宗の正妃であり、穆宗の皇太后、敬宗・文宗・武宗の太皇太后として帝位継承にも影響力を振るった人物であり、当然憲宗の嫡妻としての扱いを受けるべきであると見られた。[二九]しかし、大中二年(八四八)に懿安皇后が亡くなった時、当時の宣宗は彼女を憲宗に配することを奏上した王皞を追放してしまう。[三〇]宣宗の生母鄭氏(孝明皇后)は懿安皇后の侍女であったこともあり、懿安皇后の死は宣宗の差し金であるとも見られるほど皇帝は彼女に好意を抱いていなかったのである。が、次の懿宗の時に王皞が復帰、その進言が容れられて懿安皇后が憲宗に配されることになり、[三一]懿宗の実祖母孝明皇后はその死後は別廟に祭られることになる。[三二]結局、嫡母の優越は唐代にあっても容易には揺るがせられないものであったのだ。

次いで、敬宗・文宗・武宗の父穆宗の事例について見ると、会昌元年（八四一）に、武宗が太皇太后（懿安皇后）の意向という形で自分の生母韋氏（宣懿皇后）を穆宗に配している。[三三]敬宗の生母王氏（恭僖皇后）と文宗の生母蕭氏（貞献皇后）はこの時まだ存命していて、いわば早い者勝ちのような形ではあったが、結果として宣懿皇后が穆宗の嫡妻としての扱いを受けることになった。この時、武宗が穆宗の母である太皇太后によって正当性を与えられていることは注意を要する。南朝期に言われた「子孫の身で祖先の立配を行うこと」はこの時代にあっても忌避されたのである。

敬宗・文宗の母たちはその没後に皇后位は贈られたものの太廟には祭られず、太廟の禘祭の際孝明皇后と共に神主を祖姑の下に並べて一緒に祭られるにとどまった。[三四]

最後に、僖宗と昭宗の父懿宗の事例について見ると、まず咸通十四年（八七三）に僖宗が即位するとその生母王氏（恵安皇后）を配し、[三五]次いで文徳元年（八八九）に昭宗の即位に伴って生母王氏（恭憲皇后）を配したとある。[三六]懿宗には、二人の皇后が配されたわけである。しかし、これは唐末の記録が錯綜している時期でもあり、『新唐書』にしか記事が見られないことから、実際に二人とも配されたかどうかはやや疑わしい。

結局、唐代においては、漢以降南朝の伝統を引き継いで嫡母の優越と「一帝一后」の原則が基本的には維持されていた、と言える。睿宗に二后が配されたのは当時の政治状況から生じた特殊な事例と見なしてよいだろう。

三、宋代における皇后の廟祭

① 太宗と三皇后について

「はじめに」で述べたように、唐代まで基本的には維持されてきた嫡母の優越と「一帝一后」の原則は、北宋に至って崩れることになる。山内弘一氏がこの時期の太廟制度に関する論考の中で太廟における皇后の配食の変遷についての概略をまとめられている。[三七]これをもとに個々の事例について考察を加えてみたい。

宋の太宗には、即位前に、尹氏(淑徳皇后)という妻があり、これに先立たれた後には符氏(懿徳皇后)を後添えとしたものの彼女も早く亡くなり、即位した時皇后に立てられたのは三番目の妻李氏(明徳皇后)であった。一方、次の真宗の生母は後宮の李賢妃(元徳皇后)だった。

このような状況のもと、咸平元年(九九七)年に太宗が崩じ、太廟に祔されると、明徳皇后はまだ存命だったので懿徳皇后がこれに配されることになった。本来、先妻と後妻とがある場合先妻が優越するのが原則なのだが、淑徳皇后は宋建国以前に亡くなっていて封号もなく、一方の懿徳皇后は大国夫人の号を受けているから、という理由で懿徳皇后が優先されたのである。[三八]実はこの時、真宗の生母元徳皇后を配すべき、という上奏がなされている[三九]が、これは容れられなかった。

この後、景徳元年(一〇〇六)に明徳皇后が亡くなると、唐の睿宗の事例などが引かれ、「一帝二后」も先例のないことではないとし明徳皇后も太廟に配された。[四〇]この結果太宗には二人の皇后が配されることになり、唐の睿宗の事例はあくまで例外としてこれまで堅持されてきた「一帝一后」の原則があっさり破られてしまうことになる。そして、大中祥符三年(一〇一三)には真宗の生母の元徳皇后が太廟へ配されるに至る。この時根拠とされたのも、唐玄宗の生母・昭成皇后の事例であった。[四一]こうして、太宗には三人もの皇后が配されることになってしまうのである。

② 真宗と三皇后について

次の真宗の場合、まず即位前に亡くなった潘氏(章懐皇后)、景徳四年(一〇〇七)に亡くなった最初の皇后郭氏(章穆皇后)、次の皇后で仁宗朝で臨朝した劉氏(章献明粛皇后)の三人の皇后があり、更に仁宗の生母は李宸妃(章懿皇后)であった(表③)。

乾興元年(一〇二二)の真宗の死にあたって共に太廟に祭られたのは、死後の追贈だった先妻の章懐皇后より生前に冊立された方を優先させるという理由で章穆皇后であった。(四二)

そして、章献明粛皇后(当初の謚号は荘献明粛皇后)と章懿皇后(当初は荘懿皇后)が明道二年(一〇三三)に相次いで亡くなると二人を太廟に配する旨の上奏があった。(四三) しかし、「一帝一后」が礼の正義であるとして奉慈廟という別廟を立ててこれに祭ることとなったのである。(四四) とは言うものの、慶暦五年(一〇四五)になると、両皇后を太廟に移し、(四五) 真宗にも、三人の皇后が配されることとなった。

③ 元豊六年の四后祔廟

ところで、太廟に配されなかった皇后たちの御霊は、后廟と呼ばれる別廟に祭られていた。(四六) 神宗期までにこの后廟に残っていたのは、太祖の即位前に亡くなった妻賀氏(孝恵皇后)と太廟に配された王氏(孝明皇后)の死後に皇后となった宋氏(孝章皇后)(表③)、太宗の淑徳皇后、真宗の章懐皇后の四皇后であった。神宗は元豊六年(一〇八三)に後妻であるからとか死後の追贈であるからという理由で皇后たちを分け隔てするのは好ましくないとし、これ

表③ 北宋皇后表（『宋史』本紀、后妃伝、『続資治通鑑長編』による）

皇帝	姓	号		◎太廟	所生皇帝
太祖	賀氏	孝恵皇后	962 追冊皇后	1083	
	王氏	孝明皇后	960 冊皇后、963 没	977	
	宋氏	孝章皇后	968 冊皇后	1083	
太宗	尹氏	淑徳皇后	976 追冊皇后	1083	
	符氏	懿徳皇后	976 追冊皇后	997	
	李氏	明徳皇后	984 冊皇后	1006	
	李氏	元徳皇后	997 追冊皇太后	1013	真宗
真宗	潘氏	章懐皇后	997 追冊皇后	1083	
	郭氏	章穆皇后	997 冊皇后、1007 没	1022	
	劉氏	章献明粛皇后	1007 冊皇后	1045	
	李氏	章懿皇后	1032 追冊皇太后	1045	仁宗
	楊氏	章恵皇后	1022 冊皇太后		
仁宗	郭氏		1024 冊皇后、1034 廃后		
	曹氏	慈聖光献皇后	1034 冊皇后	1080	
	張氏	温成皇后			
英宗	高氏	宣仁聖烈皇后	1065 冊皇后	1094	神宗
神宗	向氏	欽聖憲粛皇后	1067 冊皇后、1101 没	1101	
	朱氏	欽成皇后	1102 追冊皇太后	1102	哲宗
	陳氏	欽慈皇后		1101	徽宗
哲宗	孟氏	昭慈聖献皇后	1092 冊立、廃后と復后を繰り返す。	1135	
	劉氏	昭懐皇后	1100 冊皇后		
徽宗	王氏	顕恭皇后	1108 没	紹興中	欽宗
	鄭氏	顕粛皇后	1111冊立	1137	
	韋氏	顕仁皇后	1127 遥冊皇太后	1159	高宗
	劉氏	明達皇后	1121 追冊皇后		
欽宗	朱氏	仁懐皇后	1126 冊立皇后	1197	

ら四人の皇后を太廟に移してしまう。[四七]これによって、死後追贈も含めた皇后経験者は全て太廟に祭られることとなったのであった。嫡母と庶母を同時に太廟に祭ることが可能になれば別廟も必要なくなるわけである。

そして、これ以降、嫡妻たる皇后経験者と皇帝の生母とを併せて太廟に配して祭るのが通例となっていくのである。

④　生母の太廟配食の背景

こうして、漢代以来堅持されて来た太廟の祭祀における嫡妻の優越と「一帝一后」の原則が北宋期において完全に崩されることとなった。前代まで否定され続けて来た庶母の太廟への配食が北宋に至ってあっけなく通例となってしまった背景には、後に新法と旧法の党争に発展する、江南出身の官僚と華北出身の官僚との対立が深まっていた、この時代の政治状況があったと見られる。

章懿皇后（仁宗生母）の祔太廟を奏上した銭惟演は、呉越王俶の子で、章献皇太后と姻戚関係にあった。皇太后が亡くなったのち、自らの立場に不安を感じて、仁宗の歓心を買うために、生母章懿皇后の祔太廟を奏上したものとされている。[四八]また、元徳皇后（真宗生母）の祔太廟を奏上した呉淑も江南出身であり、[四九]主に江南系の官僚が、皇帝の意を迎えるために生母の太廟への配食を支持したと見ることができる。

こうした動きに対して、対立する華北系の官僚たちは反発を強めた。呂公著は、「議四后廟饗奏」[五〇]の中で、「正嫡でなければ太廟に配される資格はないので、懿徳・元徳・章献・章懿の四皇后は、別廟に移すべきである」と主張しているし、盟友の司馬光は、自著『資治通鑑』の中で、唐玄宗による生母竇氏の太廟への配食について、「粛明皇后は睿宗の正妃である。昭成皇后は次妃であるものの皇帝を生んだことによって睿宗に祔され、粛明皇后は別廟に祭られた。非礼である。」(五一)と明確に非難し、暗に同時代の動向を批判している。

このような対立は英宗の時に起こった濮王の議にも連なる流れであり、皇帝の意思に添おうとする江南系官僚と儒教の正義を堅持しようとする華北系官僚の間の駆け引きが続く中で、徐々に皇帝生母の太廟への配食が既成事実化していったと見ることが出来よう。そして、新法を採用した神宗の時に四后の配食が実現するに至るのである。

おわりに

最後に以上見てきたような漢から宋にかけての太廟における皇后の祭祀の変遷の背景を別の視点から見てみたい。古来、皇后を称える表現として、「母儀天下」ないし「母天下」という文が多用されるが、漢から唐にかけては、次のように、必ずと言っていいほど、「承宗廟」といった宗廟への奉仕を表す表現と共に用いられていた。

「陰貴人郷里良家、歸自微賤。自我不見、于今三年。宜奉宗廟、爲天下母。」(『後漢書』本紀十　皇后紀　光烈陰皇后条)。

「皇后之尊、與朕同憭、承宗廟、母天下。」(同　和熹鄧皇后条)。

「宋皇后親與陛下共承宗廟、母臨萬國。」(同　靈帝宋皇后条)。

「可以配德乾元、恭承宗廟、徽音六宮、母儀天下。」(『晉書』巻三十二　后妃傳　孝武定王皇后)。

「皇后王氏、天命不祐、華而不實。造起獄訟、朋扇朝廷、見無將之心、有可諱之惡。焉得敬承宗廟、母儀天下、可廢爲庶人、別院安置。」(『舊唐書』巻五十一　玄宗廢后王氏)。

ところが、宋代になると宗廟に関わる表現は消え、次のように単独で用いられる例が圧倒的に多くなる。

「莊穆皇后曾母儀天下。」（李維「莊穆皇后祔廟食議」『宋會要輯稿』禮十五―二十九、『全宋文』巻百九十）。

「淑德懿德或佐潛躍之前、或承藩邸之際、竝未嘗正位中宮母儀天下。」（『續資治通鑑長編』巻八十一　大中祥符六年條）。

「皇后入道一日、都下喧然、以母儀天下、固無入道之理。」（『續資治通鑑長編』巻百十三　明道二年條）

「章獻母儀天下與明德例同。」（『續資治通鑑長編』巻百十二　明道二年條）

「孝章皇后在太祖之朝已正中壼而母儀天下。」（楊傑「奏請四皇后廟升祔状」『無爲集』巻十五、『全宋文』巻千六百三十九）。

「伏以宣仁聖烈皇后母儀三朝。」（蘇頌「慰宣仁聖烈皇后祔廟表」『蘇魏公文集』巻四十五、『全宋文』巻二千百二十七）。

これは、明らかに唐宋間に皇后の地位に大きな変化があったことが示唆するものであろう。西嶋定生氏が指摘されているように、漢代においては、代々の皇帝は即位儀礼における謁廟によって祖先の霊を媒介として天命を受け継ぐという考え方から、新皇帝の即位後必ず謁廟の礼を行うことなど宗廟の祭祀が重要視されていた。[五二]一方、金子修一氏が明らかにしているように、唐代に至るまでに天を祭る郊祀の重要性が高まり、各皇帝が天から直接天命を受けると考えられるようになる。[五三]

とすると、皇后についても、宗廟への奉仕を名目とするより、より直接的な皇帝とのつながりが重視されるようになった、と見ることができるのではないか。その結果、現実に皇帝をこの世に生み出した生母の地位が上昇した、と考えられる。

元徳皇后の祔廟を上奏した呉淑の議の中に見える「賢妃李氏(元徳皇后)處大任之尊、有彌月之實、誕生聖嗣、天下蒙福。[五四]」の表現に、皇帝を産み落としたことによって聖なる存在となり、太廟に祭られる資格を得た、という考えが見てとれる。

また、宋代における皇帝を頂点とした一元的な支配体制の確立で皇帝の私的な意向が国家儀礼により反映しやすくなったと言えるだろう。

《注》

(一) 特に、皇帝権力の特質との関連に着目したものとしては、西嶋定生「漢代における即位儀礼」(『中国古代国家と東アジア世界』東京大学出版会、一九八三、初出一九七五)、尾形勇「中国の即位儀礼」(『東アジア世界における日本古代史講座第九巻 東アジアにおける儀礼と国家』学生社、一九八二)、金子修一氏による一連の皇帝儀礼に関する研究(『古代中国と皇帝祭祀』汲古書院 二〇〇一にまとめられている。)などが挙げられる。また、太廟制に関するものとしては、戸崎哲彦「唐代における太廟制度の変遷」(彦根論叢二六二～二六三、一九八九)などがある。

(二) 拙稿「先蚕儀礼と唐代の皇后」(『史論』四六、一九九三)、「先蚕儀礼と中国の蚕神信仰」(『比較民俗研究』四、一九九一)、「唐代先蚕儀礼の復元 ―『大唐開元礼』先蚕訳註を中心に―」(『史峯』七 一九九四)。

(三) 拙稿「唐代における国家儀礼と皇太后 ―皇后・皇太后受朝賀を中心に―」(『社会文化史学』三九、一九九八)。

(四) 例えば、『儀礼』巻三十七 少牢饋食礼には、「主人曰、孝孫某、來日丁亥、用薦歳時于皇祖伯某、以某妃配某氏。尚饗。」とあり、鄭玄の註によると、「某妃某妻也者、言妃爲祖之妻也。」とある。

(五) 「武帝崩、大將軍霍光縁上雅意、以李夫人配食、追上尊號曰李武皇后。」(『漢書』巻九十七 外戚伝)。

(六)「夏、爲太后（＝昭帝母趙氏）起園廟雲陵。」（『漢書』巻七　昭帝紀）。
(七)「永元中、和帝追尊其母梁貴人曰恭懷皇后、陵（日西陵）。以竇后配食章帝、恭懷后別就陵寢祭之。」（『續漢志』巻九　祭祀志）。
(八) 谷口やすよ「漢代の皇后権」（『史学雑誌』八七―一一、一九七八）。
(九) 渡邉義浩「後漢時代の外戚について」（『史峯』五、一九九〇）。
(一〇)「景初元年夏、有司議定七廟。冬、又奏曰、……今武宣皇后、文德皇后各配無窮之祚、至於文昭皇后膺天靈符、誕育明聖、功濟生民、德盈宇宙、開諸後嗣、乃道化之所興也。寢廟特祀、亦姜嫄之閟宮也、而未著不毀之制、懼論功報德之義、萬世或闕焉、非所以昭孝示後世也。文昭廟宜世世享祀奏樂、與祖廟同。」（『三國志』巻五　文昭甄皇后伝）。
(一一) 田中麻沙巳『両漢思想の研究』第四章「何休の思想」（研文出版、一九八六）。
(一二) 前掲注（一〇）「亦姜嫄之閟宮也。」。
(一三) 同「文昭皇后膺天靈符、誕育明聖。」。
(一四)「上太妃尊號曰簡文太后。于是立廟于太廟路西、陵曰嘉平。」（『晉書』巻三十二　簡文宣鄭太后伝）。
(一五)「於是設廬於西堂、凶儀施于神獸門、葬修平陵、神主祔于宣太后廟。」（『晉書』巻三十二　孝武文李太后伝）、追崇曰皇太后、神主祔于宣太后廟。」（『晉書』巻三十二　安德陳太后伝）。
(一六)「文帝元嘉初、追尊所生胡婕妤爲章皇太后、立廟西晉宣太后地。孝武昭太后、明帝宣太后並祔章太后廟。」（『宋書』巻十六　禮志）。
(一七)「(梁) 又有小廟。太祖太夫人廟也。非嫡、故別立廟。皇帝每祭太廟訖、乃詣小廟、亦以一太牢、如太廟禮。」（『隋書』巻七　禮儀志）、「詔吏部郎張纘爲哀册文、有司奏謚曰穆、葬寧陵、祔于小廟。」（『南史』巻十二　梁武帝丁貴嬪伝）、「元帝即位、有司奏追崇爲文宣太后、還祔小廟。」（『南史』巻十二　梁文宣阮太后伝）。
(一八)「時羣臣希旨、多謂鄭太后應配食于元帝者。帝以問太子前率徐邈、邈曰、臣案陽秋之義、母以子貴。魯隱尊桓母、別考仲子之宮而不配食于惠廟。又平素之時、不伉儷于先帝、至于子孫、豈可爲祖考立配。其崇尊尽禮、由於臣子、故得稱太后、陵廟備典。若乃祔葬配食、則義所不可。」（『晉書』巻三十二　簡文宣鄭太后伝）。

（一九）「太宗即位、追尊號謚、配饗太廟。自此後宮人爲帝母、皆正位配饗焉。」（『魏書』巻十三　道武宣穆皇后劉氏伝）。

（二〇）「初、高祖孝於太后、乃於永固陵東北里餘、豫營壽宮、有終焉瞻望之志。乃遷洛陽、乃自表瀍西以爲山園之所、而方山虚宮至今猶存、號曰萬年堂云。」（『魏書』巻十三　文成文明皇后馮氏伝）。

（二一）「景雲元年冬…時又追尊昭成、肅明二皇后、於親仁里別置儀坤廟、四時享祭。」（『舊唐書』巻二五）。

（二二）開元四年、睿宗崩、…貞節等又以肅明皇后不合與昭成皇后配祔睿宗、奏議曰、禮、宗廟父昭子穆、皆配座、每室一帝一后、禮之正儀。自夏、殷而來、無易茲典。伏惟昭成皇后有太姒之德、已配食於睿宗、則肅明皇后、無啓母之尊、自應別立一廟。謹按周禮云、奏夷則、歌小呂、以享先妣者、姜嫄是也。姜嫄是帝嚳之妃、后稷之母、特爲立廟、名曰閟宮。又禮論云、晉伏系之議云、晉簡文鄭宣后既不配食、乃築宮於外、歲時就廟享祭而已。今肅明皇后無祔配之位、請同姜嫄、宣后、別廟而処、四時享祭如舊儀。制從之。於是遷昭成皇后神主祔於睿宗之室、惟留肅明神主於儀坤廟。」（同）。

（二三）「（正月）己未、立豫州牧豫王旦爲皇帝。政事決於太后、居睿宗於別殿、不得有所預。立豫王妃劉氏爲皇后。后、德威之孫也。……壬子、以永平郡王成器爲皇太子、睿宗之長子也。」（『資治通鑑』巻二百二　則天后光宅元年条）。

（二四）「太平公主以太子年少、意頗易之、即而憚其英武、欲更擇闇弱者立之以久其權、數爲流言、云太子非長、不當立。」（『資治通鑑』巻二百十）。

（二五）前掲注（二二）「伏惟昭成皇后有太姒之德、已配食於睿宗。」。

（二六）「（開元）二十一年、玄宗又特令遷肅明皇后神主於睿宗之室、仍以舊儀坤廟爲肅明観。」（『舊唐書』巻二十五）。

（二七）前掲拙稿「国家儀礼と皇太后」

（二八）「寶應元年四月、肅宗大漸、后與内官朱輝光、馬英俊、啖廷瑤、陳仙甫等謀立越王係、矯詔召太子入侍疾。中官程元振、李輔國知其謀、及太子入、二人以難告、請太子在飛龍廐。元振率禁軍收越王、捕朱輝光等。俄而肅宗崩、太子監國、遂移后於別殿、幽崩。」（『舊唐書』巻五十二　肅宗張皇后伝）。
(二九)　前掲拙稿「国家儀礼と皇太后」
(三〇)「上以鄭太后故、不欲以郭后祔憲宗、有司請葬景陵外園、（王）皞奏宜合葬景陵、神主配憲宗室、奏入、上大怒。白敏中召皞詰之、皞曰、太皇太后、汾陽王之孫、憲宗在東宮爲正妃逮事順宗爲婦。憲宗厭代之夕、事出曖昧、太皇太后母天下、歴五朝、豈得以曖昧之事遽正嫡之禮乎。」（『資治通鑑』巻二百四十八　宣宗大中二年条）。
(三一)「春、正月、丁巳、始以懿安皇后配饗憲宗室。時王皞復爲禮院檢討官、更申前議、朝廷竟從之。」（『資治通鑑』巻二百五十　懿宗咸通六年条）。
(三二)「五月、葬孝明皇后於景陵之側、主祔別廟。（註）孝明皇后、宣宗母鄭太后也、懿安郭后、憲宗之元妃也、配食于太廟。鄭后、側室也、祔別廟、禮也。」（『資治通鑑』巻二百五十）。
(三三)「会昌元年六月、制曰、朕近因載誕之日、展承顏之敬、太皇太后謂朕曰、天子之孝、莫大於丕承、人倫之義、莫大於嗣續。穆宗睿聖文惠孝皇帝厭代已久、星霜屢遷、彌宮曠合食之禮、惟帝深濡露之感。宣懿皇太后、長慶之際、德冠後宮、夙表沙麓之祥、實茂河州範。先朝恩禮之厚、中壼莫偕。況誕我聖君、纘承昌運、已協華於先帝、方延祚於後昆。恩廣貽謀、庶弘博愛、爰從舊典、以慰孝思。当以宣懿皇太后祔太廟穆宗睿聖文惠孝皇帝之室。率是彝訓、其敬承之。朕祗奉慈旨、戴深感咽。宜令宣示中外、咸使聞知。」（『舊唐書』巻二十五　禮儀志）。
(三四)「大順元年、將行禘祭、有司請以三太后神主祔饗於太廟。三太后者、孝明太皇太后鄭氏、宣宗之母也、恭僖皇太后王氏、敬宗之母也、貞獻皇太后蕭氏、文宗之母也。三后之崩、皆作神主、有故不當入太廟。」（『舊唐書』巻二十五　礼儀志）。
(三五)「（咸通）十四年、（普）王即位、是爲僖宗。追尊皇太后、册上謚號、祔主懿宗廟、即其園爲壽陵。」（『新唐書』巻七十七　懿宗惠安皇后王氏伝）。
(三六)「（壽）王立、是爲昭宗、追號皇太后、上謚、祔主懿宗室、即故葬號安陵、召后弟瓌官之。」（『新唐書』巻七十七　懿宗恭憲皇后王氏伝）。

(三七) 山内弘一「北宋時代の太廟」(『上智史学』一九九〇)。

(三八)「淳化初、宗正少卿趙安易言、別廟祭饗懿德皇后在淑德皇后之上、臣未測升降之由、乃有司亂昭穆爲逆祀、請改正之、太宗不許。及議合食、有司咸請以懿德升配、安易又言、百官論議、苟且隳瀆尊卑、若序以後先、當用淑德配食、詔尚書省集學士、兩省知雜御史諸司四品、南省六品以上、及禮官同詳定。上議曰、淑德皇后生無位號没始追崇、況在初潛早已薨、謝懿德皇后饗封大国作配先朝、雖不及臨御之期、但夙彰賢懿之美。若以二后之内則升祔、當歸懿德。伏請奉懿德皇后神主升配太宗室。又按張昭等議、以周世宗神主祔廟、必若宣懿同祔、即正惠神主、請加太字、若升祔懿德、加淑德太字、仍舊別廟。詔曰、禮非天降地、出酌于人情、都省以懿德皇后未正位中宮、亦合配饗先帝、恭依所請、庶協從宜。至于太者尊極之稱、加于母后、施之宗廟禮。即未安淑德皇后不加太字、仍舊別廟祭饗。」(『續資治通鑑長編』卷四十三　眞宗咸平元年三月条)。

(三九)「至道末、有司請以懿德皇后配饗太宗廟室。或言淑德實當升侑議久未決時、元德猶未追崇而明德方在萬安宮。都官員外郎呉淑駁議曰、禮緣人情事資適變、蓋處其事必有其實據其位必有其功。淑德懿德或佐潛躍之前、或承藩邸之際、竝未嘗正位中宮母儀天下、配饗之禮誠爲未允至、若虚其祔合無、乃神理有虧求之前、古實有同前夫、母以子貴、義存在、昔漢昭即位追尊母趙婕妤爲皇太后、此聖賢之通義也。賢妃李氏處大任之尊、有彌月之實、誕生聖嗣、天下蒙福。而擬議不及臣竊惑焉。唐開元四年睿宗昭成皇后祔廟、而肅明初饗儀坤、至二十年又迎肅昭神主升於太廟、知與竇氏同配明矣。則竝位兼配於義何嫌、伏請行追崇之命、以賢妃李氏處尊極之地、升於清廟居同配之位。其淑德懿德依舊饗於別廟、庶叶禮制不聽賢妃尋加號皇太后。但饗別廟而已。」(『續資治通鑑長編』卷八十一　眞宗大中祥符六年七月条)。

(四〇)「戊子、祔明德皇后神主於太廟、先是詔有司詳定升祔之禮、上議曰、唐睿宗昭成肅明二后、先天之始唯以昭成配享、開元之末又以肅明遷祔。晉驃騎將軍温嶠有三夫人、嶠薨、詔問學官陳舒謂、秦漢之後廢一娶九女之制、妻卒更娶無復繼室生既加禮亡不應貶。朝旨以李氏卒於嶠之微時不霑贈典、王何二氏並追加章綬。唐太子少傅鄭餘慶將立家廟祖有二夫人。禮官韋公肅議與舒同又云、晉南昌府君有荀氏薛氏、景帝廟有夏侯氏羊氏、魯公顏真卿廟有夫人商氏繼夫人柳氏、略稽禮文參諸故事、二夫人並祔於理、爲恭惟懿德皇后久從祔不可中移、明德皇后繼受崇名又當配享、雖先後有殊在尊親一貫、請同祔太宗室以先後次之。詔尚書省集官詳議、咸如禮官之請、二后並配自是始也。」（『續資治通鑑長編』巻五十八　真宗景德元年十月条）。

(四一)「大中祥符三年十月、判宗正寺趙湘復以爲請始令禮官參議之庚子中書門下言、恭以元德皇太后翊贊先朝茂揚、内則誕生聖嗣、繼撫中區、毓德堯門、宣功嬀汭、徽音所洽寰宇。攸同陛下、順考古經、遹追慈訓、奉尊名於懿冊、修時饗於閟宮。未升侑於崇祊、止奉祠於別廟。誠遵典故、尚鬱孝思。竊念后稷諸侯故姜嫄異祭於帝嚳、開元皇室故昭成祔饗於睿宗、舊典可知輿情難奪、今與禮官參議請改上徽名曰元德皇后升祔太宗廟室。近臣及文武百官繼表陳請。詔從之。」（『續資治通鑑長編』巻八十一　真宗大中祥符六年七月条）。

(四二)「（七月壬申）、禮儀院言、…莊穆皇后郭氏嘗母儀天下、禮當升祔。莊懷皇后潘氏本從藩邸追命、止當饗於后廟。詔集議尚書省學士承旨李維等請如禮儀院所定。詔恭依。」（『續資治通鑑長編』巻九十九　眞宗乾興元年条）。

(四三)「五月丁卯、判河南府泰甯節度使同平章事錢惟演言、母以子貴、廟以親升、蓋古今之通義也。章懿皇太后輔佐先帝誕育聖躬、德冠掖庭、功流宗社。陛下感深、罔極追薦尊名、既復寢園、將崇廟室。謹按唐武宗韋太后以追尊、升祔穆宗室。皇朝孝明孝章皇后並祔太祖之室、今真宗一室止祔章穆皇后、典禮未稱。請俟園陵畢、以章獻章懿皇太后並祔真宗之室。詔太常禮院詳定。以聞惟演既罷景靈宮使、還河南不自安、乃建此議、以希帝意。」（『續資治通鑑長編』巻百十二　仁宗明道二年条）。

(四四)「初、以錢惟演議下禮院、禮院言、夏商以來父昭子穆皆有配坐、每室一帝一后禮之正儀、開元肅明皇后始有並祔、惟演引唐武宗母韋太后祔穆宗、孝明孝章祔太祖故事。按穆宗惟以韋太后配更無別名、太祖未嘗以孝章配。伏尋先帝以懿德配饗太宗、及明德園陵禮畢遂得升祔、元德自追尊後凡十七年始克升配、今章穆著位長秋祔食真宗斯爲正禮。章獻母儀天下與明德例同、若從古禮、止應祀后廟。章懿帝母之尊與元德例同、便從升祔似非先帝謹重之意、況前代無同日並祔之比、惟上裁之詔都省與禮院議皆以謂、章穆位崇中壼與懿德有異已。祔真廟自協一帝一后之文、章獻輔政十年、章懿誕育聖躬、德莫與並退就后廟、未厭衆心。按周禮大司樂職夷則歌小呂以享先妣、先妣者姜嫄也。帝嚳之妃后稷之母、特立廟而祭謂之閟宮、宜於太廟外別立新廟奉安二后神主同殿異室、歲時薦享用太廟儀。別立廟名自爲樂曲、以崇世享忌前一日不御正殿、百官奉慰著之甲令。詔恭依己未命權知開封府程琳内侍副都知閻文應度地營建新廟。」（『續資治通鑑長編』巻百十二　仁宗明道二年条）。

(四五)「八月丙辰、詔升祔二后依元德皇后故事改題神主。」(『續資治通鑑長編』卷百五十七　仁宗慶曆五年条)。

(四六)「后廟之制、建隆三年、追冊會稽郡夫人賀氏曰孝惠皇后、止就陵所置祠殿奉安神主、薦常饌、不設牙盤祭器。乾德元年、孝明皇后王氏崩、始議置廟及二后先後之次。太常博士和峴請共殿別室、以孝明正位内朝、請居上室孝惠緣改葬、不造虞主、與孝明同祔、宜居次室。禮院又言、后廟祀事、一準太廟、又當立戟。…及太祖祔廟、有司言…其孝惠皇后享於別廟。從之。太平興國元年、追冊越國夫人符氏爲懿德皇后、尹氏爲淑德皇后、並祔后廟。」(『宋史』卷百九　禮志)。

(四七)「詳定禮文所言、儀禮曰、夫婦一體、故昏禮則同牢而食、巹而飲、終則同穴、祭則同几。是夫婦一體、未有異廟者也。惟周人以姜嫄爲禖神、而帝嚳不廟、又不可下入子孫之廟、乃以別廟而祭之、故魯頌謂之閟宮、周禮謂之先妣。自漢以來、凡不祔配者、皆援姜嫄以爲比、或以其微、或以其繼而已。蓋其間有天下者、起於側微、而其后不及正位中宮、或已嘗正位矣、有不幸則當立繼、以奉宗廟。故禮有祖姑三人則祔於親者之説、則立繼之禮、其來尚矣。始微終顯、皆嫡也、前娶後繼、皆嫡也。後世乃以始微後繼置之別廟、不得申同几之義、則非禮之意。夫婦、天地之大義、故聖王重嫡、所以重宗廟、非始微終顯、前娶後繼所當異也。恭惟太祖孝惠皇后、太宗淑德皇后、真宗章懷皇后實皆元妃、而孝章皇后則太祖之繼后。當時議者或以其未嘗正位中宮、而不許其配、或以其繼、而不許其配。若以爲未嘗正位中宮、則懿德皇后配太宗矣、若以爲繼、則孝明皇后配太祖矣。而有司因循而不究其失、皆祭以別廟、在禮未安。伏請升祔太廟、以時配享。詔恭依。於大禮前擇日以典禮奉之。」(『續資治通鑑長編』卷三百三十四　元豐六年)。

(四八)「錢惟演字希聖、呉越王俶之子也。……太后崩、詔還河南。惟演不自安、請以莊獻明肅太后、莊懿太后並配真宗廟室、以希帝意。」(『宋史』卷三百十七)。

(四九)『宋史』同卷四百四十一　呉淑伝

(五〇)「臣聞宗廟、父昭子穆、皆有配坐。苟非正嫡、雖以子貴立廟、即無配祔之禮。案周官・大司樂之職、歌中呂、舞大濩、以享先妣者、姜嫄也。姜嫄即帝嚳之妃、后稷之母、既無所配、故特立廟而祭、謂之閟宮。晉簡文宣太后、既不配食、亦築宮於外。唐開元四年、以昭成皇后升祔睿宗廟、遂爲失禮之首。先朝自元德皇太后之後、累有臣寮請行升祔之禮。先皇敬重禮典、皆不允從、別廟薦享、凡十有七年。其後宰臣等不深詳典據、繼上封奏、請從升祔、中旨勉兪。至明道中、議章獻皇太后、章懿皇太后廟享、有司參酌儀典、請立新廟、二后同殿異室、每歲五享、及禘祫并就本廟、及特撰樂章以崇世享。是爲奉慈廟載之甲令、蓋合經據。其後卒用錢惟演之議、祔於眞宗廟室。臣等今參議、若以懿德皇后祔於后廟、元德、章獻、章懿三后祔於奉慈廟、同殿異室、每歲五享、四時薦新、朔望上食、一同太廟、庶合典禮。」（『全宋文』巻千九十二、『宋名臣奏議』巻八十八）

(五一)「肅明皇后、睿宗之元妃也。昭成后、次妃也、以生帝升祔睿宗、而肅明后祀於別廟、非禮也。」（『資治通鑑』巻二百十一　玄宗開元四年条註）。

(五二)　前掲注（一）西嶋定生「漢代における即位儀礼」

(五三)　金子修一「中国古代における皇帝祭祀の一考察」（『史学雑誌』八七―二、一九七八）、「魏晋より隋唐に至る郊祀・宗廟の制度について」（『史学雑誌』八八―一〇、一九七九）、「皇帝祭祀の展開」（『岩波講座・世界の歴史』九　中華の分裂と再生、一九九九）、ほか。

(五四)　前掲注（四四）所引「賢妃李氏處大任之尊、有彌月之実、誕生聖嗣、天下蒙福。」。

徽宗の宗教政策について

松本　浩一

はじめに

北宋最後の皇帝である徽宗の崇道については特に有名であり、宮川尚志氏の専論もあるが、(一)筆者の前論でもふれたように、崇道の政策は徽宗のその他の宗教政策、すなわち礼楽の制定、仏教抑圧などと密接に結びついており、一貫した意図に貫かれていた。(二)しかしこれらの政策自体に、どのような特色があったのかということを明らかにするためには、北宋のその他の皇帝下における、同じような宗教政策の流れの中に位置づけてみなければならない。ここでは徽宗の崇道政策の最後に登場した神霄説と、本格的な崇道にのめり込む前に取り組んでいた礼楽の制定について取り上げ、それらの政策に見られる特色を、それぞれ真宗朝と神宗朝のそれと比較することによって、徽宗朝の特色について考察することにしたい。

一、神霄説と真宗朝の崇道

神霄説については、前論においてもその概要を紹介し、そこにみられる特色を論じたが、それは民間の方士の一人であった林霊素によって説かれた、次のような新説であった。

神霄玉清王は上帝の長子であり、南方の主となって、長生大帝君と號し、すでにこの世に下っている。そしてその弟で東方の主である青華帝君に、神霄の統治を任せた。天界に九霄があって、神霄はその最高位にあたり、その統治の組織は府というから、青華帝君もまた判府天尊という。そして林靈素はその府の仙卿であって褚慧とい い、同じくこの世に下って帝君の統治を助ける。またこの時の大臣・要人はみな仙府の卿吏であるという。魯公（蔡京）は左元仙伯といい、鄭居中・劉正夫・童貫などのおもだった宦官はおおむね役職をもっている。王黼はこの時内相であったが、文華吏盛章であるとしていた（『資治通鑑長編記事本末』（以下「長編本末」）巻百二十七）。

すなわち徽宗は、上帝の長子である神霄玉清王が、この世に降ったものに他ならないというのである。徽宗はこの説に心を奪われ、政和七年四月の詔では、自らこのことを宣言している。

朕が心を澄ませて上帝に黙朝するごとに、親しくその命を受け、あやまった俗を正すことになった。朕は昊天上帝の長子である太霄帝君である。中華が佛の教えを被り、盛んに焚指・煉臂・捨身を行って正覺を求めるのを見て、朕は彼らをはなはだ哀れんでいる。そこで遂に上帝に哀願し、人主となって、天下を正道に歸らせようと願った。上帝はお願いしたところを許し、弟の青華帝君に、朕の太霄の府を統治させるようにした（「長編本末」巻百二十七）。

そしてさらに青華帝君の降臨、全国各地における神霄玉清萬壽宮の建設、神霄説による靈宝経の書き換え、神霄秘籙の新設などが行われた。また政和七年正月には、この道教の新説である神霄説を、すべての既成の道教宗派の上に位置づけ、さらに宣和元年正月には、仏教を道教で塗りつぶすなどの詔が発せられたが、これらの政策の背後には、自らが全宗教界の上に君臨しようとする意図が存在していたことは、前論で論じたところである。

しかし道教の国家祭祀への混淆、道教的神格の降臨、そしてしかし皇帝が天上の神仙の生まれ変わりという説は、真宗の時代にすでに先駆があり、とくに三番目の説は北宋の皇帝には一貫して存在している。たとえばその真宗自身は、来和天尊という道教的神格の生まれ変わりとされていた。

庫部員外郎・襄王府記室參軍であった楊礪が、後周の廣順年間の初め、澶州にいた時に、僧舍で夢に非常に古い衣冠を着けた人に遭い、人間界にはないような宮中に連れて行かれた。そこで王者の衣冠を着けている眞人に謁した。眞人は「私はおまえの師ではない。この來和天尊こそがいつかおまえの主となるのだ」と告げた。後に襄王（後の眞宗）に謁した楊礪は、歸ってから「襄王の容貌を見ると、まさに來和天尊である」と人々に語った（『續資治通鑑長編』（以下「長編」）巻二十九　端拱元年正月己酉）。

また仁宗は赤脚李仙人の生まれ変わりとされる。

樂史は景德末に西都留臺御史となっていた。かつて夢に冠服を具えた人が、帝命によって連れに來たと告げ、共に行くこと十餘里で、宮闕で壯麗なのが見えた。ほとんどこの世のものとも思われなかった。そこで使者に聞くと、「これは帝所である」ということだった。すでにして帝に見えると、「おまえの主は世繼ぎを求めている。私は彼れを選んでやろうと思う。おまえはしばらく彼れに仕えなさい」しばらくして選ばれた一人が導かれてきた。氣色は穩和で淸らか、酒に酔っているように見えた。帝のいうには「中原では世繼ぎを求めている。おまえは行って斷ってはいけない」。頭を下げて再三免れることを願ったが、帝は「行くのだ。おまえだけがかなっている」といい、遂に承諾して去った。傍らに拱立していたものが史に言った。「これは南岳の赤腳李仙人だ、嘗て酒を樂しんでいた」帝は急いで史を呼んで前に來させ「今見た者が、主の跡繼ぎだ」といった。目覺めてからこれを知り、竊かに皇帝に上奏し、夢に見たことを申し上げ、「宮中にしばらくして皇太子の喜びがあるだろう」といったところ、明年に仁宗が誕生した。退安處士の劉易が嘗てこの事を記した（『括異志』巻一 樂學士）。

この『括異志』巻一には、北宋の皇帝が神仙の生まれ変わりという話が集められているが、仁宗についての話は、同じく巻一の「衡山僧」、「南岳真人」などにも見えている。

また道教が国家祭祀の中に入り込むことも、すでに真宗朝に見えている。真宗の崇道は、大中祥符元年天書が降ったことに始まるとされ、この年には封禅も行われている。しかし天書の降下や封禅の挙行といったことは、もともと道教というより国家祭祀に属するものである。しかし真宗朝のそれは、最初から道教的色彩を帯びていた。天書が始めて降ったときの記事は、次のように述べている。

大中祥符元年春正月乙丑、皇帝は宰臣王旦、知樞密院事王欽若らを召して、崇政殿の西序に對し、次のように言った。「去年の十一月十七日の夜半近く、朕がまさに眠りに就こうとすると、たちまち部屋が明るくなった。驚いて視ていると、俄に星冠・絳袍を着けた神人が、朕に告げて言った。『正殿において黄籙道場を建てるように。一月にまさに天書大中祥符三篇を降す。天の機密を漏らしてはいけない』と」（「長編」巻六十八）。

すなわち神人は、天書を降すにあたって、道教の儀式を行ってこれを待つように告げたのであった。これ以後も、この天書に関する儀式では、しばしば道教式のものが用いられている。

（大中祥符元年五月）壬午、詔して天書が京を出發して嶽（泰山）下に至る日には、道門の威儀を用いさせた（「長編」巻六十九）。

（十月）辛卯、有司が天書を宿設し、守りは乾元門に位置した。……前後には鼓吹、道門の威儀、扶侍使などの導従を統轄して行った（同　巻七十）。

（十一月）壬午、……詔して正月三日の天書が降った日を天慶節とし、五日の休暇とした。京師では上清宮において七日間道場を建て、……諸州では三日間道場を建てさせた（同　巻七十）。

（二年五月）壬戌、兗州の官吏・民に詔して、天書が泰山に降った日に、天貺殿に詣でて道場を建て醮を設けさせた。その日を天貺節とし、諸州にはみな醮を設けさせた（同　巻七十一）。

次に大中祥符五年十月には、聖祖の降臨が演出されている。聖祖は名を趙玄朗といい、趙氏の伝説的始祖というべき神格である。

戊午、九天司命上卿保生天尊が延恩殿に降った。これに先んずること八日に、帝が自らいうのには、「景徳年間に見た神人が玉皇の命を傳えて、『さきにはおまえの祖である趙某に命じおまえに天書を授けさせたが、再びおまえに見えさせる。唐朝が玄元皇帝を恭しく奉じたようにせよ』と」。翌日また夢に神人が天尊の言を傳えた。「私は西に坐す。まさに斜に六位を設けよ」そこで延恩殿で道場を設けた。この日五鼓の時刻に、まず異香がただよい、しばらくして黄色の光が東南から至り、灯燭をおおった。にわかに靈仙が儀衞して天尊が至り、帝は階下に再拜した。にわかに黄色の霧が起こり、しばらくすると消えた。天尊と六人とはみな坐に就いており、侍従は東階にあった。帝は西階から昇り再拜した。また六人を拜しようとしたが、天尊は會釋させただけだった。そして榻を設けさせて帝を召し座らせ、碧玉湯を飲ませたが、それは甘くて白く乳のようだった。天尊は、「私は人皇九人中の一人で、趙の始祖である。再び降って軒轅皇帝となった。世に知られている少典の子というのは、誤りである。母は電に感じ天人を夢見て、壽丘に生んだ。後唐の七月一日に下降し、下方を總治し、趙氏の族を主ってからすでに百年になる。皇帝はよく人民を撫育し、先人の志を怠ってはいけない」そして座から離れ雲に乗って去っていった（『長編』巻七十九）。

そして次の閏十月には、詔して聖祖の名である「玄朗」を避けることを命じ、七月一日を先天節とし、十月二十四日を降聖節として、兩者とも五日の休暇とした。そして兩京の諸州には、前七日に道場を建てて醮を設けさせるなどしている。さらに天下の府・州・軍・監の天慶観に聖祖殿を增置させ、「聖祖降臨記」を作って中外に宣示している。そして十二月には、京城中に吉地を選ばせて宮を建てて聖祖を奉ずることとし、その宮を「景靈」と名付けた（『長編』巻七十九）。

このような聖祖をめぐる施策には、徽宗の青華帝君の降臨から、神霄宮の設置に至る施策を思わせるものがある。孫克寬氏は、唐朝が同姓の老子を祖先として道教を崇拝したのに対し、同じように趙氏の家を権威づけるために、このような神格を作り出したのだとしている。(三) しかし聖祖は「人皇九人中の一人で、再び降って軒轅皇帝となった」という神格であり、むしろ儒・道の区別を超えた、いわばそれらを統合するべき、より根元的な場面にまで遡ることを目指しているといえる。すでに真宗の頃には、このような指向が見えているわけであるが、後に見るように徽宗の発言などにも、秦漢以後に儒・道が分かれたに過ぎず、もともとは一つであったことが主張されている。そしてやはり真宗の時から存在していた、皇帝が天上の神仙の生まれ変わり、天上の神々の一人という説を超えて、自らが上帝＝最高神の長子であるという説を主張するに至っている。すなわち神霄説をめぐる諸政策は、北宋の各王朝にすでに見られた方向を、一挙にエスカレートさせたという性格をもっているといえる。

二、礼楽の制定と関連する諸政策

二・一　神宗朝における礼楽の議論

この時代にふさわしい礼楽を定めることは、宋朝においては早くから課題とされていたらしく、各朝においてもこのことがしばしば議論されてきた。

太祖朝には早くも即位の明年、太常博士聶崇義が重集三礼図を奉り、開宝年間になると御史中丞劉温叟、中書舎人李昉らに命じ、唐の開元礼に基づきこれを損益させて、開宝通礼二百巻を作らせている。真宗も封禅・天書などの騒ぎの後、詳定所を設けて執政・翰林・礼官に命じてこれに与らせた。ついでこれを礼儀院と改めた。開宝通礼の後有司に伝わる制度・儀注は数百篇ほどになっていたが、天聖の始めになって、これを分類して礼閣新編となし、著述の体は成していなかったが、本末は完具していて、役人はこれを便利にした。嘉祐中には、欧陽修が散逸したのを集め、局を置いて、開宝礼を主としてその変化を記して分類し、百巻となって名を太常因革礼と賜った。

神宗の時になって、熙寧十年黄履は「郊祀の礼楽は古制に合わないので、有司に命じて群祀を考え正させるように請」うた。そして元豊元年一月には、太常寺に命じて局を置き、枢密直学士陳襄らを詳定官、太常博士楊完らを検討官とした。同年二月には、詳定礼文所は次のように上奏している。

南郊に祭事を行い、景靈宮に薦饗し、太廟に朝饗するのは、おおむね唐禮によった。壇壝神位・法駕輿輦・仗禮儀物もまた歴代の制を兼ねて用いている。もし先王の禮をもってこれを量るなら、もとよりすでに同じではない。必ず兼ねて歴代の制を用いるというなら、その間の条文には、誤りが大變に多い。思うに手本となる制度はいい加減で、そのまま従っていることがすでに久しく、改作を重ねるものも一時の儀に出ていて、法とするに足りない者がある。まず箇條書きにして上奏し、教えを待って勅して體式となすように（「長編」巻二百八十八）。

そして南郊・北郊に関して、詳定礼文所は次のように述べた。

古は天を地上の圜丘に、國の南に祀り、地を澤中の方丘に、國の北に祀っていたが、その牲幣・器用・歌詩・奏樂はみな違っていた。およそ陰陽に順い、高下によってこれに事えるのには、その類をもってする。漢の元始年間に、祀樂はすでに同じになっており、禮に「夫婦は牢を共にする」の文もあったので、天地を合祭することにし、一體の誼を尊んだ。後漢の光武から魏の黃初、東晉の元帝および唐の武后以來みなこれによったが、いわゆる神に求めるのに類をもってするの意ではない。本朝は親しく上帝を祠るに、すなわち皇地祇の位を設けており、その恭しく事えるという誠をつくすとはいっても、これを典禮に照らして考えてみると、いまだ合わないところがある（『長編』巻三百四）。

ここで「漢の元始年間に、祀樂はすでに同じになって」いるというのは、漢の平帝の時に王莽が、陰陽が会する日に天子は親しく天地を合祭し、冬至には南郊に有司を派遣し、夏至には北郊に派遣して、それぞれ祀らせることを主張し、そのようにしたことを指すと思われるが、ここにも「それがそもそも誤りの始まり」としているように、漢の時代以降を否定する論調が見えている。この上奏は、『宋史』巻百　禮志によれば、元豊元年二月のことであったが、[四]その結果詳定官に詔して、礼文を改めるべき所を具して以聞するようにした。これに従って様々な議論が詳定礼文より上奏されているが、これらの議論の中からこの時代の礼の議論における特色を探ってみることにする。

まず元豊三年五月甲子の条の始めに記された、翰林学士兼詳定礼文の張璪の上奏は

伏して見まするに、天地を合わせ祀ることについては、議論は一様ではありません。私がひそかに申しますに陽は十一月に生じ、陰は五月に生じます。先王は陰陽の義に順じ、冬至の日をもって天を地上の圜丘に祀り、夏至の日に地を澤中の方丘に祭って、牲幣・器服・詩歌・樂舞・形色・度數に至っては、その象類に倣わないものはありませんでした。それで天地神祇に禮を捧げることができたのです。これによってみますと、夏至の日に地を

方丘に祭って、天子が親しく蒞《のぞ》むのは、萬世に易えるべからざる理であります。議する者は、當今では萬乘の儀衛は古に倍を加えたとしていますが、まさに盛夏の時には、躬行できないから、改めて他の月にしようというのは、ただ依據するところがないばかりでなく、地に事え陰に順うという義を失います。やむを得ないというなら、郊祀の歳の夏至の日に、禮容を盛んにし、樂舞を具えて、冢宰を遣わして事を治めさせるべきです。すべてが禮に當たらないといっても、先王の遺意が存在しているようにお願いします（「長編」巻三百四）。

と述べているが、冬至に天を祀り、夏至に地を祀るのは、変えることのできない理で、他の月に改めるというのは根拠がない、やむを得ないというなら、夏至の日は、代理を遣って祀ればいいというのである。これに続けて、「長編」では提出された多くの人の意見をまとめて提示している。

次に陳襄はこの天と地の祭祀は異ならざるを得ないのだと主張する。そして「周を去ることすでに遠く、先王の禮は行われていない。漢の元始年間、姦臣が妄議を行い、經意に基づかず、周官の大合樂の說を付會し、まさに合祭すべしといい、平帝が従ってこれを用いた。故に天地が犢を共にし、禮が失われるのはこれから始まったのである。……これが本朝にも残され、これを正す遑がなかった。陛下は五聖の述作を恢復し、百王の廢墜を舉げ、典章法度はもとより、すでに先王の時と隆盛を競っている。どうして後世の一切の禮をそのまま襲うことがあるのか」と述べて、同じように王莽の意見を否定し、先王の礼にもどるべきことを主張する。その上で、『『祭は疏を欲せず、疏ならば則ち怠』と禮記はいっているが、三年に一度祭をすれば、昊天上帝は六年で始めて一度親しく祀ることになる。これでは怠慢でないとはいえない。禮記に『大事は必ず天の時に従う』とあるが、郊を行うのは、周公の制であり、これを捨てて後の王が禮を失したのに従おうというのは、法とはいえない」として、親祀の歳には先に夏至に地を祀り、その後冬至に天を祀るべきだと述べる。

李清臣は、「本朝が毎年南郊・北郊を行うのは古に合っているが、有司を派遣して祭を行わせるのは志を盡くしたことにはならない。三年に一度親しくこれを行うという、いわゆる時によって宜しきを制するべきで、これを今に行うのは、まことに變えるべからざるものである。合祭の禮は正すべきものだ」と述べ、合祭を廃止して、三年に一度南郊・北郊を親祀すべしと主張する。

王存は、「合祭は禮ではないので、改正すべきであるが、王者は天を父とし地を母とするから、奉事は等しくするべきで、親しく祭るのを上帝だけにするのは義を盡くさない。國家が官を派遣して二郊を行うのは、周禮を用いたので、廢すべきではない。三年に一度親しく南郊を行うのは、漢制に同じで、もしその間に北郊も行えば、天地に恭事の意も失わない」とする。上記のものと同様の意見であるが、その中で「秦漢の間にいたり、先王の礼が廃されたとして、やはり武帝の時の例や王莽の建議を否定し、それから唐に至るまでそれが改まっていないと述べている。

陸佃は、やはり合祭が古のものでないことを述べるが、それに続けて、『中庸』に「郊社の礼は、上帝に事える所以なり」とあるのを引いて、地祇を祀るのも天に事えることなのだとし、また『尚書』（舜典）に「山川に望祭した」とあるが、この望は地祭であり、また『春秋左氏伝』に「望祭は郊祭の付属である」（僖公三十一年条）とあることから、望祭が郊の当日に行われたのか次の日だったのかはわからないが、必ず郊の後に行われたと主張する。それで冬至の日に昊天上帝を親しく祀った後、圜丘の北に別に地祇を祀ればよいと述べている。引用されている古典を、結論へ導くにあたって利用する際の解釈はかなり強引である。

結局この時には、神宗は「天地の祀は、輕言できるようなものではない。今夏至はすでに近づき、樂舞はまだ修められず、樂章は作られていない。今から急いで變更を行えば、滅裂になってしまうかもしれないので、さらに酌量するべきだ」という、李清臣の上言を採用して、さらに礼院に詔して議論を尽くさせている。

これらの南郊・北郊をめぐる議論においても、漢代以降のやり方を否定し、今の時代をいわゆる先王の時代になぞらえて、古に帰ることを主張する論法と、議論において古典を引用する際に、それをかなり強引に現在の問題に適用する傾向を見ることができる。しかし議論そのものは、古典に基づいた原理・原則を立て、そこから礼もどうあるべきかという議論を進めるという態度に貫かれている。

このような理詰めの議論は、徽宗の礼論にも見ることができる。たとえば徽宗自ら礼書の改正すべき点を、七項にわたって指摘した内容が、「長編本末」巻百三十三に載っている。その二つ目で、壺・尊を壇下に設することについて議論しているが、そこでは『礼記』礼運編を引いた上で、そこで述べているのはあくまでも寝（廟の後殿）や廟でのことであって、丘や壇における礼ではないので、上に設置するのか下にするのかは述べておらず、古はどうだったのかは考えることはできないから、変えるべきでないとしている。次には正月の上辛の日に祈穀の礼を行うことについて、もし立春の日より上辛が早くきてしまったときに、次辛の日に祈穀を行うと、それでは辛の気はすでに過ぎてしまい、その気を逆えないでこれに求めるのは礼ではないと主張する。

このような理詰めの議論や、徽宗朝の礼に関する上奏文に繰り返し現れる、徽宗の時代を先王の時代に匹敵する盛時としてそれになぞらえる傾向は、北宋時代に一貫して現れるものを引き継いでいるといえるが、徽宗の時代にはさらに特徴的な形でそれが表現されてくる。そのことを次節で見ていくことにしたい。

二・二　徽宗朝における礼楽の議論

徽宗朝における礼楽の議論については、まず大観元年正月庚子、議礼局を置いて礼制を検討させることにした。二月にこの議礼局は次のように上奏している。

臣等が伏して思うのに「功が成れば樂を作り、治が定まれば禮を制する」。國家は祖宗の積み重ねた基盤を承け、陛下は盛徳をもって大業をおこし、光り輝く徳で太平をいたし、周邊地域も徳を承けるような世を實現した。隆盛であるというべきだ。……今は唐虞三代を去ることはなはだ遠く、その制作するところは、上は先王の意に法り、下は當今の宜しきに隨うべきである。古を考えても實狀に合わないことなく、時に隨っても陋でなく、天子の心に合うところを取り斷じてこれを行う。そして治世のますます文なるを追及し、天下の習俗を善くして、それによって陛下の聖治の美意、一代の盛典を成しとげるようにこいねがう（『長編本末』巻百三十三）。二年十一月には、「禮はまさに三代の意を追述し、今の宜しきに適うようにすべきで、開元禮は法とするに足りない」として、自ら冠礼沿革十一巻を製して議礼局に付し、他の五礼もこれによって編するよう詔している（『長編本末』巻百三十三）。

これを承けて議礼局は、大観四年二月に大観礼書吉礼二百三十一巻、祭服制度十六巻、祭服図一冊等を完成した。さらに政和元年三月には続編四百九十七巻が成り、これによって議注を作らせ、三年正月これに『政和五札新儀』の名を賜わった。この序文において、徽宗ははじめに礼の乱れた現状を指摘している。このことは上に見てきた議論と共通している。そこでは尊卑の別が強調されてはいるが、庶人も視野に入ってきていることは注目すべきである。そして次のように述べる。

孔子は三代の隆盛を追い、「上を安んじ民を治め」、「嫌を別け微を明らかにし」、「回を釋て美を増す」にあたっては、禮より善いものはないと謂った。そこで親しく作問を降して、下に承學造庭の士に問い、今の材によってこれを起こそうとする。官に命じて郊祀の儀、服章の飾を討論させ、訛舛を是正させたが、成果はまだあがっていない。先人の志を仰ぎ思って、朝から晩まで寝ずに、繼いでこれを承け、あえて怠けることはなかった。そこで有司に詔して、官を擴張し局を設けて調べ求めさせ、順次に書物にして獻上させ、朕はこれを乙夜に省閲して、先王が禮を制した文を考験し、親しく筆削を加え、また有司に命じて、古の意に循じながら古になずむことなく、今の宜しきに適いながら今に引きずられることのないようにさせた。……今天下は周を去ること千餘歳で、道は明らかでないことは、この時より疎かであることはない。世は汚俗に染まり、上を冒し等級がないことは、この時より甚だしいことはない。朕は今の俗によって古の政治に倣い、道によって損益してこれを用い、推測してこれを行う。百世の後によって、百世の上に奮わせ、百世の王に等しくなろうとする。符契を合わせるように、一つの道に歸る。いわゆる百世にして周を繼ぐということだ。

この最後の文章にも、秦漢以後超えて、直接に周の時代をを継ぐという意識が見えている。

また政和三年四月には鄭居中らが、『政和五礼新儀』并序例総二百二十巻、目録六巻、共に二百二十六巻の完成を奏した。そしてこれらの書が成ると、次に政和三年七月には古今の宮室車服冠冕の度、昏冠喪葬の節を討論させるために礼制局を置いた。この時の詔は次のように述べている。

禮はもって上下を弁じ民の志を定める。秦漢より以來、禮は壊れて制せられず、富んだ人の牆壁は文繡によって飾られ、俳優は皇后の飾りを僭上する。……古を去ることははなだ遠く、禮はその傳を失っている。祭は類をもってこれを求めるが、それが失われているのはこのような状態だ、これを正すことができるだろうか。有司に詔して悉く改造させ、宮室・車服・冠冕の定め、昏・冠・喪・葬の禮節、多寡の數、等級の別については、かつて考え定めたといっても、古のようではなく、秦漢の弊はいまだ改まっていない。……今はこれを齊しくするような禮はなく刑が施されており、朕はこれをたいへんに哀れんでいる。類を編み自ら筆を執る。そして設置した禮制局に、古今の沿革を討論させ、計畫を具えて上奏すれば、朕は親しく見てその宜しきを斟酌し、すべて朕の意志によって斷じ、必ず千古の陋弊を革め、一代の典をなし、先王が後世に法を垂れたのに近づこう（「長編本末」巻百三十四）。

さきにも触れたように、儒教の根本に係わる儀礼の体系に関して、今の時代に適合したものを確立しようという意図は、北宋の時代を通じて一貫して追求されてきた。前論で述べたように、それはまた一般庶民層にまで至る切実な要求でもあった。(五) この徽宗の詔にも見えているように、秦漢以後礼が失われ、今もその状態が改まっていないという認識は、神宗の時の上奏文にもしばしば現れていた。特にもともと礼の対象とはならなかった庶民層からも、礼のスタンダードが求められてきたことは、支配者層からすれば、この詔に見られるように、特に上下関係の規範の乱れとして意識されたのかもしれない。この問題に対し、徽宗は自ら「朕は親しく見てその宜しきを斟酌し、すべて朕の意志によって斷じ、必ず千古の陋弊を革め、一代の典をな」す、と述べているほど意欲的であった。それが『政和五礼新儀』の序文にも現れているのは、さきに見たとおりである。そのことは前章で見たように、規定の細部にわたってコメントを付けていることからも察せられるが、このように自ら議論に参加することは神宗の時には見られなかった。さらに「先王が後世に法を垂れたのに近づこう」として、自ら古の聖王になぞらえる意識が見えている。

「長編本末」に引く蔡絛の「史補礼制篇」によれば、礼楽の制度は多く欠けていて漢唐に及ばず、神宗の時に一代の典礼を完成させようという意図があったが完成せず、徽宗が親政を始めるに及び慨然として蔡京に委嘱した。崇寧の時には研究を始め、大観にいたって密かにこの意図をもった。そして礼制局が設置された頃には、礼に明るい士が多かった。その彼らと郊祀・宗廟のことを議論した際、宋では三恪の位を欠いていることに議論が及んだが、この時誹る者が「蔡京がこのことに言及するのは謀反しようとしているのだ」といった。徽宗はその意見に動かされることがあり、蔡京は狼狽して止め、「礼制は完成に及ぶまい」と秘かに歎じた事を紹介している。さらに前論でも触れたように、政和以後には徽宗の関心は道教に移り、宦官や小人に任されるようになって、一代の典礼はついにならなかったとしている（彼の意見では『政和五礼新儀』は儀であって礼ではないという）。次節に見るように、蔡京は徽宗の治世を飾るための政策のほとんどに係わっており、彼を古の聖王になぞらえることに力を入れていた。蔡絛は礼制の制定でトラブルがあったことを紹介しているが、礼制は何といっても国家の大事であるから、その制定に係わる儒者の中にも気骨のある人は多く、徽宗の意を迎えることに熱心な蔡京とは、合わない者も多く存在していたのではないだろうか。徽宗自身は、以前紹介した議論にあるように、この問題にはかなり情熱を注いでいたようであるが、自己の治世を飾ることに夢中になり、それが崇道から神霄説へとエスカレートするに及んで、蔡絛のいうように「創礼の志もなく」なってしまったのであろう。

しかし徽宗の治世を古の聖王に比肩しようという、徽宗や取り巻きの官僚たちの意図は、礼の制定に関連するいくつかの政策・事件にも、はっきりと示されている。次にそれらのうちのいくつかを見ていくことにしよう。

二・三　楽と九鼎

楽の方面は、崇寧三年正月の方士魏漢津の上奏に始まる。その内容は

二十四氣を通じ、七十二候を行らせ、天地を和し鬼神を役するには、樂より良いものはない。伏羲・女媧・黃帝が、それぞれ扶桑・光樂・大卷の樂を制定し、また禹は黃帝の法にならい、聲を以て律とし、身を以て度として、黃鍾の律を定めた。黃鍾が定まると、他の律もこれに從って生まれ、商周以來みなこの法を用いていた。しかし秦火によって樂の法度も盡く廢され、張蒼・班固のような漢の儒學者も、ただ累黍容盛の法を用いたため、ついに差誤を招いてしまった。晉の永嘉の亂により、累黍の法も廢され、隋の時には牛弘が万寶常水尺を用い、

唐の田畸と後周の王朴は水尺の法を用い、本朝では王朴の樂聲は高すぎるとして、竇儼らに裁損させ、律聲は諧和を得たが、諧和するといっても古法ではない。漢津は今皇帝の指を以て法とし、先ず九鼎を鑄て、次に帝坐大鍾を鑄て、次に四韻清聲鍾・二十四氣鍾を鑄て、その後に絃を均え管を裁って、一代の樂をなすことを請いたい（「長編本末」巻百三十五）。

この上奏に従ってまず九鼎が鋳られ、崇寧四年三月蔡京がその成功を報告し、徽宗は九殿を作らせてそれを奉安することとした。九月乙未には九鼎が完成したことについて、大慶殿に赴いて賀を受け、新楽を奏している。同じ月の己亥、天下に大赦を行い、徽宗は次のように述べている。

朕は祖宗の功業を承けて、人民の上におり、大事に任じ重責を守っており、あえてのんびりと落ち着くことはない。盈を維持し守成することの至難さを思い、志を繼ぎ事業を引き繼ぐことを成し遂げようと念じている。……内には憲章を講修して、熙寧・元豐よりすでに衰えた典を興そうとし、外には戎狄を退けて、版圖の內すでに放棄した領土を復そうとする。辟泮を恢して（學校を恢復して）賢能の者を集め、岩窟に隠れている隱者を招いて漏れがないようにしたい。……上は天の惠みを承け、下は大地の働きを祀り、それによって邦や家の慶びを篤くし、神と人の和をあわせる。大いなる恩惠が均しく廣がり、人々とその慶びをともにできるように……（「長編本末」巻百二十八）。

自らの事業を自ら讃え、古の三代を彷彿とさせるような大典を成就し、天地宇宙が調和を保つために一石を投じたとしている。同じ巻百二十八に載せる「御製九鼎記」の概略にも、「（この九鼎によって）天地の化を讃え、乾坤の用をともにし、四時の和を導き、萬物の宜しきを逐い、水旱の変を消し、兵甲の患をやめ、夷夏の心を一つにし、皇帝の位を永く定める。上帝が遍く臨み、宗廟が目をかけ助けてくれるのでなかったら、どうしてこれらを達成できただろうか」と述べ、同じような抱負を語っている。

同年八月には、崇政殿でこの新楽を奏し、これに大晟という名を賜わっていたが、[六]これは堯に大章があり、舜に大韶があったのに倣ったものだという。「長編本末」巻百三十五に載せる劉炳「大晟楽論」には、九月に大慶殿で賀を受け新楽を奏した時には、数羽の鶴が東北より飛び来たって旋回した後、鳴き声をあげて降りてきたという。昔黄帝が楽を合わせたところ、黒い鶴六羽が舞ったというが、これは和声が上達すれば、鶴がこれに応ずるのだというと伝えている。そしてその詔では旧楽を用いないようにさせている。

新楽の制定においては、最初から自らの指をもって音程の基準とするなど、始めから古の聖王になぞらえる意図が働いている。

二・四　玄圭

政和二年十月に蔡京らは古の玄圭なるものを示し、次のように上奏した
臣らが謹んで考えるのに、圭の制度は由來が古い。舜が五瑞を集め五玉を修め、……圭があったというが、經には見えていない。ただ禹が水・土を平らかにし、その成功を告げたところ、帝は玄圭を賜り、圭の名はここから始まった。よい玉は純陽の精であり、充實の美をもつ。土は中央にあって、四事をめぐらせ萬物を生じる。故に古の聖人は玉をもって圭を作り、土を重ねて圭の字とした。……圭が玄を用いるのは、思うにこれを天に倣っているからだろう。……皇帝陛下は禹の緒を繼ぎ、堯の道を行い、九族は順序を敦くし、賢を任じ能を使い、人々は昭明で、人を養うに善く、萬邦は協和し、獨り者を慈しみ養い、人民が變に、聰明文思は、上帝にいたり、天と功を同じくする。その天が復命するところ、授けるのに至寶を以てした。臣たちは親しく堯・舜に逢い、堯・

禹の制を考えることができた。千古の後に、萬邦の黎民中の賢者が、手を舞わせ足を踏んで、大慶に勝えない。謹んで稽首再拝し議を奉って以聞する（『長編本末』巻百二十八）。

ここでも蔡京たちは、上帝が古の聖王の功績を讃えて賜ったという玄圭を持ち出し、これによって徽宗が彼らに匹敵する徳をもつと讃え、「臣たちは親しく堯・舜に逢い、堯・禹の制を考えることができた」としている。さらに蔡京らは、次のように奏上した。

玄圭は至寶であり、歴代に傳わることはなかった。道がまさに興ろうとするとき、宜しきを待っているようなものだ。有司に命じて良い時に事を進め、龜を拂って（占いを行って）吉日を選び、昭らかに大寶を授けて、それによって國や家の慶びを篤くし、神や民の心を慰めるべきである（同上）。

徽宗は最初は詔してこれを許さなかったが、三回の上表を経て後これを承諾し、詔して冬至の日に玄圭を受けることとし、宰臣・親王に命じて天地・宗廟に告げるなどしている。あたかも禅譲を受けるときの手続きを見るかのようである。そして政和三年十月庚戌、詔して次のように述べている。

天は玄、地は黃で、玄は天道である。朕は天顧を擔い、これに玄圭を賜った。內は赤で外は黑、一尺二寸で、傍らに十二の山がある。思うに周の鎭圭はこれに法ったのだろう。ただ天のたまものは、上帝に昭らかに事えその道を體することにおいて、周にはるかに勝っていたから得たのだろう。……上帝の心をいたし、遍く下民をたすけるを請い願い、永く定制とする（同上）。

「ただ天のたまものは、上帝に昭らかに事え、その道を体することにおいて、周にはるかに勝っていたから得たのだろう」と述べているのは、自らを聖王になぞらえるのから一歩脱して、さらに直接上帝に近づけているといえよう。

おわりに

以上見てきたように、徽宗の時に林霊素によって上程された神霄説は、徽宗自身を教主とするきわめて特異な道教の新説であったが、そこに見られる様々な要素は、北宋朝を通じて各代に見られるものであった。皇帝が天上の神仙の生まれ変わりという伝説も真宗の時から見られた。しかし決してそれは自ら主張したものではなく、またその神仙も上帝に直接つながるような神格ではない。また神宗朝の礼の議論に見られたように、秦漢以後を否定して周の時代に直結させる主張がしばしばなされ、聖祖の登場には、すでに儒・道の区別を超えたより根元的なものへの指向も見えている。真宗の時代の封禅や天書の降下という事件には、道教の儀式・威儀が国家祭祀に参入していたが、重和元年八月の徽宗の道学設置の詔には、さらにはっきりと儒・道がもともと一つの道であったことが述べられている。(七)

このように徽宗の宗教政策は、かなりな部分が北宋一代を通じてみられる傾向を引き継いでいる。しかし彼の場合は、最初から自らを古の聖王になぞらえる意識が働いており、礼楽や玄圭をめぐる詔や上奏に見られるように、古の聖王を超えて上帝と直接つながるところまで至っている。神霄玉清王まではもう一歩のところといえよう。

しかし確かに北宋の時代、礼の新たな制定の要求は時代の要請となっていた。しかし真宗が封禅や天書などに夢中になったのも、澶淵の盟の実状を知った後であり、神宗が礼の制定に熱心になったのも、新法に熱意を失ってからであった。さらに徽宗の時代は「兵甲をやめ、夏夷を一つにする」どころか、辺境が風雲急を告げていた時である。そのような状況が、精神的世界における中央集権の確立を要請したのか、そして徽宗の場合もその特異な現れであったのか、このような政策の背景については改めて考察しなければならない。

《注》

（一）宮川尚志「宋の徽宗と道教」（『東海大学文学部紀要』第二三輯）、および「林霊素と宋の徽宗」（同上 第二四輯）。

（二）拙稿「宋代の雷法」（『社会文化史学』第一七号）。

（三）孫克寛『宋元道教之發典』（台湾・東海大学、一九六五）八二頁。

（四）「長編」では、元豊三年五月の張璪の上奏に続けて、「これよりさき詳定礼文所の言うところでは」として、この上奏が引用されており、何時の事とは述べていない。

（五）拙稿「宋代の葬儀：黄籙斎と儒教の葬礼」（『図書館情報大学研究報告』二〇―一）。

（六）「長編本末」巻百三十五では崇寧四年八月庚寅に、崇政殿で新楽を奏した際に、大晟の名を賜ったことになっているが、劉炳「大晟楽論」や大観四年八月丁卯の記事に引用する「御製大晟楽記」では、九月に大慶殿で賀を受け、新楽を奏した際に大晟の名を賜ったとしている。

（七）庚午、御筆して詔するには、道はあらざるところなく、儒にあってはこれによって国を治め、士にあっては身を修める。始めは異なるところはなく、途を異にしても同じに帰した。前の聖人も後の聖人も、符節を合するかのようだった。漢から以降これらは分かれて異なるようになり、黄老の学は遂に堯・舜・周公・孔子の道と同じではなくなった。そのため世は末俗に流れ、大全は失われて、道はこれによって隠れてから千有余年になる。朕はこれを新たにしてその本を究め、始め黄帝・老子・堯・舜・周公・孔子の教えをともに今日に行わせようとする（「長編本末」巻百二十七）。

説話と鬼律から見た土地神信仰について

丸山　宏

はじめに

本稿は、中国の宗教において最も基層的な部分を担っている現象の一つである土地神の崇拝について考察を加える試みである。土地神の研究史を網羅的に回顧することは、ここでは準備がないが、例えば、東洋史の宋代宗教社会史の分野では七〇年代末から金井徳幸氏の一連の業績があり、土地神信仰の盛んな台湾福建地域の現地調査を踏まえた研究は、戦前の増田福太郎氏の研究、七〇年代の窪徳忠氏、K. Schipper 氏の研究、そして近年では K. Dean 氏の研究などが重要であろう。(一)

拙論では、こうした先学の研究において特に注目されなかった観点から論述を試みたい。その動機は、一つには、近年、関帝崇拝の研究プロジェクトに参加する機会があり、元帥神としての関羽の像について、『道蔵』所収の儀礼文献によりつつ描出した時、具体的には関元帥は、法官と称される宗教者の儀礼において活躍する場合に、土地神や竈神と連係することが分かり、この点を一層深く追及する必要を感じたことがある。(二)もう一つには現代の台湾の道士が儀礼で神に差し出す文書を整理している時に、道教の高位の神に出す文書は、儀礼の種類などにより分量や選択されるる神が一定せず、内容も抽象的であるのに比べて、城隍神、土地神に出す牒は儀礼の種類に限定されず必ず出され、内容も切実かつ具体的であることに気付き、宗教者と在地の土地神の関係を軸に史料を見直す必要を感じたことが挙げられる。(三)

本稿は、第一章において地方志レベルではなかなか記述されない土地神の具体的な行動や言葉までを知り分析を加えるために、いわゆる筆記に属し、扱いに注意を要するが、宗教史的に貴重な史料として説話のジャンルの文献である洪邁『夷堅志』を利用する。また第二章で、宗教者の側から、特に儀礼との関連で土地神がどのような存在と考えられたかを見るために、『道蔵』所収の儀礼文献のうち土地神の行動規範を示した鬼律を分析する。説話と鬼律に示された土地神の神としての行動内容の関連性に注目することで、一二、一三世紀の土地神の性格を多面的に理解することが目標である。

一、説話に見える土地神の行動の様態と性格

以下において、一二世紀ごろの土地神の比較的詳細な資料として、洪邁（一一二三～一二〇二）の『夷堅志』から土地神に関係する説話を提示する。土地神が登場するすべての説話を選んだものではなく、選択は暫定的である。訓読の後に、

1、時代（西暦）
2、地域（現在の省）
3、土地神の呼称と姿
4、土地神に遭遇した人と遭遇の方式

5、宗教者の関与
6、土地神とその他の鬼神や亡魂との関係
7、土地神の行為の内容
8、土地神の行為が人に対して持つ意味（大まかな見方でプラスかマイナスを記入する）

の各項目のコメントを付して行くことにする。このような整理作業を試みる理由は、『夷堅志』のような具体的状況を記した資料と、宗教者が定め、かつ各種の鬼神に対して一般的に適用しようとする黒律の規定内容との双方を関連づけて考察するのに便ならしめるためである。

（一）劉小五郎、丙志二[四]

漢州徳陽の人、劉小五郎、已に寝りに就くに、門外に人の爭鬩するを聞く。一卒、入りて、之（小五郎）を呼ぶに、覺えずして隨いて以て行く。回顧するに、則ち身は元より床上に在り。其れ死せるかと審《しらぶ》るに、意は殊に愴然たり。才《わずか》に門に及ぶに、老媼の一女子を擕し、氣貌は悲忿たるを見たり。別に兩大神有りて、自ら城隍神及び里域主者なりと言う。大鏡を取りて之（小五郎）を照す。寒氣、人に逼り、毛髮、皆な立つ。其の中に、人の相い殺傷する狀の若きあり。二神、曰く「非なり。此の女は自ら南劍州の劉五郎の殺す所と爲る。君は乃ち漢州の劉小五郎なれば、了として相い干《かかわ》ること無し。吾、固より其の誤れるを知るも、而も（老媼と女子は）早く來たりて、必ず君の門に入らんと欲す。紛爭する所以の者は、吾、之（老媼と女子）を止めんとするに、聽かざるが故なり。今は但だ善く還られんことを。恐るること無かれ」と。女子、此の言を聞き泫然として泣下し、歎じて曰く、「茫茫として尋ぬるに、得ず。漠漠として長夜に歸す」と。遂に捨て去る。劉生、卽ち蘇《よみがえ》る。

1、不明。2、四川。3、里域主者。4、劉小五郎が睡眠中に、魂が身から抜け出た状態で、家の門の外で遭遇する。5、なし。6、城隍と組で二神となっている。二人の女性の鬼（亡魂）を連れている。7、亡魂が自己を不当に殺害した犯人（生人としてこの世にまだいる）を探すのに、土地神はつきそう。犯人か否かを業鏡で照して決める。8、犯人でなければ、土地神によって拘束されず、釈放される。疑いをかけられると恐怖の体験をさせられる点でややマイナスだが、真実に従う点ではプラスである。

（二）衡山の民、丙志八

乾道の初元、衡山の民、社の日を以て神を祀り、酒を飲み大いに酔いて、暮れに至りて独り歸らんとするに、田坎の水の中に跌づく。恍惚として狂うが如く、急ぎて田塍に緣って行く。其の家に至るも、已に門を閉ざしたり。之を扣くも應えず。身、隙中よりして能く入る。妻、牀に在りて㾓を績ぎ、二子、前に戯ぶ。妻は時々、其の夫の暮夜に舍に還らざるを罵る。民、叫《よ》びて曰く、「我、此に在り」と。妻、殊に聞かず。繼ぐに怒罵を以てするも、亦た答えず。民、驚きて曰く「已に死するに非ざるを得んや」と。遽かに趨り出でて、家先の香火の位を經て過ぎる。父祖の其の所に列座するを望み、泣拜して以て告ぐ。父、曰く「恐れること勿かれ。吾、汝の爲に土地に懇《たの》まん」と。卽ち起つ。俄かに土地神、至る。布衫にして草屨、全く田夫の狀の如し。具さに所以を問う。小童を顧みて、民に随いて去《ゆ》か令む。童は禿髮にして赤脚、牧牛兒に類す。相い從って門より出で、元の路を尋ねて、復た坎の下に至り、民に教えて自ら其の身を抱かしむ。大いに呼ぶこと、數聲す。蹶然として寤る。時に妻、夫の深夜に外に在るを以て、鄰人を僦《かり》て火炬を持ち之を求索す。適ま其の處に至り、遂に與に具《そろ》って還る。予の婦姪の張寅の說くところなり。

1、一一六五年頃。2、湖南。3、土地。布衫と草屨を着用し、田夫の姿。4、衡山の民が夜に帰宅途上で、魂と身が分離してしまい、最終的に土地神の助けにより復元できる。民が魂と身が分離している状態の時に土地神に遭遇する。5、なし。6、民の家先すなわち父祖の霊が問題解決を依頼したことにより土地神が登場する。部下として牛児の姿の小童がいる。7、部下の童子神に命じて、民の魂と身を合一させて救う。8、プラス。

（三）南豊の知県、丁志一

（前略）（某縣の知縣の趙某の季子、二十歳）一日、獨り房中に處る。俄かに大いに呼びて救いを求む。人の爲に髻を捽《つか》まれたるが似《ごと》くして出で、驅り行くこと甚だ速し。擧家、爲す所を知らず。婢僕、共に牽挽するも、しかも力、制する可からず。迤邐して書院の東より後園に趨り、纔かに門より出でるや、去《ゆ》くこと愈よ速く、將に八角の大井の邊に至りて、欻《にわか》に地に仆れ醒めず。家人、共に扶舁して歸る。時を移して乃ち能く言いて、云わく「實は婦人と往還すること久しくして、室を徙すに及び、復たびは來ず。今旦、父母、堂上に在りしとき、忽として（婦人の）外より入るを見たり。忿怒すること特に甚だし。戟手して肆まに罵りて曰く『許時、汝を覓めて得ず、元來只だ此に在るか』と。便ち前に向かって我が髻を捽む。力を盡くすも脱すること能わず。直ちに井の傍らに造《いた》りて、手を以て井の內に招く。卽ち無數の小鬼の出る有り。皆な長は三二尺なり。交も我を曳き、勢いとして且《まさ》に井に入らんとす。俄かに一の白鬚の翁ありて、小涼轎に坐り、僕從は三十輩、園角より奔りて至り、傳呼して云わく『得ざれ、得ざれ』と。群鬼、悉く手を斂む。翁、叱りて曰く『棒もて打た著《し》めよ』と。僕從、梃を擧げて亂擊すれば、皆な井の中に還る。翁、婦人を責めて曰く『我、汝を戒めて出るを得ざらしむ。那んぞ敢えて是の如くせしや』と。婦、首を低くして衽を斂め、一言も無し。又た曰く『元と大石の井の上に鎭めたる有りしが、今、何にか在る』と。僕、曰く『宅內の人、輿《はこ》び將《もち》いて衣を搗《つ》けり』と。咄《しか》りて曰く『合《まさ》に動かすべからず』と。婦人を鞭《むちう》た著《し》めること數十たびし、之を罵りて曰く『汝、安んぞ妄りに出でて生人の害を爲すを得んや。況んや郎君は自ずから前程有るをや』と。遂に（婦人は）井に入る。命じて別に巨石を扛《かつ》ぎて上に窒がしむ。我に告げて曰く『吾は乃ち土地なり。來たりて郎君を救う。郎君の性命、此の鬼の爲に壞され了るに幾《ちか》し。歸りて家中の人に語らんことを、此の石は動かす可からずと』。語り罷りて後、轎に升りて去る」と。此の子、後に官を得て、仕えて南豐の宰に至る。

1、一一三一年頃。2、事の発生地点は不明。郎君は後に江西に赴任。3、土地を自称する。白鬚翁で小涼轎に乗る。4、知県の子である郎君が、婦人（鬼）にとりつかれ、井戸に引き入れられる直前に、井戸の傍らで倒れて意識のない状態の時、婦人（鬼）とその部下の小鬼、土地とその部下の僕従らを見ている。土地は突然現れる。5、なし。6、婦人とその部下の小鬼を相手にし、土地神自身にも僕従が三十人ほどいる。7、婦人とその部下を攻撃し、井戸に封じ込めて、郎君を救う。婦人には説教する。郎君に託してこの家の家族に井戸の封鎖の仕方を指示する。8、プラス。

（四）路當可、丁志十八[五]

（前略）頃《ちかごろ》、嚴州の村落の間を經て、舊友の方氏の家を過ぎる。（方氏は我すなわち路當可を）留めて飲ましめ款洽たり。日、且に暮れんとす。里豪の葉氏、主人を介して言を來《もたら》す。「笄女、未だ嫁がずして、魅の惑撓する所と爲る。凡そ法を以て至る者は、輒ち沮敗して以て去る。敢えて敬して公（すなわち路當可）に請う」と。吾、酒を被《うけ》たりと雖も、固より法を行うを妨げず。即ち葉氏に如《ゆ》き、女を喚びて出さしむ。既にして出づるに、端麗たること絶人なり。（路は）默《ひそ》かに驚羨し、以爲く、向《さき》に未だ睹ざる所なりと。女、忽かに奮って（路に對して）前《すす》みたり。人の驅擁する所と爲るが若し。吾、惘然として色を變え、急ぎ趨りて佛堂の中に避く。女、追逐し、門に至りて乃ち反る。吾、鬼に以《よ》り困《くるし》められ、其の家より闃静の處を求め、將に天に具奏せんとす。主人、吾を引きて西邊の小圃の一堂に至る。前後は皆な巨竹なり。居る所と相い（欠字一字、遠し?）。（主人）云わく「此は最も潔清たり」と。吾、篋笥・朱丹・符筆の屬を取り、几上に置き、未だ筆を擧げるに暇あらずして、俄かに蒙然として知る所無し。目を閉じて審らかに聽くに、身の虚空に在るを覺え、坐する處は搖兀して小《すこし》も定まらず。蓋し已に竹抄（語義不明）に縻《つなが》れたり。食頃にして、故の處に還るに、則ち几案・窗戶は、皆な糞穢狼藉せられ、處る可からず。未だ與に敵するに能わざるを度り、急ぎ僕を喚び輿を肩《かつ》がしめて、外に出づ。行くこと十許里にして、適ま道觀を得て、遂に宿を託す。精神稍や寧らぎ、始めて庭中に趨り、斗下を望み香を焚き、百拜して過ちを謝し、退いて奏章を焚く。留ること兩宿にして、微かに影響有るが似《ごと》し。一の道流を遣して葉氏に詣り之を物色せしむ。歸りて云わく『火は昨に圃中の堂より起こり、盡く叢竹を焫し、延びて山後の高林に及ぶ。門前の屋、數十區、幷びに土地の小廟は皆な煨燼たり』と。吾、訟は已に直されたるを知り、自ら還りて之（葉氏の門）を扣す。一家の長少、正に相い賀して云わく。「女、年を經て冥冥として人を知らず、今日、酔って醒めるが如し」と。（女）説《い》わく「去歲、房內に在るに、一老翁の來たりて媒妁を爲すを見たり。出入すること數四たり。又た數日にして、金珠幣帛數合を以て來たり、已にして一少年を迎え入れ、我と夫婦と爲る。明くる日、我を挾みて歸り、翁姑に謁す。其の他の伯・叔を稱する者、又た十餘人あり。翁は甚だ老いたり。（翁）呼びて衆に謂いて曰く『吾家は葉氏の香火を受けて幾世たり。汝等、後生のもの、肆まに不義を爲せば、禍は必ず吾に及ぶ。何ぞ諸《これ》（すなわち嫁）を他處より取《めと》らざるや?』と。少年、曰く『此は媒に憑より幣を納めて之（葉氏の女）を取るなり。昏禮は明白なれば、何ぞ懼れる所あらんや?』と。後に數ば術士の至るを聞くも、必ず相い與に力を合わせて之に敵し、往々にして捷を告ぐ。路眞官（當可）の來るに及び、翁、又た呼びて衆に謂って曰く『吾、路眞官の法力は通神たりて、常人の比に非ざると聞く。必ず（禍を）免れず』と。

衆も亦た頗る懼れたり。俄かに（自分すなわち女を）喚ぶ有り。言わく『眞官、汝を叫《よ》べり』と。我（女）、遂に行く。衆、皆な後に従う。將に書院に至るに、忽として呼び笑って曰く『眞官、汝の好《うるわし》きを誇《ほ》む。盍ぞ往きて之（眞官）に就かざるや』と。遂に（衆は）我を擁して以て前《すす》ましむ。既に退くに、翁は所以を問い、歎じて曰く『事、已に此に至れり。果たして能く之（路）を殺せば、則ち大いに善しとするも、今は禍は猶お在り』と。適《まさ》方に會食するに、門内より火遽に起こり、煙炎、天に亘る。翁、膺を拊ち慟哭して曰く『禍、至れり』と。手を以て我を推して出して、曰く『汝の爲に吾家を滅ぼす』と。我、纔に歸るを得たり」と。火は乃ち稍や息まる。常時見る所の室宇臺觀は、一切孑遺も無し。所謂媒を行いし者は、土地なり。此事の本末、畏る可きこと此の如し。（後略）

1、不明。2、浙江。3、土地小廟という建築物の呼称あり。老翁の姿。路真官の説明でその老翁は土地であると言う。4、葉氏の娘が房内で老翁を見るという形で遭遇。5、法官である路真官が、法術（主として奏章）により、魅の一族と土地神を焚死させる。6、土地神は、葉氏の家において数世代にわたって香火を受けた鬼神（個別名称は不明）と密接な関係を持っていた。この鬼神は、翁と姑、叔伯、少年など十人以上の者からなる一族を構成し、魅ないし鬼と表現される。7、土地神は、鬼神の少年と葉氏の娘を結婚させる仲介者の役割を果たす。8、魅と人との関係を取り持つという点で、マイナス。

（五）楊氏の竈神、丁志二十

南城の楊氏、家は頗る富む。長子、不肖なり。父、之を逐う。天、寒く、向かう所無し。牛藁を貯える所の屋に入り、草を藉りて寢る。霜重く月明るく、寒くて寐るを得ず。忽ち一虎、躍りて來たり。數鬼を翼從す。皆な倀（虎に喰われて死んだものが爲るという鬼）なり。直ちに屋所に趨り、草を取って鼓舞し戲れを爲す。子、敢えて喘がず。

俄に黑雲、勁風ありて、咫尺も翳りて瞑し。虎は物に逐われたるが若く、倉黄として走り、衆倀も亦た散ず。既にして神人、傳呼して至る。命じて土地神を喚ぶ。老叟、出て拜す。神人、之（土地）を責めて曰く「汝、楊氏の祭祀を受けること、年有り。公（楊氏の父）、虎を縦ち暴を爲す。郎君、幾んど（虎の）食べる所と爲らんとし、吾を煩わして神兵を出し之（虎）を驅るを致す。汝、職《つと》めざると謂う可し。吾、乃ち其（楊氏）の家の竈君司命なり。汝、識るや」と。土地、罪を謝して退く。明日、起きて視るに、外に虎の迹有り。草は皆な地上に散擲せらる。後に、其の父、怒りを解き、子、歸るを得て具に之を言う。是より竈に事えること益す謹しむ。縣士の羅大臨の説うところなり。

1、不明。2、江西。3、土地神。老叟の姿。4、楊氏の長子が父に勘当され、夜に納屋で寒くて眠れず、虎と鬼に襲われた時に見た。5、なし。6、この家の竈君司命すなわち竈神が神人として現れ、部下の神兵を繰り出して虎の害から長子を救う。この虎は父の怒りにより出現したと言う。事後に竈神は、土地神を呼び出す。長子の危難を解決しなかった土地神は職務不履行のかどで叱責され、謝罪して退く。7、本来、竈神と協力して、管轄する家の成員の安全を守る役割を果たすべきだが、それをしない。8、マイナス。

（六）妙智寺の田、支甲五

建昌の新城縣の妙智寺に田有り。皆な上腴たり。會ま寺僧、盡く死す。寓客の呂郎中、方《はじめ》て郡城に來たりて、築を卜《さだ》めんとす。其（寺）の產に垂涎し、諸《これ》を邑宰の張君に囑し、佃を承んと欲す。呂の女は軍守の孔擢の弟に嫁ぎ、張は、其（呂）の勢を挾むを畏れ、遂に給して之に與う。寺は是を以て廢れ、並びに屋宇も亦た毀撤せられて遺す無し。張、代を受くに臨み、客の通謁するを夢みたり。（客は）自ら妙智寺の土地爲りと言う。田を以て請うを爲して、曰く「呂公をして見還せ令め、別に僧に命じて香火を主持し、院舎を修理せしむ可し。然らずんば、且に速やかに禍あらん」と。凡そ三夕、連ねて夢みしこと皆な然り。（張が邑宰を）罷めて去るに及び、復た來たりて謁し、懇切を加うるを夢み、張、悔懼して、具に呂に告ぐ。呂、殊に顧省せず。張、湖北安撫幹官に調せらるも、未だ赴かずして卒す。呂は夢みるに、張、緑袍を服すること平生の如く、寺の土地と偕に來たりて、其（呂）の貪なることを斥數し、仍お警《いまし》めるに咎譴を以てし、申言すること再三たり。呂の意、（申言を）聽かず。其の長子も又た從って之を羽翼す。未だ幾くならずして、（呂）除せられて蜀中の郡に守たらんとし、行きて武昌に至りて死す。長子も繼いで亡す。

1、不明。2、江西。3、神の自称で妙智寺土地。4、知県の張君の夢に連続して出て、呂から寺の土地を取り返すよう請求、そうしない場合、不幸が起こることを示唆する。死んだ張君（の魂）とともに呂の夢にも出て来て、寺の土地を返すよう要求する。いずれも夢を通じて遭遇。5、土地神は僧を寺に住ませ自らの香火を存続させることを希望する。ただし僧は登場はしない。6、死んだ（土地神に殺された可能性もあり、また土地神の願いに対してかなり同情していることも伺える）知県の張君の亡魂とともに行動する。7、奪われた所管の土地の返却と宗教者による自己の香火の継続を求め、それが実現しないと土地を得た者や関係者に祟って殺す。8、土地神の願いを拒否すると恨んで祟る。畏怖を起こす点ではマイナス。

（七）史省斡、支甲九

史省斡なる者、本は山東の人たり。後に廣德軍の興教寺に寓居す。寺の側に空宅有り。頗る寛廣なり。而して前後して居る者は卒ね鬼物の惱亂する所と爲り、安處する能わず。宅主、人に售らんと欲すも、亦た敢えて輒りに議する無し。史、其の價の賤きを貪り、獨り焉を買わんとす。姻友、交も之に勸めるも、聽かず。乃ち日を擇び匠に命じて緝葺せしめ、自ら往きて監視す。方に堂上に坐るに、一叟の烏幘白衣なるもの、庭に揖す。史、素より之を識らず、趨りて下り、之に謝して曰く「翁は何人爲るや。何事のありてか此に至る」と。對えて曰く「予は乃ち住宅土地神なり。今、足下、第舍を治むと聞く。願わくは誠言を貢がんことを」と。史、曰く「敢えて問う、何の謂ぞや」と。曰く「此の屋、怪魅の據る所と爲る。其の類、甚だ繁し。然るに、豈に亦た人と競うこと能わんや。但だ、向來《これまで》處りし者は、皆な正直有德の士には非ず。故に邪に勝る能わず。君は既に正しき人なれば、之に居るも何の害あらん。特に當に房を東南の隅に遷し、而して故房を以て庖廚と爲すべし。必ず奠枕す可し」と。語り畢りて見えず。史、悉く其の戒めに從い、且つ土神の宇を一新す。其の後、帖然たり。

1、不明。2、安徽。3、神の自称で住宅土地神。老人の姿。黒い頭巾と白衣を着ける。後に土神の宇を新築してもらうことから、土神とも称されたことが分かる。4、史省斡が空宅を購入し、その修理をした時に、堂の上に坐っていると、自ら庭（史よりも低い位置）に現れ、揖して挨拶する。史は、すぐに同じ高さに降りて敬意を以て対話する。5、なし。6、土地神は、この住宅の鬼物ないし怪魅に関して、長年の経緯や人が被害を避ける方途を知悉している。ただし、多勢に無勢であるためか、土地神はこれを自分で駆逐することはできていない。7、住宅に居する人の人柄を見た上で、家屋の空間の配置を改善することに関する具体的な指示をして、怪魅への対処の仕方を教える。8、正直なる人で、かつ土地神の戒めに従えば、プラス。

（八）孝義坊の土地、支景六

慶元元年正月、平江の市人、周翁なるもの、瘧疾止まらず。嘗て人の説うを聞く、「瘧に鬼有り、以て他處に出て閃避す可し」と。乃ち昏時を以て城隍廟の中に潜入し、伏せて神座の下に臥す。祝史も皆な知ること莫し。夜、且に半ばならんとす。見るに、燈燭は陳列し、兵衞は拱持す。城隍王、軒に臨みて坐す。黄衣の卒、外より七八人を領して廷下に至る。（これらの者は）衣冠して拱侍す。王、問いて曰く「吾、上帝の敕を受け、此の邦をして疫を行《はや》らしめんとす。爾輩は各々一方の土地神爲り。那ぞ稽緩するを得んや」と。其の中の一神、獨り前みて白して曰く「某の主る所の孝義坊は、誠に見るに、本坊の居民は、家家良善にして過惡無く、恐らくは病苦を用いて以て之を困しめ難し」と。王、怒って曰く「此は是れ天旨なり。汝、小小なる職掌なれば、只だ合《まさ》に奉じて行うべし」と。神、復た白して曰く「既に免る可からざれば、小兒を以て數に充てんと欲するが如何」と。王、沈思すること良久にして、曰く「此の若くするも亦た得たり」と。遂に各々喏と聲して退く。周翁、明旦、舍に還り、具に以て人に告ぐ。皆な哂いて以て狂譫と爲し、一の信ずる者も無し。二月に至り、城中に疫癘大いに作《おこ》る。唯だ孝義一坊のみ、但だ童稚、疾を抱く。始めて周の語の誣《いつわ》らざることを驗す。病む者安痊するに迨《およ》び、坊衆、相い率いて錢を斂め大廟を建て、以て土地の德に報ゆ。

1、一一九五年。2、江西。3、説話の題名から、孝義坊土地。城隍王から一方の土地神と呼ばれる。一坊土地神と同義と思われる。衣冠を着けた姿。4、流行病を避けようとした周翁が、城隍廟に行き、神座の下に潜り込み、真夜中に廟の正殿内が灯燭で明るく照される中、城隍王から命令を受けるために、召集された七八人の土地神を見る。5、なし。6、上帝（玉帝、玉皇）の敕令（天旨）を受けた城隍王が、管下の土地神たちに、勅命を施行するように指示する。この場合の敕令の内容は天罰としての疫病を当該地区に流行させること。7、管轄する坊の住民が善良なので、疫病を流行させる敕令にもかかわらず、便法を申し出て城隍王を説得し、症状の起こる範囲を幼児に限り、病死者を出さないことで、住民の生命を守った。管轄地区の住民の行動の善悪をよく掌握し、上位の神による住民に対する宗教的な賞罰の決定に意見を述べる。8、プラス。土地神の徳に報いるため住民は大廟を建てた。

（九）三趙、舟を失う、支丁一

江東總管趙士岍の說うところなり。淳熙十二年、宗室の中に叔・姪三人有り。臨安より調選せられて歸る。其の居る所の同邑、四五月の交に當たり、共に小舟を買い、吳興を經て、溪中の一灘を過る。日は午のときなるも、風、大いに作り、天色、晦冥たり。物有りて、其の柁を執るが若し。卽時に淪覆す。幸いにして水淺く、溺死せざるを得たり。旣にして岸に達し、茫として計を爲すを知らず。俄に一籠、漂いて前に至る。之を視るに、則ち叔の勅誥・袍靴の屬なり、渰浸に遭うと雖も、略ぼ汚濕せず。叔、甚だ喜ぶ。二姪、泣きて曰く「叔、已に憂惱する所無し。我等を如何せん？」と。繼いで又た一籠至る。二姪の文書、焉に在り。日、已に暮れ、村舍に投宿す。凌晨、徒歩して出づるに、田父の鋤を荷いて地を治めるを見たり。（田父）其の倉皇として愁窘するを望み、之（叔姪ら）に問う。告ぐるに故を以てす。父曰く「盍ぞ往きて趙法師に問わざる？（趙法師は）底蘊を知る可し」と。且つ其の居處を語る。遂に行きて之を訪ぬ。亦た宗室と素より相い善くする者たり。趙、歷歷と曲折を扣き、云わく「彼處は乃ち小小たる川瀆なり。何ぞ舟船を壞す能わんや？　必ず異有らん。吾、神鬼を制するの術を行い、當に相い考召を爲すべし。立ちどころに見る可し」と。作法して才《わずか》に畢るに、鬼物は已に家に盈つ。其の首爲る者は、蓋し向《さき》に遇いし所の田父なり。趙、之を責數し、仍お舟中の物を索む。一一皆な悉く此の鬼の家屬の爲に服用せらる。都城にて買う所の冠珥・首飾の若きは、則ち婦女、掩いて裝具と爲す。趙、怒罵して曰く「汝、旣に人の舟を溺れしめ、又た竊かに貲す所を取る。安ぞ罪を逃るを得んや？」と。繩治を行わんと欲す。次いで（田父）對えて曰く「某、恭くも當界の土地爲り。此より前んずること數日、城隍司の公牒を被け、指名されて此の舟を覆す。諸々の物、皆な牒に据りて交領す。惟だ三人の誥命及び制書は、籍（公牒）の中に載せる所に非ざれば、旋やかに之を送還せり。牒は現存す。以て驗視す可し」と。趙、取りて之を閲す。遂に以て罪すること無く、是に於いて釋して去ら使む。

1、一一八五年。2、浙江。3、神の自称で当界土地。鋤で地を耕す農夫の姿。はじめ真相が判明する前は、法師により鬼ないし鬼物と呼ばれる。4、旅行中に舟が沈み荷物を失った宗室の趙姓の三人が、早朝にがっかりして歩いていると、農夫の姿の土地神に会い、趙法師の所に行き、相談するよう勧められる。5、趙姓の法師。考召法という鬼神を召し出して尋問する法術を使う。土地神は問題をかかえた（自己の関連する問題であることはやや不可解だが）人の相談相手として法師を挙げ、住所も指示していることから、日常的に法師と密接な関係があった可能性がある。土地神自身が容疑者として尋問を受ける。法師の持つ宗教的能力として、城隍と土地の間で、すなわち神々の間で相互に交わされた公文書を見る能力が含まれる。6、土地神は、前もって城隍司から公牒を受け、その指示内容に従って、舟を沈め、取ることを許されている物品のみを獲得した。証拠として公牒があるので、法師も土地神を罰することはできない。なぜ趙姓の三人の物品を土地神に取りあげさせるような指示を城隍神が出したのか、理由は不明。土地神には婦人を含め多くの家族がある。これら家族も低位の神々と見られる。彼らは、上位の神から許可される形で、人間の所有する物品を奪い享受し得る。7、城隍司の牒により、人の舟を沈め、物品を奪った。8、事件の理由が不詳なので、判断しにくいが、何らかの状況によって人は土地神から物品（特に贅沢品のように思われる）を奪われることがある。ややマイナス。

（十）王東卿の鬼、三志己五

陳茂英、太學に在り。乾道巳丑を以て登第し、長興の尉と爲る。淳熙乙未、方に官に赴き、事に莅みて未だ月に及ばず、同舍たりし長溪の王寅東卿の來訪するを夢みたり。陳、曰く「三哥、何に由りてか此に至る」と。答えて曰く「寅、流落して已に久しく、歸る能わず。爲に一方便を作し、故郷に達せ使む可し」と。陳、曰く「義に於いて固より當に然るべき所なるも、但だ擔を弛めて才かに兩旬なれば、猶お未だ俸を受けず。豈に少しく助力を效すこと能わんや」と。（王）曰く「此の謂に非ざるなり」と。揖して起ち、卽ち去る。陳、寤めて之を思えらく、「相い問わざること七八年なり。豈に此に死すに非ざるや」と。明日、博く邑吏に詢う。一小胥、云わく「頃歲、福州の王上舍なるものあり。曾て來たりて、顏知縣・徐縣尉に謁し、送りて大雄寺に往き安宿せしむ。偶ま病を得て死す。縣官、寺の後ろに旅殯を爲し、仍お其の家に報ず。其の親戚來たりて、尸柩を火化し、骨を收めて歸る」と。陳、謂えらく、東卿、已に骨を歸すも、而も魂魄は尙お留滯し、殆ど是れ城・社の神、之を拘錄するのみならんと。是に於いて、酒具し敬して元の窆《ほうむ》る所に詣りて祭酬し、尉司の公牒を用いて、城隍・社廟・關津河渡主者に牒し、王上舍の神魂を阻截するを得ざら令め、善く福州長溪の祖先の墳墓に還るを得せ俾《し》む。牒を焚して後、三夕、王の告辭するを夢みたり。曰く「君の移文を得て、乃ち歸るの計を遂ぐ」と。泣謝して沒すと云う。右二事は皆な陳知縣の說うところなり。

1、一一七五年。2、浙江。3、社の神、社廟。4、浙江の長興県の尉（刑獄担当官）となった陳茂英の夢に福建長渓出身の友人である王東卿が出てきたので、調べると王が長興で客死し遺骨だけ先に帰郷したことが判明した。陳は王の亡魂はまだ城・社の神、すなわち城隍と社（土地神）により拘留されていて、帰郷できずにいると判断した。説話に社の神が登場せず、人と直接遭遇しているわけではないが、王の魂は土地神らによる拘留の合間に何とか陳の夢枕に立ち苦悩を訴え出たと想定される。5、なし。なお俗官である県尉が、尉司の公牒すなわち裁判関係の行政文書を、そのままの形式で宛て先を城隍・社廟・関津河渡主者といった神に変えて、神に対する命令書として使ったらしい。これは法師や道士を介さない、地方官の宗教的行為として興味深い。6、社の神ないし社廟は、城隍や関津河渡主者といった冥界神と並列される。7、客死した人の魂を拘留する。8、何らかの働きかけをしない限り、死者の魂を解放せず、死者の意志通りに自由に移動させない点で、マイナス。

（十一）葉武仲の母、三志辛五

葉武仲の母、死して年を經たり。適ま樂平の鐘徳茂の家にて九幽醮を啓き、外の人に附度するを許す。葉、紙衣一通を買い、壇の下に詣る。醮を主る者たる程國器、祝を爲して、之（紙衣）を焚く。（葉）俄かに其の母の來たりて曰うを夢みたり。「汝の衣を化すを感ずるも、但だ我は衰老して力無く、強悍なる者の爲に奪い去られたり」と。容色、甚だ慘めなり。葉、寤めて悲しみて泣く。復た國器に扣《もと》めて、別に狀を具せ令む。（狀に曰く）「監醮の神及び當境地主に判す。分明に（紙衣を）取還せよ。立ちて報應するを俟つ」と。其の夕に（葉）再び夢みるに、（母）云わく「程法官に荷《よ》り、理もて衣著を還され、極《すみ》やかに欲する所を濟ませたり。幸いにして我の爲に之を（程に）謝さんことを」と。程、此より道術頗る振う。

1、不明。2、江西。3、当境地主。法官の発出する文書の宛て先に記される言い方。4、文書を当境地主に出すことで、存在と役割が示唆される。説話に具体的姿で登場せず。4、主醮者、法官としての程国器。6、監醮神すなわち大規模な道教儀礼の警備に参加する在地の神々と並び称される。当境地主たる土地神は、儀礼の供物に無秩序に群がる強悍な鬼たち、すなわち亡者たちに対して交通整理をし、秩序立たせる働きをなし得る存在である。7、法官の命令文書に従い、在地の神々と協力しつつ、強い鬼に供物を奪われた葉の母の魂に、息子が送った供物を取り返してやる。8、弱い死者の魂を助ける点で、プラス。

（十二）胡二十四父子、三志辛六

樂平永豐の郷民、胡二十四、旅店を大梅嶺に開く。乾道元年冬、弋陽の某客子、獨り包袱を攜えて、來たりて宿す。（中略）未だ幾くならずして、客、酣醉して支持する能わず。胡、先に後圃の傍らの樹根に深窖を掘る。續いて房に入り、巾を以て客の口を縛り、倒して曳き、窖の中に置き、之を生き埋めにす。土を築きて其の上を平らにす。略ぼ知る者無し。是より來たり宿る者、驚魘せられて不安なること多し。七年春に至り、胡の全家、疫に染る。里巫、拯救するも効かず。胡父子、疾の勢い轉た篤く、夜に鬼と語る。巫、其の冤對有るを覺え、（胡の子）曾一の小《や》や間《おさま》るを俟ちて、請いて之に扣《と》いて曰く「汝ら父子、必ずや是れ曾て昧心の事を做さんか。既に此に至りては、如何にしてか諱《かく》し得んや。但だ實に隨って我に説え。當に汝の爲に一道理を作して消禳せん」と。胡、始めて曩愆を備列し、且つ言わく「惡事、實に做す可からず。方に未だ病まざる前に、郷人、神を迎えて門を過るを夢みたり。此の客、哀哭して出て訴う。仍お土地を引きて証と爲す。神、大いに怒り、命じて我ら父子の魂魄を收下せしめ、申奏して施行するを候つ。今や萬にも脱す可きの理無し。法師に願わくは、世人に勸めて我を以て戒めと爲さんことを。縦使《たと》い人は知らずとも、虛空には豈に神道無からんや」と。遂に復たびは語らず、才に三日にして、相い繼いで亡す。鄒元明の說うところなり。

1、一一六五年。2、江西。3、土地。4、殺人犯の胡二十四が、その罪の報いで病を得た時、夢に見る。その地域の村人が地方神（名称不明）を門に迎える活動をしている機会に乗じて、被害者の亡魂が神に事件を泣いて訴え出た時、土地神は事件の証人として、被害者と同行して協力する。病気中の夢で遭遇する形式である。5、里巫が登場する。巫または法師とも言われている。殺人犯の病気を治す儀礼（消禳）を試みる。それには病因にかかわる問題を、病人に尋問することを含む。6、被害者の亡魂の訴えを聞いた神が怒り、胡父子の魂魄を拘束するが、この事に土地が関与している可能性がある。7、土地神はその管轄区域の中で秘密裏に行われたはずの凶悪犯罪の証人になり、犯人の心理に影響を及ぼしている。8、犯人にとってはマイナス、しかし不当に殺された死者が事件を証明する時には助けとなる点でプラス。

（十三）程慧新、三志辛十

樂平梅浦の胡逢原、淳熙十年、家廳に於いて水陸大齋を建てること三日なり。罷わりに臨むの夕、事を執る者たる果緣院の行童の程慧新なるもの、佛前の供物を盜むこと有り。仍お就ち『土地に薦するの疏』を用いて包裹し、捆《はこ》びて以て母に遺る。其の家、胡氏より去ること一里許りなり。是の夜、程の母、二鬼卒の鐵叉・刺厥子を持って大鑊に入れ之（母すなわち自分）を烹るを夢みたり。又た二鼠、其の耳を銜《くわ》え、遂に驚きて覺む。程、正に門を扣き、齋饌を以て至る。母、與に夢みし所を說わんと欲するに、猶お未だ忍びず。（母）忽として大いに叫び地に仆れ、兩齒、墜落す。竟に爾して起きず。是より先、疏を寫《か》く者、已に神位を檢校し、各々一通を座に置く。初め漏缺すること無し。收拾して焚化するの際に及び、獨だ『土地疏』のみ無し。卽ち香を焚き禱りて謝過を曰う。人、謂えらく、（土地神の）速やかに報《むくい》ありて衆を警《いまし》めること、一に何ぞ昭昭たること此の如きかと。右の三事は餘模の說うところなり。

1、一一八三年。2、江西。3、土地。4、具体的な姿での登場はない。5、果縁院という寺院の行童（雑用係の少年）たる程慧新が、儀礼の供物を盗み、土地神に発出する文書で包み持ち帰り、母に与える。6、（おそらく怒った土地神が派遣した）二人の鬼卒が、母の夢に現れ、母を大鍋で煮る。母は倒れて立てなくなる。7、土地神に斎の供物を献上する内容の文書をみだりに盗用された事に対して、非常にはっきりと報復する。8、土地神に対して供物を受けられなくする等の害を与えると、報復があり、人を畏怖させる点ではマイナス。

（十四）華亭の鄔道士、三志壬八

華亭の鄔道士、少きより出家し、卽ち幽棲の志有り。其の師に従い茅山清眞觀に住す。師、死してより、紹興の末を以て、光州の延眞宮に居り、上眞の香火を奉じ、誠敬を殫盡し、『道德經』五千言を誦えて、口に絕やさず。凡そ外間の吉凶禍福は、本處の土地、輒ち夢中に報知し、一として應ぜざる無し。其の後、方士を延くを喜び、鉛汞黃白の術を論じ、每日常に三五輩有りて、丹竈に從事す。卽ち貪慕すること特に甚だしく、平時の敬心は、積もりて以て衰歇す。土地も亦た、復び事を以て來たりて報ぜず。（後略）

1、一一六二年。2、河南。3、本處土地、もしくは土地。道観の土地神と見られる。4、鄔道士の夢に現れる。5、道士。金丹を煉る方士を好まない。6、延真宮では上真の香火すなわち三清などの道教の高位の天神を祀っていて、土地神もそれを支持している。7、この土地神は、清らかな信仰のある道士に対して、夢に頻繁に現れて世間の吉凶禍福を詳しく報告するが、貪心のある道士からは離れて行く。8、宗教者の心態をよく見ており、土地神の評価が高ければ、土地神は宗教者の側近によく仕えて重要な情報をもたらす役割を果たす。プラス。

（十五）劉崇班、補十七

政和の初、殿中崇班の劉頁士、河北將官に赴く。家を挈して村の驛に至る。驛舍、荒涼たり。一人の薪水を供するものも無し。呼びて亭長に問うに、乃ち他の所居に在りて、之を久しくして始めて至る。劉、之を叱責す。叩頭して對えて曰く「驛、怪物の據る所と爲る。復た人の跡を容れず、前後の過客も亦た敢えて居る者無し」と。劉、笑って曰く「吾、平生、怖畏すること無し。此の炎暑に當たり、大屋を捨てて居らず、而して旅邸に棲泊するや」と。卽ち局を撤せしむ。庭階を見るに、蔓草、尺に盈つ。怪物の止まる所を詢うに、曰わく「多く西廂の小廳の下に在り」と。劉、從卒を戒めて中堂に環列せしめ、寢處を設け、妻孥をして之に居らしむ。自ら一榻坐を西邊に置き、弓箭を以て衞りと爲す。二更後、白衣の老叟有り、杖に荷りて至りて、曰く「吾は土地神爲り。每に妖魅の人を害するを恨む。而かも力は制する能わず。坐視して歎息するのみ。聞くならく、崇班は素より膽氣を負うと。今夕、適ま群鬼皆な醉臥す。此の時に乘じて盡く執縛して以て來たらんと欲す。請うらくは君、之を殺さんことを。以て一方の孽《わざわい》を淸めれば、萬人の利と爲らん」と。劉、欣然として曰く「幸甚なり」と。叟、卽ち去る。之を頃くして、一物を禽らえ至る。甚だしくは了了ならず。曰く「崇班に刀を下さんことを請う。其の覺めるを待つ毋かれ」と。卽ち刀を揮って之を斬るに、聲の呦然たる有り。已に連續して擒らえて至り、次第に斬首す。約そ四更の時に、三十餘級を斬る。橫尸流血し、腥氣、人に逼る。叟、再拜し、遜謝して、曰く「盡くせり」と。廊廡の間に趨り下り、掌を拊ちて大いに笑って沒す。劉、始めて疑う。燭を呼びて入視するに、則ち全家大小、盡く皆な身首處を異にし、一人も遺さず。劉、驚き悔やみ、哭き叫びて發狂し、日を越えて死す。亭長、官に言い、此の驛を焚拆す。其の怪も亦た絕ゆと云う。

1、一一一一年頃。2、河北。3、自称で土地神（偽の土地神であり、実は怪物、妖魅に他ならない）。白衣の老人の姿。杖をつく。駅舎に本来の土地神がいたかどうかは、不明である。4、劉良士が駅舎に泊り、夜中に出る。5、なし。ただし、後に亭長が、官に訴えて駅舎を焼き払い、怪物を消す。6、狡猾かつ凶悪な妖魅が土地神の姿に化けて、自己の勇敢さを過信してやや不注意な面のあった劉の前に登場したと考えられる。土地神は、その管轄する家屋が鬼神によって占拠されるのを防ぐ側に立つはずであると考えられていることを、この妖魅は巧みに利用する。すなわち劉に向かって「いつも妖魅が人を害するの恨んでいるが、自分の力ではどうしようもなく、坐視し嘆息しているだけだ」と言う。これは、いかにも土地神が言いそうな言葉である。7、劉をだまして、家族と付き人らを劉自身に殺させる。劉も最後に狂死する。8、土地神はそのプラスのイメージを妖魅に利用されている。妖魅自体は凶悪でマイナス。

次に以上の十五の事例を簡単に総括してみよう。時代は、一二世紀後半であり、地域は四川、湖南、河南、河北、安徽もあるが、江西（特にその東部）が七例、浙江が三例となっている。神の呼称は、単に土地と称する場合の他に、寺の土地、住宅の土地、一方ないし坊の土地、当界の土地、当境の土地、本處の土地など、何の土地と称する例がある。さらに里域主者、土神、社の神、社廟等と称するものも含めた。正体が確定していない時は単に鬼と蔑称される場合もある。その登場する姿は、老翁の姿であることが多く、鬚を蓄え、黒い頭巾で白衣である。また農夫の姿もある。

人と土地神との遭遇の方式は、夢を通じて（事例の）（六）（十四）、魂と身が分離中に（一）（二）、鬼にとりつかれたり病気になっている間に（三）（五）（十）、非常に困惑している最中に（九）であったりという場合が見られる。ただし、土地神の存在や役割が示唆されるだけで、遭遇や登場の具体的記述がないものもある。

宗教者との関係では、僧侶（言及のみ）と道士が各一例のみであるが、法官（法師、巫と一体の例もある）が四例で比較的多い。また俗官である県尉がそのまま宗教者の役割を果たし、土地神に命令をする事例もあった。宗教者と土地神の関係は様々で、悪事を働いた土地神を殺し、また嫌疑をかけて呼出して尋問し、儀礼に集まった鬼たちを監督させている。その一方、土地神の香火の存続を期待され、また土地神が宗教者に種々の情報を知らせる。他の神との関係では、城隍神との関係が多く、五例ある（一）（五）（八）（九）（十）。郷の神は土地神にとり上位の神であろうが、竈神、監醮神、渡し場の神などと土地神は協力する関係にある。土地神自体に家族があったり、部下を率いている例も知られる。

土地神の大きな特徴の一つは、広狭はあっても、各土地神が所管する建築物ないし区域の空間内に存在する生きている人、死んだ人（の魂）、住み着いたり通過したりする大小の鬼神などの、霊的次元での様々な動向を直接に見聞きして、その動向をもとに土地神としての動きを具体的に形成していると考えられる点であろう。ここで言う霊的次元とは、換言すれば陽の世界に対する陰の世界であり、人の魂や鬼神が動めく世界であって、生きている人であれば睡眠中に夢を見る、脱魂する、あるいは鬼神に憑依されたり襲われる等の状態で体験する世界であり、そしてまた死後に赴くと想定される世界を意味する。

本章で検討した説話の諸モチーフに即して土地神の行動に影響する霊的次元の動向を箇条的にまとめると以下のようになろう。所管の域内においてどのような新たな死者があるのか。域内で神罰に値する事件が起こり住民が関与しているか。または逆に神から褒賞される事があるか。住民の魂が理由も無しに身体と分離していないか。住民の男女がいかなる鬼神とどんな関係を持っているか。その関係の中で土地神自身はどう振る舞えるか（土地神が鬼魅の側に立つこともあり得る）。建築物や土地の所有者は誰で、それがその空間の霊的な在り方にどう関係するか。自己への祭祀行為も含めて、区域内の宗教儀礼に問題がないか。上帝、城隍、または宗教者や世俗の役人、個人、集団などから所管区域に関する命令書や懇願が来ているか。それにどう応じるか。

実際の土地神の説話を読むと、土地神の取る行動は具体的状況に応じて、各説話のコメントの最後に提示したように、人間にとってプラスであったり（一）（二）（三）（七）（八）（十一）（十二）の一面（十四）、マイナスであったり（四）（五）（六）（九）（十）（十二）の一面（十三）と一義的ではない。こうした土地神の両犠牲は、抽象度の強い高位の道教系の神や仏教系の菩薩などには殆ど存在しない特徴と言えるかもしれない。次にこの点について、理解をより一層立体的にするために、宗教者の立場から制定された鬼神の犯罪を罰する鬼律の中の土地神関係の規定を、説話の土地神の行動と関連させて見てみたい。

二、鬼律に見える土地神関係の規定

ここに提示する資料は、『道藏』の『道法會元』巻二百五十一の『太上混洞赤文女青鬼律』「土地（犯罪律）」である。この鬼律は、連続していると考えられる『太上天壇玉格』下に一二世紀前半に活躍した路時中の名があり、皇宋という表現もあるので、一二世に来源し、これまでに検討した説話と時代的齟齬は少ないと思われる。

『太上混洞赤文女青鬼律』（以下、女青鬼律と略称する）の「土地（犯罪律）」には総計二十四条がある。条文の並べかたに厳密な秩序があるようには見えない。土地神以外の神に関する規定と重複する内容も多い。またこうした鬼律を設定したのは法官と称される治病駆邪儀礼を得意とする宗教者であったため、こうした法官に関連する内容が主要な部分を占め、民衆一般の認識とはずれがある可能性は大きい。また各条文間で内容の重複も見られる。こうした点を念頭に置きながら、必ずしも条文の序列に従うのではなく、条文を大まかに分類して見て行きたい。また先に検討した説話における土地神の諸行為を、直接間接に関連する条文類の後ろに付記することも試みよう。

・まず土地神が広狭の階層性のある特定の区域（方、隅、宅）の鬼神を管轄することについて以下の条文がある。

第一条、諸《およ》そ土地にして勅位を受け一方に據る者は、一方を主管するの土地に係る。一隅の者は、一隅を主管せよ。一宅の者は、一宅の鬼神を収管せよ。違う者は、徒九年。

第二条、諸そ一隅の土地は、一隅を主管せよ。若し隅内の土地、妄りに禍福を興す者は、徒三年。時に当たり職を落す。隅主にして、知りて挙げざる者は、同罪。

第三条、諸そ土地にして祟を放ちて宅に入れ、民人を侵害する者は、鬼と同罪。

第四条、諸そ土地にして宅宇を守鎮して、而も宅神の（もしくは、と）和せざる者は、斬に處す。

第一三条、諸そ土地にして、宅宇を守鎮し、宅内に邪鬼の潜伏して害を為すを見る者あ《こと》れば、捉縛して送りて一里の土地に至ら仰《し》む。行司（駆邪を担当する神界の出先機関、例えば北極駆邪院、城隍司など。法官はこの機関の中に要職を持つ形式となっている）は、罪を断ぜよ。若し情理の重き者あれば、一面（の土地）は（邪鬼を）送りて一方（の土地）・一隅（の土地）に至らしめよ。若し聴き知りて、而も捉えざれば、斬に處す。

関連する説話の土地神の行為は次の通りである。説話（三）で郎君を婦人の鬼から救った。（七）で新住人に住宅の鬼魅への対処法を教えた。（八）で管轄する坊に疫（疫鬼が原因となり得る）をはやらせないよう務めた。（五）で虎（および虎に喰われた人が変じた鬼）に襲われた長子の救出に遅れたことを宅神の一たる竈神に叱責された。これは特に第四条にかかわる。なお（六）で土地を人に購入され、その人に祟った。これは土地神が妄りに禍害を興したというより、理由がある祟りとされているようである。（十五）で屋宇の中の鬼をつぎつぎに捉らえるという土地神の姿が、狡猾な鬼魅によって借用されたことが示された。

・土地神自身の犯罪について以下の条文がある。

第五条、諸そ土地にして八節に非ざるに妄りに禍害を興して財物・祭享を希求する者は分形す。

第九条、諸そ土地にして人家の男女を婬乱する者は分形す。

第二十条、諸そ土地にして、故無く、出遊する者は、杖一百。

第二十一条、諸そ土地にして、出遊して、而も良民を侵害する者は、針決し、八千里に流す。

説話（三）の人と鬼の結婚仲介をした土地神は、間接的に第九条の犯罪にかかわると思われる。（九）で趙姓の三人の荷物を城隍の許可を得て受領したのに、趙法官に訊問されて縛られそうになったのは、第五条の妄りに財物を求めた罪に擬されたからであろう。

・土地神と先祖および亡人もしくは亡魂との関係については、以下の条文がある。

第八条、諸そ土地にして生民の先祖を欺陵（凌）する者は、杖一百。因りて財物を求めること一文以上の者は斬に処す。

第二十三条、諸そ土地にして「女青詔書」（この場合は亡魂の罪を赦免し地獄から釈放させる文書）を承受して、亡人の魂魄を抽取し、陰司の所在する去處に至らしむるに、而も亡人を押送して修する所の道場に到らしめざれば、斬に處す。押送すると雖も、所在の沿路にて亡人を脅迫して、財物を乞覓すること一文已上なる者は、分形す。

説話（二）で民の家先すなわち先祖の依頼を聞いて民を救った。これは第八条の前提になる土地神と生民の先祖の良好な関係を例示するであろう。亡魂とのつながりをを示すのは、（一）の土地神は殺害された女の亡魂に城隍とともに付き添っている。（六）で死んだ張の亡魂を連れて呂の夢に出た。（十）の社廟は客死した王の亡魂を解放するよう県尉から牒を受けた。（十一）で程法官の状により葉の母の亡魂を救った。（十二）で殺人事件で殺された人の亡魂と同行して、郷神の前で事件の証人になった。以上は、亡魂を拘留し、連行し、付き添い、困惑しているのを助るといった土地神の行為である。第二十二条でも亡魂の「抽取」（姓名貫籍を照して地獄から抜き取る、つまり救出することであろう）と「押送」（拘束し護送する）を担当することになっていて、説話の役割と通じる。

・土地神とその他の鬼神との関係を示すものは、以下の条文がある。

第六条、諸そ土地にして外の鬼神と通じて、同に過《あやまち》を作す者は、斬に処す。

第十四条、諸そ土地にして、方・隅の内に、無知の生民より婬なる鬼神の廟宇を立て祓《ら》るることありて、而も状を具して（法官・行司に）申論せざる者は、杖一百。知りて、而も相い底蓋する者は、斬に処す。

説話（四）で屋敷内の鬼魅の側に立って葉氏の娘を惑わし、路法官に殺された土地神が示された。葉氏の屋敷には、法官に焼かれた鬼魅を祀る建物もあったと思われる。

・土地神と法官および行司との関係を示す条文には、以下のものがある。

（イ）法官を自己の管轄区域内で見たら神界の機関に報告し、また送迎することについて、

第十五条、諸そ土地にして、法官の出入するを見て、而も急ぎて諸司に報ぜざる者は、杖一百。

第十二条、諸そ土地にして、法官の病める人の家に到るを見て、而も迎送せざる者は、針決して三千里に流す。

（ロ）法官に命令されたら、すぐに行動して、儀礼に係わる神などとともに力を合わせて協力しなければならないことについて、

第七条、諸そ土地にして法官の差使するに遇い、時刻を違反する者は斬に處す。

第十一条、諸そ土地にして、生民の病苦するありて、法官・行司、病人の家を断ぜんとして、（土地を）呼召するを被るも、到らざる者は、斬に處す。

第十条、諸そ土地にして、人家の生民の病苦ありて行司に投じて符水を請う者に遇いて、水神の（人家に）前み往くを見て、而も宣力せざる者は、斬に處す。

（ハ）法官ないし神界の機関と土地神の間で命令依頼や報告回答の文書を迅速にやり取りすること（誰が誰に文書を出すかは条文の文面だけでは分かりにくい）に関わる条文には、以下のものがある。

第十六条、諸そ土地にして、関して指揮することを行い、回申を得て、而も諸司に詣らざる者は、針決して職を落す。

第十八条、諸そ土地にして、法官・道士の諸司に関牒するに遇いて、而も奉じて関報を行わざる者は、杖一百。召して至らざる者は、斬に處す。

第十九条、諸そ土地にして、奏文を行《や》り符篆を牒して、其の方・隅に至るに遇いて、而も揩磨し汚損する者は、針決し、三千里に流す。

第二十三条、諸そ土地にして、文牒を頒行して、而も請委して節を阻む有らば、即時に回申して、待ちて墨勅の断に憑依せよ。違う者は、斬に處す。

説話（八）の土地神は、法官は介さないものの、上帝の敕令（天旨）を受けた城隍王から召集され、施行を命ぜら

れた。（九）の土地神は趙法師に尋問されたが、城隍司からの牒を根拠に許された。（十）では法官ならぬ県尉から牒を受けた。（十一）で供物を鬼に奪われた葉の母の亡魂を助けるよう、程法官から状を受け、すぐに実行した。（九）（十）（十一）には、宗教者（もしくは相当する俗人）から、呼び出しや具体的な命令が、文書や口頭を通じて出されて、それに即応している土地神の姿が見られる。（十三）で供物に関する土地神に宛てた疏文が盗用され、怒って報復した。しかるべき儀礼での供物の享受であるから、これは妄りに禍を興すとか財物を求めるという条文に抵触しないようである。なお（十五）では（文書を通じてではないが）道士に吉凶禍福をよく報告する土地神が示されていて興味深い。

・土地神の交替と昇進に関する条文に次のものがある。

第十七条、諸そ土地にして、民に（対して）功有り、物に過無く、年月已に満たば、（別の候補者の）官を差して（その土地の職を）替代せしめ、（その土地は）任じて陰司（冥界のより上位の官職）に入れて（もとの）官より出す。

・判断しにくい案件は法官の裁量によるという条文がある。

第二十四条、諸そ「土地犯罪律」に載せる所にあらざる者は、法官をして情を原《たず》ねて罪を定め仰めよ。

鬼律には、犯罪律という規範で土地神の行動を束ね、土地神に犯罪があれば処罰しようとする考え方が見られ、また法官が土地神を使役しようとする発想から条文が創られたであろうことも伝わってくる。これは、宗教者ではない一般民衆の土地神に対する見方とはかなり異なっているであろう。民衆は土地神をもっと素朴な形で信仰し、具体的な願い事を祈って崇拝し、むしろ慈しみと知恵のある老人とみなしていて、よほど土地神の不当な行為に怒らない限りは、土地神を処罰しようと考えなかったであろうし、ましてや宗教者ではない以上、鬼と戦うために土地神を役立てる知識や技能を持たない。こうした差異は想定できるが、しかし一方では土地神の一般的な信仰のされ方に規定される、民衆にも共有された基底的な土地神イメージは、鬼律にも反映されていたと思われる。説話と鬼律の双方に重なる内容に注目することで、そのことが見えてくると考え、条文と説話の関連を探ったわけである。

鬼律と説話の関係で以下の事を付説したい。説話では、(二)(九)で土地神が田父、農夫の姿で現れ、自らも耕作するのであるが、鬼律では、農業や豊穣とかかわる土地神の行為はほとんど明示されないのが特徴である。これはどう説明できるのか。鬼律には別に苗稼神、六畜神などの農業担当に専門分化した神が立てられているからか、あるいは土地神の扱う区域内のいわゆる禍福には農業方面の豊作凶作などの内容も、明示はないが包括されているからか、不明である。

この問題は、大きく見れば、鬼律を創案したであろう法官の儀礼をになった人々が、鬼神世界の治安や秩序を担うことを強く意識し、そこからはずれる土地神の諸側面をことさら問題にしなかったと見られること、それ故に鬼律の条文だけから土地神の全貌を導くことはできないことと関連してくる問題と思われる。鬼律で方隅の土地神という言い方あるが、当時のどのような自然的もしくは行政的な都市・農村内の区画と対応するかは個別事例の一層具体的な分析を要するだろう。ただ、法官にとっては、儀礼を依頼される時、鬼祟が原因で病人の出た家によばれるパターンが最も多いとすれば、宅宇の土地神との交渉が最も重要かつ頻繁で、田の畔にあるような土地神との交渉は比較的に少なかったと思われ、そうした法官の実態が部分的に反映していると考えられる。

おわりに

本稿では、一二世紀ごろの土地神に関する説話と鬼律に基づき、中国人の宗教世界の基底部分を担う土地神の行動の様態に関する記述を多面的に理解しようと試みた。最後に、本論中に指摘できなかった土地神の性格の中で、興味深い点を二点補ってまとめに替えたい。一つは先にも引いた『太上天壇玉格』下に見える次の文から考えることである。それによると、

經に云う、一切の上眞・天仙・神將は、生人の體に附かず。若し嚕りに人に附きて語る者は、決《かなら》ず是れ邪魔・外道・不正の鬼なり。多くは是れ土地及び司命の能く此の怪を作すなり。行法の士は、當に之を審察すべし。

という。つまり、土地神と司命（竈神）は、法官の立場からは、人に憑依して人の口を通じて話をよくする、怪を為す鬼のカテゴリーに分類されるという史料である。これは、一面では、法官が考召法で鬼神を駆逐する時、まず法官と組になって働く童子に、問題を起こした鬼神を附体させ、訊問して答えさせ、事情を語らせる儀礼構造になっていることと密接に関連するであろう。つまり土地神は主管する区域や宅宇の鬼神の動向を、媒体たる童子に附体し報告するよう法官から要求されたと考えられる。そこでは法官は、人に附体してよく話をするというこの土地神の特徴を、捜査情報の提供という場面で逆にうまく利用していたのではないかと思われる。

もう一点は、土地神が根本的には鬼そのものか、鬼にきわめて近い存在であったことを考えさせる史料があることで、それは例えば次のようである。やはり一二、一三世紀ごろの南宋の宗教状況を反映すると考えられる『道法會元』巻二百六十七の「鬼神犯憲律條格」の邪精品に、

諸そ鬼神を摂捉せんとして、収尋するも見えず。或は近便の鬼神にして、情を知り、能く差する所の將吏に訴詞し、前みて引防し、追捉して、實を得る者は、法官は當に保奏を行い、特に香火の有る去處に超擢するに與るべし。如し功有れば、升せて坊主土地と爲す。再び功有れば、升せて社令と爲す。又た能く修持して、邪道に迷わざれば、遷して宮觀眞官と爲す。又た能く正道を護持し、宮觀靖治を興旺し、人を化して歸崇せしめ、功有る者は、城隍の位に升せるに與らしむ。

とある。どのような存在が土地神に任命されるのかは、例えば、本論では扱わなかったが、生前に有徳であった人が死後に召されて引き継ぐことも有りえるので、一概には論じ切れない。在地の人々の意向が、法官の考え方とは別に土地神を選ぶこともあったであろう。ここで示されているのは、法官の立場から規定した鬼神の抜擢過程である。問題を起こした鬼神を捉らえようとした時に、たまたま近所にいて事情を知っていたごく普通の鬼神が、情報提供と捜査協力の功績により、まず香火のある所に抜擢され、次第に功を積んで土地神から城隍神に昇格する。もともとこの鬼神は、自己の香火の場所さえも特定されていなかったと考えられる。こうした出自を想定すれば、土地神が土地神になる前の鬼神のカテゴリーに極めて近い存在であり、功過によって簡単に相互入れ替えが起こり得ることがわかるのである。

第二章の鬼律の土地律第一条で土地神を定義して「勅位を受け一方に據る」と言うのは任命手続きを経ていることを指し、第十七条で功があれば「陰司に任じる」とあるのは城隍まで昇進できることを意味している。過があればもとの鬼に落ちる。こうした土地神の動的な属性は、第一章の説話の中でも、この神が人にとってプラスかマイナスかどちらか一方に偏った出現率を示さなかったことと表裏一体であろう。こうした土地神のあり方について一二、一三世紀ごろの史料は雄弁に物語るのであるが、それが前後の数世紀の時間幅で、あるいは現代にいたるまでどのように変遷したのかについての探求は今後の課題としたい。

《注》

（一）代表的な業績のみ挙げる。金井徳幸「宋代の村社と社神」『東洋史研究』第三八巻二号、六一―八七頁、一九七九年、同氏「宋代の郷社と土地神」『中嶋敏先生古稀記念論集』上、汲古書院、三八五―四〇七頁、一九八〇年、同氏「宋代浙西地方における土神信仰の成立」『宗教社会史研究』二、立正大学史学会（編）、雄山閣出版、四一九―四三六頁、一九八五年、増田福太郎「地の神・土地公（福徳正神）について」『台湾の宗教―農村を中心とする宗教研究―』所収、一九三九年、一九七五年、台北、古亭書屋再版、窪徳忠「台湾の土地神信仰」『宗教研究』第四四巻四号、八一―一〇二頁、一九七一年、K. Schipper, Neighborhood Cult Associations in Traditional Tainan, In The City in Late Imperial China, ed. by G. W. Skinner, Stanford University Press, 651-678, 1977. K. Dean, Transformations of the she (altars of the soil) in Fujian, Cahiers d'Extreme-Asie 10, 19-76, 1988.

（二）拙論「関羽信仰と道教儀礼」『東北アジアにおける関帝信仰の歴史的現在的研究　平成九年度～平成十一年度科学研究費補助金研究成果報告書』山田勝芳（編）所収、七七―九九頁、二〇〇〇年。特に九二―九三頁。

（三）拙論「台南道教の功徳文検について」『東北アジア研究』四、八一―一〇八頁、二〇〇〇年。ちなみに台南の道教の儀礼文書には土地神に関する名称として「山神土地」「里社正神」「当境土地等神」「土地公」などが見える。

（四）『夷堅志』のテキストは、何卓（点校）、中華書局、一九八一年に依拠した。以下同じである。

（五）文中に登場する路真官（当可）は天心法の法官である路時中（一一〇〇～一一五八頃）を指す。路については、卿希泰（編）『中国道教史』第三巻、四川人民出版社、一九九三年、一三六頁（陳兵執筆）、E. L. Davis, Society and the Supernatural in Song China, University of Hawai'i Press, 2001, 56-57等を参照。

南宋四川総領所について

高橋　弘臣

はじめに

総領所とは南宋特有の機関である。総領所は秦檜の宣撫使解体工作と密接な関係を持ち、紹興十一（一一四一）年に淮東（治所鎮江）・淮西（治所建康）・湖広（治所鄂州）総領所が、十五年に四川（治所利州）総領所が設置された。このうち淮東・淮西・湖広総領所は東南三総領所と総称されることがあった。総領所は、金との国境線にはりつけられた駐箚御前軍や三衙に対する軍需物資の調達・供給を掌ったのみならず、広範な財政的職務と権限を持ち、加えて軍に対する監察をはじめとする軍政にも関与しており、南宋の軍事・財政を論じる上で欠くことのできない重要な機関と言うことができる。

総領所に関する先行研究としては、山内正博氏・井出達郎氏が四総領所の成立過程を、内河久平氏・川上恭司氏・張星久氏等が四総領所の組織・機能・財源・推移、戸部との関係等を包括的に概観された。(一)また各総領所の職務・機能・権限や財政運営のあり方にはかなりの差異があり、且つ断片的とはいえ、残存する史料も豊富なことから、近年では個々の総領所を取り上げ、その機能や財政運営の実態等を解明する作業が行われており、淮東総領所については長井千秋氏が、湖広総領所に関しては金子泰晴氏が詳細な専論を発表されている。(二)

ところが四川総領所について見ると、林天蔚氏がその権限や推移等をごく簡単に検討しており、且つ南宋四川の財政・軍事・政治を扱った論考の中で断片的・概略的に言及されることはあったものの、(三)詳しく検討を加えた研究は未だ発表されていない。四川総領所は東南三総領所と比べると財政規模が大きく、職掌や権限、財政運営のあり方等にも他の総領所と異なる点が多々あり、その実態を解明する作業には少なからぬ意義が存すると考えられる。

そこで本稿では、最初に四川総領所が設置される経緯を検討してみたい。次いで四川総領所は一三世紀初頭に起こった開禧用兵と呼ばれる対金戦争以後、変質を遂げていったと見なされるので、開禧用兵までの時期における、財政・軍事に関わる総領所の職務と権限について検討を加える。そして最後に開禧用兵以降の総領所の推移を通覧することとしたい。

なお本稿では『建炎以來繫年要錄』は『要錄』、『宋會要輯稿』は『宋會要』、『建炎以來朝野雜記』は『朝野雜記』、『兩朝綱目備要』は『備要』、『宋史全文續資治通鑑』は『宋史全文』と略記する。

一、四川総領所の設置

四川に総領所が設置される背景となったのは、南宋初期の四川において、宣撫処置使・宣撫使が兵・民・財、特に兵・財双方にわたる強大な権限を掌握していたことである。そこで南宋初期の四川における宣撫処置使・宣撫使の権勢について、以下に通観しておくこととしたい。

南宋建国期の建炎三（一一二九）年五月、四川・陝西方面に宣撫処置使が設置され、当時知枢密院事であった張浚がその職に任ぜられた。宣撫処置使は同方面における南宋の支配を強化するため設置されたもので、便宜黜陟の大権が与えられており、実質的には湖南・湖北・京西路をも管轄下に置いていた。しかし紹興年間（一一三一〜一一六二）に入ると、宣撫処置使の藩鎮化を懸念した中央政府は、便宜黜陟権の行使を禁ずるとともに、「処置」の二文字を官職名から削除し、管域も四川に限定していった。さらに紹興五（一一三五）年十月、四川に制置使が設置されるや、宣撫使の有した権限のうち、民政権は制置使へ移管された。また張浚のもとで軍需物資の調達にあたっていた随軍転運使専一総領四川財賦は、同年十一月、都転運使に改変されて宣撫使から切り離された。

ところが、こうした一方で紹興四年三月以降、武将呉玠が宣撫副使・宣撫使に任ぜられると、玠は張浚の兵力を吸収するのみならず、自らの幕僚を都転運使に送り込み、同使を宣撫使に従属する軍需物資の調達機関としてしまった。こうして呉玠は七万の大兵力を擁するとともに財政権をも実質的に獲得し、都転運使の収入の約六割から十割を消費するに至ったのである。(四)

このような宣撫使による兵権・財政権双方の掌握は、四川のみならず東南地方の宣撫使にも見られた。(五)そこで宰相であった秦檜は、金との和平工作を推し進めるかたわら、紹興十一年四月から五月にかけて、まず東南地方の宣撫使張俊・韓世忠・岳飛を召還して枢密使・枢密副使に任命すると同時に、政治工作によって兵権の中央への返還を申し出させ、且つ彼らが率いていた家軍と称される私兵的な軍団を駐箚御前軍に改編し、中央に直属させた。さらに御前軍の駐屯する鎮江・建康・鄂州に淮東・淮西・湖広の三総領所を設置し、軍需物資の補給を担当させると同時に、長官に「専一報發御前軍馬文字」の銜位を付帯させ、軍の動向を監視させることとした。

東南の宣撫使勢力を解体すると、秦檜は四川の宣撫使に対しても勢力削減を目的とする一連の措置を講じ、総領所を設置するとともに、最終的には宣撫使を一旦廃止した。その経緯については先行研究で概略的にしか触れられていないので、以下に検討を加えることとしたい。秦檜に対し、宣撫使勢力の削減措置を実施させる直接のきっかけを与

えたのは、『要録』巻百五十三 紹興十五年四月庚子条に

省四川都轉運司、以其事歸宣撫司。時宣撫副使鄭剛中言、四川軍屯以移內郡、自有逐路漕司應副、都漕司虛有冗費。故省之。

とあるように、当時四川宣撫副使であった鄭剛中(六)が都転運使を併合してしまったことである。その理由としてこの史料には、〔対金和議が成立したため〕四川の軍は既に内郡へ移屯しており、軍需は各路の転運使が応副しているので、都転運使を置いても無駄な経費を要するだけだと剛中が判断したからであると記されている。かくて同書巻百五十六 紹興十七年九月丙子条所載の、侍御史余堯弼が剛中を弾劾した奏文中に

四川有都轉運司、蓋總四路財以贍軍須也。〔鄭剛中〕俾乘間上書並歸宣司、則是制軍給食、通而爲一、雖密院・戶部不得如此。

とあるが如く、剛中は兵・財双方の権限を手中に収めたわけである。なお剛中が都転運使を併合した理由であるが、同書巻百五十九 紹興十九年三月庚子条に剛中の罪状を伝えて「剛中 都轉運司を併せて宣司に入れ、遂に錢物を將て士人に贈遺せんと欲す」とあることからすると、冗費の節減というのは名目で、都転運使の財を恣に用い、自らの権力基盤を強化しようとしたのが本当の理由であろう。

もっともこの史料の前段には

〔鄭剛中〕又輙違朝命出賣度牒、收錢五十五萬餘緡、又專輙起置錢監鑄錢、擅便支使、及違法請過供給廚食等錢一萬三千餘緡入己。

とあって、都転運司を併合する以前より、剛中は朝命に背いて勝手に度牒を出売したり、銭監を設置して鉄銭を鋳造して支出に充当したり、違法に俸給を支払わせたりしていたことが知られる。またそれ以外にも、やはり都転運使を

併合する以前に、剛中は激賞絹と呼ばれる、民戸の等第を按じて絹を徴収する税を減額させたり、関外に営田を開いたり、夔州路の権酒を罷めさせたりしており、(七)実質的に財政権を行使していた。

そこで剛中のこうした専権に歯止めをかけるため、紹興十五年十月、四川宣撫司総領銭糧官が設けられた。『要録』巻百五十四 同年同月庚子条は銭糧官設置の様子を次のように伝えている。

先是、資政殿學士四川宣撫副使鄭剛中馭諸將嚴。會剛中以事忤秦檜、諸將因言其有跋扈狀。檜不欲剛中併掌利權。侍御史王勃聞之、卽上言、國之大務、在兵與財、各有攸司、則有条而不紊。今朝廷支散、諸軍則隷戶部、外道則隷總領、責有所歸、事且易辦、欲依此例、就四川宣撫司置總領一司、專掌財賦、庶幾職事專一。從之。

これによれば鄭剛中は宣撫副使として四川の諸武将を厳しく節制していたが、剛中が秦檜の意向にさからうことがあり、かねてより剛中を快く思っていなかった諸武将はこの機会を利用し、剛中に跋扈の状ありと告発した。秦檜は剛中が専権を振るうことを欲しておらず、そのことを聞きつけた侍御史王勃は、兵と財は別個の機関を設けて担当させるべきであると上奏した。こうして四川宣撫司総領銭糧官が設置され、財賦、特に軍需物資の調達・供給を専掌することになったのである。なお総領銭糧官の設置場所について上引史料は何も語らないが、この頃宣撫副使は治所を利州に置いていたので、(八)総領銭糧官もやはり利州に置かれたと考えて良いであろう。

次いで『要録』巻百五十四 紹興十五年十一月庚申条に

右中奉大夫江南東路轉運判官趙不弃行太府少卿、充四川宣撫司總領官。時秦檜既疑鄭剛中、以不弃有風力、而薦於上、遂召對而命之。

とある通り、翌十一月、秦檜は江南東路転運判官であった趙不弃を風力ありと見込んで宣撫司総領銭糧官に推薦し、四川へ送り込んだ。因みに趙不弃は宗室である。(九)なおこの史料の続きには

……至是不弃言、昨來張憲成（成憲の誤り）應副韓世忠錢糧、申明與宣撫司別無統攝、止用公牒行移。乞依成憲已得指揮。許之。……既而不弃將入境、用平牒、剛中見之、愕而怒、久之、始悟其不隸己、由此有隙。

とあり、かつて淮東宣撫使韓世忠に対して総領官張成憲が銭糧を供給した際、成憲は世忠に隷属せず、やりとりする文書の形式には牒、即ち同格の官庁間で交わされる文書の形式を用いることとされた。そこで不弃はその例にならい、総領銭糧官が宣撫使と文書を交わす時にも牒の形式を用いることを奏請し、裁可されたと見えている。総領銭糧官は宣撫使に隷属するのではなく、両者は対等な関係とされたのであり、そのことを悟った剛中は愕然とし、且つ怒りにふるえたという。

四川に到着した不弃は、剛中から財政権を剥奪し、軍需物資の調達・供給を専ら担当するのみならず、宣撫使の財を接収しようとさえした。『要録』巻百五十五　紹興十六年七月丙子条に

利州路轉運判官王陟罷。用太府少卿總領四川宣撫司錢糧趙不弃請也。陟爲宣撫副使鄭剛中所喜、俾兼本司參議。不弃既入蜀、欲盡取宣撫司所儲、剛中不與。不弃怒、首劾陟罷之。

とあり、不弃が宣撫使の財を取り上げようとしたところ、剛中はそれに反対したため、不弃は剛中の腹心である利州路転運判官王陟を罷免したと記されている。なお『朝野雜記』乙集　巻十六　紹興至淳熙四川宣撫司錢帛數には

鄭亨仲（剛中）爲四川宣撫副使、時本司有隨軍・激賞・撫養・降賜四庫、其數頗多。趙德夫不弃來總計、欲盡取之、亨仲不與、由是有隙。及亨仲得罪、本司樁坐錢至五千萬、詔分撥赴行在、餘命總領所拘收。

とある。この記事によると鄭剛中の蓄財は五千万にも達しており、正確な時期は不明であるものの、結局それは没収されて中央へ送付されるとともに、残りは総領銭糧官に移管されたのである。それ以外にも王明清の『揮麈錄餘話』巻二には

〔趙不弃〕得晁公武子止於冷落中、辟爲幹辦公事、俾令采訪亨仲（鄭剛中）陰事、欲加以罪。……子止又引亨仲所逐使臣魏彥忠者、相與物色其失上聞、遂興大獄、竄籍亨仲、卽召德夫爲版曹云。

とあり、不弃は武子止なる人物を総領銭糧官の属官たる幹弁公事に辟し、剛中の隠し事や過失を洗いざらい探し出させて中央へ報告していたと見られる。こうして鄭剛中は追いつめられていき、遂に紹興十七年九月、「奢侈にして餮を貪り、妄りに威福を作し、上を罔いて忠ならず、軍政を敗壊」したかどで宣撫副使を罷免させられてしまうのである。（一〇）

さらに翌年五月には四川宣撫使そのものが一旦廃止され、（一一）それに伴って『宋會要』職官四十一―四十七　總領所　紹興十八年五月二十七日条に

詔、以汪召嗣爲太府少卿總領四川財賦軍馬錢糧、專一報發御前軍馬文字。先以總領四川宣撫司錢糧爲名、至是罷宣撫司、始改爲四川總領。

とあるが如く四川宣撫司総領銭糧官は四川総領と改められ、ここに四川総領所が成立した。四川総領所の設置場所は、総領四川宣撫司銭糧官と同様に利州である。総領所の長官は総領官・総領・総領財賦・総領四川財賦・総領四川財賦軍馬銭糧等と称され、『宋會要』職官　總領所の冒頭に「亦た朝臣を以て之と爲す」とある如く、原則として朝官の中から中央政府の手によって任命された。また長官は戸部・太府寺・司農寺等、中央に置かれた財務関係の官庁の官職を帯びており、（一二）このことは中央政府が軍需の調達をはじめとする財政活動を自らの統制下に置こうとしたことを示唆していると考えられ、興味深い。なお、前引の『宋會要』職官　總領所　紹興十八年五月二十七日条には四川総領が「專一報發御前軍馬文字」（一三）の銜位を帯びたと記されている。これは紹興十八年五月、呉玠等の武将に率いられていた家軍が駐箚御前軍に改編されたのに伴って取られた措置で、こうして総領は御前軍に軍需物資を調達・供給するの

みならず、軍に対する監察をもその職務とすることになったのである。
最後に四川の宣撫使・制置使について触れておくと、上述した通り宣撫使は一旦廃止されたものの、以後設置・廃止を繰り返しており、また宣撫使が廃止されている間も制置使は原則として設置され続けていた。[一四]そして宣撫使・制置使は『朝野雑記』甲集　巻十一　制置使に

自休兵後、獨成都守臣帶四川安撫制置使、掌節制御前軍馬・官員升改・放散・類省試擧人・銓量郡守・擧辟邊州守貳、其權略視宣撫司、惟財計・茶馬不與。

とあることからすると、四川四路の軍事・民政を統轄していたと理解される。四川では総領所設置後、軍需物資の調達・供給をはじめとする財政的職務と権限は総領所が、軍事・民政的職務と権限は宣撫使・制置使が担当・行使するという分掌体制が取られたのである。なお宣撫使・制置使と総領所との文書のやりとりには公牒の形式が用いられている[一五]ことから明らかな如く、両者は対等であり、時として対立する関係にあった。

二、財政的職務と権限

1、貨幣の調達・供給に関わる職務と権限

四川総領所が補給を担当したのは、上述の通り四川に駐屯する御前軍であり、それらは興州・興元府・金州の三都統司に所属していた。兵力には時期によって差異が認められるが、概ね七万〜十万弱程度であったと見なされ、[一六]総領所が設置された時には就糧のため、利州路を中心とする四川の各地に分屯していた。[一七]このような御前軍に貨幣や米を調達・供給するため、四川総領所はいかなる職務を担い、どのような権限を行使していたのであろうか。本節では、

貨幣の調達・供給に関わる総領所の職務・権限から以下に検討していくこととしたい。

四川総領所が貨幣を調達する最も基本的な方法とは、四川四路において、貨幣で納入される課利や経総制銭等の税収の一部を割いて、自らのもとへ移送させることであった。『宋季三朝政要』巻二 淳祐三（一二四三）年条には「蜀中の財賦、戸部五司に入る者五百餘萬緡、四〔川〕總領所に入る者二千五百餘萬緡」とあり、時期は不明であるものの、四川における貨幣収入総計三千万緡のうち、五百万緡は戸部へ入れられた、換言すれば上供されたのであり、残り二千五百万緡、即ち実に八割が総領所へ送られていたと見えている。因みに東南三総領所へ送られる貨幣の額について見ると、淮東・淮西総領所各七百万緡、湖広総領所九百六十万緡という数字が検索される。(一八) 四川総領所の財政規模が、他の総領所よりも遙かに大きかったことが知られよう。

総領所へ移送される税の多くは、州軍の知州・通判等によって徴収・備蓄され、その一部が転運使によって総領所へ送られていた。その際、総領所は輸送を円滑化させるため、転運使や知州・通判等を督促し、遅滞や欠損があればそれらの官を按劾することができた。『宋會要』職官 四十一—四十七 總領所 紹興二十六（一一五六）年閏十月十八日条に

四川總領湯允恭言、乞令四川知通簽判推判官、同共依限催發州縣贍軍錢物、任滿或非次替移、有拖欠數多、許從本所同所委官、或就按劾。從之。

とあり、総領湯允恭は知州・通判等の官が総領所へ送る贍軍銭物に欠損があれば、総領所がそれらの官を按劾することを奏請し、裁可されている。これは総領所のそうした権限を示す一つの史料である。

また『朝野雜記』甲集 巻十七 四川總領所に

東南三總領所掌利權、皆有定數、然軍旅饑饉、則告乞於朝。惟四川在遠、錢幣又不通、故無事之際、計臣得以擅

取予之權、而一遇軍興、朝廷亦不問。

とあり、或いは『要錄』巻百九十三 紹興三十一年十月条に見える、四川総領所の職務に関する記述の一節に「急速非泛の支費有るに遇わば、申奏には及ばず」と見えているように、四川総領所は他の総領所と異なって僻遠の地にあるため、緊急時には一々中央に断ることなく徴発を実施し、獲得した銭物をこれまた中央に無断で支出に回す権限を持っていた。それ故戦争等によって経費が膨張すると、総領所は自らの裁量によって税を増徴し、その分を支出に充てることを行った。具体例を挙げると、紹興三十一年十一月、四川総領王之望は、海陵王に率いられた金軍の侵攻に対抗するため膨張した軍事費を捻出すべく、土地家屋・家畜等を売買する際、官に納入する契税銭の脱税取り締まりを強化し、結果的に徴収額を倍増して年間四百六十七万緡を得た。そしてそれと同時に、それまで経総制銭・省計（州の会計）に充当されていた契税銭の使途を一部変更して増徴分を総領所へ回し、軍に対する支出に充てたという。(一九)

このような増税に加えて、総領所は経費の膨張に対処するため、中央政府に奏請し、四川における税収のうち、本来中央へ上供する分を減額し、四川に截留させる分を増額させるという措置も講じた。因みに南宋時代の四川で上供に充てられていたのは、経総制銭等の無額上供銭に属する税目であった。(二〇)『要錄』巻百九十四 紹興三十一年十一月条の末尾に、四川総領王之望は、海陵王侵攻時の四川における財政状況を「用度は浩瀚であり、累年の蓄積や朝廷が支降してくれた銭物も已に闕いているにもかかわらず、支費は愈いよ増大するばかりであり、このままでは深く大計を誤らん」と憂い、収支の状況及び経費の不足額を上申し、措置を仰いだところ、中央政府は四川四路の上供銭五十万緡を截留して総領所へ与えることにしたとあるのは、総領所による上供銭物截留の一例である。なお截留が行われるのに特定の時期や額等はなく、必要に応じて随時為されていたと見なされる。また截留の額は増加していく傾向に

あり、淳熙四（一一七七）年には銭引に換算して実に八百万道が一度に截留された事例が目睹される。[二一]

税収の一部を回充する以外に、総領所は次の方法によっても貨幣を調達していた。その第一は紙幣の増印である。周知の如く、四川では北宋時代から交子という紙幣が行われており、北宋末には交子は銭引と改称された。[二二] 銭引の運用は成都府路転運使が担当していたが、南宋に入ると、宣撫処置使に属する随軍転運使専一総領四川財賦も、軍事費を捻出するため銭引の印造・発行を行うようになった。その後都転運使が設けられ、銭引の運用を統轄したものの、前節で述べたとおり都転運使は宣撫使に従属し、遂には併合されてしまうので、実質的に銭引を運用していたのは宣撫使であったことになる。そして総領所が設置されるや、宣撫使からの財政権剥奪措置の一環として、銭引の運用は総領所へと移管されたのである。

銭引の運用には界の制度が採用され、使用期間（界）とその間の発行額（界額）が定められ、一界＝二年で両界併用（後に三界併用に改められる）、界額は約千二百万～二千三百万貫であった。総領所は経費を捻出するため、界額を添増する形でしばしば銭引を増印しており、挙例するならば『要録』巻百八十四　紹興三十年三月条に「四川総領所銭引一百七十萬緡を増印し、以て軍費に備えんことを乞い、是の月、之を許す」とあり、同書巻百九十八　紹興三十二年閏二月条に「四川総領所銭引一百萬道を増印し、以て邊儲に備う」等とある。また総領所は費用の不足を補填するため、銭引以外の紙幣を独自に印造・発行することもあった。開禧三（一二〇七）年、いわゆる開禧用兵時の用度不足を補うため、総領陳咸が小会子なる紙幣を印造・発行した[二三]のはその一例である。

第二として、総領所は度牒・紫号・官誥・空名告身等の出売によっても貨幣を調達していた。即ち総領所は中央へこのような證券類の支降を奏請し、それらを出売して貨幣を獲得し、支出の補填に充てていたのである。度牒・官誥等の支降・出売は頻繁に行われたようで、例えば『宋史全文』巻二十六　淳熙四年二月条によると、乾道四（一一六八）年から淳熙元年にかけて、四川総領所に度牒計一万一千道が支降され、淳熙四年八月にはまた二千道が下され、その後も「多く度牒を以て諸総領所に賜い、経費を貼助することは一々書き記せない」程であったという。また紹興二十九年三月には、四川総領所が空名告身五百五十七道を出売して二百五十万緡を得たという史料も検索される。(二四)これは前掲『宋季三朝政要』に見える、一年間に税収のうちから四川総領所へ送られる貨幣の額（二千五百余万緡）の一割にも達する数字であり、證券類の出売によって総領所が獲得する貨幣の額が少なくなかったことを物語っている。

2、軍糧米の調達に関わる職務と権限

貨幣に続いて、軍糧に用いる米の調達に関わる総領所の職務や権限について検討を加えてみたい。それに先立ち、総領所が設置される以前の、四川における軍糧米の調達方法について概観しておく。(二五)四川では他地域と異なり、両税として徴収された米の中から軍糧に充当される分は極く僅かであり、南宋建国当初においては、軍糧米の殆どが成都府路を中心とする四川南部で、対糴によって買い上げられていた。対糴とは、民戸から正税（両税）として納入するのと同額の米を強制的に買い上げるという過酷な糴法であり、且つ買い上げの代金は半分程度しか支払われなかったり、或いは全く支払われないことさえあったという。対糴を通じて買い上げられた米は、利州路を中心として四川の北辺に駐屯する兵士のところまで輸送された。輸送には嘉陵江を用いた漕運、もしくは陸運のいずれかの方法がとられたが、漕運には迅速性の点で、陸運には経費の面でそれぞれ問題があった。

そこで軍糧米をできるだけ現地調達すべく、紹興年間に入ると分屯就糧及び営田の経営が行われるようになった。分屯就糧は紹興十年頃から行われており、利州路を中心に兵士をできるだけ各州軍に分散して駐屯させ、駐屯地で和

糴を行って兵士に米を供給しようという方策である。宮田は、紹興五年に当時宣撫副使であった呉玠が営田使を兼ね、梁州・洋州及び関外の成州・鳳州・岷州等に開いたのを始めとする。その後、営田はやはり宣撫副使鄭剛中によって階州・西和州・興州・大安軍・金州にも拡大され、徴収した租の一部が兵士に支給されていた。このように軍糧米は現地調達されるようになり、それと相反して成都府路方面で対糴によって購入され、利州路まで運搬される米の額は減少の途をたどった。成都府路の対糴額は、紹興初年には七十六万石であったのが、八年～十四年には五十万石、十五～十六年には四十二万石と減少しており、減少分は屯軍地で調達される米によってまかなわれたと考えられる。

こうした状況の中で、紹興十八年に四川総領所は設置されたのであるが、軍糧米の調達に関して、総領所はどのような職務を担っていたのであろうか。まず総領所は転運使が州軍で行う対糴・和糴の際に、代金（糴本銭）の支払いを担当していた。『要録』巻百七十六 紹興二十七年三月己丑条に、対糴について「對糴正色米四萬六千餘石は舊と御前軍の綿・渠州・潼川府に在る者に應副す。是に至り、漕司をして糴買せしめ、而して總領所は其の直を以て之を償う」とあり、成都府路の綿州、潼川府路の渠州・潼川府で行われる対糴は、転運使が買い上げを担当し、総領所が資金を提供していたことが知られる。分屯就糧に伴う和糴についても、同書巻百九十六 紹興三十二年正月条に「是月」として四川総領王之望の言を載せて「契勘するに蜀中の屯軍、一十八處に分隷す。其れ潼川・興元府・綿・劍・文・龍・渠・金・洋・階・成・西和・鳳州の合に用うべき糧料は、本所毎年本錢を科支し、逐州に就きて夏秋に糴買應付す」とあり、利州路を中心として兵士が分屯する地で行われる和糴の際に、総領所が本銭（代金）の支払いを行い、夏と秋に米を買い付けたと見えている。

また成都府路を中心とする四川の南部で対糴によって買い上げられ、屯軍地まで長駆運ばれていた米に関しては、

『朝野雑記』甲集 巻十五 四川軍糧數に「〔紹興〕十八年、符行中總領と爲り、其の屬官李景嗣の策を用い……興・利・閬州に就いて場を置き、客の市買を聽す」とあるように、総領所は紹興十八年、嘉陵江に沿った興州・利州・閬州の三カ所に糴買場を設置し、そこで自ら客商が運んできた米を買い上げるよう、米の調達方法を改めていたことが知られる。総領所がこのような改革を実施した理由であるが、時期はやや溯るものの、紹興六年十一月、四川制置大使席益が嘉陵江を用いた漕運法の改革について意見を具申した一節（『要錄』巻百六 同年同月壬午条所載）に「又た奏請すらく、利・閬州に於いて就糴入中せしむれば、今年の如く多く脚錢を支し、而して遠路の貴米を運ぶを免るるに庶からん」とあり、閬・利州において入中、即ち客商から米を買い上げれるようにすれば、多額の脚銭（運賃）を支払って遠路はるばる高価な米を運搬することから免れ得ると述べられている。恐らく総領所の改革は、客商に米を購入させ、嘉陵江沿いの糴買場まで運搬させることにより、米を糴買した地点から嘉陵江までの脚銭を官が負担することを免れるために実施されたのであろう。

さらに総領所が設置されると、営田の経営は宣撫使から総領所へ移管されたが、総領所は営田の租の徴収を監督していた如くである。『要錄』巻百五十八 紹興十八年十二月丁卯条に

尚書省批狀、四川營田、就委都統制檢察措置耕種、將每年所收斛斗、除分給官幷樁留次年種子外、盡數報總領所拘收、充減免成都府路對糴米二十二萬之數。

とある。この史料は、四川の営田は御前軍の都統制が検察及び耕作を措置することを担当し、また収めた租のうち官への支給分と翌年の種子を除く外は、数を尽くして総領所へ報告し、拘収して軍糧に用い、成都府路で減免した対糴米二十二万石の補填に充てた、という意味に解される。なお御前軍による租の徴収を総領所が監督していたのは、軍が租を勝手に徴収し、自分達の給与に充ててしまうのを防ぐためであろう。

因みに四川総領所が用いる軍糧米の額は、『朝野雜記』甲集 巻十五 四川軍糧數に時期は不明であるけれども「四川の軍糧、歳に一百五十六萬餘斛を用う」とあり、魏了翁『鶴山先生大全文集』巻七十八 朝奉大夫卿四川總領財賦累贈通議大夫李公墓誌銘が載せる、淳熙三年七月に廷臣が行った上疏の冒頭にも「四川總領財賦の歳支する所の軍糧、石百五十有餘萬と爲す」とあり、年間ほぼ百五十万石程度であったと見なされる。淮東・淮西総領所が年間に消費する軍糧米は七十万石、湖広総領所のそれが九十万石程度といわれているから（二六）、四川総領所の財政規模の大きさが知られよう。

以上の如く四川各地で調達され、総領所まで送られた貨幣や軍糧米は、一旦総領所に属する大軍倉・大軍庫（二七）に収納され、そこから総領の指示によって御前軍兵士に支給された。総領所は御前軍に対する給与を担当する、強いて言うなれば財布の紐を握ってしまうことで、軍を統制していたのである。『朝野雜記』乙集 巻十七 王徳和郭杲爭軍中闕額人請給には次のようにある。

四川大軍、獨武興爲多。自乾道休兵之後、而將佐多闕員、計司因其闕員、遂不復放行請給。至紹熙中、呉武穆挺爲帥、楊嗣勳總計、呉挺屢以爲言、嗣勳但以俟商量答之。及再請、則以本所乏用、必更俟措畫爲詞。每一書往返、則閲數月。久之、乃遣屬官一員往軍中面議。自始差至還司時、又已半歳。戎司亦遣其官屬來報聘、卒不得要領而歸。相持久之、遂已。

乾道休兵、即ち海陵王の侵攻に伴う動乱が乾道年間（一一六五～七三）に入って終息した後、御前軍に欠員が生じていたため、総領所はその分の俸給支払いを停止した。ところがその後紹熙年間（一一九〇～九四）に至り、恐らく欠員が補充されたためであろう、軍を率いる呉挺は再三にわたって支払いの再開を要求したにもかかわらず、総領所は言を左右にして取り合わず、軍側は遂に支払いの再開をあきらめたというのである。御前軍が総領所によって給与の

支払いを押さえ込まれていた様子の一端が窺える。（二八）

三、軍事的職務と権限

既に述べた如く、四川総領所は東南三総領所と同様に「専一報發御前軍馬文字」の銜位を付帯していた。この銜位は本来総領所が御前軍を監察する職務を担うことを意味するものである。しかし実際には、四川総領所は御前軍を統率する宣撫使の動向をも監察していたし、それ以外に兵士・将官の人事をはじめとする様々な軍政にも関与していた。そこで四川総領所の軍事的職務と権限のうち、監察に関わるものから検討していくこととしたい。

軍に対する監察に関して重要と思われるのは、四川総領所の場合、宣撫使や都統制等として御前軍を統率する、呉氏一族の動向を監視していたことである。総領所の呉氏一族に対する監視を検討するに先立ち、四川における呉氏一族について概観しておきたい。（二九）呉氏一族の台頭は呉玠の時に始まる。呉玠は本来陝西にその名を轟かした武将曲端の配下であったが、曲端のもとを離脱するや、宣撫処置使張浚に直属していた兵やその外郭兵力を収めながら勢力を拡大し、紹興五（一一三五）年には七万の大兵力を率いるに至った。またその使職も紹興四年三月には宣撫副使、同九年正月には宣撫使と累進をしており、呉玠は名実ともに大武将に成長した。呉玠は紹興九年六月に没するが、その兵力は弟呉璘に事実上継承され、璘は紹興三十一年、宣撫使に昇進し、玠を凌ぐ武将となった。そして乾道三（一一六七）年四月に璘が死去した後、その兵力は璘の子呉挺に受け継がれた。挺は璘に直属する武将であり、呉玠・呉璘のように宣撫使には任ぜられなかったものの、利州西路安撫使・御前軍諸軍都統制にまで昇進している。

総領所はこのような呉氏一族の動向を絶えず監察し、専横な振る舞いがあれば歯止めをかけていた。具体例を幾つか紹介するならば、『要録』巻百九十 紹興三十一年五月辛丑条を見ると、当時四川総領であった王之望は凡そ次のように上奏している。宣撫使呉璘をはじめとするいわゆる蜀中三大将（呉璘・楊政・郭浩）が前年より兵を次々と招填するので、それらを養う費用は銭引に換算して合計三百六十万道にも達しており、上供銭物二百五十万道を截留してもなお足らず、財賦には限りがあるので兵を維持できなくなる恐れがある。一方、諸州の禁軍は現在三万人余りおり、まま若く強壮な者もいるが、軍事訓練も行われず雑役に充てられ、給与を無駄に費やしている。そこで禁軍の一半を淘汰し、残りはさらに三つの番（組）となし、毎年一番ずつ三大将のもとへ派遣して守備につかせると同時に、軍事訓練を施せば、三大将のもとへは絶えず五千の兵力が供給され、兵力不足を補填できるし、三年経てば一万五千人に訓練があまねく施されることになり、また新たに兵を招填するより経費もかからずにすむ、と。即ち呉璘等の武将が次々と新兵を補填し、養兵費を恣に使用しているのを目の当たりにした王之望は、兵制改革を中央に進言し、武将の浪費を阻止しようとしているのである。

或いは紹興三十一年九月以降、海陵王に率いられた金軍が南宋領へ侵攻し、それに対抗して紹興三十二年五月、宣撫使呉璘は四川方面軍を率い、大散関を出て金領内へ攻め込もうとした。ところがその際、『要録』巻百九十九 紹興三十二年五月己酉条に

先是〔王〕之望聞〔呉〕璘再出散關、移書曰、頃聞此行、士卒鋭氣不及前時、果否、方此大暑、師旅征行、百姓轉餉、皆是危事。自非萬全、豈可輕擧。若果未可動、且宜待時、雖聞於朝廷可也。

とあり、軍の状態を視察していた総領王之望は、現在士気は低下しており、且つ暑熱の時期にあたっていて、このままでは行軍や補給がいずれも危うくなると判断し、璘に書を送って出師を押しとどめていたことが知られる。

また中央政府は呉氏一族に様々な統制を加え、徐々にその勢力を削減しようとしていた。例えば呉玠の没後、配下

の軍団の分割を試みており、呉璘が死ぬと、宣撫使には呉氏一族の者を任命せず、文官の虞允文を任命した。さらに世襲を妨げるため、一族の子弟を中央に人質として留めるということも行っている。そして紹熙五年夏に呉挺が死去すると、中央政府は呉氏の兵権世襲を停止させた。(三〇) その時の様子が『備要』巻三 紹熙五（一一九四）年六月条に

是夏、利州西路帥呉挺卒。虞允文丞相既沒、朝廷復命挺爲興州御前諸軍都統制兼知興州、充利西安撫使、凡十九年矣。是夏、卒于軍。於是楊輔總領財賦、先事白朝廷、乞擇重臣鎭蜀、乃以丘崈爲制置使。

とあり、『宋史』巻三百九十七 楊輔傳には

呉挺病、〔楊〕輔以呉氏世帥武興、久恐生變、密白二府、早擇人望以鎭方面。

とある。これらの史料を見ると、四川総領楊輔は呉挺が病にたおれ、死期が近いと察するや、呉氏は代々兵力を世襲しており、このままではいずれ謀反を起こす恐れがあるのでどうか重臣を選んで四川に派遣し、挺の死後、代わってその軍を統率させて欲しいと奏請し、その結果丘崈が制置使に任命され、四川へ送り込まれたことが知られる。総領所は呉氏一族の動向を監視し、世襲阻止、勢力削減に貢献していたのである。

以上のように御前軍を統率する呉氏一族を監察し、時には統制を加えたのみならず、総領所は御前軍の兵士や将官の動向にも監視の目を光らせていた。例えば総領所は御前軍の将官・兵士がはたらく不正を監視しており、『宋會要』刑法二―百三十一 禁約 紹熙六年五月六日条には

詔、令內外諸軍主帥、應軍士見欠營運息錢、日下並與除放、今後不許科抑差撥不願營運之人。儻違、今來所降指揮、在內委御史臺、在外委總領所、不係總領・制司去處、委守臣、各常切覺察。

とある。この詔は四川総領所に対してのみ下されたものではないが、総領所が兵士に対する営運銭の不正貸し付けを摘発するよう命ぜられている。或いは次も四川総領所のみを対象とした詔勅ではないけれども、同書職官三十二―三

十九　都統制　乾道元（一一六五）年二月二十日条に

詔、應内外諸軍統制・将左等、除定員外、並行減罷、今後輒作名目増重員闕、内委御史臺、外委總領、常切糾察按劾以聞。

とあり、御前軍が定員外に名目を作って統制・将左等の将官を増置することのないよう、総領所が監視していたことが窺える。

また総領所は監察のみならず、御前軍兵士の人事にも関与していた。例として、やはり四川総領所のみを対象に下された詔ではないが、『宋會要』職官四十一―五十一　總領所　紹興三十二年四月二十七日条に

詔、諸路大軍毎遇招收到人、並先具姓名報總領所、毎旬委總領官及都統制、就本所或教場同共當官塡刺軍號。

とあり、軍が新たに兵士を召募する際には、総領所が都統制とともに審査を行うよう定められていたことが挙げられる。逆に兵士の人員整理を行う時には、総領所が軍に残留させる者の身元保証を行い、枢密院がさらにその内容を審査していた。また総領所は軍籍を保管し、兵士の郷貫・年齢・位階・入除隊の日付・兵士の種別や兵数等を把握して随時チェックし、中央へ定期的に報告するということも行っている。[三二]

総領所が担当した軍事的職務の中で、以上の他にも指摘しておかなければならないのは、武器の収蔵・保管である。四川では、甲冑や弓箭等の武器は中央の命を受け、成都をはじめとする十三の作院で製造された。またその他に、総領所が自ら転運使や提刑使に禁軍闕額銭や係省銭を取得させ、それを用いて武器を造らせることもあった。いずれにせよ、製造された武器は全て総領所に収納・保管されていた。[三三] そして『要録』巻百八十三　紹興二十九年七月壬寅条に

利州東路駐箚御前諸軍統制兼知紹興（興元の誤り？）府姚仲言、被旨増招官兵三千人、乞下總領所支給器甲。従

之。

とあるように、御前軍が武器を必要とする時には、まず中央政府にその旨を奏請し、中央政府が総領所に命令を下して武器を支給させるという制度になっていた。総領所は武器の管理を通じても、軍を統制していたのである。

四、総領所の推移

既に述べた通り、総領所が設置されると、軍事・民政は宣撫使・制置使が、財政は総領所が各々担当・掌握することとなった。また宣撫使・制置使と総領所は同格であり、時として対立する関係にあった。ところがこのような宣撫使・制置使と総領所による分掌体制、宣撫使・制置使と総領所との並立・対立関係は、開禧用兵に際して、権臣韓侂冑によって一旦破られてしまった。

寧宗の擁立に尽力した韓侂冑は、寧宗の側近に侍って大きな権力を掌握すると、道学派の人々が皇帝擁立の功績に十分報いなかったとして、慶元元（一一九五）年より慶元の党禁を行い、趙汝愚・朱熹をはじめとする道学派を中央から次々と追放した。次いで金の国勢衰退を耳にするや、金に侵攻して失地を回復し、自らの地位を不動のものにしようともくろんだ。こうして嘉泰四（一二〇四）年に入ると、朝廷では対金開戦に関する議論が盛んに行われるに至り、十一月頃から宋軍の金領内への小規模な侵攻が始まった。開禧二（一二〇六）年になると宋金の戦闘は本格化し、五月には金を伐つ旨の詔が下され、ここに開禧用兵の火ぶたが切って落とされたのである。（三三）

開禧用兵に際して、韓侂冑は総領所を宣撫使の節制下に組み込むよう命を発した。前節で述べたように、中央政府は呉氏一族が代々武将の地位を世襲し、軍閥化することを恐れ、呉氏の子孫を中央に留めおいて世襲を妨げようとした。ところが挺の次子で昭信軍節度使であった呉曦は、韓侂冑が金への侵攻を画策していることを知ると、それに乗じて四川に戻り、兵権を手中に収めようとした。自己の勢力を扶植することに汲々としていた韓侂冑は、呉曦の要望を聞き入れ、嘉泰元年、曦を興州駐箚御前軍都統制に任命した。かくて呉挺は四川へ戻るという宿望を遂げたのである。さらに開禧二年になり、金への討伐軍派遣を計画した韓侂冑は、同年三月、程松を宣撫使に、呉曦を宣撫副使に任命した。程松とは、知銭塘県であった時代に呉曦を通じて韓侂冑に取り入った人物で、開禧元年に四川制置使に任命されていた。付言するならば、呉曦はこの後開禧二年十二月、金と内通して宋朝に反旗を翻し、四川の地を金に献ずることを約して金から蜀王に封ぜられた。いわゆる呉曦の乱である。呉曦が宋側の義軍によって殺害され、乱が鎮圧されるのは翌三年二月のことである。[三四]

さて、『鶴山先生大全文集』巻四十四　重建四川總領所記に

……開禧以後、事異前時。呉曦生長邊陲、習聞〔宣撫使・制置使と総領所との〕交爭之害、而未睹相資之利、密啓于韓侂冑、俾宣司得以制財賦之入出。

とあり、『備要』巻九　開禧二年三月癸巳条には

四川計司舊屬宣撫司節制。鄭剛中在蜀久、秦檜惡其專、始命趙德夫以少卿爲之、自是二司抗衡。開禧用兵、程松・呉曦並爲宣撫、韓侂冑急於成功、遂有節制財賦指揮、且許按劾、於是計司拱手。

とある。これらの記事によれば、程松・呉曦は宣撫使と総領所とが対立・拮抗する関係にあるため、開戦後、軍事行動が円滑に為されなくなることを懸念し、韓侂冑に対して総領所を宣撫使の節制下に置くよう要請したと解される。一方、対金戦争に勝利をおさめ、自らの地位をゆるぎないものにしようと功をあせった韓侂冑は、程松・呉曦の奏請を受け入れ、総領所を宣撫使の節制下に置くよう命を下すと同時に、宣撫使が総領所を按劾することを許したのであ

る。

こうして総領所を節制下に置き、財政権を掌握した宣撫使は、財政活動に乗り出した。具体例を挙げると『備要』巻十二 嘉定三（一二一〇）年是春条に

九一界銭引、係前宣撫程松増印五百萬道、所以銭引價低、軍民皆受其弊。

とあり、宣撫使程松が銭引五百万道を増印したため、銭引の価値下落が発生したと記されている。用兵時には、程松等によって総計八千万貫の銭引が発行されたと見られ、そうした結果銭引と鉄銭との比価は、本来銭引一貫＝鉄銭七百七十文と定められていたのが、銭引一貫＝鉄銭四百文にまで下落したと言われる。(三五)

或いは『宋史』巻四百十二 陳咸傳によれば、開禧三年、呉曦の乱が鎮圧された後に宣撫使となった安丙は、利州路転運判官であった陳咸を総領に任命した。即ちそれまで中央が行う建て前であった総領の任命を、宣撫使が自ら行ったのである。次いで安丙は陳咸とともに、乱によって疲弊した四川財政の再建に着手し、諸司の羨余の調査、常平・広恵倉米の移支、当五鉄銭の鋳造・発行、売官、上供銭物の截留、弱兵の淘汰、銭引の回収等の措置を実施した。『備要』巻九 開禧二年三月癸巳条は、この時の宣撫使と総領所との関係を

及安丙爲宣撫、薦陳咸爲總賦、陳咸事之甚謹。時蜀計空虚、而軍費日夥、宣司爲之移屯・減戍・運粟・括財、計司實賴其力。

と述べ、総領所が宣撫使に従属・依存していた様子を伝えており、また『宋史』陳咸傳は総領所が宣撫使の節制下に入った結果、「兵政財計、合わせて一家と爲」ったと表現している。

なお『宋史』巻三百九十七 楊輔傳には

韓侂冑決意用兵、以呉曦爲四川宣撫副使、假以節制財利之權。〔四川總領、楊〕輔知曦有異志、貽書大臣言、自

昔兵帥與計臣不相統攝、故總領有報發覺察之權。今所在皆受節制、內憂不輕。

とあり、ここに載せられている総領楊輔の上奏を見ると、開禧用兵に際して、総領所が宣撫使の節制を受けるようになったため、軍に対する報発覚察の権を失ってしまったことが窺える。果たして然りとすれば、呉曦が反乱を起こし得たのは、総領所が宣撫使の節制下に置かれるようになり、呉氏一族の動向を監視できなくなってしまったからであったとも推察されるのである。

しかしながら、総領所が宣撫使の節制下に置かれるという事態は長続きしなかった。『備要』巻九　開禧二年三月癸巳条に

少監王釜代〔陳〕咸總計、先請于朝。尚書省勘會軍政・財賦各專任責、權臣前降節制財賦指揮、合行釐正。於是二司始忤。

とあることからすると、陳咸に代わって総領となった王釜は、総領所が宣撫使・制置使に組み込まれることに反発し、もとどおり軍事・財政は各々担当機関を別にするよう奏請したと見られ、尚書省もそれを受け、韓侂冑が下したところの、総領所を宣撫使の節制下に置くという命は改めるべきであると考えていたことが知られる。なお韓侂冑は、その専横な振る舞いに反感を抱く礼部侍郎史弥遠等によって開禧三年十一月に誅殺され、嘉定元年九月、金との間に和議が結ばれた。こうして開禧用兵が終結するや、『宋史全文』巻三十　嘉定三年十月乙丑条に

詔四川總領所、毋受宣・制司節制。

とあるが如く、総領所が宣撫使・制置使の節制を受けることのないよう詔が下され、宣撫使・制置使と総領所は再び分離させられたのである。

では、これ以降の宣撫使・制置使と総領所との関係はどのようであったろうか。両者の関係を知る手がかりとなる

のは、『宋史』巻四百九 高定子傳の記事である。

制置使鄭損彊愎自用、誤謂總領所擅十一州小會子之利、奏請廢之。令下、民疑而罷市。〔高〕定子力爭、謂小會子實以代錢、百姓貿易、頼是以權川引。罷則關・隴之民交病、況又隆興間得旨爲之。乃得存其半。

嘉定十七年から宝慶三（一二二七）年の間に制置使であった鄭損(三六)は、総領所が小会子を発行し、その利をほしいままにしているとして、小会子を廃止しようとした。そこで総領所の属官たる主管文字であった高定子は、小会子は銭の代用貨幣としての機能を果たしており、廃止してしまえば民衆は交易の際に難儀をする、そもそも会子は隆興年間（一一六三〜一一六四）に旨によって印造するようになったもので〔総領所が勝手に発行しているのではない〕、と制置使に反対し、ようやく会子の半ばを残すことができた、と見えている。また高定子傳には

損又欲增總領所鹽課、取舊貸軍費、定子辨其顚末、損乃釋然曰、二司相關處、公毎明白洞達言之、使人爽然自失。尋差知長寧軍。長寧地接夷獠、公家百需、皆仰淯井鹽利、來者往往因以自封殖、制置司又榷其半、定子至、爭於制置使、得蠲重賦。

とあり、制置使は総領所の塩課を勝手に増そうとしたり、塩井を権そうとしたりする等、総領所の領分を侵して財政活動に進出し、その都度高定子は制置使と争い、制置使の横暴に歯止めをかけていたことが知られる。これらの記事を見ると、制置使が財政に与らないという建て前は既に崩れてしまっているものの、制置使と総領所が一応切り離されていたことは確認できよう。

ところが南宋の滅亡が近づき、金・モンゴルとの戦争が長期化し、且つ激烈に行われるようになると、中央政府は宣撫使・制置使、特に後者に総領所の長官を兼任させるようになっていく。『宋史』本紀の中からそのことを示す記事を摘挙するならば以下のようである。

一　余玠華文閣待制、依舊四川安撫制置使・知重慶府兼四川總領財賦（巻四十三　淳祐四年、一二四四、正月条）。

二　以余晦權刑部侍郎・四川安撫制置使・知重慶府兼四川總領財賦（巻四十三　寶祐元年、一二五三、八月丙辰条）。

三　劉雄飛和州防禦使・樞密副都承旨・四川安撫制置副使兼知重慶府・四川總領・夔路轉運使（巻四十五　景定二年、一二六一、十一月己未条）。

四　以夏貴爲樞密都承旨・四川安撫制置使・兼重慶府・四川總領・夔路轉運使（巻四十五　景定五年四月丁未条）。

中央政府がこのような措置を断行した理由であるが、戦争の長期化・激化に伴い、軍事機関と補給機関を別々にし、対立させるなどというやり方では、円滑な軍事行動の推進が妨げられると判断したためと考えて大過ないであろう。かくて総領所と合体した制置使は、李曽伯『可齋續藁後集』巻三　回宸翰勉留奏の貼黄に「蜀中の甲兵・銭穀、盡く制閫に在り」とあるが如く、四川の軍事・財政双方を（実際には民政も）統轄する、四川最高統治機関と化していたのである。

おわりに

南宋建国当初、東南の一地方政権に過ぎなかった南宋政府は、四川・陝西方面に支配を浸透させるべく、宣撫処置使・宣撫使を設置した。ところがその強大な権限に対して危機感が抱かれるようになり、中央政府は権限削減に着手した。結局四川では、宣撫副使鄭剛中が都転運使を併合したのを契機として、宰相秦檜によって宣撫使は一旦廃止された。総領所は秦檜による宣撫使解体工作の一環として設置された機関である。

四川総領所が貨幣を調達する基本的な手段とは、四川における税収の一部を移送させることであり、その際総領所は移送に従事する転運使・知州・通判等を督促し、遅滞・欠損があればそれらの官を弾劾した。軍事費が膨張してくると、総領所は自らの裁量によって税を増徴することができた他、税収のうち、四川に截留される分を増やしたり、紙幣を増発したり、度牒等を発売したりするといった措置を講じた。軍糧米の調達について見ると、軍糧米を購入する際には総領所が資金を提供したのみならず、嘉陵江に沿って糴買場を設け、自ら軍糧米を買い上げることもあった。また総領所は御前軍による営田の経営も監督していた。このように総領所が宣撫使・御前軍に対する貨幣・軍糧米の調達・供給を担当したことは、宣撫使・御前軍を財政面から統制することにもつながっていた。

総領所は財政的職務を担ったのみならず、宣撫使・都統制等として御前軍を統率する呉氏一族の動向を監督し、専横な振る舞いがあれば歯止めをかけたのみならず、世襲の防止、勢力削減に貢献した。また総領所は御前軍の将官・兵士のはたらく不正に目を光らせた他、御前軍の人事にも関与した。御前軍の武器を収蔵・保管していたのも総領所である。

しかしながら、軍事機関から補給機関を切り離し、しかも補給機関に軍事機関を牽制させるという総領所の制度は、あくまでも平和が続くことを前提に策定されたものであった。従って南宋の末期に至り、金・モンゴルとの戦争が長期化・激化してくると、このような制度は円滑な軍事行動を妨げるようになり、破綻してしまったのである。

総領所に関しては、淮西総領所の運営の実態が詳しく分かっていない他、四総領所の成立過程、他の軍事・財政機関との関係等に対しても検討を加える余地が残っている。また南宋末になると、宣撫使・制置使と総領所を核として、路を超越した広域地方行政ブロックが発生するが、それらと元の行省制度との関連についても考えてみる必要があろう。以上の諸課題については稿を改めて検討したい。

《注》

（一）山内「南宋総領所設置に関する一考察」（講）（『史学雑誌』六四―一二、一九五五年）、井出「総領考」（一）（『埼玉大学紀要教育学部篇』五、一九五六年）、内河「南宋総領所考」（『史潮』七八・七九、一九六二年）、川上「南宋の総領所について」（『待兼山論叢』史学篇一二、一九七八年）、張「関于南宋戸部与総領所的関係」（『中国史研究』一九八七年―四）。

（二）長井「淮東総領所の機能」（『待兼山論叢』史学篇二二、一九八八年）、「淮東総領所の財政運営」（『史学雑誌』一〇一―七、一九九二年）、金子「南宋初期の湖広総領所と三合同関子」（『史観』一二三、一九九〇年）、「荊湖地方における岳飛の軍費調達」（『宋代の規範と習俗』宋代史研究会研究報告集第五集、汲古書院、一九九五年）。

（三）林「南宋時四川総領所之財権及其影響」（『食貨月刊』復刊一〇―一一、一九八一年）。また四川総領所に言及している論考として、森住利直「南宋四川の対糴に就いて」（『史淵』一〇、一九三五年）、藤本光「南宋四川の漕運」（『社会経済史学』一〇―二、一九四〇年）、近藤一成「南宋屯軍文書考」（『史観』一〇五、一九八一年）、山内正博「南宋四川における張浚と呉玠」（『史林』四四―一、一九六一年）、「南宋政権の推移」（『岩波講座世界歴史』九、岩波書店、一九七〇年）、伊原弘「南宋四川における呉氏の勢力」（『青山博士古稀記念宋代史論叢』、省心書房、一九七四年）、「南宋総領所の任用官」（『多賀秋五郎博士古稀記念論文集　アジアの教育と社会』、不昧堂、一九八三年）等が挙げられる。

（四）以上、四川宣撫使については、注（三）山内論文及び同「武将対策の一環として観たる張浚の富平出兵策」（『史林』一九―一、一九六〇年）を参照した。

（五）東南地方の宣撫使については、山内正博「南宋建国期の武将勢力に就いての一考察」（『東洋学報』三八―三、一九五五年）及び寺地遵『南宋初期政治史研究』（溪水社、一九八八年）を参照した。
（六）剛中は婺州金華の出身、進士に合格した文官である。秦檜の推薦によって朝官となり、紹興十二年五月、四川宣撫副使に任ぜられている（『宋史』巻三百七十　本傳、『要錄』巻百四十五　紹興十五年五月甲午條）。
（七）激賞絹の減免、營田の開拓は『朝野雜記』甲集　巻十四　兩川激賞絹、巻十六　關外營田、榷酒の中止は『宋會要』食貨二十―十九　酒麴雜錄　紹興十五年七月一日條に見える。
（八）四川の宣撫使の治所は、注（三）山内「南宋四川における張浚と呉玠」、一〇〇頁による。
（九）不弃の伝は『宋史』巻二百四十七にあり、それによると彼は太宗の末裔という。
（一〇）『要錄』巻百五十六　紹興十七年九月丙子條。
（一一）『要錄』巻百五十七　紹興十八年五月甲申條。
（一二）総領所が戸部・太府寺・司農寺の官職を兼ねていたことを示す記事として、戸部→『宋會要』職官四十一―五十四　總領所　乾道三年十二月二十六日條（戸部侍郎）、太府寺→『要錄』巻百八十五　紹興三十年八月甲戌條（太府少卿）、司農寺→同書巻百八十七　紹興三十年十一月壬午條（司農卿）等が挙げられる。
（一三）『要錄』巻百五十七　紹興十八年五月甲申條。
（一四）『宋史』本紀、『宋史全文』等によると、總領所設置以後における宣撫使の設置・廃罷状況は次のようである。紹興十八年五月廃止→紹興三十一年五月設置→淳熙元年七月廃止→同年十二月設置→淳熙二年六月廃止→開禧二年三月設置→嘉定二年八月廃止→嘉定十二年四月設置。なおこれ以後宣撫使は、南宋末まで置かれ続けたようである。
（一五）『宋會要』職官四十一―六十七　總領所雜錄、嘉定三年十一月九日條。
（一六）御前軍の兵数は『朝野雜記』甲集　巻十八　乾道内外大軍數、關外軍馬錢糧數條等による。
（一七）『要錄』巻百四十六　紹興十二年八月是月條によると、当時の屯軍地は次のようである。興州・興元府・利州・魚関・金

州・洋州・閬州・西和州・剣州・鳳州・階州・成州・大安軍・文州・龍州（以上利州路）、綿州（成都府路）・潼川府（潼川府路）・房州（京西路）。

（一八）これらの数字は『朝野雑記』甲集　巻十七　淮東西湖廣總領所に見える。

（一九）『要錄』巻百九十四　紹興三十一年十一月丁酉條。

（二〇）島居一康「南宋の上供銭貨」（『歴史研究』三七、一九九九年）、一五頁。

（二一）『皇宋中興両朝聖政』巻五十五　淳熙四年十二月條。なお「道」とは銭引の助数詞である。

（二二）以下、銭引の運用制度については拙著『元朝貨幣政策成立過程の研究』（東洋書院、二〇〇〇年）、第二編第三章による。

（二三）『備要』巻十　開禧三年是歳條。

（二四）『要錄』巻百八十一　紹興二十九年三月是月條。

（二五）以下、総領所設置以前の四川における軍糧米調達法は、注（三）森住・藤本・近藤論文を参照した。

（二六）『朝野雑記』甲集　巻十七　淮東西湖廣總領所による。

（二七）四川総領所には幾つかの機関が付属していた。『宋會要』職官四十一―四十七　總領所の冒頭には、四川総領所の付属機関として審計院・分差糧量院・大軍倉・大軍庫・撥発船運官・売薬庫・糴買場の名が見えている。総領所の付属機関の職掌については、既に注（一）内河論文において詳細な検討が加えられているので、ここで繰り返し論じることは避ける。なお内河論文によれば、四川総領所には上記機関に加えて贍軍酒庫も付属していたという。

（二八）付言するなら、四川総領所は御前軍等が軍馬を買い付ける際に、その資金を提供していた（『宋會要』兵二十二―二十九買馬、隆興元年六月二十九日條）。これなども資金面を総領所がおさえ、御前軍を統制しようという措置の一環と見なされる。

（二九）呉氏一族については、注（三二）伊原「南宋四川における呉氏の勢力」の他に外山軍治「章宗時代における北方経略と宋と

の交戦」(『金朝史研究』、同朋舎、一九六四年)、王智勇『南宋呉氏家族的興亡』(巴蜀書社出版、一九九五年)、楊倩描『呉家将』(河北大学出版社、一九九六年)等を参照した。

(三〇) 中央政府の呉氏一族に対する統制、兵権世襲停止も同右掲載の諸論文・著書を参照した。

(三一)『宋會要』兵十九―六 軍賞 紹興三十二年十二月條、『要錄』巻百八十五 紹興三十年八月庚戌條。

(三二)『要錄』巻百八十七 紹興三十一年十二月丙寅條、巻百九十九 紹興三十二年四月甲戌條。

(三三) 開禧用兵に関する専論としては衣川強「開禧用兵をめぐって」(『東洋史研究』三六―三、一九七七年)が挙げられ、また注(二九)外山論文においても、特に戦争の経過について検討が為されている。

(三四) 呉曦の乱に関しては注(二九)掲載の諸論文・著書に詳しい。

(三五)『備要』巻十一 嘉定元年十一月戊戌條。

(三六) 鄭損の制置使在任期間は『南宋制撫年表』による。

図一　四　川　略　図

（原図：譚其驤主編『中国歴史地図集』第６冊　宋・遼・金時期）

モンゴル朝下漢人世侯の権力について

池内　功

はじめに

モンゴルの金国経略の進展は、モンゴル陣営に投帰した漢人有力者達の貢献に負うところが大きかった。彼らは投帰後、モンゴル側の要求に応えて、麾下の軍を率いてモンゴル軍の先鋒として従軍したり、軍需・軍糧を供出したり、貢賦を差し出したりしたのである。しかし、そのかわりに投帰した時点で自己の勢力地の支配を承認された者は、その勢力地を、また新占領地の支配を任された者は、その地方を、それぞれ自己の裁量によって支配することができた。しかも、彼らは地方軍民長官としての地位を世襲することを許されたので、やがて彼らは封建領主のごとき存在に成長していった。彼らを、漢人世侯、漢人諸侯、漢地諸侯と称する。モンゴルが河南において金朝を滅ぼした時には、漢人世侯は漢地にあまねく存在していたのである。

一方、モンゴルによる漢地支配は、二代目ハーンのオゴタイの時代に整備されていった。『元史』巻二太宗本紀によれば、まず、オゴタイ即位の元年（一二二九）始めて倉を置き駅伝を立てた。倉は、徴収した税物を収納するための倉庫であり、駅伝は属領とモンゴル本地を結ぶ動脈である。河北の漢戸は戸単位に賦調を出すことにし、耶律楚材がこれを司ることになった。二年、諸路の課税を定め、酒課、雑税についても税率を定めた。冬十一月、はじめて燕京、宣徳、西京、太原、平陽、真定、東平、北京、平州、済南の十路に徴収課税使をおいた。三年秋八月、十路から徴収された課税、金帛がオゴタイの下にもたらされた。これ以後、漢地において恒常的な課税の徴収が実施されるようになる。

金朝の滅亡を目前にしたオゴタイ五年（一二三三）、モンゴルは漢地において戸籍調査をおこなった。すなわち、阿同葛を宣差勘事官に充て、漢地（中州）の戸を調査して籍につけ七十三万余戸を得たのである。ついで、金朝の滅亡した六年、胡土虎那顔を中州断事官とし、戸口調査を行い、続戸百十余万戸を得た。オゴタイは、この漢地の戸口のうち七十余万戸を一族功臣に分け与えた。(二) 分地、分民の権益をえたモンゴル支配層を「投下」といい、それが王族の場合は、「位下」といった。分民に際しては、例えばチンギス・ハーンの弟カチウン家には済南路の五万五千二百戸、姻族のコンギラト家には済寧路の三万戸というように分民の所在地に分地を設定された。ただし分地を得た一族功臣は自己の分地の監督官ダルガチに私臣を充てる事を許されたものの、その任命に際しては朝廷の許可が必要であったし、分地での勝手な誅求は許されていなかった。彼らは分民五戸ごとに一斤の割合で差し出す五戸絲料を国家の官吏の手を経て支給されることとなった。

ところで、以上述べてきたようなモンゴルの漢地支配の諸施策、とりわけ分地分民政策は漢地における従来の権力諸関係の再編成を将来したはずである。本論では、分地分民制度の実施が、金朝滅亡時、モンゴル支配下の漢地にあまねく存在していた漢人世侯の権力に、どのような影響を与えたのかを明らかにしていきたい。

一、投下領主の分地と漢人世侯支配地

金国が河南で滅亡した時、漢地の各地には漢人世侯が割拠していた。例えば、『靑崖集』巻五、故總管王公神道碑に

壬辰（一二三二）北渡後、諸侯各有分邑、開府。忠武史公之于眞定、魯國武惠嚴公之于東平、蔡國武康張公之于保定、地方二三千里勝兵合數萬。

とあるように、漢地では諸侯が分邑をもち、地方支配のための統治機関を開設していたが、なかでも真定の史天澤、東平の嚴實、保定の張柔は、広大な地方を支配し、多数の兵力を擁していたのである。また、例えば、『圭齋文集』巻九、張齊郡公先世碑に

皇元勅有中原、樹建侯伯經營四方。濟南張氏得國於齊。在東諸侯中、脩臣職甚謹。

とあり、モンゴルが漢地に侯伯を樹建して四方を経営する方針であったことがわかるが、この史料で侯伯として名前の挙がっているのは済南の漢人世侯張栄である。以上の四名は代表的漢人世侯として有名であるが、チンギス・ハーン以来、モンゴルが金国を経略する際には、州県をもってモンゴル側に投降してきた人物は、守令としてその州県の支配を任せ、僚属は自置するをゆるし、罪人は専殺させる方針を採ったため、彼ら以外にも大小諸侯が割拠する状況となっていたのである。(二) この状況は、『紫山大全集』巻十二 上李尚書書によっても確かめられる。すなわち、

我朝開創固出祖考之神威武略、名王巨族之夾輔匡毗。亦一郡一邑之施有不能不自於士人之雄猛桀黠者。故受封襲爵、一方之政治盡以委焉。傳至子孫。

とある。ある地方の政治を委ねられ、その地位を世襲していった士人の雄猛桀黠の者とは、漢人世侯のことである。このように、金国が河南で滅亡した時、漢地には地方軍民長官としての地位を世襲する数多くの漢人世侯が存在していたのである。(三)

さてそれでは、オゴタイ・ハーンが漢地において戸口調査をし、一族功臣に五戸絲を納める投下民戸を分撥したこと、また投下民戸が設定された地方の地方政府の監督官ダルガチ（達魯花赤）に自己の私臣を充てることを許されたこととは、これまで、各地を支配してきた漢人世侯の権力に、いかなる影響を与えたのであろうか。

漢人世侯について重要な研究をした、愛宕松男氏は、オゴタイ・ハーンの戸口調査と分地分民の実施によって封地封民を失った漢人世侯は、単なる一介の軍官兼民官となり、モンゴル投下領主の分地内で軍民官として自己の旧領内の民に臨み、徴収した五戸絲収入を領主にわたす存在となってしまった、とみる。(四) 劉光義『蒙古元的封建』は、モンゴル朝、元朝の宗室功臣の封建について述べた後、「その他」として「世守之臣」すなわち漢人世侯について取り上げているが、彼らと投下領主との係わりについては言及していない。(五) 松田孝一氏は金国滅亡当時、モンゴル支配層が漢地においてそれぞれに所属する領分を保有していたが、オゴタイ・ハーンの分地分民はモンゴル支配層の権益の再整理であったとみる。(六) 周良霄氏も金国滅亡当時の漢地について、少なからざる州県が諸王貴族の私産になっていたとし、五戸絲制の実行は、諸王貴族の権益を制限し、皇権を強めるものであったとみる。そして周氏は、分地、分民によって中原、華北には無数の独立小王国が成立したとする。(七) なお、松田氏、周氏ともに、投下領主と漢人世侯との係わりについては言及していない。一方、モンゴル朝、元朝の投下分封制度の本格的な研究をされた李治安氏は、投下領主と漢人世侯との係わりについて、投下領主の分封地内の漢人世侯は、宗王、駙馬などの封君とある種の隷属関係を保持した、漢人世侯は、朝廷に属する軍民官であると同時に諸王の封地の守土の臣であるという双重属性をもっていた、五戸絲戸は、当地の係官民戸と混居していた、漢人世侯が直接、間接に五戸絲戸封民集団を掌管していたなどの重要な指摘を行っている。(八) 私は、李治安氏の見解が妥当であると考えているが、一応、私なりにオゴタイ・ハーンによる五戸絲戸設定後の投下領主と漢人世侯との係わりについて検討し、その実態を確認しておきたい。私見によれば、投下領主の分地分民と従来漢人世侯が支配してきた勢力地および管下の人民との関係について明確な図式を示しているのは『陵川集』巻三十二 河東罪言である。

竊惟國家封建制度不獨私強本幹與親賢共享示以大公。既分本國使諸王世享如殷周諸侯、漢地諸道各使侯伯專制本道、如唐藩鎭。又使諸侯分食漢地、諸道侯伯各有所屬則又如漢之郡國焉。尊卑相維、強弱相制、與衆共有進退。

これは、フビライの潜邸時代からのブレーントラストであった郝経の目に映ったモンゴル的封建制度の説明である。彼によるとモンゴルがモンゴリア本国を分けて諸王に支配させているのは、殷周時代の諸侯のようである。漢地の諸道は侯伯に専制させているのは、唐の藩鎮のようである。諸侯を漢地に分食させ、諸道の侯伯には、それぞれ属するところがあるのは、漢の郡国のようであるという。「諸侯」という用語は、前掲の『青崖集』巻五 故總管王公神道碑に

壬辰（一二三二）北渡後、諸侯各有分邑、開府。

と述べて、代表的漢人世侯の真定の史天澤、東平の嚴實、保定の張柔に言及していることからもわかるように、漢人世侯について使用する場合が多いが、郝経のこの文では、モンゴル投下領主を指している。彼が漢地に権益をえたモンゴル諸侯が漢地に分食している様子を、漢時代の郡国の制に似ているとしている点は、非常に興味深い。一方、郝経が、諸道を専制し唐の藩鎮のようであると表現する「侯伯」が漢人世侯を指している事は言うまでもない。念のため他の用例を挙げておくと、前掲『圭齋文集』巻九 張齊郡公先世碑に

皇元勑有中原、樹建侯伯經營四方。濟南張氏得國於齊。在東諸侯中、脩臣職甚謹。

とある。また『紫山大全集』巻八 慶博州趙總管致仕還鄉八秩詩序に

我朝以神武起北方、幽燕以南風従雲會。功成事定、剖符錫命列爲侯伯。連城數千戶數十萬、租賦焉、生殺焉、一

出於侯伯。

とあり、また、郝経が漢人世侯賈輔のために書いた神道碑銘にも侯伯を漢人世侯の意味に使う用例があり、

近世河朔豪傑跨州連郡、分民専土莫不自以爲雄奇、至論長材偉人、必祁陽賈侯爲稱首。聞其薨、噫嗚咄唶痛惜不已。蓋以布衣崛起而爲一方侯伯、不爲不遇。位侯伯者四十年不爲不榮。

とある。(九)郝経が「侯伯」すなわち漢人世侯を唐の藩鎮のごときものと理解している点も、他の同時代史料に同様な用例があることから特異な理解ではなく一般的なものであったことがわかる。

さて、このように、郝経の「河東罪言」中の「諸侯」が投下領主を指しており、「侯伯」が漢人世侯を指していることが確認できると、この「河東罪言」の提示する図式によって五戸絲戸設定後の投下領主と漢人世侯との係わりが明確に把握できよう。ちなみに郝経（一二二三～一二七五）は、河東澤州出身で金国滅亡後、燕趙地方を流寓し、一時、順天の張柔、賈輔の客分となったのち、世祖フビライの潜邸に仕えた。「河東罪言」は『陵川集』では、中統元年八月の日付けをもつ「立政議」と同じ年の四月一七日の日付けをもつ「便宜新政」の間に置かれている。内容からみて新たに即位したフビライ・ハーンに対する郝経の一連の上奏文の一つを構成していると考えられる。つまり、郝経の「河東罪言」は、フビライ即位以前のモンゴル朝時代の漢地とりわけ河東地方の現実の状況をふまえた信頼できる情報であると判断できる。そこで、「河東罪言」の「漢地の諸道は侯伯に専制させているのは、唐の藩鎮のようである。諸侯を漢地に分食させ、諸道の侯伯には、それぞれ属するところがあるのは、漢の郡国のようである」という図式から投下領主と漢人世侯の関係を具体的に把握してみよう。諸道の侯伯にはそれぞれ属するところがあるわけだから、漢人世侯にはそれぞれ属する投下領主があったことになる。このことは、例えば、『山右石刻叢編』巻二十七大元故延安路兵馬總管袁公神道碑に

及大封宗室割所治爲公主湯沐邑。有説公厚斂入謁可結主知、且無令同列得先之也。公曰、吾豈剝下市寵者耶。不行。

とあり、延安路の漢人世侯袁湘が治めていた地方がオイラト駙馬家火雷公主の湯沐邑となったという例によっても確かめられる。

かくて、漢人世侯李璮の勢力地、益都等路にテムゲ・オッチギン家が、史天澤の勢力地真定路にはツルイ家が、張栄の勢力地済南路にはカチウン家が分食するという具合に、従来の漢人世侯の勢力地に投下領主が分食するようになったのである。オゴタイ・ハーン即位二年、漢地で課税を徴収することになり、十路徴収課税所が置かれたが、この十路の中に真定路、済南路がある。当時の路は、かなり広域な単位であったことがわかる。ただし、このような広領域単位での分地の設定は、宗王や姻族（オンギラト家）などの有力支配層に対してなされた特別の配慮であった。（一〇）

二、漢人世侯と投下領主

オゴタイ・ハーンによる宗室功臣に対する漢地の権益の分配によって、漢人世侯たちは従来の勢力に影響を受ける事になった。漢人世侯の中には、オゴタイ・ハーンの戸口調査と行政区画の再編成、投下民戸を設定するためのハーン権力による線引きによって、従来の勢力地の一部を召し上げられる者もいた。例えば、順天の張柔、東平の嚴實は、モンゴルの金国経略に大貢献した人物で代表的な漢人世侯である。彼らの支配する州県はモンゴル軍の先鋒としての彼らの長年の複雑な経略活動を反映して、従来の金国の行政区画とは無関係のひろがりをみせていた。これに対して『滿城縣志』巻四　張柔神道碑には

丙申歳（一二三六）、析天下爲十道、沿金舊制劃界。保之屬城多爲鄰道所分割、閲數歳有詔特還之、陞州爲府、賜名曰順天。

とあり、丙申の歳、一二三六年に漢地を十道に分け、金時代の旧制によって画界が行われた結果、張柔は多くの属城を失ったのである。この画界が、オゴタイ・ハーンによる宗室功臣に対する漢地の権益の分配がなされたと同じ年に実行されていることから考えると、漢人世侯の支配地に対する画界の断行と宗室功臣に対する漢地の権益の分配とは無関係ではあるまい。東平の嚴實の場合は、『國朝名臣事略』巻六　萬戸嚴武恵公の条に

初、公之所統有全魏十分、齊之三、魯之九、及是画境之制行、公之地於魏則別爲大名、又別爲彰德、齊與魯則復以德、兗、濟、單歸于我。

とあり、かねて五十四城を支配していた嚴實の勢力圏から、画境の制度が施行された際、大名と彰徳が独立させられたのである。このように、オゴタイ・ハーンによる宗室功臣に対する漢地の権益の分配と同時期に行われた画境の制を適用され、従来の権益失う漢人世侯がいたのである。

それでは漢地に権益を分配された宗室功臣と漢地に権益を保持してきた漢人世侯は、具体的にどのような権力諸関係によって結びついていたのであろうか。結論を先に言えば、漢人世侯たちは、ハーンとの君臣関係に加えて、彼らの勢力地に権益を与えられた宗室功臣との間に、新たな関係を結ぶことになった。前掲の『山右石刻叢編』巻二十七大元故延安路兵馬總管袁公神道碑に

及大封宗室割所治為公主湯沐邑。有説公厚斂入謁可結主知、且無令同列得先之也。公曰、吾豈剥下市寵者耶。不行。

とある。この史料からは、オイラト駙馬家火雷公主の湯沐邑が設定された延安路の漢人世侯袁湘は、投下領主の私臣

になったような印象を受ける。しかし、実際は、漢人世侯は投下領主の私臣になったわけではなく、ハーンから任命された地方長官であり、国家の官吏であるという立場にあった。『元史』巻二 太宗本紀に、オゴタイ・ハーンの分地分民の制度実施に関連して、

耶律楚材言非便、遂命各位止設達魯花赤、朝廷置官吏収其租頒之。非奉詔不得徴兵賦。

とあり、漢地に投下民戸の設定を受けた投下領主は、その投下民戸が設定された地方の地方政府に私臣を監督官ダルガチ（達魯花赤）として送りこむことはできたが、勝手に兵賦を徴収することはできなかったのである。その地方の徴税を担当したのは、朝廷の設置した官吏であった。ところで、当時、各地方で民衆を管理し徴税にあたっていたのは、漢人世侯の統治機関であったのである。『常山貞石志』巻十六 無極縣庁事題名記に

大元以神武定天下、寵功裂土、犬牙藩衞、其官制・民賦・生殺與奪、咸専一方。

とあるが、これは無極県の漢人世侯の統治機関に関する史料である。この外、漢人世侯が投下領主の私臣ではなく、ハーンから任命された地方長官であったことを示す根拠としては、漢人世侯たちが、ハーンの代替わりごとに先代ハーンから賜った符節を返還し、新ハーンから新しく符節を賜り、その地位を安堵されていた事実を挙げることができる。

例えば、『牧菴集』巻二十四 武略將軍知弘州程公神道碑によれば、太原祁県出身の程達は、チンギス・ハーンの十三年（一二一八）に、兄通、弟進とともに、豪傑を従えて来帰し、その郷を完保して提控となり、さらに銀符監軍鎮撫軍民都弾圧管民総管となっていた。一二三五年、オゴタイ・ハーンの詔によって金符に易えて総管の上に位し、平陽、河中、京兆民二千をもって、鳳翔に屯田することになった。一二四二年、程達の死後、子の程介福が職を嗣いだ。その後、

其年、憲宗即位。凡中土列聖符節告身盡收之官。明年、覲還金符、仍位總管上、屯田鳳翔、制許専殺。……世祖立極、中統庚申（一二六〇）、收上符節告身如先朝。以前屢入覲潛藩、熟公還金符。

とあるように、モンケ・ハーンの即位の際にも、フビライ・ハーンの即位の際にも、程介福は、先代ハーンに賜った符節告身をいったん官に返還し入覲した際、あらためて新ハーンから地位を安堵され符節告身を賜ったのである。これは、外官と新ハーンとの君臣関係を確認する手続きであったと思われる。（一二）もう一例挙げておく。『圭齋文集』巻九張齊郡公先世碑に

皇元勅有中原樹建侯伯、經營四方、濟南張氏得國於齊。在東諸侯中脩臣職甚謹。權府張公受命我元爲齊陪臣、父子相承屢攝齊政、內治新政、外禦強鄰、彌縫周旋使齊事我元甚忠。故張公有功齊人甚大。世祖罷侯、歷城子孫仕于天朝。

とあり、済南の漢人世侯張栄の部下張迪について、史料中、斉の陪臣としているが、済南の漢人世侯張栄がハーンとの君臣関係にあったからこそ、張栄に仕える張迪を陪臣と表現したのである。文末に「世祖罷侯、歷城子孫仕于天朝」とあるが、フビライによって、漢人世侯張栄家が世侯としての存在を廃止されると、張迪の子孫は張栄家との君臣関係から離れて天朝すなわち元朝に仕えることになった。陪臣ではなくなったのである。

以上の諸例によって、漢人世侯は投下領主の私臣ではなく、ハーンから任命された地方長官であったことが確認できたと思う。

三、投下民戸と係官民戸の管理

漢人世侯のハーンから任命された世襲的地方長官としての地位に変化がなかったとすると、在地における漢人世侯の人的支配関係は、基本的に保持されたと考えられる。ここで非常に興味深い史料を紹介しておきたい。山東東部は、金末、民衆反乱軍紅襖軍首領から頭角をあらわした李全の支配下にあった。『牟平縣志』巻九　元昭武大将軍總管萬戸姜房墓碑によると、姜房は、山東半島の先端部寧海で土豪を糾合し義旅を組織していた人物であった。モンゴルに投降し、少保相公と称した李全は、姜房の実力を認め、寧海州同知を授け、のち昭武大将軍元帥左監軍寧海州刺史とした。やがてモンゴル朝廷は、彼を膠濰莒密寧海等州総管万戸とし金符を賜った。姜房は、十九年間、官にあり、庚子年（一二四〇）に亡くなった。このため、李全の継承者の山東淮南等路行省李璮が上表し、姜房の長子思明に総管の符節を承がせ、次子思聡に刺史の職を襲職させたのである。（二二）ここで注目すべきは、姜房が亡くなったのは、オゴタイの分地、分民が実施され、漢人世侯李璮の勢力地、益都等路がテムゲ・オッチギン家の分地となり、それまで益都等路に属していた姜房の本拠地寧海州がチンギス・ハーンの叔父トオリジン家の分地となって四年後のことであった点である。所属する投下領主が違うにもかかわらず、益都の漢人世侯李璮は、姜房の息子たちの襲職に影響力を及ぼしている。この史料によってわかることは、分地、分民制度実施以降も、地方行政にかかわる漢人世侯の支配機構は、維持されていたということである。おそらくこれは、漢人世侯が投下領主の私臣ではなく、ハーンから任命された地方長官であったという事実と対応している。つまり、姜房は、トオリジン家の分地の守土の官となったけれども、その一方でハーンから任命された寧海州の地方軍民長官であり、地方長官としては、益都を中心とする山東淮南等路行省李璮の地方政府の行政秩序の中にあったとみるべきであろう。

　さて、それでは、分地、分民後、漢人世侯の民戸に対する支配に変化はあったろうか。従来『元史』巻九　食貨志歳賜の条によって、各投下領主に分撥された投下民戸の戸数は判明していた。しかし、オゴタイ朝の戸口調査の際の各路ごと、あるいは各漢人世侯ごとの民戸数の統計は伝わっていない。このため、オゴタイ・ハーンによる投下民戸分撥が各地方で実際にどのように行われたのか不明である。ひとつの可能性としては、投下民戸分撥が指定された地方の漢人世侯管下の民戸を全て投下民戸とし、ハーンの係官民戸は分地の指定から外れている大都路、上都路、大同路（西京路）、遼陽路（東京路）大寧路（北京路）、河南府路（中京路）、汴梁路（汴京）、帰徳府などに集中していた形が想定できる。別の可能性として、漢人世侯管下の民戸を係官民戸と投下民戸に区分するけれども、そのいずれも従来通り漢人世侯が地方軍民長官として管轄する形が想定できる。

この点を考察する上で、済南路の例が参考になる。オゴタイ・ハーンの丙申年（一二三六）の投下民戸設定の際、済南路の五万五千二百戸がカチウン王家に分撥された。すでに述べたように済南路は漢人世侯張栄の勢力地であった。この張栄の幕下の姜椿について『松雪齋文集』巻八　大元故嘉議大夫燕南河北道提刑按察使姜公墓誌銘に

張侯來濟南披荊棘、立官府。公因侍父至府幕。幕僚魏君愛其才留之幕下。積一二年、凡簿書會計之事、問輙能答不差毫釐。張侯賞異之、由府吏升充左右司知事、屬大數戶口、俾公分領一路。

とあり、張栄が投下民戸のみでなく、大数戸口（係官民戸）を管轄していたことがわかる。この事例が、どの程度一般化できるかであるが、例えば、『秋澗文集』巻八十五　烏臺筆補　曹州禹城縣隷側近州郡事狀に、千戸功臣和斜拝答漢の分民が設定されていた曹州禹城県について

切見曹州所轄禹城縣去本州七百餘里、其親管並投下約四千餘戶

とあり、禹城県の四千余戸のうちには国家の官吏が親管する戸すなわち係官民戸と投下領主に属する投下民戸があったとある。(一三)なお和斜拝答漢は『元史』巻九十五　食貨志　歳賜の条に、丙申年（一二三六）、オゴタイ・ハーンから曹州一万戸を分撥された和斜温両投下に該当すると考えられる。とすれば禹城県四千余戸中の投下戸は和斜拝答漢が与

えられた曹州一万戸のうちの一部とみなせよう。このことから推測すると和斜拝答漢に対する投下民戸分撥に際しては、曹州を中心にその周辺の諸県から、あるまとまった戸数を投下民戸として分撥し、それらを集積して一万戸にしたもののようである。前掲史料には同じく和斜拝答漢に分撥された一万戸の一部と考えられる済州平陰県の五百戸についての処置も言及されている。おそらく、他の投下に対する投下民戸分撥に際しても同様の方式がとられたであろう。したがって張栄のように大数戸口と投下民戸の両方を管轄するというのが一般的なあり方ではなかったかと推測できる。(一四) さてかくて並存することになった投下民戸（五戸絲戸）と係官民戸とを同時に管理することは、漢人世侯にとって困難なことであったろうか。私は、それほど困難なことではなかったと考える。というのも投下民戸と係官民戸とには、税役負担上の差異がなかったからである。両者をことさらに区別して管理する必要はなかったのである。

そこで以下投下民戸と係官民戸の税役負担について検討しておく。『元史』食貨志にはモンゴルが漢地で実施した賦税について、以下のように述べている。オゴタイが漢地の民に課した賦税は、税糧と科差といったが、税糧は、

丁税、地税之法、自太宗始行之。初、太宗毎戸科粟二石、後又以兵食不足、増爲四石。至丙申年、乃定科徴之法、令諸路驗民戶成丁之數、毎丁歳科粟一石、驅丁五升、新戸丁驅各半之、老幼不與。其間有耕種者、或驗其牛具之數、或驗其土地之等徴焉。丁税少而地税多者納地税、地税少而丁税多者納丁税。工匠僧道驗地、官吏商賈驗丁。

とある。すなわち、漢地の民から穀物を徴収するこの制度はオゴタイ・ハーンが開始したが、最初、漢地の戸は、戸毎に粟二石を負担した。その後、兵食が足りないため負担は四石に増加した。分地分民が実施された丙申の年（一二三六）、穀物税は、科徴の法によって徴収された。科徴の法では、徴収方法が戸単位から丁単位、もしくは牛具の数あるいは土地の等級によって徴収する方式に切り替えられた。丁単位の税を丁税、後者を地税といった。丁税は民戸

の成丁に対して、丁ごとに毎年粟一石、駆は丁ごとに五升、新戸の場合には、成丁、駆丁ともに半額を納入する制度である。地税は牛具の数あるいは土地の等級によって粟を徴収する制度であるが、一つの民戸が丁税と地税の両方を負担したのではなく、丁税の額と地税の額を比べて、丁税が多くなる戸は丁税を納入し、地税が多くなる戸は地税を納入した。また、工匠、僧道は地税を納め、官吏、商賈は丁税を納入した。この丁税、地税を税糧といい係官民戸、投下民戸いずれもが負担した。

科徴の法と同じく、丙申の年、始めて実施されたのが絲料の法である。『元史』食貨志 科差の条に、

絲料之法、太宗丙申年始行之。毎二戸出絲一斤、並隨路絲綫、顔色輸于官、五戸出絲一斤、並隨路絲綫、顔色輸于本位。

とある。これは二戸ごとに絲一斤と随路の絲線、顔色を国家に納入し、五戸ごとに絲一斤と随路の絲線、顔色を投下領主に納入する制度である。これだけの説明では、係官民戸と投下民戸の絲料負担額の比較ができないので、補足しておくと、実は二戸ごとに絲一斤の負担と五戸ごとに絲一斤の負担は、どちらも投下民戸の負担すべき絲料なのである。一斤は十六両であるので、投下民戸が一戸あたり国家に納入すべき絲料は八両となる。一方、投下領主に納入すべき絲料は、一戸あたり三両二銭になる。したがって投下民戸一戸あたりの絲料負担額は合計十一両二銭になる。この十一両二銭は『秋澗文集』巻八十 中堂事記のフビライ政権成立期の五戸絲料に関する記事で投下民戸の絲料負担額として明記している二十二両四銭の半額である。すなわち

其法、毎戸科絲料二十二兩四錢、二戸計該絲二斤一十二兩八錢、其二斤卽係納官正絲。內正絲・色絲各半。外將毎戸騰餘六兩四錢、至五戸滿二斤數目、付本投下支用。謂之二五戸絲、以十分論之、納官者七分、投下得其三焉。

とある通りである。オゴタイ・ハーンによって絲料の法が実施された時の投下民戸一戸あたりの負担額十一両二銭であったものが、フビライ政権成立時には倍額の二十二両四銭となっているのは、時期は特定できないが、ある時期に負担額の変更がなされたと理解すべきであろう。ちなみに、一戸あたり粟二石の負担で発足した穀物税は、兵食不足を理由に粟四石の負担に倍増されたのである。

以上は、投下民戸の絲料負担額であるが、これに対してオゴタイ朝の係官民戸の絲料負担額について言及した直接の史料は見当たらないが、『元史』巻九十三　食貨志　科差の条に見えるフビライの中統元年（一二六〇）に定められた戸籍科差条例によると

元管戶内、絲銀全科係官戶、每戶輸係官絲一斤六兩四錢、包銀四兩、全科係官五戶絲戶、每戶輸係官絲一斤、五戶絲六兩四錢、包銀之數與係官戶同。減半科戶、每戶輸係官絲八兩、五戶絲三兩二錢、包銀二兩。

とあり、一戸あたりの絲料負担額は、係官民戸、投下民戸ともに二十二両四銭にそろえてある。つまり、係官民戸と投下民戸は、絲料負担額の面で何ら差異はなかったのである。このことから判断すると、オゴタイ朝においても同様であったと判断すべきであろう。(一五)すなわち投下民戸の絲料負担額が十一両二銭の時の、係官民戸の絲料負担額は十一両二銭、投下民戸の絲料負担額が倍増されて二十二両四銭とされた時の係官民戸の絲料負担額は二十二両四銭であったと考えられる。ところで、前掲、中堂事記の引用文の中で、「二五戶絲」と表現された内容について議論があるので、解釈しておく。(一六)この「二五戶絲」は、『元史』食貨志で「全科係官五戶絲戶」とある部分の「係官五戶絲」に対応しているのは明らかである。すなわち、「二」とは「係官」のことなのである。何故、このような表現になったかと言えば、投下民戸二戸が単位となって納官分の絲料がまとめられたからである。したがって、「二五戶絲」とは、二戸単位で納官する絲料と五戸単位で投下領主に納入する絲料をまとめて負担する投下民戸に則して表現した言葉で

ある。そして国家の側から言えば、投下民戸とは、係官分と投下領主分の絲料を同時に負担する民戸であったわけである。なお、オゴタイ朝の絲料の法、実施当時は、係官分が二戸で一斤、投下分が五戸で一斤、フビライ朝では、同じく二戸で二斤、五戸で二斤と非常に簡便な計算方法になっている。これは、徴収して集めたものを区分けするのに便利な方法であることに注目すべきであろう。

ところで、係官民戸、投下民戸ともにモンケ朝以来、包銀を負担したが、上掲史料に「包銀の数、係官戸と同じ」とある通り、負担額に差異はなかった。

この絲料と包銀をあわせて科差といった。以上を、まとめてみると係官民戸と投下民戸は税糧においても科差においても、法制上は一戸あたりの負担額に差はなかった。そして投下領主は、投下民戸を設定された地方の地方政府の監督官ダルガチに自己の私臣を配置することを許されたが、朝廷の官吏を通して五戸絲などを受け取る以外は、兵賦を勝手に分地で徴収することは禁じられたのであった。

ただし、これは建前であって、例えば、投下領主による最も激しい収奪を受けたとされる平陽では、投下民戸は国家によって決められた税糧と科差である「公賦」以外に「王賦」として貢金を負担させられた。[一七]また恩州を分地とする諸王火里吉は、官属に命じて民に子銭を貸しつけ、利息を倍徴している。[一八]このように投下民戸は、投下領主に分撥せられたことによって投下領主から苛斂誅求をうけることにもなったのである。多くの投下領主は、分地あるいは、分民に対する支配を強化し、権益を引き出すために投下官府を設置していた。[一九]さて投下領主のなかには、分撥された投下民戸が、従来通り漢人世侯に管轄されていることに不満な者もおり、彼らは機会をとらえてはハーンに対して完全な領主権獲得の要求を行った。東平に権益を獲得した投下領主と東平の漢人世侯嚴實家との紛争は、その典型的な例である。すなわち、『元史』巻百五十三　王玉汝傳に

辛丑（一二四一）、實（嚴實）子忠濟襲職授左右司郎中、遂總行臺之政。分封之家嚴氏總握其事、頗不自便、定宗卽位、皆聚闕下、復欲剖分東平地。

とあるように、東平に投下民戸を得た分封の家は、漢人世侯嚴氏がその地方を統轄していることを不自由として、分封の数年後、新たに即位したグユク・ハーンに対して、東平を分割してしまうことを要求したのである。なお、この史料からも、漢人世侯が投下民戸設定以降も従来通り投下民戸を管轄しており、そのことが投下領主の不満の原因であったことがわかるであろう。

四、分地分民後の漢人世侯の権力

オゴタイ・ハーンの戸口調査と分地分民の実施が、従来、各地方で世襲的地方軍民長官として封建領主的勢力を築いてきていた漢人世侯の権力にどのような影響をあたえたろうか、という問題を設定し検討してきた。以上の検討で、分地分民後もハーンによって任命された世襲的地方軍民長官としての漢人世侯の地位に変化がなかったこと、そして管下の人民が係官民戸と投下民戸に区分されて以降も、世襲的地方軍民長官として係官民戸と投下民戸の両方を管轄していたことがわかってきた。すでに検討したように係官民戸と投下民戸は税糧においても科差においても、法制上は一戸あたりの負担額に差はなかった。したがって、係官民戸と投下民戸の両方を管轄する漢人世侯は、税糧と科差の徴収については管下の係官民戸と投下民戸を殊更に区別する必要はなかったと思われる。つまり、漢人世侯は、管下の民戸から一戸あたり同額の税糧と科差を徴収した上で、その中から投下民戸の戸数分の五戸絲収入を投下領主の取り分として取り分ければよかったのである。以上要するに東平の嚴實、順天の張柔のような勢力範囲の削減、管下の人民の削減を蒙らなかった場合、分地分民後も漢人世侯の管下の軍民に対する権力には基本的に変化がなかったといえる。勿論、分地分民の実施によって、漢人世侯の勢力地には投下民戸を分配されたモンゴル支配層の権益が発生した。漢人世侯はハーンとの関係に加えて、このモンゴル支配層との間に新たな関係が発生した。そして、このモンゴル支配層との関係において、様々な困難や制限に直面することになった。しかし、今述べたように、世襲的地方軍民長官としての管下の軍民に対する権力は保持されたのである。

分地分民後、漢人世侯が蒙った制限としては、まず第一に、分地分民が実施された丙申の歳（一二三六）に、監督官としてのダルガチ（達魯花赤）が漢人世侯の上に配置されたことである。『牧菴集』巻二十四 譚公神道碑に

太宗之八年丙申（一二三六）、州縣守令上皆置監。動惟國言、公不能也。而受成説譯人慮其欺乃私與國言者遊、日董而月聒之。滿歳而盡能精曉。他日郡議不資用譯、庶務無滯、人盡異其不學而至。

とあり、ダルガチは州県守令の上に皆置かれたので、投下分地には投下領主の私臣が投下ダルガチに充てられ、係官地には、係官ダルガチが設定された。ダルガチは中国語を解さず、通訳を通して意思の疎通をはかった。漢人世侯がモンゴル支配層の利権を要求する強圧的なダルガチの態度に苦しむことも多かった。(一〇)

また投下領主は漢地の分地をモンゴリアにおける牧営地と同様に考えて、遊牧民の牧営地として利用しようとしたり、あるいは投下民戸を高利貸しの対象として収奪しようとした。

例えば、ツルイ家の分地とされた真定は、漢人世侯史天澤の勢力地であったが、ツルイ家のダルガチであるマングサルが国兵数万を真定の州郡に散処させたために大切な桑を切られたり、穀物を踏まれたりする事態となった。国兵とはモンゴル兵のことであり、彼らは農耕世界の価値観には無頓着であった。農業生産に深刻な影響を及ぼすモンゴル兵の展開の事態は、結局、漢人世侯史天澤の努力で解決し、国兵を嶺北に徙居させることができた。(一一)

高利貸しについては、恩州を分地とする諸王火里吉が官属に命じて民に子銭を貸付し利息を倍徴している例がある。(三二) 投下領主による最も激しい収奪を受けたとされるバツ大王の分地平陽道は、『陵川集』巻三十二 河東罪言によると

今、王府又將一道細分使諸妃・王子各征其民。一道州郡至分爲五七十頭項、有得一城或數村者、各差官臨督。雖又如漢之分王。王子、諸侯、各衣食官吏而不足。況自貢金之外、又誅求無藝乎。於是轉徙逃散、帝王之都邑、豪傑之淵藪、禮樂之風土、富豪之人民荒空蕪沒、盡爲窮山餓水而人相食、始則視諸道爲獨尊、乃今困弊之最也。

という状態になっている。これによると平陽の分地の投下民戸は、税糧と科差のほか、金を貢がされ、さらにさまざまに苛斂誅求されていたのである。

次に、分地分民後、漢人世侯が蒙った制限としては、モンゴルの王族の分地となった地方の漢人世侯は、一子を投下領主の宿衛に差し出さねばならなかったことが挙げられる。例えば、『山右石刻叢編』巻二十七 澤州長官段公墓碑に

公諱直、字正卿、姓段氏、世爲澤州晉城人。……甲戌(一二一四)秋、南北分裂、河北・河東・山東郡縣盡廢、兵凶相仍、寇賊充斥、公乃奮然興起、率鄉党・族屬爲約束相聚、以自守。及天子命太師以王爵領諸將兵來略地、豪傑並應。公遂以衆歸之。事定論功行賞、分土傳世一如封建法。公起澤、應得澤。遂佩黃金符爲州長官。……國初、凡守親王分地者一子當備宿衛。紹先(段直の子)宿衛王府。

とあるが、澤州の長官であった段直は、澤州が親王の分地となったために息子の段紹先を親王王府の宿衛として差し出している。

ところで、この質子制度に関して、従来の研究で言及されていない重要な側面を指摘しておきたい。それは親王分

地の漢人世侯の後継者には、投下領主の意向が反映し、質子として出され、王邸の宿衛に侍した子孫が充てられる場合が数例あることである。例えば、済南の漢人世侯張栄の後継者張邦傑は質子として投下領主のカチウン王家の王藩に侍していた。張邦傑の後継者張宏は、張邦傑と阿可亦真氏の間に生まれた。生地はカチウン王邸のあったと考えられる遼東兀魯回河である。(二三) 張宏は、『圭齋文集』巻九 河南江北等處行省參知政事張公先世碑に

藩王所奉子宏(張宏)朝和林、宏嗣國。

とあるように三代目の漢人世侯張宏は、投下領主のカチウン王家の藩王の後援を受けて襲職している。また、『秋澗文集』巻五十七 北京路總管王公神道碑銘によると、興平路の漢人世侯王誥の孫王遵は興平路総管を襲職しているが、彼は投下領主の藩邸に入侍していた人物である。興平すなわち平州はテムゲ・オッチギン王家の分地であったので、王遵はテムゲ・オッチギン王家の藩邸に侍していたのである。さらに、沁州の漢人世侯杜豊の後継者杜思明も王邸に侍していたと考えられる。(二四) また『山右石刻叢編』巻二十七 劉會碑に

懿旨超加驍騎衛將軍堅州都元帥兼節度使、懸帶虎符金牌便宜行事、……澤(劉會の子劉澤)……弱冠質于公主位下、……特蒙懿旨擬令子澤承襲職任、充堅州管民長官……

とあり堅州都元帥劉會の子澤は投下領主である公主位下に質子となっていたが、公主の懿旨により襲職できたのである。この外、鞏昌の世侯汪世顕の次子汪徳臣は、長子汪忠臣をさしおいて父職を襲いだが、それは彼が質子として仕えていた闊端王家の意向による。(二五)

以上の通りである。このような事例は、外にも多数あったものと考えられる。というのも投下領主にとって、分地の実際の政治を担当する世襲的地方長官である漢人世侯との関係を良好に維持する事は、重大な関心事であったと思われるからである。従来、漢人世侯と投下領主との関係について、例えば、愛宕松男氏のように、蒙古人諸王は軍民

官として自己の旧領内の民に臨んでいる漢人世侯を無視し圧迫したという理解が一般的であった。しかし、以上のような質子として投下領主の王邸に侍していた人物が投下領主の意向により漢人世侯の職を襲職している事例や、投下領主家と漢人世侯家の通婚の事例を考えるならば、両者の関係は対立的関係のみではなかったであろう。通婚の事例としては、テムゲ・オッチギン王家の当主タガチャルが妹を次々と分地の漢人世侯李璮に嫁せしめている例(二六)、済南の漢人世侯張栄家がカチウン王家と通婚している例(二七)、鞏昌の世侯汪世顕の子孫が闊端王家と通婚している例(二八)を挙げることができる。

実際に、漢人世侯と投下領主とが相互依存関係にあったことを示す史料も存在している。『圭齋文集』巻九　河南江北等處行省參知政事張公先世碑に

牙魯瓦赤建議常征外增銀六兩視絲綿中分折輸。嗣侯宣惠公（張邦傑）將遣使入奏而難府君請行。至白藩王曰、新邑民已定正賦。今又增額、將不堪命。王以聞、命遂罷。

とあり、済南の漢人世侯張邦傑は、朝廷の増税案に対して藩王の口添えをえてとりやめてもらったのである。このように投下領主と漢人世侯とが協力関係を保持する場面もあったことは注目すべきである。したがって、投下領主の権力とうまく結びついた漢人世侯の場合、その権力がむしろ強化された側面もあったのではないかと推測される。

いずれにしても、ハーンによって世襲的地方軍民長官の地位を許された漢人世侯の管下の軍民に対する権力は、分地分民後においても基本的に変化はなかったわけであり、『元史』巻百二十六　廉希憲傳に

國家自開創已來、凡納土及始命之臣、咸令世守、至今將六十年、子孫皆奴視部下都邑長吏、皆其皁隸僮使、前古所無。

とあったように、その地方支配の権力は、フビライ・ハーンの遷転法実施まで保持されたのである。

おわりに

オゴタイ・ハーンによる戸口調査と宗室功臣に対する分地分民の実施が漢地における権力諸関係に少なからぬ影響を与えたのは事実である。当時、漢地にあまねく存在し、納土の臣、始命の臣として実際に地方支配を行ってきたのは漢人世侯たちであった。彼らは、モンゴルに対して、軍事的協力を行い、軍糧を供出し、貢賦を納めれば、モンゴル権力が彼らの人民支配の内部にまで立ち入ることはなかった。

しかし　オゴタイ・ハーンによる戸口調査によって、漢人世侯管下の民戸は国家の戸籍に登録された。勿論、戸口調査以降も漢人世侯たちは従来通り管下の民戸を管轄したのであるが、戸口調査以降は、彼らが国家の管民官の資格において管下の民戸管轄を許された存在であることが確認されたのである。

さらに分地分民の実施によって漢人世侯管下の民戸の一部または全部が投下民戸とされた。それにともない世襲的地方軍民長官としての漢人世侯の上には監督官としてダルガチが配置された。本論では分地分民以降もハーンから世襲的地方軍民長官としての地位を許され、管下の係官民戸、投下民戸を管轄していた漢人世侯の権力は管下の軍民に対するかぎり基本的には変化がなかったことを明らかにした。そもそも漢人世侯の権力は世襲的地方軍民長官として一定の地方を子々孫々にわたって支配することに由来しており、この世襲的に地方政権を構成する基本のところが変わらなかった以上、漢人世侯がモンゴル朝を通して、その支配地において従来通り強大な権力を保持していたのは当然であった。

投下領主と漢人世侯の関係も必ずしも対立的ではなかった。漢人世侯の中には、投下領主との関係を良好に保ち、投下領主と結ぶことによって権力を強化するものもいたのである。

結局、フビライ・ハーンの漢人顧問郝経が即位間もないフビライに上奏した庚申年（一二六〇）四月一七の日付けをもつ「便宜新政」に「監司を建てて以って諸侯、諸鎮を治むべし。諸侯各兵民を握り、猝に罷むべからず。まさに監司を置きて以って其の権を収め、其の為す所を制さば則ち兵民息肩し政立つべし」とあるように、フビライ即位時においても漢人世侯たちは各地で兵民を掌握し、強力な存在であった。そして漢人世侯の権力をいかに回収するかが成立間もないフビライ政権が直面していた課題でもあったのである。

《注》

（一）愛宕松男「蒙古人政権治下の漢地に於ける版籍問題」（『羽田博士頌寿記念東洋史論叢』一九五〇年一一月）。

（二）『牧菴集』巻二十五　磁州滏陽高氏墳道碑に「金旣播汴、太祖徇地、北人能以州縣下者、卽以爲守令、僚屬聽自置、罪得專殺。」とある。

（三）拙稿「モンゴル朝の漢地における地方官制について」（『東洋史論』四号　一九八二年九月）、拙稿「モンゴルの金国経略と漢人世侯の成立」（一）（『四国学院大学創立三十周年記念論文集』一九八〇年二月）、愛宕松男「李璮の叛乱とその政治的意義」（『東洋史研究』六巻四号　一九四一年九月）。

（四）愛宕松男「元朝の対漢人政策」（『東亜研究所報』二三　一九四三年八月）。

（五）劉光義『蒙古元的封建』（廣文書局　一九六五年）。

（六）松田孝一「モンゴル帝国領漢地の戸口統計」（『待兼山論叢』十九　一九八五年十二月）、同氏「モンゴルの漢地統治制度―分地分民制度を中心として―」（『待兼山論叢』十一　一九七八年三月）。

（七）周良霄「元代投下分封制度初探」（『元史論叢』第二輯　一九八三年）。
（八）李治安『元代分封制度研究』（天津古籍出版社　一九九二年）。
（九）『陵川集』巻三十五　左副元帥祁陽賈侯神道碑銘。
（一〇）分地分民の設定状況については、李治安氏前掲書　第三章　五戸絲食邑分封、松田孝一氏前掲論文「モンゴルの漢地統治制度」参照
（一一）オゴタイ即位に関連しては、『山右石刻叢編』巻三十一　梁瑛碑に「己丑（オゴタイ元年、一二二九年）入覲。適改定天下官制、特授公金符、御前千戶。」とあり、『圭塘小藁』巻十　元故右丞相克哷神道碑銘に「太宗登極收天下符節」とある。
（一二）『牟平縣志』巻九　元昭武大將軍總管萬戶姜房墓碑に
年甫壯室、會金季大亂阻山濱海之鄉、盜賊尤熾千萬爲群、嘯聚林谷比獵人以充食、居民苦之、不能自活。公有憂衆之心、慨然以濟物爲己任、遂糾合土豪集義旅、冒患難歷艱危、被堅執銳者累年、竟殲厥元凶、平其餘黨、一方之人賴公得存者不可勝記。時少保相公李君方以整頓山東爲務、聞其忠義而嘉之特授以本州同知之職、自斯厥後積有勳效、累遷至昭武大將軍元帥左監軍寧海州刺史。……朝廷體其能加授膠濰莒密寧海等州總管萬戶仍錫金符以寵之。公在官凡一十九年庚子秋九月五日以病卒於任。……公男九人、長曰思明、次曰思聰……嗣後山東淮南等路行省公李君先少保之子也、念公之德、欲旌其代、遂表其長子俾承總管之符節、次子俾襲本部刺史之職。

とある。
（一三）『元史』巻九十八　兵志　兵制の条に、「(至元四年）二月、詔遣官僉平陽・太原人戶爲軍、除軍、站、僧、道、也里可溫、答失蠻・儒人等戶外、於係官・投下民戶、運司戶、人匠、打補鷹房、金銀鐵冶、丹粉錫碌等、不以是何戶計……」とあり、民戸の中に係官民戸と投下民戸があったことがわかる。なお、投下領主に付属する戸には、投下民戸の外に投下領主の私属戸があった。海老沢哲雄「元朝の封邑制度に関する一考察」（『史潮』九五　一九六六年）、周良霄「元代投下分封制度初探」（『元史論叢』第二輯　一九八三年）、李治安『元代分封制度研究』（天津古籍出版社　一九九二年）参照

（一四）『至正集』巻五十五　故進義副尉元氏縣主簿馬君墓碑銘に

聖朝既平金、平陽、太原郡各一王、遼山、和順故隷平陽、與太原接壤。守臣主彼者率其徒劫二縣民籍之。民從違相半、遂自爲敵日千百鬭擊。君（馬君）甚不平、謂衆曰聖天子既定封、民各有屬、此王之民而爲彼戶可乎。録其版白諸府。府畏忌不果行。

とあり、ジュチ家に分封された平陽管下の遼山県、和順県の民をチャガタイ家に分封された太原の守臣が奪うという事件があった。この時、民の代表の馬君は、「モンゴルのハーンが、分地を定め、民にはそれぞれ所属がある。この王の民であるのに、彼の戸になれるだろうか。」といって、戸籍を録して平陽府に持ち込み紛争解決を申し入れたが、平陽府は、ジュチ家、チャガタイ家に関わることであるので、畏れて処理しなかった。当時、平陽府は、漢人世侯李氏の本拠地であったが、投下民戸の問題が平陽の漢人世侯知平陽府事兼本路兵馬都総管李守賢（もしくは、襲職した李瑴）の所に持ち込まれたのは、彼が平陽管下の投下民戸を管理していたためと考えられる。

（一五）愛宕松男「元朝税制考　―税糧と科差について―」（『東洋史研究』二三巻四号　一九六五年三月）。

（一六）岩村忍『モンゴル社会経済史の研究』（京都大学人文科学研究所一九六八年）四二二頁は、『秋澗文集』の当該記事を引用し、「中央に納める二斤を五戸絲といい、これは後に交付金として投下に還元される。戸計が直接に投下に納める分を二五戸絲という。」と解釈している。この解釈では、引用した『元史』巻九十三　食貨志　戸籍科差条例で「絲銀全科係官戶」「全科係官五戸絲戶」と表現している中味が説明できない。

（一七）『陵川集』巻三十二　河東罪言。なお、モンゴル朝において規定上は公賦としての金の徴収はなかったはずである。しかし、『永樂大典』巻一三九九三　所載　大元故平州路達魯花赤行省萬戶贈推誠定遠佐運功臣大師開府儀同三司上柱國　追封營國公謚忠武　塔本行狀によると

以公（塔本）爲行省部元帥。歲庚辰（一二二〇）九月也。至則詢民間有所惡、即去之。所欲之未行者即先之。戶定額、人知程課。免於刑責。又郡中每歲出金四百定、比他郡特重。公力言於朝廷、得減五十定。世祖皇帝即位、中統元年八月

復受平灤路達魯花赤。

とあり、各郡は朝廷に対して、毎年、一定額の金を負担していたのである。

(一八)『滋渓文稿』巻二十三　王憲穆公行狀。

(一九)李治安氏前掲書　八五頁。

(二〇)『滋渓文稿』巻八　元故集賢學士國子祭酒太子右諭徳蕭貞敏公墓誌銘に「未幾、新郡倅至。倅西域人、怒則惡言詈吏。」とある。ほかに『石田文集』巻十三　覇州長忽速剌沙遺愛碑、『永清文徴』巻二　史丞相神道碑参照。

(二一)『國朝名臣事略』巻七　丞相史忠武王の条。

(二二)『滋渓文稿』巻二十三　王憲穆公行狀。

(二三)『國朝文類』巻五十　濟南路大都督張公行狀。

(二四)『平遙縣志』巻十一　沁州長官沁陽公神道碑銘、同書巻十一　故明威將軍吉州路達魯花赤杜公表銘。

(二五)『元史』巻一五五、汪世顯傳、『隴右金石録』巻五　汪忠烈公神道碑、汪忠讓公神道碑。

(二六)周良霄「李璮之乱與元初政治」(『元史及北方民族史研究叢刊』四　一九八一年)、杉山正明「クビライ政権と東方三王家—鄂州の役前後再論—」(『東方学報　京都』五四　一九八一年三月)。

(二七)拙稿「元朝における蒙漢通婚とその背景」(『アジア諸民族における社会と文化』国書刊行会　一九八四年八月)所収。

(二八)同前。

旅するペルデンタシー
―明代進貢西僧遊歴譚―

乙坂　智子

序

帝室の手あつい保護のもと元代の中国で威勢をふるったチベット仏教僧たちの痕跡は、元末にいったん途切れるが、明初洪武年間にはその来朝がたびたび記録され、新王朝が進貢者として彼らを歓迎したことを伝える。続く成祖政権は、カルマパ・パクモドゥパなどの中心的人物に法王号・王号を交付し、積極的な対チベット政策に着手した。(一)往来が活発化するなか、朝貢使の身分を以て京師に長期滞在するチベット仏教僧も現われる。のちにそれは、王朝の保護や公許あるいは黙認のもと、本来の姿である僧侶の身分を以て、少なからぬチベット仏教僧が京師寺院に住持する現象へと展開した。(二)

漢民族国家の復興者として登場した明の時代にあって、なぜ元代と同様に、非漢民族の、つまりは色目人の僧侶たちが優待を得たのか。彼らに何が託されたのか。その期待を誘引する彼らの在りようとは、いかなるものであったのか。

こうしたチベット仏教僧のひとりに、アムドの岷州から出たペルデンタシーなる人物がいた。彼に関しては、明実録や碑文などにもとづく紹介がすでになされている。[三]この小文では、ほぼ同時代史料に近いそれらの材料とともに後代の伝記記事をも対象として、彼の事蹟がどのように描かれているかをたどる。これは、中国と中央チベットのいずれにおいても優越的な位置を有しつつ、しかし、いずれにおいても来訪者でありつづけた僧侶の物語である。

一、出身と明朝への進貢

十五世紀前半のチベットと明朝との交渉に登場した岷州のペルデンタシー、という人物に関して、まとまった分量の伝記記事は『ドメ mDo smad 宗教史（テプテル＝ギャムツォ）』に見いだすことができる。[四]それによれば、彼の生まれは丁巳（洪武十、一三七七）の年、幼少から仏教への思いを抱いて勉学を始め、十五歳で出家した。アムドで修行を続けていたが、二十八歳のとき、師の供をして明朝を訪れ、「太宗 Tha'i zung 皇帝」に謁見した、と言う。『ドメ』の言う彼の生年が正しければ、この入朝は永楽二（一四〇四）年のことになるが、明実録に該当する記載はない。とはいえチベット方面からの進貢は明実録全体をとおして枚挙にいとまがないし、その多くが「番僧」「僧官」、すなわちチベットの地域社会で政治的・社会的権力を掌握していた仏教僧による朝貢であったから、ペルデンらが入貢したとしても、そのこと自体はさして不自然ではない。[五]

問題は、続く『ドメ』の記事にある。そこでは、後述するように、入朝したペルデンタシーに五世カルマパへの随伴という勅命が降り、明朝使節としての活躍が開始される場面が描かれる。なぜここでペルデンが、成祖政権の対チベット政策における重点事業であったカルマパとの交渉[六]の要員として抜擢されるのか。

『ドメ』の伝は、彼の父の兄弟には「モンゴルの帝師 Ti shri」や五台山に住持した者がいた、と記す。これがいわゆる元朝の帝師を指すとは考えにくいが、一族出身の僧侶たちが元代中国に参入していた可能性を示す伝承ではあろう。また、同じ兄弟のうち俗人であった者たちが、地元の「長 dpon」の地位にそれぞれ就いたとも述べられる。ペルデンの父も、この一人である。

康熙『岷州志』巻十六のペルデンタシー伝は、「班丹箚釈（<dPal ldan bkra shis）、本衛の人。俗姓、后氏」とする。同書は別箇所で、岷州には数代にわたり明朝の官職を受けつづけた后氏というチベット系一族がいたことを伝える。[七] これら二つの后氏が同一のものであるか否かは判定しがたいのではあるが、ペルデンの一族から在地の首長が複数輩出したとする『ドメ』の記述を考えあわせれば、おそらく何らかの関わりがあろう。[八]

これらの伝承によって現われるペルデンタシー一族の姿は、たとえば同じアムドの例としては河州弘化寺の張氏、[九] 中央チベットであればパクモドゥパのラン氏などを典型とする在地勢力[一〇]の形態と映る。すなわち、ある地域の有力血縁集団が、一族の男子を送りこむ教団・僧院と連携し、そこに集まる名望や利権を背景に在地社会を掌握する、という聖俗相互補完的な権力体である。ペルデンの一族の場合、出家者は元代の中国で尊ばれたという名望を、俗人は地域の長という政治的地位を担っていた。進貢したペルデンタシーに明朝が着目したこと、さらに遡ってペルデンタシーが朝貢者たりえたことは、彼がこのような出身母体をもつことによって理解される。

二、使節行

（一）明朝からカルマパへ――中央チベットへの奉使

『ドメ』はペルデンの入朝記事に続けて、「翌年、尊者テシンシェクパ De bzhin gshegs pa を迎接するためにドメのタウォツェガン Bra bo rtse sgang へ赴かれた。カルマの通訳者を命じられ、帝国に到着なさったとき……」と記す。ペルデンが五世カルマパのテシンシェクパを招請するための明朝使節団に加わっていたとするわけであるが、これについては疑問が大きい[一一]。

しかしながら、ペルデンタシーはおそらく五世カルマパの帰路には随伴している。北京の隆善寺に残された宣徳十（一四三五）年刻の「西天仏子大国師班丹扎釈寿像記」と題する碑文に[一二]、次の記載が見える。

永楽の間、之れを徴して闕に赴き京寺に館留せしむ。対揚して旨に称う。嘗て近臣と偕に大宝法王を陪送して遠く其の国に抵る。道力の致す所の神物護持もて山川を渉歴し、[略無険□□……（□は碑面破損。以下同じ）]。太宗皇帝、嘉歎すること之れを久しうす。授くるに僧録闡教を以てし、賜予甚だ隆んなり。

この碑文は、ペルデン在世中のものであり、カルマパ帰蔵の時期からも三十年ほどしか経ていない時期の刻石であるから、信憑性は低くない。永楽四年末に入謁したカルマパは五台山を経て永楽六年に帰還したとされており[一三]、永楽二年に入貢したペルデンが南京の寺院に「館留」したのち、カルマパ「陪送」の旅に出た、と考えれば年次のうえでも矛盾はない。実録も、洪熙元（一四二五）年以前のいずれかの時点[一四]で彼が僧録司右闡教であったことを記し（『明宣宗実録』巻十二　洪熙元年十二月戊寅条）、この職号授与が成祖政権によるものであった可能性の高いことを裏づける。

ペルデンがカルマパの帰路に従ったことは、『ドメ宗教史』もまた伝えるところである。そこでは、カルマパの中国滞在時に「皇帝によって、この尊者を代表とする一切の言行が完備した僧侶三十九人が、尊者カルマパの従者として送り出された。三十三歳のときに、カルマパのお供でカムのカル Kar 寺に赴かれた。翌年、ツルプゥ mTshur phu 寺におわしたときに……」とする。永楽七（一四〇九）年にカムのカルマ寺に、翌八年にウュのツルプゥ寺[一五]にいたことになる。『岷州志』巻十六の彼の伝が「永楽の間、烏斯 dBus 国に奉使す。河州従り境を出て……」とする箇所も、この旅を指すものであろう。

（二）パクモドゥパから明朝へ——中央チベット俗権と中国との調停

『ドメ宗教史』は、ペルデンのウュ滞在中のこととして、次の逸話を載せる。

> 翌年（永楽八、一四一〇年）、ツルプゥ寺におわしたときに、ウュの王タクギェンパ Grags rgyan pa が皇帝の御命令に従わなかったため、軍隊を発遣するという話があった。この尊者（ペルデンタシー）は、パクモドゥパの知事僧であるタクギェル Grags rgyal らを随従として率いて、辛卯（永楽九、一四一一年）の年に取りなしに出かけた。ディチュ'Bri chu 河が氾濫していたが、成道者の行ないによって渡河した。皇帝は、すぐに寛大さをお示しになった。金字使者（勅使）が派遣され、詔勅が送られた。王タクギェンに対しても、心配を晴らすようにとの賞賜の品が与えられた。三十七歳（永楽十一、一四一三年）のとき、皇帝の御命令によってウュへ赴かれた。ラマたちは拝謁して喜悦した。王を筆頭とする世俗の長たちは、「私どもを、酪乳を固めるがごとく取りはからってくださった、その深い恩はまことに大きい」と述べた。

この「王タクギェンパ」が、闡化王に封じられていたパクモドゥパのタクパギェンツェンであることは間違いない。彼の不服従に対する明朝の派軍という危機が出来したため、ペルデンが明朝に戻って調停し、その後また勅命によって中央チベット入りした、とする内容である。

『明実録』に、この事件を示唆する記事はない。しかし他の蔵文史料に、タクパギェンツェンが明朝軍発動の危機を五世カルマパの助言を得て回避した、という逸話があることを先論が紹介している。[一六] 明朝側の実情はどうあれ、元朝軍侵入の記憶をもつチベット側がそのような危機感を抱いて対処に動いた事実はあったかも知れない。(一七) こうした状況を仮定した場合、勅命によりチベットを訪れていたペルデンが仲介に当たる、という話の流れは不合理ではない。

『ドメ』のペルデン伝のなかでは、同型の話柄が、実はもう一度くりかえされる。前引の使節行で中央チベットに在ったペルデンは、自身に関する不穏な知らせを耳にした。

ある者たちが嫉妬のために皇帝に（ペルデンを）讒言したため批難が起こっているという話をお聞きになり、すぐに乙未（永楽十三、一四一五年）の年に宮殿へ向かった。皇帝は、しばし謁見すると御不興を解かれて、賞賜の品をお与えになった。

この逸話の傍証はないし、また、もしも肩書がすでにあったとしても僧録司闡教に過ぎないペルデンへの讒言が皇帝に達するかは疑問である。しかし、皇帝の不興・釈明の努力・不興の解除、という類似の記事が反復されている点は注意してよい。これが一つの話型として形成されていたとすれば、チベットにおいて明朝皇帝がどのような存在と観念されていたかがそこに反映されているからである。

いま一つ注目されるのは、三十七歳から三十九歳にかけてのことと記される先の中央チベット訪問の折り、ペルデンが各地各派の高僧のもとで聴聞に励む様子が描かれる点である。そこには、ゲルクパ・カルマパ・サキャパ・パクモドゥパ・タクルンパなどの僧侶が名を連ねている。この修学の旅でネットワークを培ったであろうことは、使節としての彼の行動に、明朝内部の使臣には望みえない基盤を見こませる材料たりえたことであろう。

(三) 明朝からカルマパへ——転生継承者との接触

『ドメ』の伝は、永楽十三年の入謁ののち北京の寺に滞在していたペルデンが、永楽二十一（一四二三）年、またも中央チベットへの奉使を命じられたことを語る。

永楽 **Yung lo** 二十一年の癸卯、カルマパの転生者について調べるためにウュに派遣された。翌年、お出かけになった。尊者の転生者は、コンポ **Gong po**、ツァリ **Tsa ri** におわした。[一八] 乙巳（洪熙元、一四二五年）の年に拝謁に赴かれた。道を見つけることができず、雪山が崩落して道が分断された。そののち大都 **Ta'i tu** の宮殿に赴かれ、宣宗 **Zon jung** に武英殿 **Wu yang ten** にて拝謁なさった。宣徳 **Zon te** 元年丙午（一四二六年）、チンギョツィウツェ＝タイカウシュリー **Tsing gyo tshi'u tse ta'i kau shri** の称号と、金二百両の印璽と純金をあしらった僧帽などが賜与された。

『岷州志』巻十六の伝が「又た恭卜国に奉使す。大雪山を過ぎるに、神の掃除して引路するを見る」とする「恭卜」は、コンポに違いない。雪山が立ちはだかったという点も共通するから、この回の中央チベット行を背景とする奇蹟譚と読める。

六世カルマパの伝記には、その九歳の辰年（永楽二十二、一四二四年）の直前部分で、彼が「ツァリ **Tsha' ri**」に赴いたのち、カルマ寺やゴム河周辺を経て「コンポ **Kong po**」に至ったことが見える。[一九] 前掲『ドメ』記事と、年次・地名ともほぼ符合することになる。

さらにこの使節行は、明実録中ペルデンタシーの初出となる次の三条に反映されているようである。

命じて僧録司右闡教班丹（班）札失（<**dPal ldan bkra shis**）を浄覚慈済大国師と為す。（『明宣宗実録』巻十二 洪熙元年十二月戊寅条）

烏思蔵大乗法王昆沢思巴の遣わせる国師班丹箚思巴・浄覚慈済大国師班丹扎失・四川直龍等簇番僧出思吉監蔵・天全六番招討司招討楊欽等、馬及び方物を貢し、万寿聖節を賀す。（『同前』巻十三 宣徳元年正月癸亥条）

……烏思蔵国師班丹箚思巴・浄覚慈済大国師班丹箚失等四百四十一人に鈔・文綺・襲衣を賜うに差有り。（『同前』巻十四　宣徳元年二月戊辰条）

先の『ドメ』記事は、洪煕元年、その五月に仁宗が没したのちの時点でペルデンタシーが宣宗に謁見し、翌宣徳元年に大国師号と賞与の品々を拝受した、と解される。実録では、大国師号授与が洪煕元年末とされ、翌年頭の物品賜与が万寿聖節祝賀に対する回賜とされてはいるが、同じ一連のできごとを指すだろう。『ドメ』の Tsing gyo tshi'u tse ta'i kau shri も実録の「浄覚慈済大国師」に還元しうる。ペルデンタシーが洪煕元年に旅から帰り、同年末から翌年初頭に宣宗から大国師号と賜与を受けた、と見ることは不可能ではない。

五世カルマパが永楽十三年に逝去したのち、六世カルマパの時代にも「哈立麻」の「大宝法王」の使者の入貢記録が七回ほど明実録に見いだせることはすでに明らかにされている。[二〇] ところが明実録では五世から六世への代替わりについての記載が見えず、明朝がカルマパの襲替について認知していたか否かが分からない。[二一] しかし、かりにペルデンのこの逸話が示唆する事実があったとすれば、五世の死およびその後の継承についての情報を明朝が得ていた可能性があることになる。

三、宗教生活

（一）京師にて

洪煕元年の帰朝ののち、ペルデンタシーは北京の寺院での宗教生活に入る。外部諸地域に遣使することに熱心であった成祖の時代が終わり、ペルデンタシー自身、五十の齢に達しようとしていた。

『ドメ』の伝は、前掲した大国師号授与の記事に続けて、ペルデンが「トゥングァ Khrun gwa の大寺におわした」とする。彼がそこで勅命により典籍漢訳などに従事したことが記されたあと、

丁未(宣徳二、一四二七年)の年に、皇帝からこのかたに昇叙のお祝いがなされ、住持場所であるトゥングァの大寺に対してタイルンシェン寺 Ta'i lung bshen zi なる栄誉ある名称が与えられた。壮麗な経典館一棟が営繕され、新たに高い塔頂をもつ仏殿と、居館と僧衆の住居を備えた五百余りの房室の館が造営された。……戊申(宣徳三、一四二八年)の年、……

との記載が置かれる。

「タイルンシェン寺」は、順天府におけるチベット仏教僧の拠点寺院の一つ、大隆善寺であろう。『日下旧聞考』の隆善寺記事(巻五十三 城市 発祥坊 崇国寺)によれば、「宣徳十年大国師巴勒丹札什寿像碑」がそこにあったし、また、この寺の名称は宣徳初期まで崇国寺であったから、「トゥングァ」と一致もする。

ただし、『寰宇通志』巻一 順天府 寺観 大隆善寺条には、宣徳四年に重建のうえ崇国寺から改名したとあり、『日下旧聞考』(同前)所載の「明憲宗大隆善護国寺碑記略」も、宣徳四年に「成」とする。『ドメ』がこれをペルデンの昇叙にかけて宣徳二年とすることは、たとえば単に着工竣工の時間のずれといったものかも知れないが、『ドメ』またはその藍本に、主人公を称揚するあまりの混乱があることを疑わせもする。しかし、「寿像記」碑文に、

宣宗皇帝践祚の初め、加うるに今号の金章・宝誥を以てし、特に之れを寵異す。吁、何ぞ其れ□□……大隆善寺を勅修し、師の居る所の丈室は遂に撤して之れを一新す。費やす所の費は咸な□□……

と見える。ここでもやはり隆善寺勅修には昇叙したペルデンへの褒賞の意味があったとされている。一部が欠損しているし、高僧称賛のための潤色の虞れという点ではこの碑文にこそ慎重を期すべきではあるが、少なくとも、碑文成

立の宣徳十年段階の隆善寺内において、重修とペルデンタシー昇叙とが関連づけられていたことは認められよう。

『ドメ』の伝記の宣徳二年部分の後半には、隆善寺においてペルデンタシーが白度母の瑜伽行といった修行に打ちこみ、弟子を中央チベットに派遣して寺院・高僧に献呈を行なわせたことなどが描かれ、京師にあっても彼があくまでチベット仏教僧として活動していた様子を伝える。翌年以降も、彼の動きはめざましかった。

戊申（宣徳三年）の年に、ジュンフン殿 Byung hu'ng ten にて皇帝に大輪の加持を、ペン殿 Phen ten にて無量寿仏九尊の灌頂を授けた。……甲寅（宣徳九、一四三四年）の年には、中国の役人のゴーハイ Gh'o ha'i とユンシェー Yon bzhad、インド南部の僧侶ラマ＝ヨギシャラ Yo gi shwa ra らに、比丘戒を授けた。『五十尊師』と『律学』を中国の言葉で講じた。宣徳十年乙卯（一四三五年）の正月に、正統 Cing tung 王が御位についた。宣宗 Zon jung が逝去された供養として、この尊者に対して称号の昇叙が手あつくなされ、格別な宝石の印璽が献ぜられた。皇帝の御仏事として十万泥印仏像の仏塔を修建した。辛酉（正統六、一四四一年）の年に、皇帝によって黄金のカンギュルが作成された折りには、目録をお書きになった。壬戌（正統七、一四四二年）の年に、皇帝に対して、王国の僧侶たちへのトゥテー Tu'u thes を請求したところ、僧侶三万七千人にトゥテーが賜与された。宣宗に対して儀礼を行ない、中国の官員を出家させ、英宗の仏事を執行した、と言う。彼が明朝国内で大量に発給させたという「トゥテー」とは、度牒であろう。

『岷州志』巻十七の「英宗賜国師班丹劄釈誥」は、英宗の命によって宣宗の追善供養をペルデンタシーが挙行したことを伝える。そこには、「三乗を究め、慧性円融」たる「弘通妙戒普慧善応輔国闡教灌頂浄覚慈済大国師班丹劄釈」が誠心を以て祖考に仕えたこと、そこでみずからの即位ののち「皇考宣宗章皇帝在天の福」のための大斎を修めさせたこと、その功績によって「誥・印を頒し、加封して弘通妙戒普慧善応慈済輔国闡教灌頂浄覚西天仏子大国師と為」すこと、が記される。(二二) 明朝皇帝が先帝の供養をチベット仏教僧に委ねた事例としては、成祖が五世カルマパに太祖の供養を行なわせた南京霊谷寺の大斎が著名であるが、宣宗・英宗交替期においても、チベット仏教僧、それも明朝から五世カルマパの随従に付けられた経歴をもつペルデンに、同様の仏事を営ませたことになる。

ペルデンの仏事に関して、「宝塔を慶讃するに彩雲の異」(『岷州志』巻十六 ペルデンタシー伝)が起きたといった奇蹟の描写がなされることは、五世カルマパの仏事の場合とよく似る。ペルデンにもまた不可思議な力があったとされるわけであるが、両者に共通する属性として、中央チベットから明朝への旅を経た僧侶である、という点がある。たとえば、「吐蕃」の山の石室に蔵される甘露の宝函を求めて再三使者が遣わされたが、みな大蛇奇獣を恐れてたどり着けない、と元代の文書(『元文類』巻五十九 湖広行省左丞相神道碑)に記されたり、チベット方面との境にある諸「雪山」をめぐる談義が明代随筆(『万暦野獲編』巻二十四 外郡 雪山)に見えたりするように、中国においてチベットへの道はごく困難なものと観念されていた。ペルデンが大雪山を通過するとき神が道案内をした、という前記『岷州志』の話も、この観念の所産にほかならない。遊行者が、苦難の旅をするというその行為によって畏敬を得ることは一般的な現象と言えようが、それがチベットとのあいだの往還であったとすれば、そこに生ずる驚きはより大きなものとなる。彼にはなるほどそれに足る宗教的異能がなくはあるまい、と、皇帝発願の仏事が彼に委ねられたことを知った人々が、この西僧が越え来たった茫漠たる空間を思い描く連想の型があったかも知れない。

正統年間のペルデンが皇帝から格別の顧慮を得ていたことも、漢文文献にたどりうる。正統六年に北京会同館大使の姫堅らが、京師の寺院に分住する国師・禅師・剌麻ら三百数十人に供する館夫・費用・物資の削減を上奏したが、これに対する回答は、「大国師班丹箚失・阿木葛は員ごとに十人を与え、剌麻は十人に二人を与う」と、ペルデンタシーを名指しのうえで多数の館夫の使役を認め、上奏の趣旨にむしろ反する厚遇を命じるものであった(『明英宗実録』巻七十九　正統六年五月甲寅条)。

さらに『ドメ』の言う度牒発給についても、関連を連想させる実録記事がなくはない。「南北二京及び各布政司の諸観の道童二千八百九十五人、各布政司及び西番諸寺の行童一万四千三百人を度することを命ず」(『明英宗実録』巻百一　正統八年二月戊申条)がそれである。「西番諸寺」と特に指定されるから、そこにはチベット仏教僧の働きかけがあったと考えるべきであろう。それがペルデンであるかは判明しない。しかし、先の姫堅らの上奏に示されるような外朝側の抑制的姿勢にもかかわらず皇帝が度牒発給を命じ、その際、チベット仏教寺院への配慮を特に示していることは、ペルデンの環境として留意してよい。

景泰三(一四五二)年、[二三]ペルデンはついに法王号を拝した。「西天仏子大国師班丹箚釈を封じて大智法王と為し、賜うに誥命を以てす」(『明英宗実録』巻二百二十二　景泰三年十月壬子条)の記録がそれである。カルマパ・サキャパに襲替させた大宝法王・大乗法王とは別に、一代かぎりの法王号がいくつか発行されたことが実録に見えるが、[二四]その最初の事例がペルデンに対する大智法王号授与である。これら新規の法王号は、チベットの出身母体ではなく京師における所属寺院を以て認識される僧侶を対象としており、従来の法王号に顕著な中央チベットとの交渉策という要素は稀薄である。永楽期までの対外政策的な方向とは一線を画する宗教事業の路線が出現し、その分岐点にペルデンは位置していたと言える。

(二)　岷州とのつながり

ペルデンが一貫して北京隆善寺に留まったのか否かは判然としない。前半生のような長途の旅行の形跡はないものの、『岷州志』巻十六の伝が景泰元年に「京師に詣る」と述べることからすると何らかの移動はしていたかも知れず、その場合、岷州との往来の可能性が浮かぶが、明瞭にならない。

とはいえペルデンと岷州との関係それ自体は、使節行の時期を含めて、確かに保たれていた。『ドメ』の伝に、「四十一歳の丁酉に、ルンドゥプデチェン Lhun grub bde chen の仏殿をお建てになった」と見え、永楽十五（一四一七）年の丁酉に、彼が岷州のルンドゥプデチェン寺（二五）の堂宇を造営したことが伝わる。同伝はまた、「第七ラプチュンの丁酉に建造されたのち、十一年が経った戊申宣徳の三年（二六）にさらなる営繕がなされて講聴の学問が整えられた。皇帝によって、タイトゥンキャウ寺 Ta'i khrung kya'u zi、すなわち貴い教えの寺という栄誉ある名称が碑文に記された」とも記す。宣宗が与えたというこの新名は、たとえば『岷州志』巻三が「岷番」の寺院の筆頭に挙げる「大崇教寺」にほかなるまい。京師における隆善寺勅修とほぼ同時期に、ペルデンゆかりの寺への奉仕が岷州においてもなされたことになる。

『ドメ』の伝に見える仏像や法具などから推して、蔵漢ふたつの名をもつこの寺での修学形態はチベット式と見えるが、蔵文・漢文いずれの経典も所蔵され、チベット名に「国師」「大国師」号を冠する僧侶たちもいた。岷州では政治的にも文化的にも蔵漢双方の要素の共存が顕著であったが（二七）、ペルデンタシーを通して明帝の保護が投下されたルンドゥプデチェン寺において、その傾向はいっそう明らかであったと考えられる。

前記『ドメ』記事の言う宣宗の勅碑が、『岷州志』巻十七に収録される「宣宗修大崇教寺碑文」であることは疑いない。その文面には、岷州という境界域のこの寺に対して明朝が抱いた意識を暗示する言葉が残る。それはまた、明朝がこの地に出身した西僧ペルデンタシーを寵遇した理由の一端をも示すもののようである。

> 朕惟うに如来は大覚性・大慧力・大誓願を具え……歴代、国家天下の任を有する者は皆な其の教えを崇奨して其の祀事を隆む。……今、京師自り四方の郡邑に及び、緇流の衆く紺宇の盛んなること、在在にて然り。況んや岷

州、其の地は仏の境と距たること甚だ邇く、其の人は仏の教えを習うこと甚だ稔むも、寺宇を顧みるに称わざること久し。……有司に命ずらく、岷州にて其の故刹に因り、撤して之れを新たにし、拓きて之れを広めよ、と。
殿堂は崇邃にして廊廡は周回し……特に之れを名づけて大崇教寺と曰う。……

王者による仏教保護という一般論から、岷州およびその寺院へと話題が絞られていくとき、岷州という土地が「仏の境」と「甚だ邇」く信仰があつい、と述べられる。地理的事実とはおよそ反して、仏教根本の地との近接性というイメージ[二八]が提出されている。

言うまでもなく中国王朝にとって仏教は本来的に異端である。それにもかかわらず、あるいはそれゆえにこそ、皇帝の名のもとでの国家仏事は権力表現の一形態として連綿と続けられた。「歴代、国家天下の任を有する者は皆な其の教えを崇奨」した、とする宣宗の論理もこの系譜上にある。ここにおいて、仏事や施与行為を行なおうとする主体は、それが有意味であることの説明を試みる。先の勅修碑は、仏の土地に近い、というイメージにおいて岷州を語り、したがって当地の仏宇には中国の一般的寺院にはない意義があると読みとらせ、目下の勅修の価値を示そうとするものである。

岷州のチベット仏教寺院が施主たる者にこのような試みの場を与えたことを考えれば、勅修事業の契機ないし理由となったペルデンタシーへの寵遇は理解しにくいものではない。明朝、なかんずく皇帝は、ペルデンを介することによって、より純度の高い仏教という魅力ある保護対象を設定しえたからである。

蔵漢の史料によって紡がれるペルデンタシーの物語は、高僧伝にふさわしい誇張や混乱をはらみつつ、明実録やチベットの一般的年代記などとは異なる具体相において、明朝とチベット仏教との関わりを語る。そこには、ペルデンというチベット仏教僧を勅使として送りこむことによって中央チベット諸勢力との通好を図り、パクモドゥパとの摩擦を円滑に解決し、カルマパの転生者との接触を果たす明朝の姿があった。こうして、知識と情報の裏うちを想像させる交渉が描写されるわけであるが、これらの逸話にのうちには、傍証をもつことがらも少なくなかった。

他方、漢民族復興者でありながら明朝は、チベット仏教僧への賜号昇叙、京師滞在の援助、帝室仏事への採用、拠点寺院の勅修など、保護の姿勢を鮮明に表現していた。そこには対チベット交渉における彼らの功績に報いる意味もあったが、チベット仏教それ自体の宗教上の優位性を宣揚し、価値ある施与事業として提示する意図も看取された。また、遠行を繰りかえしたペルデンが老境を迎えて僧院生活へと回帰していく筋立ては、一僧侶の生涯の軌跡であるとともに、成祖政権終了を境にチベット仏教との関わりを対外政策から宗教事業へとずらしつつあった明朝の変化を映してもいる。

転じて中央チベットの場面では、成祖の不興と軍事的危機という知らせに鋭敏に反応したパクモドゥパが、カルマパに扈従していたペルデンに調停を依頼する場景が描かれる。怒っては派軍さえ懸念させ、釈明を受けるや褒賞を与える、という明朝皇帝の振るまいが、その揺さぶりによって、パクモドゥパから対明工作を引き出している。加えて、パクモドゥパ・カルマパがここで協同しており、明朝への対応という共通の難題を前にするとき諸勢力間に紐帯が生ずることも語られる。つまりこの逸話は、警戒すべき気難しい権力者という明朝皇帝の役どころが、在地勢力に政治的運動を促す起動力として、そして諸勢力間の求心力として、みずからの君主を欠く分裂期チベットにおいて作用していく構図を暗示するものである。

では、以上のようなできごとの数々を出現させるペルデンタシーとは、いかなる存在なのか。

彼が聖俗両界に力をもつ在地勢力の家系に出身していることは、基本的に重要である。これによって、活動の起点となる入朝と勅命拝受は説明される。後年の岷州チベット仏教寺院勅修という事業も、彼のこの出自を抜きにしては考えにくい。

次に重要なのは、そもそも進貢者であった彼が、一転して明朝の使者となりえた点である。彼が、「明朝へ」と「明朝から」という二つの方向性を兼有する存在であった、と言い換えてもよい。政治的にも文化的にもチベット・中国双方の要素が共存する境界地域に成長し、自身ふたつの言語を操ったこの人物は、明朝に対してはチベットの人であり、中央チベットに対しては、いわば相対的に、明朝の人たりえた。

チベット仏教僧、という彼の存在形態が決定的な意味をもったことは言うまでもない。中央チベットにおけるペルデンは、諸派の僧侶たちの教えを求めて自在に動く。壮年期以降、京師に滞在して優遇を享受したことも、彼が王朝にとって有用な宗教者であったことによる。

進貢者から勅使へ、そして本来の宗教者へ、と、ペルデンはいくつもの役柄を割り振られる。しかし、そこに一貫するのは、何者かと何者かとを「つなぐ」機能が彼に負わされていることである。岷州と明朝を、中央チベット諸勢力と明朝をつないで彼は遍歴する。そのとき彼にこの役割を果たさせているものは、外部者たる彼の在りようにほかならない。中央チベットにも、中国にも、彼は帰属していない。パクモドゥパの貴顕たちから感謝を捧げられ、なみいる高僧たちの知遇を得ても、彼は必ず東に戻る。明朝京師にいかに長く滞在しても、皇帝の周辺およびチベット仏教僧が集住する寺院という限られた世界で、仏事と日課に明け暮れる。彼は、こうして異域からの客でありつづける。

ペルデンタシーが、どのように生涯を閉じたかは伝わらない。『ドメ』の伝は、その六十九歳、すなわち正統十（一四四五）年の部分で終わっている。明実録が載せる景泰三年の法王号授与の記事が、最後の消息となる。わずかに『岷州志』巻三 輿地下 岷番条が、岷州には明代から清康熙年間に至るまで代々国師や僧官を輩出してきた「后」氏なるチベット系一族がいると記す。彼らは「大智法王班丹劄釈の後」である、と言う。

《注》

（一）Elliot Sperling, "Did the Early Ming Emperors Attempt to Implement a "Divide and Rule" Policy in Tibet ? " in *Contributions on Tibetan Language, History and Culture*, ed. by Ernst Steinkellner and Helmut Tauscher（Wien: Universität Wien, 1983）, pp. 339-356. 佐藤長『中世チベット史研究』（京都、同朋舎、一九八六年）一三一―二四七頁、王森『西蔵仏教発展史略』（北京、中国社会科学出版社、一九八七年）二三六―二六〇頁などを参照。

（二）乙坂「帰ってきた色目人 ―明代皇帝権力と北京順天府のチベット仏教」（『横浜市立大学論叢』人文社会科学系列、五一巻一・二合併号、二〇〇〇年三月、二四七―二八二頁）。

（三）黄顥「北京法海寺蔵族助縁僧人考」（『拉薩蔵学討論会文選』西蔵、西蔵人民出版社、一九八七年）七七―七九頁、同『在北京的蔵族文物』（北京、民族出版社、一九九三年）三一―四一頁。

（四）dKon mchog bstan pa rab rgyas, ed. by Lokesh Chandra, *The Ocean Annals of Amdo, Yul mdo smad kyi ljongs su thub bstan rin po che ji ltar dar ba'i tshul gsal bar brjod pa: Deb ther rgya mtsho*, part 3（New Delhi:Smt. Sharada Rani, 1975）, ff. 159b-165a. dKon mchog bstan pa rab rgyas, ed. by sMon lam rgya mtsho, *mDo smad chos 'byung: Deb ther rgya mtsho*（甘粛、甘粛民族出版社、一九八二年）, pp. 679-684.

（五）永楽期の岷州からの朝貢記事としては、永楽二十一年末から二十二年頭（一四二四年）にかけての数条がある（『明太宗実録』巻二百六十六　永楽二十一年十二月丙寅条、『同前』巻二百六十七　永楽二十二年正月己丑条、正月辛卯条、二月辛亥条）が、ペルデンまたは師の名に該当する人名はない。しかし、いずれも「岷州衛番僧」あるいは「岷州衛……等簇首番僧」によるものと記載され、岷州からの進貢もチベット仏教僧によってなされたことが分かる。

（六）Hugh E. Richardson, "The Karma-pa Sect. A Historical Note," *Journal of the Royal Asiatic Society*, part 1 (1958), pp. 147-149. Elliot Sperling, "The 5th Karma-pa and Some Aspects of the Relationship between Tibet and the Early Ming," in *Tibetan Studies in Honour of Hugh Richardson: Proceedings of the International Seminar on Tibetan Studies*, ed. by Michael Aris and Aung San Suu Kyi (Warminster: Aris & Phillips, 1980), pp. 280-289. 佐藤『中世チベット史研究』一三一―一七六頁。

（七）『岷州志』巻十三に、元末に甘粛・寧夏の地方官であった朶児只班（<rDo rje dpal）が洪武期に帰順して后姓を賜与されたのち岷州衛の官とされたこと、子の后安、孫の后能、曾孫の后泰の代々が指揮使司系官職を拝して岷州衛に在ったこと、が記される。『元史』巻四十六　順帝本紀　至正二十五年二月戊午条に、寧夏の守備を命じられたとして記録される「甘粛行省平章政事朶児只班」が、このドルジェペルであろう。『明実録』にも后氏一族の消息が散見することは、注（八）を参照。

（八）後述のようにペルデンは岷州のルンドゥプデチェン寺（大崇教寺）を中興することになるが、明朝がこの寺に着目する時期と、土官后氏に関与する時期とは、奇妙に一致する。まず、宣徳元年または三年にこの寺を勅修している（後述）が、宣徳三年には岷州衛指揮使后能を都指揮僉事に昇任し、宣徳四年には彼の請願を認めて后氏一族旧有の田土の回復を命じている（『明宣宗実録』巻四十二　宣徳三年閏四月辛丑条、『同前』巻五十八　宣徳四年九月癸丑条）。成化八年四月には、大崇教寺荒廃にともなう戍卒削減の記事が現われ、その翌日および六日後に、岷州守備都指揮僉事后泰に対する弾劾の記事が載る（『明憲宗実録』巻百三　成化八年四月癸酉条、甲戌条、己卯条）。この成化八年四月条を除けば、実録の大崇教寺関連記事約四十条のほぼすべてが定型的朝貢記事に過ぎないから、この一致は単なる偶然とは思われない。このことからも、ペルデンタシーの后氏と岷州の土官一族后氏との関連が推測される。

（九）Tomoko Otosaka, "A Study of Hong-hua-si Temple Regarding the Relationship between the dGe-Lugs-Pa and the Ming Dynasty,"

Memoirs of the Research Department of the Toyo Bunko, No. 52 (1994), pp. 81-89.

（一〇）山口瑞鳳『チベット』下（東京、東京大学出版会、一九八八年）六六—七〇頁に見える「氏族教団」の解説を参照。

（一一）『ドメ』自身が記すペルデンの生年と進貢時の年齢が正しいとすれば、ここで言う「翌年」は永楽三（一四〇五）年となり、カルマパに対する迎請使発遣が永楽元年とされる（佐藤『中世チベット史研究』一三二頁）ことと矛盾する。迎請使とカルマパとの接触が永楽四年、カルマパの南京到着が同年末である（『同前』一三四—一三五頁）ことからすれば、ペルデンは途中から迎請使一行に加わった、といった可能性はあろうが、可能性の域を出ない。ただし、『清涼山志』巻四に、建文三（一四〇一）年に「大智法王」を求経のため西土に派遣し、その翌年には「大智法王班丹札釈」にカルマパを迎接させたとの記事が見える。いずれも事実ではないと考えられるが、ペルデンタシーがカルマパを出迎えたという話は、話として流布していたのかも知れない。

（一二）北京図書館金石組編『北京図書館蔵中国歴代石刻拓本彙編』第五一冊（北京、中州古籍出版社、一九九〇年）七九頁。

（一三）佐藤『中世チベット史研究』一三五—一三九頁。

（一四）僧録司闡教職拝受の年次について、碑文は五世カルマパ陪送の旅から帰還した時点のこととしているようであり、これを『ドメ』の伝に当てはめれば、三十五歳（永楽九、一四一一年）から三十七歳までの期間のこととなる。一方、『ドメ』は、この叙任を四十三歳（永楽十七、一四一九年）のときのこととしている。

（一五）カルマ寺はリウォチェ東のゴム河沿岸、ツルプゥ寺はラサの西八十キロほどに位置する。Richardson, "The Karma-pa Sect," part 1, p. 139 および Karma Thinley, *The History of the Sixteen Karmapas of Tibet* (Boulder: Prajñā Press, 1980), p. 28を参照。

（一六）佐藤『中世チベット史研究』一四九—一五〇頁。『ケーペーガトン』に拠る指摘である。

（一七）宣宗によるチベット派軍計画が回避された、との逸話もある（*Deb ther rgya mtsho*, ed. by Lokesh Chandra, part 3, f. 166a, ed. by sMon lam rgya mtsho, p. 685)。

（一八）コンポとツァリについては Alfonsa Ferrari, *Mk'yen brtse's Guide to the Holy Places of Central Tibet* (Roma: Is. M. E. O, 1958),

p. 51, p. 127, Map A を参照。

（一九） Si tu paṇ chen Chos kyi 'byung gnas, *History of the Karma bka'-brgyud-pa Sect : sGrub brgyud Karma kaṃ tshang brgyud pa rin po che'i rnam par thar pa rab 'byams nor bu zla ba chu sel gyi phreng ba*, vol. 1 (New Delhi: D. Gyaltsan & Kesang Legshay, 1972), f. 260b.

（二〇） 佐藤『中世チベット史研究』一七五―一七六頁。

（二一）『明太宗実録』中、カルマパの大宝法王に関しては、個人名であるテシンシェクパとトンワトンデンの表記が見えない。他方、大乗法王および五つの王号授与者については個人を載せているし、ある王の死の知らせを受けて襲替の手続きをとったことも記している（『明太宗実録』巻百六十四 永楽十三年五月丙辰条 護教王の事例）。こうしたことから、実録においては明朝がカルマパの情報には通じていなかったかの印象を受ける。

（二二） この誥勅は重要である。なぜなら明実録においては、洪熙元年に僧録司右闡教から浄覚慈済大国師に昇されたペルデンタシーと景泰三年に西天仏子大国師から大智法王に昇されたペルデンタシーとが同一人物であることを示す記録がなく、『ドメ』伝記も、法王号拝受以前の記述で終わっているからである。英宗即位時に大国師から西天仏子大国師に昇叙されたことを証明する本誥勅によって、彼の経歴が同じペルデンタシーのものとして一本につながる。なお西天仏子大国師への昇叙の時期は、本誥勅と、彼を西天仏子大国師と記す宣徳十年の「寿像記」とにより、宣宗が没した宣徳十年正月から同年中のことと推定される。

（二三）『岷州志』巻十六のペルデン伝は、これを「正統庚午（景泰元、一四五〇年）」とするが、実録に従う。

（二四） 大通法王（『明英宗実録』巻三百十二 天順四年二月庚申条）・大悟法王（『明憲宗実録』巻五十三 成化四年四月庚戌条）・大応法王（『明憲宗実録』巻百二十六 成化十年三月庚戌条）・大済法王（『明憲宗実録』巻二百二十二 成化十七年十二月壬戌条）・大慶法王（『明武宗実録』巻六十四 正徳五年六月庚子条）・大徳法王（『明武宗実録』巻百二十一 正徳十年二月戊戌条）・大善法王（『明武宗実録』巻百二十五 正徳十年五月辛亥条）。極盛の正徳期に先立ち、成化期すでにチベット仏教

僧厚遇が顕著であったことが分かる。成化期の仏教界については、野口鐵郎「明代中期の仏教界―左善世継暁をめぐってのノート―」（『中国の宗教と社会（東洋史学論集、第七）』一九六五年一月、一八九―二三二頁）が、チベット仏教僧の事情も含め、詳しい。

（二五）蘆清海「岷県大崇教寺」（李焔平・趙頌堯・関連吉編『甘粛窟塔寺廟』蘭州、甘粛教育出版社、一九九九年、三四五―三四七頁）は、元世祖代にこの寺を創建したチベット族宣慰使がペルデンタシーの父祖であるとする。

（二六）『岷州志』巻三　輿地下　岷番条に、「大崇教寺。城の東北四十里に在り。宣徳元年、勅建」と見える。もちろん創建ではなく重修を指す記述であり、『ドメ』の宣徳三年説と対立するが、いずれが正しいかを決定する材料はない。

（二七）政治的に、岷州が在地のチベット人有力者に明朝官職名を被せた土官体制にあったことは、龔蔭『中国土司制度』（昆明、雲南民族出版社、一九九二年）一二九三―一三〇〇頁を参照。文化的にも、たとえばペルデンタシーが若年期に所属した「岷州 Men ju の……シン寺 Zhin zi という中国寺院」では、チベット名をもつ僧侶たちが道果などチベット式の教育を授けている（『ドメ』ペルデンタシー伝）。

（二八）このイメージは、まとまった数のチベット仏教僧が中国に登場した元代における、その登場のしかたに源泉をもつようである。世祖とその側近のチベット仏教僧は、チベット仏教僧が「西天」の出身であることを強調しつつ、これを中国仏教僧よりも優越的な存在として位置づけようとした（乙坂「国家と道教教団―一三世紀モンゴル政権による弾圧と優遇の構図―」（田中文雄・丸山宏・浅野春二編『道教の教団と儀礼』野口鐵郎編集代表、講座道教第二巻（東京、雄山閣出版、二〇〇〇年））、四一―四三頁）。この言説が通行したことは、たとえばマルコ＝ポーロの書が、カシミールやチベット出身の「バクシ」、すなわちチベット仏教僧を、全仏教徒の宗家と述べることに表われる（Luigi Foscolo Benedetto, ed., *Marco Polo Il Milione prima edizione integrale a cura di Luigi Foscolo Benedetto sotto il patronato della Città di Venezia* (Firenze: Leo S. Olschki-editore, 1928), p. 38, pp. 63-64)。

清太宗ホンタイジによるモンゴル諸王の冊封

楠木　賢道

はじめに

本論文は、ホンタイジが大清皇帝に即位した際に行った諸王冊封を分析し、ホンタイジの政権構想と対モンゴル政策を検討するものである。

入関前の清朝の政権としての到達点を、天聡十年（一六三六）四月におけるホンタイジの大清皇帝即位に求めることに異存はあるまい。即位にあたっては、四月八日、満文の表文を宗室の鑲白旗旗王ドルゴンが奉呈し、モンゴル文の表文をホルチン部長でありトシェート＝ジノンの称号を持つバダリが奉呈し、漢文の表文を都元帥孔有徳が奉呈し、ホンタイジを皇帝に推戴している。そして十一日、ホンタイジは中華王朝の伝統に従い、満洲・モンゴル・漢人の諸臣を率いて天壇に赴き、「天」に対し「臣ホンタイジ」と自称して、皇帝に即位すること、国号を大清、年号を崇徳と定めることを祭告した。このことは、清朝皇帝が、ドルゴンに代表される宗室の諸ベイレが率いる八旗、バダリに代表される諸首長が率いる内モンゴル諸部、及び孔有徳に代表される漢人軍閥が率いる投降漢人を支配することを象徴的に示している。つとに説かれていることであるが、最近では石橋崇雄氏が新たな史料を発掘してこの説の精度を高めている。(一)

ただこの説では、満・蒙・漢が、清朝の支配構造のなかで、どのような位置を具体的に占めていたのか明らかにされていないのである。確かに清初の政権そのものと換言しうる八旗は、満洲・蒙古・漢軍の民族別編成になってゆくが、八旗蒙古は牧地を離れてアイシン国に内属したモンゴル族を編成した軍団であり、孔有徳らの率いる漢人軍閥である天佑兵・天助兵は、佟養性らが率い後に八旗漢軍に編成される軍団とは別個の独立した軍団であり、かつ八旗と内モンゴル諸部軍・漢人軍閥軍の関係は説明されていない。

このような疑問点を踏まえ、筆者は一連の論文により、入関前の清朝政権は、皇帝が八旗のうち直轄の両黄旗を率いて権力の中心に位置し、ホンタイジを大清皇帝に推戴した宗室の諸ベイレが残りの六旗を率いて取り囲み、さらにその外縁を外藩モンゴルの諸首長が麾下（ジャサク旗）を率いて取り囲むという構造に収斂されていったこと、また八旗とジャサク旗がその起源から、一つの構造を構成する連続した部分であったことを具体的に明らかにした。[二]また片岡一忠氏は、清朝が皇帝を中心に中央組織―地方組織と土司が取り巻き、その外側に朝貢国・互市国が配置される円（「中華王朝体制」）のほかに、「ハーン」を中心に内王（八旗）を内側に、外藩王公（ジャサク旗）を外側に配置する円（「ハーン体制」）を持つ二層構造であったという説を展開した。[三]

実はホンタイジの大清皇帝即位に関係する一連の儀礼のなかには、ホンタイジ推戴や天壇における祭告のように満・蒙・漢世界の支配者という大清皇帝像を示すもののほかに、筆者の説を裏付ける重要な儀礼も行われていた。それが諸王冊封である。そこで本稿では、中国第一歴史檔案館所蔵『内国史院檔』に収められる崇徳元年諸王冊封の檔冊の内容を分析しながら、諸王冊封のなかに、どのようなホンタイジの政権構想が込められていたのか、またその構想を実現するためにホンタイジはどのような対モンゴル政策をとっていたのかを検討する。

一、『崇徳元年満洲・蒙古の衆貝勒らに勅書を与え、王・貝勒に封じた書』について

本稿で取り扱う崇徳元年の諸王冊封を記した檔冊は、中国第一歴史檔案館所蔵の『内国史院檔』の第十一冊として整理されており、石橋崇雄氏が一連の研究で用いた『内国史院檔』の第十冊『登ハン大位檔』[四]とともに同じ箱に収められている。

この冊はタテ35.5cm、ヨコ23.5cmであり、他の『内国史院檔』より一まわり小さい。また他の満文檔冊と同様に左側をこよりで綴じてあり、「崇徳元年檔」と記した題箋を張り付けた表紙と、整理者によって00001～00057までのアラビア数字で葉番号が印字された本文からなる。ただし00001は、「〇崇徳[元]年満洲・蒙古の衆貝勒らに勅書を[与]え、王・貝勒に封じた書 wesihun erdemungge [suc]ungga aniya manju, monggo i geren beise de ejehe [bume] wang, beile fungnehe bithe:」（文字を□で囲んだ部分は破損しており、楠木が推定・判読した部分である。以下同様）と大書されており、元来の表紙にあたる。以下、本稿ではこの檔冊を『崇徳元年封王貝勒書』と略称することにする。その内容は、崇徳元年四月二三日にヌルハチの諸子侄とその裔たる宗室の諸ベイレ（アイシン＝ギョロ姓）と牧地に留まりながら帰順したモンゴルの諸首長（多くがダヤン＝ハーンと東方三王家の裔でボルジギン姓）を冊封したときに与えた冊文の写しである。

崇徳元年四月二三日に宗室の諸ベイレ・モンゴルの諸首長を冊封した事実は、冊封された者の名前や王号とともに、『旧満洲檔』にも記載されている。[五] ただし冊文は『旧満洲檔』には収録されていない。

また『登ハン大位檔』の崇徳元年四月二三日の部分を見てみると、

大清国の寛温仁聖皇帝の旨で、ハンの宮殿(boo yamun)の名、衆王の等を定めた。一等の者を和碩親王という。

二等の者を多羅郡王という。三等の者を多羅貝勒という。四等の者を固山貝子という。（第三十三葉裏）

と、爵制を定めたことを記すのみである。このため『登ハン大位檔』の記載にとらわれた石橋氏は、これを宗室の冊封と考えたようで、「ハンが名実ともに中央集権的な皇帝権を確立するためには、特に宗室一族内における他のグサのベイレたちとの間に上下関係を導入することが最優先の課題であったことをよく示していよう」(六)と論じ、このとき宗室の諸ベイレとともに、モンゴル諸首長が冊封されたという重要な事実に言及することはなかった。

そもそも皇帝による諸王冊封は前漢より始まり、これは皇族・功臣や周辺諸国の首長に王号を賜与して皇帝の絶対的下位に置き、皇帝が全てに超越した権力者であることを視覚的に示すための儀礼である。

ところがこの崇徳元年の諸王冊封の記録が、ホンタイジの大清皇帝即位に伴いなされた諸行事を事細かに記録している『登ハン大位檔』には、極めて不完全なかたちでしか載録されてないのである。そして独立の檔冊『崇徳元年封王貝勒書』が作成されているのである。なお多くの検討すべき点もあろうかと思うが、現在のところ筆者は、ホンタイジの大清皇帝即位に関連する諸記録のうち、特に諸王冊封の記録を除いて『登ハン大位檔』が作成され、諸王冊封については特に『崇徳元年封王貝勒書』が作成されたと考えている。ではなぜ『登ハン大位檔』から諸王分封の冊封が除かれ、別の檔冊が作成されたのか。それは、「天」に対してホンタイジが自らを「臣」と称して皇帝即位を祭告する記録が『登ハン大位檔』の中心的な内容になっており、ホンタイジが全てに超越した権力者として行う諸王冊封が、天壇の祭告と対をなす中華皇帝の最重要儀礼だったからだと筆者は考えている。(七)

さて『崇徳元年封王貝勒書』は、本来の表紙であったと考えられる00001を除くと、00002～00039が宗室諸ベイレ、00040～00057がモンゴル諸首長の部分となっている。残念ながら、冊封にあたって具体的にどのような儀礼を行ったのかを示す式次第は載録されていない。

00002には、まず「大清国の寛温仁聖皇帝《ハン》が大位に即いて多くの兄弟らをみな王に封じた」とあり、以下、冊封された宗室諸ベイレの目録となっており、「〇アンバ＝ベイレ、ダイシャンを兄として、和碩礼兄親王とした」というように、冊封された宗室の諸ベイレ九名の名前と王号が箇条書きされている。ただ授けられた王号は、『登ハン大位檔』に記される和碩親王・多羅郡王・多羅貝勒・固山貝子の四等ではなく、和碩親王・多羅郡王・多羅貝勒の三等である。この九名の宗室の諸ベイレの名前・王号と記載順は『旧満洲檔』と一致する。

また00003以下は冊文の写しとなっている。ただ00003表〜00006表は破損がひどく、各葉の上半分が存在しないため、該当部分にあたる礼親王ダイシャンと鄭親王ジルガランの冊文の内容を把握することは困難である。内容を把握できるのは00006裏の睿親王ドルゴンの冊文からである。この宗室ベイレの各冊文を通覧すると、当然のことながらダイシャン・アミン・マングルタイ・ホンタイジらによる権力闘争のなかで諸王がとった行動のうち、ホンタイジが何を評価したかが、記述に色濃く反映されていることがわかる。ホンタイジの大清皇帝即位前後の政権中枢の権力構造を検討する上で貴重な資料となろう。今後、その内容は八旗八分体制という視点から分析・検討すべきである。

筆者が本稿で注目したいのは、モンゴル諸首長の冊文の部分である。00040の冒頭は、

　〇多くの地方のベイレの[らの]功を弁別して、大功ある主立ったベイレに[冊文を与え]王に封じた。副功ある
　[ベイレ]にしかるべく、称号を与えた。

とあり、以下、冊封されたモンゴル諸首長の目録となっており、「〇バダリを和碩トシェート親王とした」というように、冊封された者の名前と称号が箇条書きされている。授けられた王爵は和碩親王三名・多羅郡王五名の二等である。また和碩親王・多羅郡王・多羅貝勒・固山貝子の四等の王爵には入らないが、ビントゥ王(bingtu wang)に封じられたホルチンのコンゴルがいる。さらに王爵ではないが、多羅ダルハン＝ダイチン(doroi darhan daicing)など、冒頭

に「多羅(doro)」がつく称号を授けられた首長が五名いる。これら合計十四名のモンゴル諸首長の名前・称号は、記載順に若干の異同もあるが、『旧満洲檔』と一致する。ただし十四名中、十三番目に記されている多羅ヒヤ=ベイレ(doroi hiya beile)の称号を授けられたトメトゥ部のゲンゲルは、目録部分では塗抹されている。

ではなぜゲンゲルが塗抹されているのであろうか。『欽定外藩蒙古回部王公表伝』(『四庫全書』本)巻二十五、土黙特部総伝には、ゲンゲルは同時に多羅ダルハンの称号を受けたトメトゥ部のシャンバの一族であり、崇徳二年に罪を得て、部衆を編成した旗を率いる王公を意味するジャサクの職を解かれ、部衆をシャンバが率いるようになったことが記されている。順治初纂満文『太宗実録』巻三十九、崇徳二年十月六日の条には、

トメトゥの jasagūn hiya noyan ゲンゲルは、子年(崇徳元年)に昌平州を取った戦で、自分勝手に纛を祭った故に、jasagūn hiya noyan の名を革去して、三九の家畜を取った。

とある。"jasagūn hiya noyan"は、モンゴル語"jasay-un kiya noyan"を満洲語の標記体系にしたがい綴ったものであり、「領主」を意味するモンゴル語"noyan"は、満洲語"beile"に相当する。したがって"jasagūn hiya noyan"は「ジャサクのヒヤ=ベイレ」と訳すことができ、崇徳元年四月二十三日に授けられた称号も革去されたことがわかる。以上のことから、『崇徳元年封王貝勒書』は、冊封が行われた崇徳元年四月からゲンゲルが失脚する崇徳二年十月までの間に作成された、ほとんどリアルタイムの檔冊であり、ゲンゲル部分の塗抹はゲンゲル失脚を踏まえて施されたものであると判断される。なお『崇徳元年封王貝勒書』のゲンゲルの冊文(00056表裏)には、塗抹修正の指示が施されていないが、これは修正者が、目録部分に修正を施せば後の閲覧者は意図を解すると、判断したからであろう。なおその後の清朝の史書の編纂からは、ゲンゲルに多羅ヒヤ=ベイレの称号を与えた事実を削除するという方針は撤回されたようで、『旧満洲檔』・『満文老檔』・各種の『実録』は、冊封された十四名の最後尾にゲンゲルを記して

いる。

モンゴル諸首長冊封の目録部分に続く00041表裏では、なぜ冊封を行うのか、その理由が皇帝に即位したホンタイジの旨として語られており、非常に興味深い。まずその全文を翻訳して示す。

天命で時代を承った寛温仁聖皇帝の旨、天地の定まって以来、一時代を承った皇帝がいれば、必ず政治に協力する地方のベイレらがいる。功名を区別し称揚することは、古の聖帝らの始めたこと。いま我は大位に即いて、古の聖帝らに倣って、内・外といって区別せず、みな一様に思い、あらゆる地方のベイレらの功を区別して、冊文を与え、等を定めた。この冊を受け取った者は公正な心で政治に協力し、法度を正しく行え。終始信義を忘れるな。このようなことを成し遂げれば、恩は父祖に及ぶ。福は子孫に残る。代々永久に貴く暮らすぞ。慎め。怠慢にするな。

「内・外といって区別せず」の「内」が宗室の諸ベイレ、「外」が牧地に留まりながらも清朝に帰順していたモンゴルの諸首長を指すことは明らかであろう。すなわち伝統的中華王朝の制度に倣い冊封を行ったのであるが、アイシン=ギョロ姓の宗室の諸ベイレとボルジギン姓のモンゴルの諸首長を冊封したのであり、この冊封儀礼からは漢人は排除されていたのである。中華王朝への志向という点では、ホンタイジ推戴や天壇の儀礼と軌を一にしながらも、この点で決定的な違いを見せている。ホンタイジは、建国・皇帝即位に伴う諸王冊封という極めて中華王朝的な儀礼を行いながらも、自らが八旗のうち直轄の両黄旗を率いて権力の中心に位置し、宗室の諸ベイレが残りの六旗を率いて取り囲み、さらにその外縁をモンゴルの諸首長が麾下であるジャサク旗を率いて取り囲み、清朝支配を盛り立てるハーン体制という極めて北アジア的な支配の枠組みを理念的に強化しようとしていたのである。

もちろん周知のように、ホンタイジは大清皇帝即位にともない、天佑兵・天助兵と名付けられた投降漢人軍の首領である都元帥孔有徳、総兵官耿仲明・尚可喜に恭順王・懐順王・智順王という王号を授ける。しかし、それが日を改めて四月二十七日に行われていること、[八]そしてその王号が和碩親王以下の王爵にあてはまらないことから判断すると、王号を授けられた孔有徳・耿仲明・尚可喜らを、諸王冊封が理念的に強化するハーン体制の枠外の例外的な存在としてホンタイジが考えていたことは明らかである。そのような考えは、順治元年（一六四四）十月に宗室諸王の進封にともない、呉三桂を平西王に冊封し、[九]順治六年五月に孔有徳・耿仲明・尚可喜を定南王・靖南王・平南王に進封[一〇]して以後も、その王号から判断する限り、ドルゴン・順治帝・康熙帝に受け継がれていったものと考えられる。

00042以下は冊文の写しとなっている。このモンゴル諸王の各冊文を通覧すると、後世の冊文のように諸王がアイシン国のためになした事績がステレオタイプとして記されているのではなく、[一一]ホンタイジが諸王の事績の何を評価したかを、個別具体的に記した冊文が多い。そして全体を通覧したとき、八旗との対比のなかでホンタイジが内モンゴル諸部をどのように位置づけようとしていたのか、すなわちホンタイジの対モンゴル政策の全容を理解できるようになっている。そこで次章では、まず各冊文全文を訳出し、つぎにその内容とホンタイジの対モンゴル政策の関係を検討する。

二、モンゴル諸王の冊文と対モンゴル政策

(一)冊文の翻訳

以下で、冊封されたモンゴル族首長十四名の冊文全文を『崇徳元年封王貝勒書』の満洲語原文から訳出する。なお『崇徳元年封王貝勒書』では、各冊文が連続して書かれていたり、次の冊文を記す場合に数行あるいは半葉の空白を

挟んでいる場合がある。（　）内に記した葉番号が必ずしも連続していないのは、そのためである。

①ホルチン部の和碩親王バダリの冊文（00042表～00043表）

チャハルの兵が汝らのホルチンを征服するために行ったとき、多くの兄弟らがみな敗走するのに、バダリ汝の父オーバ＝ホン＝タイジは城で受けとめて攻めた。それ以後、我らに向かって非常に信頼できる心を抱いて叩頭しに来たので、皇考太祖は慈しみ子を与えて婿とし、トシェート＝ハンと称号を与えた。それから同じ法に従い、混乱なく暮らした。方々の戦に随行して、尽力して働いた。汝の父トシェート＝ハンが亡くなったので、バダリ汝にトシェート＝ジノンという称号を継がせ与えた。汝は背いて行くハイライ・ガルジュ・ブヤンダイ・ベグレイ・セブレイらを兄弟とは思わずに法で処断した。大同に出征したとき十二堡を取った。さらにジャサクトゥ＝ドゥレン・ドゥルベトと一緒に合同して二堡を取ったと、また陸して和碩トシェート親王とした。

我の敦厚な心を損ない背いたり、反乱する罪を始めたりするならば、和碩親王を断絶し革職する。戦で敗走するならば定めた法に従う。それ以外の罪を犯したとて、和碩親王を革職しない。子孫に代々断絶せずに継承する。

②ホルチン部の和碩親王ウクシャン（00043表～00044裏）

ウクシャン汝の叔祖バガ＝ダルハン＝バトゥル＝ベイレはノンのホルチンのあらゆるベイレらに先んじて皇考太祖に娘を送ってきて姻戚となって絶えず通った。汝の実の祖父マングス＝ジャルグチ＝ベイレもホルチンのあらゆるベイレらに先んじて、我に娘を送ってきて姻戚となって絶えず友好に通った。さらに汝の祖母・母・汝らも汝の妹を我に送ってきて幾重にも姻戚となったので皇考太祖は慈しみ、ウラ・イェへの逃人を連れてくることを中止した。チャハル兵が汝らのホルチンを征服しに行って、ケルジュルゲンの城を囲んだとき、あらゆる兄弟らはみな敗走したけれども、ウクシャン汝はチョルモンの城に駐してチャハルの兵員を殺して、馬・駱駝を獲て献上してきた。皇考太祖の崩御したとき、聞いてすぐに弟マンジュシリを服喪の礼で会いに送った。ドゥンクイに出征したとき弟マンジュシリはノンのホルチンのベイレらがみな引き上げたのに、汝の弟マンジュシリは戦の真ん中をめがけて合流してきた。ハラチンのスブディが攻めることができなかった百名に汝の弟は二十名の僚友を率いて攻め取った。北京に出征したときウクシャン汝は一緒に行っていた。チャハルに出征したとき、イルドゥチ・マンジュシリ・ディヤチ・ヤンシャンらと一緒に明の殺虎口からチャハル=ハンのシャン・ノミン=テムル・ガンディ=ヒヤ=バクシらを捕らえて連れてきた。帰還し引き上げてくるときアバガ=カラという名の場所で、山寨を築いた三百名の者をウクシャン・マンジュシリは攻め取った。離叛したハイライ・ガルジュ・バヤンダイ・ベグレイ・セブレイらを兄弟と思わず、法で処断した。大凌河に出征した際に、弟の子チョルジが我に随行していた。大同に出征したとき、五旗を率いて二堡を攻め取った。終始同じ心で働いたと、和碩ジョリクトゥ親王とした。

我の敦厚な心を損ない背いたり、反乱する罪を始めたりするならば、和碩親王を断絶し革職する。戦で敗走するならば定めた法に従う。それ以外の罪を犯したとて、和碩親王を革職しない。子孫に代々断絶せずに継承する。

③チャハル部の固倫額駙・和碩親王エジェイ（00045表～00046表）

固倫額駙エジェイを和碩親王として冊文を与えて封じた。封じた冊文の言葉。

天命で時代を承った寛温仁聖皇帝の旨、天地の定まって以来、一時代を承った皇帝がいれば、必ず固倫公主を与えた固倫額駙らがいる。爵位を区別し慈しむ礼を定めたことは、古の聖帝らの始めたこと。これこそ万世不変の道理。

いま我は大位に即いて、古の聖帝らに倣って、冊文を与え固倫額駙らの爵位を定めた。この冊を受け取った者は公正な心で政治に協力し、法度を正しく行え。終始信義を忘れるな。このようなことを成し遂げれば、恩は父祖に及ぶ。福は子孫に残る。代々永久に貴く暮らすぞ。慎め。怠慢にするな。

エジェイ汝は元来モンゴルの大元国の末裔。チャハルのリンダン＝ハンの子であった。我が兵を送って汝を従わせて連れてきた後、国の末裔をどうしてすっかり断絶させようかと慈しみ、我の子固倫公主を与えて固倫額駙として、またさらに称揚して和碩親王とした。

汝は我の敦厚な心を損ない背いたり、反乱する罪を始めたりするならば、和碩親王を断絶し革職する。戦で敗走するならば定めた法に従う。それ以外の罪を犯したとて、和碩親王を革職しない。子孫に代々断絶せずに継承する。

④アオハン部の多羅郡王バンディ（00047表～00048表）

天命で時代を承った寛温仁聖皇帝の旨、天地の定まって以来、一時代を承った皇帝がいれば、必ず固倫公主を与えた固倫額駙らがいる。爵位を区別し慈しむ礼を定めたことは、古の聖帝らの始めたこと。これこそ万世不変の道理。いま我は大位に即いて、古の聖帝らに倣って、冊文を与え固倫額駙らの爵位を定めた。この冊を受け取った者は公正な心で政治に協力し、法度を正しく行え。終始信義を忘れるな。このようなことを成し遂げれば、恩は父祖に及ぶ。福は子孫に残る。代々永久に貴く暮らすぞ。慎め。怠慢にするな。

バンディ汝の父セチェン＝ジョリクトゥはチャハル＝ハンの悪道のため、我に来帰したいと使者を遣わして、続いて汝らの管下の国人を率いて離叛してきた。さらにまたチャハルの国境の国人を奇襲して俘虜を献上してきた。バンディ汝を我も慈しみ固倫公主を与えて、固倫額駙として、またさらに称揚して多羅郡王とした。

汝は我の敦厚な心を損ない背いたり、反乱する罪を始めたりするならば、多羅郡王を断絶し革職する。戦で敗走するならば定めた法に従う。それ以外の罪を犯したとて、多羅郡王を革職しない。子孫に代々断絶せずに継承する。

⑤ホルチン部の多羅ジャサクトゥ郡王ブタチ（00049裏〜00050表）

ブタチ汝は元来汝の兄トシェート＝エフといっしょに法が一つとなって以来、方々の戦で尽力し従軍し働いた。大同に出征したとき、三堡を取って、三名の官、七十五名の者を捕らえたと、多羅ジャサクトゥ郡王とした。我の敦厚な心を損ない背いたり、反乱する罪を始めたりするならば、多羅郡王を断絶し革職する。戦で敗走するならば定めた法に従う。それ以外の罪を犯したとて、多羅郡王を革職しない。子孫に代々断絶せずに継承する。

⑥ホルチン部の多羅バトゥル郡王マンジュシリ（00050裏〜00052表）

マンジュシリ汝の叔祖ミンガン＝ダルハン＝バトゥル＝ベイレは、ノンのホルチンのあらゆるベイレらに先んじて、皇考太祖に娘を送ってきて、姻戚となって絶えず通った。汝の実の祖父マングス＝ジャルグチ＝ベイレもまたホルチンのあらゆるベイレらに先んじて我に娘を送ってきて姻戚となって絶えず友好に通った。さらに我に祖母・母・汝らも汝の妹を送ってきて、幾重にも姻戚となった。チャハルの兵が我らのホルチンを征服しに行って、ケルジュルゲンの城を囲んだとき、兄弟らはみな敗走したけれども、マンジュシリ汝は兄と一緒にチョルモンの城に駐してチャハルの兵の者を殺して、馬・駱駝を捕らえて献上してきた。皇考太祖の崩御したとき、聞いてすぐに服喪の礼で会いに来た。ドゥンクイに出征したときノンのホルチンのベイレらはみな引き上げたのに、マンジュシリ汝は戦の真ん中をめがけて合流して来た。ハラチンのスブディが攻めることができなかった百名に二十名の僚友を率いて攻め取った。約束に違わずハンのもとに合流して来た。北京に出征したとき一緒に行っていた。大同に出征したとき、七堡を攻め取った。終始同じ心で働いた、と多羅バトゥル郡王とした。

我の敦厚な心を損ない背いたり、反乱する罪を始めたりするならば、多羅郡王を断絶して革職する。戦で敗走するならば定めた法に従う。それ以外の罪を犯したとて、多羅郡王を革職しない。子孫に代々断絶せずに継承する。

⑦ナイマン部の多羅ダルハン郡王フン＝バトゥル（00052表裏）

フン＝バトゥル汝は、チャハル＝ハンは悪い、我に来帰したいと、使者を遣わして、続いて汝の管下の国人を率いて来帰した。さらにまたチャハルの国境の国人を奇襲して俘虜を献上してきたと、多羅ダルハン郡王とした。

我の敦厚な心を損ない背いたり、反乱する罪を始めたりするならば、多羅郡王を断絶し革職する。戦で敗走するならば定めた法に従う。それ以外の罪を犯したとて、多羅郡王を革職しない。子孫に代々断絶せずに継承する。

⑧オンニュート部の多羅ドゥレン郡王スン＝ドゥレン（00052裏～00053表）

スン＝ドゥレン汝は、アルのただの一地方のベイレであった。汝の管下の隷民を率いて来帰したと、多羅ドゥレン郡王とした。

我の敦厚な心を損ない背いたり、反乱する罪を始めたりするならば、多羅郡王を断絶し革職する。戦で敗走するならば定めた法に従う。それ以外の罪を犯したとて、多羅郡王を革職しない。子孫に代々断絶せずに継承する。

⑨ホルチン部のビントゥ王コンゴル（00053表裏）

コンゴル汝はノンのホルチンの地方の一族のベイレであった。さきの皇考太祖に娘を送ってきて姻戚となった。さらにまた汝の兄ジャルグチ=ベイレの子を送ってきて我と姻戚となった。離叛するハイライ・ガルジュ・ブヤンダイ・セブレイ・ベグレイらを兄弟と思わず、法で処断したと、ビントゥ王とした。

我の敦厚な心を損ない背いたり、反乱する罪を始めたりするならば、ビントゥ王を断絶し革職する。戦で敗走するならば定めた法に従う。それ以外の罪を犯したとて、ビントゥ王を革職しない。子孫に代々断絶せずに継承する。

⑩オンニュート部の多羅ダルハン=ダイチン=ドゥン（00054表）

ドゥン汝は元来アルの地の一人のベイレであった。汝の管下の隷民を率いて来帰したと多羅ダルハン=ダイチンの名を与えた。

我の敦厚な心を損ない背いたり、反乱する罪を始めたりするならば、多羅ダルハン=ダイチンの名を断絶し革去する。戦で敗走するならば定めた法に従う。それ以外の罪を犯したとて、多羅ダルハン=ダイチンの名を革去しない。子孫に代々断絶せずに継承する。

⑪四子部の多羅ダルハン=ジョリクトゥ=オムブ（00054裏〜00055表）

オムブ汝は元来アルの地の一人のベイレであった。汝の管下の隷民を率いて来帰した。さらに大凌河に出征した際に、汝の兄センゲはアジゲ=ベイレと一緒に錦州の兵を阻んだとき戦ったことはよい。チャハルに出征したとき一人のベイレを捕らえてハンに送ってきた。大同に出征した際に七堡を取った。大同の城から出た兵三百名の中にウバシ=タイジ・ソノム=ランスを捕らえた。チャハルを尽く連れてくるとき、四名のベイレと一緒に汝の弟イルジャムが行っていたと、多羅ダルハン=ジョリクトゥの名を与えた。

我の敦厚な心を損ない背いたり、反乱する罪を始めたりするならば、多羅ダルハン=ジョリクトゥの名を断絶し革去する。戦で敗走するならば定めた法に従う。それ以外の罪を犯したとて、多羅ダルハン=ジョリクトゥの名を革去しない。子孫に代々断絶せずに継承する。

⑫ハラチン部の多羅ドゥレン=グルスヒブ（00055裏～00056表）

グルスヒブ汝の父スブディ=ドゥレンは元来ハラチン国でタブナンであった。我に通じ始めて以来、心の変節なく通じた。さらにハラチンの国人を先頭に立って率いて来帰したと、汝の父の功でグルスヒブ汝を外藩蒙古のベイレらの銜として、多羅ドゥレンの名を与えた。

我の敦厚な心を損ない背いたり、反乱する罪を始めたりするならば、多羅ドゥレンの名を断絶し革去する。戦で敗走するならば定めた法に従う。それ以外の罪を犯したとて、多羅ドゥレンの名を革去しない。子孫に代々断絶せずに継承する。

⑬トゥメト部の多羅ヒヤ=ベイレ=ゲンゲル（00056表裏）

ゲンゲル汝は元来トゥメト国のタブナンであった。ブヤン=ベイレの使者と一緒に使者を遣わして、後に国人を率いて来帰した。大凌河に出征したとき汝の弟である一人の大臣が陣亡した。朔州に出征したとき一つの台を攻め壊して、人・家畜一千を鹵獲した。大同に出征したときウネゲ=バクシと一緒に一堡を取ったと、多羅ヒヤ=ベイレの名を与えた。

我の敦厚な心を損ない背いたり、反乱する罪を始めたりするならば、多羅ヒヤ＝ベイレの名を断絶し革去する。戦で敗走するならば定めた法に従う。それ以外の罪を犯したとて、多羅ヒヤ＝ベイレの名を革去しない。子孫に代々断絶せずに継承する。

⑭トゥメト部の多羅ダルハン＝シャンバ（00057裏表）

シャンバ汝は元来トゥメト国のタブナンであった。国人を率いて来帰して、北京に出征したとき、一堡を取った。馬蘭峪の八百兵を撃破した。さらに馬蘭峪に助けに来た大同の千五百兵を撃破した。その後三千兵が来て汝の駐した城を囲んだとき、汝はウネゲ＝バクシに告げに行って、バクシと一緒に撃破した。オムブと一緒に行ったとき、一挙に兵を撃破したと、多羅ダルハンの名を与えた。

我の敦厚な心を損ない背いたり、反乱する罪を始めたりするならば、多羅ダルハンの名を断絶し革去する。戦で敗走するならば定めた法に従う。それ以外の罪を犯したとて、多羅ダルハンの名を革去しない。子孫に代々断絶せずに継承する。

（二）冊文の内容とホンタイジの対モンゴル政策

冊文を通覧してまず気付くことは、いずれにも「我の敦厚な心を損ない背いたり」で始まり、「子孫に代々断絶せずに継承する」で結ばれる同一内容の一段が末尾についており、与えられた王爵・称号が世襲でしかも逓減しない「世襲罔替」であったことがわかる。ただしビントゥ王に冊封されたコンゴルは例外であり、該当部分が枠で囲まれている。これは削除の指示である。おそらくは、『崇徳元年封王貝勒書』作成後に、王ではあるが、和碩親王・多羅郡王といった制度上の王爵ではなく、恒久的なものではないと考えられ、削除の指示が加えられたのであろう。

このビントゥ王コンゴル及び王爵ではない多羅ダルハン＝ダイチンなどの称号を与えられたドゥン・オムブ・グルスヒブ・シャンバあるいはその継承者も、順治年間には多羅郡王・多羅貝勒・固山貝子・鎮国公といった王爵を授けられている。(一二)なお前述したようにゲンゲルは崇徳二年に失脚したために、多羅ヒヤ＝ベイレの称号は断絶する。

冊封された十四名の顔ぶれを見てみると、ホルチン部の首長が五名と最も多く、しかも和碩親王二名、多羅郡王二名、それにビントゥ王と、高位を占めている。これはホルチン部が、清朝にとって最重要でかつ最大の同盟勢力であったことを端的に反映している。(一三)

ホルチン部のほかは、チャハル部一名・アオハン部一名・ナイマン部一名・オンニュート部二名・四子部一名・ハラチン部一名・トゥメト部二名である。このうち天聡八年のチャハル部のリンダン＝ハンの死去にともない、ホンタイジに降服した遺児エジェイの冊文には、当然功績は記されておらず、大元直系の王統を断絶するに忍びないという一点によって冊封された例外的な存在である。残りのアオハン部・ナイマン部・オンニュート部・四子部・ハラチン部・トゥメト部は、天聡年間にホンタイジに帰順した同盟勢力である。(一四)これらの各部は、ホンタイジが直轄の両黄旗を領有して権力の中心に位置し、それを宗室の諸ベイレが残りの六旗を率いて取り囲み、さらにその外縁を外藩モンゴルの諸首長が麾下を率いて取り囲むというホンタイジの政権構想を示すための大軍事行動であった天聡五年の大凌河攻城戦に、ホルチン部とともに従軍している。(一五)前掲のモンゴル諸首長冊封の理由を論じたホンタイジの旨に、「一時代を承った皇帝がいれば、必ず政治に協力する地方のベイレらがいる……あらゆる地方のベイレらの功を区別して、冊文を与え、等を定めた」とあるように、冊封はこれらモンゴル同盟勢力として実績のあった首長に対しておこなったものだったのである。

ただ大凌河攻城戦に参加した同盟勢力たる内モンゴル諸部のうち、バーリン・ジャルート・アル=ホルチン部の三部の首長は、崇徳元年に諸王に冊封されなかった。このうち内ハルハ五部に属するバーリン・ジャルートの二部に関しては、帰順する天聡二年以前においてしばしばアイシン国に敵対行動を取り、両部が帰順した時点で非常に疲弊し弱体化しており、(一六)このことが崇徳元年に諸王に冊封されなかった理由であろう。なおこの二部の首長も、順治五年に王爵に冊封される。(一七)アル=ホルチン部に関しては、崇徳元年当時の当主ダライ=チュフルが高齢かつ酒好きで、部内の統治事務の一切を子のムジャンに任せているという状態であり、冊封するにたる該当者がいなかったためということができる。なおダライ=チュフルが崇徳三年に死亡した後の順治元年に、ムジャンは固山貝子に冊封される。(一八)

ホルチン部の和碩親王に冊封されたバダリとウクシャン、多羅郡王に冊封されたブタチとマンジュシリの冊文を比較すると、バダリ・ブタチの冊文が極端に短いことに気付く。バダリ・ブタチは、ホルチン部右翼の首長であり、バダリは天命十一年にヌルハチからトシェート=ハンという破格の称号を授けられたホルチン部長オーバの長子、ブタチはオーバの弟である。バダリはオーバの死後、天聡七年にホンタイジからホルチン部長を継承することを認められ、トシェート=ジノンという称号を授けられており、(一九)ホンタイジを大清皇帝に推戴するモンゴル語の表文を読み上げていることが象徴的に示すように、清朝の同盟勢力たる内モンゴル諸部の首長らを代表する立場にあった。一方ウクシャン・マンジュシリは、ホルチン部左翼の首長であり、祖父にマングス・父にジャイサンを持つ兄弟である。なおビントゥ王に冊封されたコンゴルはマングスの三弟である。

この左翼のウクシャン・マンジュシリ兄弟と叔祖コンゴルの冊文では、ヌルハチ・ホンタイジ父子との多重の婚姻関係が強調されている。ウクシャンの冊文中の「汝の叔祖バガ=ダルハン=ベイレはノンのホルチンのあらゆるベイレらに先んじて皇考太祖に娘を送ってきて姻戚となって」とは、壬子年（一六一二）にマングスの次弟ミンガンが娘をヌルハチに嫁がせたことである。この娘はヌルハチの側妃となる。「マングス゠ジャルグチ゠ベイレもホルチンのあらゆるベイレらに先んじて、我に娘を送ってきて姻戚となって」とは、甲寅年（一六一四）にマングスが娘をホンタイジに嫁がせたことである。この娘はホンタイジの大清皇帝即位に伴い、皇后となる。さらに「汝の祖母・母・汝らも汝の妹を我に送ってきて幾重にも姻戚となった」とは、天命十年（一六二五）に、ウクシャンらが妹をホンタイジに嫁がせたことである。この妹は、後に順治帝の生母、孝荘文皇太后となる。マンジュシリの冊文でも、上記三つの婚姻関係を記している。またコンゴルの冊文中の「さきの皇考太祖に娘を送ってきて姻戚となった」とは、乙卯年（一六一五）にコンゴルが娘をヌルハチに嫁がせたことである。この娘はヌルハチの側妃となる。（二二）

かつて筆者は、多重の婚姻関係にあるホルチン左翼の首長を称揚することにより、ホンタイジがホルチン部長にして内モンゴルの同盟勢力最大の権力を有する右翼のオーバ・バダリ父子を牽制しようとしたことを実証したが、（二三）冊文にもこの方針が反映されているのである。

冊文の長短を決めているのは、婚姻関係の記述だけではない。左翼のウクシャン・マンジュシリの軍功が詳細に記されているのに対して、右翼のバダリ・ブタチの軍功はかなり省略されているのである。天聡年間のアイシン国の主要な軍事行動では、右翼のオーバ・バダリ父子がホルチン部長として、左翼も含めた諸首長とその麾下を統轄して、アイシン国軍の重要な一翼を構成していたのであり、バダリ・ブタチの冊文に天聡八年の大同方面への遠征しか記されていないのは故意のことである。この崇徳元年の諸王冊封においても右翼のバダリ・ブタチの軍功を左翼のウクシャン・マンジュシリより低く記すことにより、ホルチン部長バダリの権力を牽制しようとしたのである。

マンジュシリの冊文に「ドゥンクイに出征したときノンのホルチンのベイレらがみな引き上げたのに、汝マンジュシリは戦の真ん中をめがけて合流してきた。ハラチンのスブディが攻めることができなかった百名に二十名の僚友を率いて攻め取った。約束に違わずハンのもとに合流して来た」とあるのは、天聡二年九月のチャハル部遠征のことである。同じ内容がウクシャンの冊文にも記されている。このときホルチン部からは、右翼のバダリ・マンジュシリと、左翼のマンジュシリとコンゴルの子バドゥンが麾下を率いて参加したが、彼らはホンタイジの本隊とは別行動を取っていた。ホンタイジは彼らに使者を遣わし、本隊に合流せよと命令し、これに応じてマンジュシリとバドゥンは別行動でチャハル部を攻撃した後、俘虜を率いて本隊に合流した。この行動を讃えてホンタイジはマンジュシリにダルハン＝バトゥル、バドゥンにダルハン＝ジョリクトゥの称号を与えた。マンジュシリの冊文に記されているのは、このことである。一方本隊に合流しないまま帰還してしまったオーバに対してホンタイジは、圧倒的な軍事力を背景に、旧悪を執拗に掘り起こしながら、今回の命令違反を糾弾し、戦場においては自分の言が軍令であり、アイシン国とホルチン部との同盟関係が主従関係を前提としたものであることを、オーバに認識させたのである。(二二) 崇徳元年に内モンゴル諸首長を冊立するにあたり、ホンタイジは、マンジュシリ・ウクシャンの冊文により、オーバがかつて屈服した事実を長子バダリに思い起こさせて牽制するとともに、同盟関係がいかなる前提のうえに成り立っているかを、冊封儀礼の場にいた内モンゴル諸首長に示そうとしたのである。

　この天聡二年九月のチャハル部遠征においてホンタイジは、従軍したアオハン・ナイマン・バーリンの首長から、戦場にあってはアイシン国の法に従うという言質をとり、翌三年正月十五日には、

　　ホルチン・アオハン・ナイマン・ハルハ・ハラチンの五国を全て満洲の法に入れた。

と旨を下した。(二三) これらのホンタイジの言動は、同盟勢力である内モンゴル諸部と八旗を一つの法体系・制度のなかで支配していくという基本方針ととらえることができる。これ以後ホンタイジは、内モンゴル諸部兵に八旗と同じ作戦行動を取らせ、同じ軍規を遵守させ、もし軍規に違反する者が出れば、ホンタイジが直接処罰し、制裁を加えた。こ

れによって、出征中においては、麾下に対する支配権が制限され、ハンたるホンタイジの支配下にあることを内モンゴル諸首長に認識させていったのである。(二四)このような状況を、バダリの冊文は「同じ法に従い、混乱なく暮らした」と記し、ブタチの冊文は「法が一つとなって以来、方々の戦で尽力し従軍し働いた」と記している。

バダリの冊文に「汝は背いて行くハイライ・ガルジュ・ブヤンダイ・ベグレイ・セブレイらを兄弟とは思わずに法で処断した」とあるのは、ガルジュ=セテル逃亡事件に対する対応のことである。同様の内容が、ウクシャンとコンゴルの冊文にも記されている。天聡八年に、ホルチン部諸首長と同族であるガルジュ=セテルらがソロンから貢納を取って暮らそうと北に向かって離叛するという事件がおきた。この報告を受けたホンタイジは、バダリらに使者を遣わして、「法の書に、反乱した者は必ず殺すと書いてある」と判断の基準となる条文を示すとともに、柔軟な法運用を認め、最終的な判断をバダリらに委ねながら、結局はバダリらに同族であるガルジュらを処刑させたのである。これは、ホンタイジによる同盟モンゴル勢力の支配が、法に違反した者をホンタイジが直接処罰するという段階から、ホンタイジが下した法に従って諸首長が一族をも処刑する段階に入ったことを象徴的に示している。(二五)

ところで十四名の冊文のうち、特に形式が異なっているのは、エジェイとバンディのものである。両者の冊文には、まず第一章に掲げたモンゴル諸王冊封の理由を示したホンタイジの旨と同じ文言を用いて、なぜ皇帝の娘である固倫公主(gurun i gunju)を下嫁し、夫を固倫額駙(gurun i efu)とするのかを説明するホンタイジの旨が引用され、ついでエジェイ・バンディを和碩親王・多羅郡王に冊封するまえに固倫額駙としたことが記されている。ホンタイジの皇帝即位に伴い固倫公主・固倫額駙の爵位が設定されたのであるが、ホンタイジがエジェイに皇二女マカタを下嫁したのは天聡十年（四月に改元して崇徳元年）一月のことである。(二六)バンディに皇長女を下嫁したのは、天聡七年一月のことである。(二七)天聡元年正月に、ホンタイジは養女としていた異母兄ダイシャンの長子ヨトの娘をマンジュシリに下嫁し、マンジュシリは妃としていたが、(二八)このマンジュシリには固倫額駙の爵位を与えず、当時下嫁していた実の娘の夫のみに限定したのである。

エジェイへの皇二女マカタの下嫁は、ホンタイジの大清皇帝即位を見越してのことであり、つとに説かれているように、大元直系の王統を継承するチャハル部のエジェイを自らの駙馬とすることにより、ホンタイジはモンゴル支配の正統性を獲得しようとしたのである。エジェイを厚遇していることを示すために、ホンタイジは固倫額駙の称号を実の娘の夫に限定したのかもしれない。

バンディのアオハン部に関しては、ホンタイジが天聡元年十二月二十二日に異母姉マングジ＝ゲゲをバンディの伯父ソノム＝ドゥレンと再婚させていた。(二九)これによりソノムはジノン＝エフという称号で呼ばれ、モンゴル同盟勢力としてはトシェート＝ハンたるオーバに次ぐ宮廷席次を与えられた。(三〇)ところが天聡九年にマングジ＝ゲゲが同母兄弟のマングルタイ・デゲレイとハン位を簒奪しようと画策していたとして、マングジ＝ゲゲは処刑され、(三一)ソノム＝ドゥレンもジノン号を剥奪された。(三二)崇徳元年の固倫額駙の爵位授与と多羅郡王の冊封により、結果として、ソノム＝ドゥレンの失脚にともなうアオハン部首長の権力弱体化を、ホンタイジは自分との関係を強調することにより補完したといえよう。

おわりに

崇徳元年四月二十三日の諸王冊封は、八旗の各旗を率いる宗室の諸ベイレ及び、同盟勢力として実績のあった内モンゴル諸部の首長に対して行ったものであった。ホンタイジは、建国・皇帝即位に伴う諸王冊封という極めて中華王朝的な儀礼を行いながらも、自らが直轄の両黄旗を率いて権力の中心に位置し、残りの六旗を率いる宗室の諸ベイレ・麾下であるジャサク旗を率いるモンゴルの諸首長による内外二重の同心円が取り囲むハーン体制という極めて北アジア的な政権構想を示したのである。

筆者は、これまでにホンタイジの対モンゴル政策を検討してきた。そしてホンタイジがホルチン部長たる右翼のオーバ・バダリ父子の権力を牽制するために、左翼の首長らと複雑な婚姻関係を結んでいったこと、(三三)またホンタイジが同盟勢力たる内モンゴル諸部に対して巧みな法支配の実績を積み、最終的にはガルジュ=セテル逃亡事件におけるバダリらの行動に見られるような、ホンタイジに対する服従への規範意識が、内モンゴルの首長層に形成されたことを明らかにした。(三四)本稿で論じたように、このようなホンタイジの対モンゴル政策は、崇徳元年に冊立されたモンゴル諸王の各冊文の中に凝縮されていたのである。

《注》

(一)　石橋崇雄「清初皇帝権の形成過程―特に『丙子年四月〈秘録〉登ハン大位檔』にみえる太宗ホン・タイジの皇帝即位記事を中心として―」（『東洋史研究』五十三―一、一九九四年）
石橋崇雄「清初祭天儀礼考―特に『丙子年四月〈秘録〉登ハン大位檔』における太宗ホン=タイジの皇帝即位記録にみえる祭天記事を中心として―」（石橋秀雄編『清代中国の諸問題』山川出版社、一九九五年）
石橋崇雄「マンジュ（manju,満洲）王朝論―清朝国家論序説」（『明清時代史の基本問題』汲古書店、一九九七年）
石橋崇雄「清朝の支配権と典礼」（『王権のコスモロジー』弘文堂、一九九八年）

石橋崇雄「清朝国家論」（『岩波講座 世界歴史十三 東アジア・東南アジア伝統社会の形成』岩波書店、一九九八年）
石橋崇雄『大清帝国』（講談社選書メチエ一七四、二〇〇〇年）
特にホンタイジの皇帝即位に伴う天壇の儀礼は、石橋「清初祭天儀礼考」のオリジナルな業績である。

（二）楠木賢道「清初、入関前におけるハン・皇帝とホルチン部首長層の婚姻関係」（『内陸アジア史研究』第十四号、一九九九年）
楠木賢道「天聡年間におけるアイシン国の内モンゴル諸部に対する法支配の推移」（『社会文化史学』第四十号、一九九九年）
楠木賢道「天聡五年大凌河攻城戦からみたアイシン国政権の構造」（『東洋史研究』五十九―三、二〇〇〇年）
楠木賢道「清朝の八旗に組み込まれたジャルート部モンゴル族」（『自然・人間・文化 ―地域統合と民族統合―』筑波大学大学院 歴史人類学研究科、二〇〇一年）

（三）片岡一忠「朝賀規定からみた清朝と外藩・朝貢国の関係」（『駒澤史学』第五十二号、一九九八年）

（四）石橋氏は、檔冊の第一葉に記されている満文表題 "fulgiyan singgeri aniya duin biyai [de] narhūn bithe han be amba soorin toktobuha tangse "（傍線を付した文字は塗抹部分、[]内の文字は加筆部分であることを示す。以下同様）から、この檔冊を『丙子年四月〈秘録〉登ハン大位檔』と仮称している（石橋崇雄「清初皇帝権の形成過程」一三二頁、註(一九)）。もちろん塗抹部分の "narhūn" には「秘密の」という意味もあるが、第一義は「詳細な」という意味であり、檔冊の内容もホンタイジの大清皇帝即位とそれに伴う諸行事の詳細な記録であり、別に秘密にすべき内容も含んでいるようには思われない。したがってこの檔冊は『丙子年四月〈詳録〉登ハン大位檔』とでも訳すべきであると考える。なお略称については、石橋氏にしたがい、以下『登ハン大位檔』とする。

（五）『旧満洲檔』（国立故宮博物院、一九六九年）第十冊、四七六一～四七六二頁（『満文老檔』（東洋文庫、一九五五年～一九六三年）太宗一、一〇一四～一〇一六頁）。

(六) 石橋崇雄「清初皇帝権の形成過程」一二一頁。
(七) ただし『登ハン大位檔』は、天壇において皇帝即位を告天する記録のみを収録しているわけではなく、石橋氏が前掲の一連の研究で明らかにしているように、太廟や満洲族の伝統的な祭天儀礼の場である堂子に関する規定など皇帝制度導入に伴う諸々の記録からなっている。今後は、『登ハン大位檔』の内容全体、すなわちホンタイジの大清皇帝即位にともなう一連の行事のなかで、四月十一日の天壇の儀礼がいかなる重要性を持っていたかを検証していく必要があろう。
(八)『旧満洲檔』第十冊、四七七一頁(『満文老檔』太宗一、一〇二三～一〇二四頁)。
(九) 乾隆重修『清世祖章皇帝実録』(大清歴朝実録本) 巻十、順治元年十月丁卯(十三日)条、参照。
(一〇) 乾隆重修『清世祖章皇帝実録』巻四十四、順治六年五月丁丑(十九日)条、参照。
(一一) 例えば、注(九)に記されている宗室の諸王進封の冊文はステレオタイプの典型である。
(一二)『欽定外藩蒙古回部王公表伝』(『四庫全書』本) 巻二十　扎薩克多羅冰図郡王洪果爾列伝・巻三十二　扎薩克多羅達爾漢岱青棟岱青列伝・巻三十九　扎薩克多羅達爾漢卓哩克図郡王鄂木布列伝・巻二十三　扎薩克多羅杜棱貝勒固嚕思奇布列伝・巻二十四　扎薩克多羅達爾漢鎮国公善巴列伝、参照。
(一三) 楠木賢道「清初、入関前におけるハン・皇帝とホルチン部首長層の婚姻関係」四十七～五十頁・「天聡年間におけるアイシン国の内モンゴル諸部に対する法支配の推移」二十九～三十頁、参照。
(一四) 楠木賢道「天聡年間におけるアイシン国の内モンゴル諸部に対する法支配の推移」二十一～三十一頁、参照。
(一五) 楠木賢道「天聡五年大凌河攻城戦からみたアイシン国政権の構造」七～十七頁、参照。
(一六) 楠木賢道「天聡五年大凌河攻城戦からみたアイシン国政権の構造」二十四頁・「清朝の八旗に組み込まれたジャルート部モンゴル族」二十九～三十頁、参照。
(一七)『欽定外藩蒙古回部王公表伝』巻三、巴林部表・扎嚕特部表、参照。
(一八)『欽定外藩蒙古回部王公表伝』巻十四、追封多羅貝勒扎薩克固山貝子穆彰列伝、参照。

(一九)『内国史院檔』天聡七年檔，天聡七年十二月二十六日条（『清初内国史院満文檔案訳編』上、四十七頁）、参照。
(二〇)楠木賢道「清初、入関前におけるハン・皇帝とホルチン部首長層の婚姻関係」四十六～四十八頁、参照。
(二一)楠木賢道「清初、入関前におけるハン・皇帝とホルチン部首長層の婚姻関係」五十二～五十六頁、参照。
(二二)楠木賢道「天聡年間におけるアイシン国の内モンゴル諸部に対する法支配の推移」二十一～二十三頁、参照。
(二三)順治初纂満文本『大清太宗文皇帝実録』巻五。
(二四)楠木賢道「天聡年間におけるアイシン国の内モンゴル諸部に対する法支配の推移」二十四～三十一頁、参照。
(二五)楠木賢道「天聡年間におけるアイシン国の内モンゴル諸部に対する法支配の推移」三十一～三十二頁、参照。
(二六)『星源集慶』参照。
(二七)『星源集慶』参照。
(二八)楠木賢道「清初、入関前におけるハン・皇帝とホルチン部首長層の婚姻関係」四十九頁、参照。
(二九)『旧満洲檔』第六冊、二七二〇頁（『満文老檔』太宗一、一一四頁）、参照。
(三〇)例えば、『天聡五年檔』一月一日条の朝賀の儀礼を参照。
(三一)杉山清彦「清初正藍旗考 ―姻戚関係よりみた旗王権力の基礎構造―」（『史学雑誌』一〇七―七、参照。
(三二)『欽定外藩蒙古回部王公表伝』巻二十六、追封多羅郡王索諾木杜棱列伝、参照。
(三三)楠木賢道「清初、入関前におけるハン・皇帝とホルチン部首長層の婚姻関係」、参照。
(三四)楠木賢道「天聡年間におけるアイシン国の内モンゴル諸部に対する法支配の推移」、参照。

※『崇徳元年封王貝勒書』の利用にあたっては、杉山清彦氏から多くの御教示を受けた。
ここに記して、謝意を示したい。

広鉄をめぐる清朝と平南王

顧　盼

前　言

順治六（一六四九）年から康熙二十（一六八一）年までの間、平南王尚可喜は広東省に駐屯し、全軍事権を掌握する一方で、正規ならびに不正規な方法により、経済的には広塩から大きな利益をあげていた。清朝の塩政において、広塩に対する支配だけが他の行塩地と異なった理由は、平南王による広塩の支配にあったのである。こうした状況に対して清朝は、意図的に広塩の産出量を減少させ、これに依拠する平南王の経済力を弱めようとする国家政策をとっていた[一]。

また、広東省における鉄鉱の生産量は、明代中期から清代前半期にかけて、それ自体においてピークを迎えることになるが、全国レベルで観ても、この時期において広東省の産出量は突出していた。すなわち、広東省の鉄鉱業は、他省のそれよりも、採鉱地の拡大の規模が大きいために生産規模が増大し、その結果、銑鉄産出量も多かったのである。また、これを背景として、広東省仏山鎮の鉄器業も盛んに行われていた。つまり、この時期における広東省の鉄鉱業と仏山鎮の鉄器業はピークを迎え、全国の鉄鉱・鉄器業のなかでも量的・質的に極めて重要な位置を占めていた[二]（以下、両者を総称する場合には広鉄と略称する）。

こうした状況の中で、広東省に駐屯していた平南王が、権力を集中する過程において、支配下にあった広塩と共に広鉄に注目したことは、言を俟たない。一方、平南王が半独立王国の観を呈したため、建国当初における清朝は、それ以上の勢力拡大を阻止すると共に、自身の財政上の収入を確保し、かつ農具・兵器の原材料となる鉄を保持する意味においても、広鉄の生産・流通と販売との掌握に務めたと考えられる。広塩をめぐる清朝と平南王のせめぎあいをみることから、広鉄をめぐる両者の状況を類推することが可能なのである。以上の点を踏まえて、本論文では、第一節で平南王の広鉄への介入の実態を考察する。第二節では清朝政府が広鉄の生産及び販売において、そして第三節では広鉄の流通において、それぞれいかなる政策を実行したのかという問題を検討していきたい。

第一節　平南王の広鉄への介入

すでに広塩に関する生産・流通・販売の全過程を掌握し、広東の経済、とくに商品流通に介入していた平南王が、財政の基盤を一層拡大し、加えて兵器資源をも獲得するため、広鉄への介入を試みる。明代中期から清代前半期にかけて、広東省の鉄鉱業と仏山鎮の鉄器業はピークを迎え、全国の中でも量的・質的に極めて重要な位置を占めていたから、平南王のそうした行動は当然と言えよう。実は、早くも平南王尚可喜と靖南王耿継茂の両藩王が共に広東に駐屯していた時期から、その介入はみられる。すなわち、『光緒廣川府志』巻八十　前事略　順治十四年の条には、

是年、清遠土匪龔昌斌、因靖藩有示、招營官開鉄爐、遂在泰王山聚集流亡、開爐煽鐵。

とあるように、順治十四（一六五七）年に靖南王が営官を招いて、鉄炉を開くことを告諭したため、清遠県の土匪の龔昌斌は清遠県の泰王山で流亡を集め、炉を開き鉄の製錬を始めたのである。しかし、靖南藩の鉄鉱業へのこの行動

に対して、『光緒清遠縣志』巻十二 前事 順治十八年の条には、

　罷清遠爐工、余党復聚爲盜。先是爐丁爲盜、流劫七邑、殺擄男婦數千。至是靖藩入閩、鉄爐罷工、爐賊不散、藏匿山谷。九月、分作両巣、一聚丫髻山、流劫四鄉。邑兵郷勇屢戰不能撲滅、一聚太平池水、慘殺良民、動以千計。

とあって、清朝政府が靖南藩によりかれた清遠県の炉を、四年後の順治十八（一六六一）年に閉鎖したため、炉工たちは再び盗賊となった。というのは、前年七月に靖南藩が福建省に移駐したため、靖南藩治下の鉄炉が閉鎖されたが、炉賊は依然として解散せず、丫髻山グループと太平池水グループという二大勢力に分かれて近隣の地を「流劫」・「殺擄」した、と言うのである。また、『光緒廣川府志』巻八十 前事略 順治十七年の条には、

　六月、從化爐丁叛、知縣孫繩請罷爐以散其黨。先是鐵山・密邇・鴨崗爐賊距地而居、鄧・裴・葉三姓之聚被其所害、積屍斷流。迨両藩兵器需鐵、爐商何玉秀投藩開拆、其聚亦多、知縣孫繩請罷爐以散其黨、害遂息。

とあり、従化県の炉丁による反乱について記載している。かつて開礦場の労働者は鉄山・密邇・鴨崗に分かれて居住し、一方では炉賊とも言われるように、近隣の住人、とくに鄧・裴・葉三姓の人々を掠奪していた。その上、両藩王が兵器製造の鉄を必要としたため、配下にあった炉商の何玉秀に開礦させた。その結果、従来以上に増した炉賊はその活動を活発化したという。反乱の理由はここにある。開礦の年代を正確に知ることはできないが、恐らく両藩王の共同駐屯期に入ってから、つまり順治十一（一六五四）年以降のことであろうから、両藩王は少なくとも、六年間にわたって鉄鉱業を支配していた、と推測できる。清朝としては、この炉賊の解散には鉄炉そのものを閉鎖する方法しかなく、その実現の時期は靖南王を広東から福建に移駐させた頃のことであった。以上の点から、靖南・平南両王の広東における鉄鉱業への浸透状況が理解できるであろう。順治十八（一六六一）年の清遠県、同十七（一六六〇）年

の従化県において鉄炉閉鎖の措置が取られた直接の動機は、県内の鉄鉱業労働者の反社会的行為の抑制が必要であった。しかし、鉄鉱労働者が盗叛行動を取らざるを得なかった背景に、靖南・平南両王の鉄鉱業から搾取の状況を読み取ることができるのである。このほか、『八旗通志初集』巻百七十九 呉興祚傳には、次のように記載されている。

再總店一項、其名原自逆藩創立。査粤例貨物到境、有落地一税、載在全書。其余日用雞豚及蔬果等物、従無収税之例。逆藩使土棍横俑總店之後、將不税之物、一概截抽、且勒加數倍。其銅・鉄・錫・木等、在散行已納税者、又加私抽、量其所得、毎年亦不下十餘萬兩、又粤民受困之一也。

この史料によれば、従来、広東省では貨物が境に到ると落地税が徴収されていたが、日用品の鶏・豚や野菜・果物などには徴税されなかった。しかし、平南王は「土棍」を派遣して総店を作り、従来、課税しなかった物品に対しても一様に課税しただけではなく、定められた税率の数倍の税を徴収したのである。また、銅・鐵・錫・木など散行において既に納税したものにも、さらに私税を課し、その金額は毎年十余万両ものぼったという。このように平南王は総店を作ることにより、既に課税済みの鉄に対して、さらに税金を徴収するという形の収奪を試みている。

次に、当時盛んに行われていた仏山鎮の鉄器業に対する平南王の介入を検討しよう。『霍氏族譜』巻十一 十五世祖侯選參軍惺臺公庶室旅祠記には、

佛山商人霍惺臺、經商湖廣、頗饒於財。康熙丁未、藩旗肆虐、捉公勒贖、賂以萬金始獲免。

とあるように、平南王は康熙六（一六六七）年に、湖広を經商していた仏山商人の霍惺台を拉致し、その贖いとして万金を払わせた。この史料では、拉致事件の動機あるいは経緯などに関する情報が明らかではない。が、仏山鎮の霍氏は、明代以来、有力な鉄商として知られているから、[三] 平南王が仏山鎮の在地有力者である鉄商と接触しようとする意図をもったことは推測できよう。また、康熙三十二（一六九三）年の碑刻である「飭禁私抽設牙碑記」は、[四]

案査康熙二十七年四月初九日、巡都察院朱批、……佛山・石灣・海口約等處、一向開爐鑄鍋、民得食力安堵。前有佛山牙行奸棍霍子賓等投藩籍勢、凡傭工匠人每人轄入牙銀五両、名曰有牙工匠、間有工精貧乏者、無銀入牙、名曰無牙工匠。以致梓等守法窮民、靠食無依。

という。佛山・石湾・海口約などの地域において、炉を開いて鉄器製品を鋳造するに当たり、仏山鎮の有力牙行の霍子賓は、平南王と結託し、工・匠の傭い入れを任せられた。この際、入牙銀五両を支払えるものを「有牙工匠」と称し、支払う能力はないが、技術能力を持つものを「無牙工匠」として雇用したが、清朝政府が生活の糧を与えようとした「守法窮民」には雇用の機会を与えなかったという。この記録からは、霍子賓の在地における有力牙行としての勢力の大きさを知られるとともに、その背景にある「投藩籍勢」という藩権力の絶大さを窺い得る。

平南王の広鉄への介入は、先述したように、まず、地方の「土匪」・「炉賊」・「奸棍」の利用が有効な方法とされ、また広鉄を販売する時、「土棍」を派遣して総店による税金を再徴収する、という程度に止まった。ここに広塩への介入との違いを見ることができる。注（一）所掲顧盼論文に述べた広塩の場合のように、生産から流通を経て販売に至るまでのすべての過程に平南王が関与ないし掌握していたことを示す史料は、見当たらない。それは、経済的にも中央集権化を促進しようとしていた清朝が、広塩の支配により強大な財政的基盤を保持していた平南王の、より以上の経済的勢力の拡大を抑制するため、広鉄への掌握を強化しようとしたことを原因とする、と考え得る。

第二節　鉄政・鉄課の中央管理

第一節での考察を確実なものとするために、清朝の広鉄への支配政策を、広塩との関係にも留意しながら検討して

いきたい。『大明會典』巻三十七 戸部 課程 金銀諸課には、

正徳十四年奏准、廣東鐵税置廠一所於省城外、就令廣東鹽課提舉司正提舉專管鹽課、副提舉專管鐵課。凡一切事宜聽巡鹽御史總理。其恵州・潮州・潮陽縣三處及雷・瓊等處行鐵地方、但有走税・夾帶・漏報等項姦弊、倶照鹽法事例施行。

と記す。明朝は、正徳十四（一五一八）年に塩法の事例に準じた鉄課の管理を施行し、広州城外に鉄税廠を置き、広東塩課提挙司副提挙を専任者とし、巡塩御史に監督させた。また、恵州府・潮州府・掲陽県及び雷州府・瓊州府などの行鉄地方における様々な不正、「走税」・「夾帯」・「漏報」などの違法事項は、すべて塩法の事例に準えて施行させた。明朝創業の当初、鉄鉱業は、王朝の国家的自給体制の対象として、官営企業の形態を基本としていたが、太祖洪武帝の晩年に至り、たびたび民営への移管が試みられた。それを契機として、次第に民営の度合いが高くなり、永楽帝以降には、政府の必要とする原料鉄の多くは、民間からの収買方式に依存する方向に政策の重点が移された。[五]このため、広東省鉄鉱業及び鉄器業も民営を中心に発展していたのである。上記の広東鉄課の管理が制度化されたのも、こうした鉄鉱業発展に対する明朝の対応の結果であった。広東省における「塩鉄一体」の原則は、ここから始まると考えてよい。『嘉靖廣東通志初稿』巻三十 鐵冶に、次のように記載されている。

正徳末、議者謂鹽鐵一體。今鹽課提舉司告納軍餉、給票塡指地方、往復查驗甚嚴、鐵課不宜獨異。宜於廣城外批驗所旁置廠、委提舉佐弐官一員專掌其事。凡鐵商告給票入山販賣、回至河下盤驗、生鐵萬斤收價銀二両、其立限復往查驗、大約如鹽法。有欲以生鐵往佛山堡□鑄成錠熟而後賣者、聽其所賣。地方府縣審有官票者、生鐵萬斤税銀八錢、熟鉄税銀一両二錢、倶以充二廣軍費、提舉司鉄價每季類解布政司轉其半解部。後以府縣抽税煩擾、令于提舉司輸納、不分生熟鐵、每萬斤加納銀一両、其餘悉罷之。

この史料によれば、正徳末年には「塩鉄一体」という原則を前提として、鉄商が鉄の売買を行う場合、広塩の場合と同様に票が給され、商域地が指定されている。そして、その地で鉄課が徴収され、広東・広西省の軍餉として充当される。すなわち、明代中期、広東省の塩政・塩課及び鉄政・鉄課は、ともに巡塩御史及び塩課正提挙司・副提挙司の管轄下にあり、塩課・鉄課ともに、最終的には軍事費用として使用されていたのである。

成立早々の清朝が、こうした明朝の制度を全般的に継承しようとしたことは言うまでもない。両広塩区の塩政は順治初年から康熙二十（一六九一）年までの間、巡撫によって管理されており、康熙三十（一六九一）年になってようやく巡塩御史が派遣されるに至る。(六) ところが、「塩鉄一体」のはずの広鉄の管理について、この期間中、以下のような従来とは異なる状況を指摘し得る。『明清檔案』二十七所収の「順治十三年九月十三日 大學士管戸部車克題覆粤東鐵場應准開爐並飭查地方利弊」という題本には、(七) 監察御史張純熙が広東省羅定州東安県における鉄炉の運営を再開すべきか否かを上奏し、これに対して戸部の原案が承認されたことが記録されている。この点から、順治年間には広東省の鉄政が戸部の直接管轄下（山東省清吏司が事務を取り扱う）にあったことが判るのである。また、広東省の鉄課についても、『皇朝政典類纂』巻百三十一 礦政に、

廣西產鐵之廠設爐五十二座、毎爐徵課銀十兩。餘省江西・福建・浙江・湖北・四川・雲南皆產鐵、其課入於雜、各省司覈之。廣東鐵課、附於鹽課之册、山東司覈之。

とあって、江西省・福建省・浙江省・湖北省・雲南省の鉄課は雑税の項目に編入され、各省司（布政司）に管理させていた。しかし、広東省の鉄課だけは塩課の徴収台帳に付記されて、戸部山東清吏司によって管理されていた状況が明言されている。同書巻七十 鹽法の条にも「戸部山東淸吏司、掌鹽課之政令」とあり、上記の内容を傍証する。

順治元（一六四四）年から康熙三十（一六九一）年まで広東省の鉄政に関しては、他省と異なって、明中期に成立

した「塩鉄一体」の原則に依らず、また礦政一般は戸部の管轄事項（貴州清吏司が事務を取り扱う）であるという原則[八]にも依らずに、当時の広東省の鉄政の管轄権が戸部の下に置かれていた。また鉄課も他省と異なって、雑税としては扱われずに戸部において管理されていた。[九]これらのことは、清初の広東鉄政の特殊性を示すものである。と同時に、平南王が利を壟断した広塩の代替としての鉄課に対する清朝の重視をここに見ることができるのである。すなわち、当該時期の広東省の雑税は、塩課と同様に軍事費用として使用されており、平南王の正規的な収入の一つとされていた。清朝は、鉄課を雑税から独立させることによって、平南王の経済力がより強化されることを阻止しようとした、と理解できるのである。[一〇]

広東省における「塩鉄一体」管理という明中期以来の方針に復帰したのは、康熙三十（一六九一）年に巡塩御史を派遣した後のことである。広鉄への管理については、『兩廣鹽法志』巻三十五 鐵志には、

康熙三十一年詳奉巡鹽御史沙拜批准、至抓絡一項、係向來驗鐵事例。

とあるように、巡塩御史の派遣と同時に、塩政とともに再び鉄政を巡塩御史の管理下に置いたことが判るのである。さらに、同書同巻に、

謹按粤省鐵政、向歸鹽院衙門統轄、康熙五十九年將鹽院裁汰、歸併兩廣總督兼理。

とあるように、康熙五十九（一七二〇）年に至ると、鉄政を管理する塩院衙門を廃止して、両広総督に鉄政を兼務させるようになり、両広塩政の管轄権は巡塩御史から総督に移行されたのである。

第三節　清朝による仏山鎮鉄器業の支配

第二節同様に清朝の広鉄への支配の実態を考察するため、鉄器業の中心地である仏山鎮への支配をいかに重要視したかを、検討していきたい。『廣東新語』巻十五 貨語の条には、「諸爐之鐵冶既成、皆輸佛山之埠」とあり、また、『兩廣鹽法志』巻三十五 鐵志には、

其鑄而成器也、又莫善於佛山。故廣州・南雄・韶州・惠州・羅定・連州・懷集之鐵均輸于佛山。

とも記されているように、広東省の広川・両雄・韶州・恵州・羅定・連州・懐集などの地域で産出した銑鉄は、すべて仏山鎮に運ばれていた。さらに、同書同巻に、

通省民間日用必需之鐵鍋・農具、必令歸佛山一處爐戸鑄造、所有鐵斤運赴佛山發賣。

と記されるように、省内の民間で使用する鉄鋼・農具などの鉄製品も、すべて仏山鎮でのみ製造することが命じられていた。これがいつ頃から始まったのかは明確ではないが、仏山鎮以外での製鉄を求めた上奏より、乾隆五十五（一七八九）年まで続いたことは確認できる。『兩廣鹽法志』巻三十五 鐵志に、

乾隆五十五年十二月、戸部咨覆。兩廣總督福安康咨稱、興寧縣民羅展成、呈承土爐、收舊鑄新一案。緣興邑住居嘉應西偏、相距佛山遙遠、水陸不通、民間所需鍋頭・農具、客販挽歌輓運艱難、民用毎多缺乏。……乾隆五十七年四月、戸部咨覆。署理兩廣總督郭世勳章咨稱、……該商係於五十五年八月初二日起爐興鑄。

とあり、両広総督の福安康が羅展成の土炉承開の准予を咨請した事件が語られる。すなわち、乾隆五十五（一七八九）年八月、嘉応州興寧県の民である羅展成は、同地が仏山鎮に遠く、水陸の交通が不便であるため、鉄鋼や農具を仏山鎮より客商が運搬することが困難であることを訴える。その結果、民間では鉄器に不自由をしている。そこで、古い鉄器製品を回収し、それを原料に新しい鉄器製品を製造し直すための土炉を始めることを願い出ているのである。土炉というのは、広東省内の商民が廃鉄を買入れて鉄鋼・農具を鋳造し、本地において販売する小規模の経営で

ある。[一一]名は炉であっても実は仏山鎮鋪戸と異ならないが、大炉の銑鉄を購入せず、境を越えて他処へ販売することが禁じられた点で、仏山鎮鋪戸とは異なる。このことから、少なくとも乾隆五十五（一七八九）年まで鉄器業を仏山鎮の一ケ所にまとめて、営ませていたことが判るのである。かかる方式が取られた理由は、それが清朝政府にとって管理しやすかったからであろう。採鉱地の付近に設置された鉄鉱場で製造された銑鉄を、一ケ所にまとめて、鉄器製造に使用する方式も、他省にはみられない広鉄をめぐるもう一つの特殊性を示すものである。

このように広東省内では、仏山鎮のみで鉄器製品が生産されており、商品がここから流通ルートによって各地へ運搬されていった。その流通状況と広東省内唯一の内陸常関である太平関との関係を解明するため、外国に輸送される場合と他省に輸送される場合との二つを区分して検討する。

（一）外国に輸送される場合

仏山鎮の鉄器製品は、明太祖（一三六八～一三九八年）の時代から朝貢を通じて、外国に輸出されていた。笹本重巳によれば、[一二]明の宣徳・景泰（一四二五～一四四九）年間には南海諸国に対して鉄器の輸出が許可され、また広東の鉄器に対する海外の需要が相当にあったこと、正統（一四三五～一四四九）年間には広東の鉄鍋は、北辺の也先・韃靼の鉄鍋輸出にあたって重要な地位を占めていたという。また、嘉靖後期（一五五〇～一五六六年）、広東省の鉄鍋が倭寇の手によって、中国から日本へ運び込まれたあと、日本刀制作のための鉄の原料となり、日本各地、とくに倭寇の勢力の強い中国や四国・九州の刀剣制作地へと移送されていったことも既に太田弘毅によって指摘されている。[一三]しかしながら、倭寇の活動は、明朝の武力鎮圧や、マカオや台湾における新しい貿易場の発展、日本の豊臣秀吉が実施した朱印船による貿易統制などの理由によって、嘉靖・隆慶（一五六六～一五七二）年間には、ほぼ跡を絶つに至

った（一四）。一方で、康熙三十九（一七〇〇）年に刊行された『廣東新語』巻十四 食語の条には、

又廣州望縣、人多務賈與時逐、以香・糖・果箱・鐵器・藤・蠟・番椒・蘇木・蒲葵諸貨、北走豫章・呉浙、西北走長沙・漢口、其黠者南走澳門、至於紅毛・日本・琉球・暹羅斛・呂宋、帆踔二洋、倏忽數千萬里。

とあるように、清の初の頃に広東省の鉄器製品が南はマカオ、さらに東西二洋に販出されていたことが判る。

以上のように、明代中期以降、仏山鎮の鉄鍋をはじめとする鉄器製品は、南洋諸国あるいは北側の也先・韃靼までに流通していたのである。しかし、順治十三（一六五六）年から康熙二十二（一六八四）年の間は海禁の時期であったため、南洋への輸出は殆ど行われていないと思われる。すなわち、平南王が広東駐屯の間、仏山鎮の鉄器製品を外国に輸送するとすれば、主に北方への流通となる。そして、仏山鎮の立地条件から考えれば、北方へ輸送する場合は北江ルートを使用した太平関経由ということになる。

（二）外省に輸送される場合

前掲した『廣東新語』に見えるように、広東省の多くの商品が、北は豫章・呉浙、西北は長沙・漢口、そして南は澳門に至るまで運ばれていったのである。その中でも、とくに広東省の鉄器については、『光緒廣州府志』巻十六 輿地略の条に、

鐵綫有大纜・二纜・上繡・下繡・中繡・花絲之屬、以精粗分、鐵鍋販於呉越・荊楚而已、鐵綫則無處不需、四方賈客各輦運而轉鬻之、郷民仰食於二業者甚聚。

とあるように、その精粗によって、大纜・二纜・上繡・下繡・中繡・花絲など多種に分類される鉄線が中国の至るところで必要とされ、また、鉄鍋は主に呉越（浙江省）・荊楚地方（湖南省を含む）において販売されていたことが明

らかである。さらに鉄鍋について、『廣東新語』巻十五 貨語の条には、次のように記載されている。

佛山俗善鼓鑄。其爲鑊、大者曰糖囲・淩七・淩六・牛一・牛二。小者曰牛三・牛四・牛五。以五爲一連約五口、三爲一連曰三口。無耳者曰牛、魁曰清。……鑄成時、以黃泥豕油塗之、以輕杖敲之如木者良、以質堅、故其聲如木也。故凡佛山之鍋貴、堅也。石灣之鍋賤、脆也。鬻於江楚間、人能辨之。以其薄而光滑、消湅既精、工法又熟也。諸所鑄器、率以佛山爲良、陶則以石灣。

これによれば、仏山鎮で製造された鉄鍋（の「鑊」）には、様々な様式があり、大きいものは糖圍・凌七・凌六・牛一・牛二と呼ばれ、小さいものは牛三・牛四・牛五と呼ばれていた。「牛」とは把手のない鉄鍋である。製品完成後、泥と豚柚を塗って棒で叩いた時、木製品の音が伝わるものが良品である。凡そ仏山鎮の鍋は非常に出来がよく、丈夫だったので値投は高価であった。これに対して、仏山鎮の西約十里に位置する石湾で製造された鍋は脆くて比較的安価であった。そのため、仏山鎮製の鍋が江楚地方（湖南省を含む）の人に評判がよく、求める時には石湾製の鉄鍋とよく区別してから手に入れていたと言うのである。さらに、『唐荊川纂輯武編』巻五 鐵の条には、

熟鋼無出處、以生鐵合熟鐵鍊成、或以熟鐵片夾廣鐵鍋塗泥入火而團之。

とあって、湖南省において「熟鋼」の製造にあたって、銑鉄と熟鉄を併せて製錬するか、あるいは熟鉄と広東省で製造された「廣鐵鍋」と併せて製錬するのである。すなわち、銑鉄の代わりに広東の鉄鍋が「熟鋼」の製造の際に原料として湖南省に運ばれていった。また、『光緒興寧縣志』六 礦厰の条には、

乾隆四年、沈萬昌具呈、興寧全資鐵耕、而取之粵省、肩運殊苦、請於滁口・江口地方採取鐵礦、並無礙於田園廬墓、……部議於乾隆七年始、取具該商同山主保隣甘結、准其於夏里・江口・東安・流波四處開採鐵礦。

とあり、湖南省興寧県の農業はすべて鉄製の農具により行われており、その農具を広東省から買入れる際、人力のみ

に依存するので、運搬が極めて困難であったため、乾隆四（一七三八）年に沈萬昌が、滁口・江口地方で採鉱するように請願した。その結果、乾隆七（一七四一）年に、湖南省の夏里・江口・東安・流波の四ヶ所において、採鉱されるようになったのである。すなわち、湖南省興寧県が少なくとも乾隆四年までは、農具を広東省に依存していたことが判明する。そして、上述史料に出てくる江西省・湖南省・湖北省・河南省・安徽省・浙江省・江蘇省などの地域に行くために、北江ルートを使わなければならず、そのことにより、当時、多くの農具・鉄鍋・鉄線などの仏山鎮の鉄製品が太平関を通って、国内各省（湖南省を含む北方）を通過していたことが判明する。そのことは、乾隆十三（一七四七）年に刊行された『太平関税則』において、太平関を通過した鉄器製品が、すべて広東省から湖南省・江西省などの北方各省に向かって運ばれた商品として陳列されており、それに対して湖南省・江西省などの北方各省から広東省に流入する鉄器製品の記載がないことからも裏づけられよう。

仏山鎮の鉄器製品のこのような流通状況から考えてみると、国家が財政上における商税収入の増額を企図する場合には、流通ルートに位置する税関による税金の徴収が、最も有効な方法であった。(一五)加えて課税上の問題として見落とせないのは太平関の移動であった。(一六)

結論

平南王の広鉄への介入は、結果的に総店による税金の再徴収という程度に止まった。広塩への支配が生産から流通・販売に至るまでの全過程を掌握したこととは様相を異にする。それは広鉄をめぐる清朝と平南王との競合に、清朝が優位を保持し得る対広鉄政策を遂行していたことを意味する。清朝建国当初における広東省では、広塩からの利益を掌握していたのは平南王であった。それに対して、鉄鉱業と鉄器業の生産から流通及び販売の全過程を掌握することに成功したのが清朝であった。したがって、平南王は広鉄を財政基盤とすることはできなかった。すなわち、平南王が広塩の利益を支配したことに対して、清朝は軍事力の源泉ともなる鉄鉱あるいは鉄器製品に関する鉄政及び鉄課の管理を中央戸部の管轄下に組み込んで強化することにより、広塩に代わる有力専売品を広東省内に確保した。このように、平南王が駐屯するという特殊な状況下の広東省において、清朝のこうした鉄に対する政策より、中央集権化への足掛かりを掴もうとする方向を窺うことができるのである。

広東省の鉄政及び鉄課の管理を中央の戸部の下に置くとともに、広東の鉄課を雑税から独立させるという他省にはみられない清朝の対広鉄政策は、平南王の軍餉を減らす目的も秘められていた。さらに、鉄器製造を仏山鎮の一ケ所にまとめることで、鉄器製品の生産から流通・販売の全過程を掌握することを容易にした。そのためには、鉄器製品の流通ルートに位置する税関による税金の徴収が、最も有効な方法であった。仏山鎮及び太平関の立地条件からみれば、注(二六)顧盼論文で述べたような太平関の移動を行うことにより、仏山鎮の鉄器製品の外国及び他省に輸送される流通を掌握し得たことが判る。清朝が、太平関の移動によって仏山鎮の鉄器製品の流通を掌握したほかに、どのようなことを目指したのかについては、今後の課題としておきたい。

《注》

(一) 顧盼「清初における広塩の流通と国家政策」(野口鐵郎(編)『中国史における教と国家』雄山閣出版、一九九四年)を参照。

(二) 顧盼「明清時代広東鉄鉱業の発展」(『史境』三〇、一九九五年) を参照。
(三) 霍氏が明清時期における仏山鎮の有力な鉄商であったことについては、譚棣華・葉顯恩「封建宗法勢力對佛山經濟的控制及其產生的影響」(『明清廣東社會經濟型態研究』廣東人民出版社、一九八五年) を参照。
(四) 仏山市博物館編『仏山市文物志』(広東科技出版社、一九九一年) に所収。
(五) 以上のことについては、佐久間重男「明代の鉄鉱業と国家管理―初期官営企業を中心に―」(『集刊東洋学』二〇、一九六四年)、佐久間重男「明代の遵化鉄廠について―官営鉄冶の労役体制―」(『山本博士還暦記念東洋史論叢』山川出版社、一九七二年)、佐久間重男「明代後半期の製鉄業―民営企業の展開を中心に―」(『青山史学』二、一九七五年)、佐久間重男『中国近代史―明代史―』(法政大学通信教育部、一九八三年) を参照。
(六) 注 (一) 所掲顧盼論文を参照。
(七)『明清檔案』二七に、「少傅兼太子太傅・翰林秘書院大學士管戸部尚書臣車克等謹題、為査復爐煽以盡鹽政事、山東清吏司案呈奉本部、送戸科抄出。巡按廣東兼管屯田鹽法監察御史張純熙題前事内開臣細檢鹽考與新定經制諸書、内載鐵政一款、……其商人煽鐵納餉、與水客告票買鐵、納餉盤驗、同鹽法一例。自恢粤以來、曠廢者多、開復者少、以致餉額未足、近據羅定州東安縣知縣傳弘詳報、商人王兪勝、願納餉銀、開該縣聖較山鐵爐。臣批行布政司、確査開爐有資兵餉、並與地方無礙、除臣復行該司、會同鹽法道通査詳議去後、但鐵政既係鹽考所載、鹽鐵是屬一體、相應題明、伏祈勅部査議、應否俱准修復、召商納餉、行臣等遵奉施行。事關鹽法開載事宜、未敢擅便、謹題請旨順治拾參年陸月拾參日題、捌月參拾日奉旨戸部議奏欽此欽遵、玖月初壹日抄出到部送司、奉此相應議覆、案呈到部」とある。
(八)『皇朝政典類纂』巻百三十三 礦政に、「戸部貴州清吏司、凡礦政、即山置廠、辦五金之産而採之。一日銅廠、二日鉛廠、三日銀廠、四日金廠、五日鐵廠。皆因其産之衰旺而徵課焉、凡廠啟閉必以聞」とある。
(九) 雑税については、『光緒廣州府志』巻八十 前事略六 康熙八年の条に、「粤東之兵多、宜速裁也……是無地非兵、毎年約費糧餉二百四十五萬、本省起存地丁・塩課・襍税等項共計一百二十餘萬、尚需外省協濟一百餘益也」とある。この史料によれば、康熙年間の初期、多くの部隊が広東省におかれたため、毎年広東省における起解・存留の地丁課・塩課・襍〈雑〉税などの百二十余万が当該地域の軍事費用として使用されていたという。そしてさらに、その不足を補うため、他省から百余万が融用されていたことが判る。

(一〇) 戸部の管轄の中で、鉄政に関する事務を山東清吏司が取り扱った理由は、同司が全国の塩政を取り扱っていたからである。この面においては、広東の「塩鉄一体」の原則が引き継がれていると言えよう。

(一一)『両広塩法志』巻三十五　鉄志に、「各屬收舊鑄新土爐、係乾隆五十五年以後、咨准添設、收買舊鐵、鑄造鍋頭・農具。毎爐一口、額輸餉銀五兩三錢。所出鐵鍋・農具由該州縣就近徵收税、規各銀填給總督印發運、賣旗票、照運本地銷售、依限繳銷。收存税銀、歳底連爐餉一併批解運庫、附入省運鐵税、造冊報銷」とある

(一二) 笹木重巳「広東の鉄鍋について―明清代における内外販路―」(『東洋史研究』一二―二、一九五二年)、笹木重巳「鉄政における仏山鋪戸と土炉―続広東の鉄鍋―」(『東方学』二〇―二、一九六〇年)を参考。

(一三) 太田弘毅「倭寇が運んだ輸入鉄―「鉄鍋」から日本刀制作へ―」(『山根幸夫教授退休記念　明代史論叢』上巻　汲古書院、一九九〇年)を参照。

(一四) これについては、姜秀琴「明代中期的海盗與倭寇」(『河北師範学報』哲学社会科学版　一九八六―二、一九八六年)、陳懋恒「明代倭寇考略」(『燕京学報』専号六、一九三二年)、葉田淳「勘合貿易と倭寇」(『岩波講座日本歴史』中世三、一九六三年)などを参考。

(一五)『大明全典』巻三十五　課程　商税の条に、「萬暦六年課鈔、廣東南雄府太平橋、毎歳南北抽盤、商税鐵課等銀、四萬三千餘兩」とある。これによれば、北江ルートに位置する税関である太平関によって鉄器製品に対する税金の徴収を行ったことが窺える

(一六) 顧盼「清初における広東省の商品流通―太平関の移動を中心として―」(『史峯』六、一九九一年)を参照。

姜守旦の行動様式と論理
――萍瀏醴蜂起と武術家の係わりを中心に――

藤谷　浩悦

はじめに

一九〇六年一二月、湖南・江西両省の交界地帯で、同年の両省における水害・飢饉に乗じ、萍郷の安源炭鉱の鉱夫や瀏陽・醴陵の会党らを中心に、大規模な蜂起が発生した。蜂起には中国同盟会会員の劉道一や蔡紹南なども加わった。そして、洪江会の龔春台らを中心に事が起こるや、蜂起軍は瞬く間に膨れ上がり、万という数を称するに至った。しかし、やがて精巧な武器を備えた清朝軍隊の前に敗れ去った。蜂起の鎮定後、湖南候補道の沈祖燕は北京に宛てて書簡を認め、次のように述べた。「この年の冬十月（一九〇六年一二月）、瀏陽で乱が起こると、果して自称する所は、『革命軍』であった。幸いに、檄文にて各軍を召集し、速やかに掃蕩に赴き、始めて立て続けに撃滅することができた。戦闘に参加した者の言葉を聞くに、彼の党の行軍は甚だ規律を有し、勇敢で死を恐れず、猛きこと常と異なり、何度倒れてもまた進み、ただ精良な武器の不備により、勢いを支えきれず敗れ去ったが、さもなくばその禍は想像するに堪ええないものがあった」（一）と。すなわち、勇敢で、高い規律に支えられ、蜂起軍としては未だかつてない類のものであったというのである。これを一九〇六年の萍瀏醴蜂起とよぶ。（二）

ところで、一九〇六年三月に『申報』紙上連載の「論愚民暴動於中国前途之危険」では、民衆蜂起の特徴について

一．暴動の原因

二．暴動で被る影響

三．戦乱の方法

の三点に分けて分析を加えた。このうち、暴動の原因については「旧伝上の原因」「政治上の原因」「社会上の原因」の三点に分かれ、「旧伝上の原因」では無稽の慣話、旧小説の流伝、迷信の慣習を、「政治上の原因」では官吏の苛暴、游勇の充斥、警察の疏忽、軍隊の無用を、また「社会上の原因」では失業の無聊、市面の衰敗、革命の影響を、それぞれ指摘した。(三) この論説の特徴は、民衆が蜂起を起す原因について、「政治上の原因」や「社会上の原因」だけでなく、「旧伝上の原因」として民衆の意識や観念、及びそれを構成する小説や逸話、迷信の類にまで踏み込んで言及した点にあった。この点に鑑みていえば、一九〇六年の萍瀏醴蜂起では一説には同地の八割にも及ぶ民衆が蜂起に参加し、高い規律を備えたといわれながら、民衆を蜂起に駆り立てた動機や理念について、それが拠って立つ地域の規範や慣習、習俗といった点から分析されることは少なかった。(四) そのため、明清時代の民衆蜂起との係わりで、また地域の論理で同蜂起の意味を考える観点が希薄となってしまったのである。

一九〇六年の萍瀏醴蜂起については、これまで主に一九一一年の辛亥革命に至る前奏として、中国同盟会を中心とする革命運動の高揚と発展という観点から捉えられてきた。ために、蜂起を実質的に構成したのは龔春台の洪江会、武教師会、姜守旦の洪福会の三者とされながら、これまでの研究では、考察の対象は中国同盟会と関係を持った龔春台の洪江会に留まり、他の二者は等閑視にされてきた。しかし、このような観点は、まま蜂起の持つ多面性を見失わせる結果となったともいうことができるであろう。何となれば、中国同盟会の影響が及んだのは、龔春台を中心とす

る洪江会の、それも指導層に過ぎず、蜂起に加わった万にも及ぶ民衆は、中国同盟会とは無関係の位置にいたからである。そして、個々の民衆がどのような過程を経て纏まりを形成し、蜂起へと至ったのか、この点について考えた場合、着目せざるをないのが、会党と武術家が民衆の組織化に果たした役割であった。(五) 本論では、一九〇六年の萍瀏醴蜂起での会党と武術家の役割について、姜守旦の洪福会を中心に考察する。以下、一では、瀏陽の地理的特徴と文化的背景を追い、湖南省の会党の特徴、及び会党と武術家の係わりに言及する。二では、姜守旦の洪福会に的を絞り、姜守旦の半生と、会員の勧誘の方法、「排満」の念の特徴を考える。三では、一九〇六年の飢饉に遭遇しての姜守旦の行動と、蜂起に至る過程について考察する。

一、湖南省の武術家

（一）湖南省と会党

湖南省は東・西・南の三方を山に囲まれ、北は洞庭湖に面した。そして、東部は江西省と、西部は四川・貴州両省と、南部は広東・広西両省と接し、北部は洞庭湖を隔てて湖北省と隣した。地勢は南西が高く、北東にかけて低くなり、河川も南から北に流れた。河川で最大のものは、広西省の北東境より出て、省の中央を南北に縦断した湘江である。湘江は淥口鎮（株州の南）で淥水と合流した。淥口鎮から淥水を東に遡れば醴陵に、更には江西省の萍郷に至った。萍郷には有名な安源炭鉱があった。醴陵の北が瀏陽である。湖南巡撫・陸元鼎は一九〇五年一月二二日に、湖南省の風気を次のように述べた。「窺かに照らすに、湖南の風気は兇暴であり、もともと潜伏している賊は多かった。初めは軍営の散勇が悪習に深く染まり、再び農耕に安んずることができずに、無業の遊民と結び、会を立て票を放ち、小なるは金銭を強要し、大なるは強奪を行い、単に財産の搾取を図るだけであった。ところが、庚子の歳〔一九〇〇年〕に富有票匪が蔓延し、湖南に入ってより、内地の匪徒が相群れて悪事を真似、悪だくみを抱き、潜伏して謀反を図った。しばしば、厳しく捜査を加え逮捕するも、根源は未だ全て根絶できなかった」(六)と。すなわち、同地がもともと「匪徒」の巣窟であった上に、一九〇〇年に自立軍蜂起が起きて以降、ますます不穏な情勢が形成されたというのである。

清末、醴陵・瀏陽一帯に大きな勢力を張ったのは、哥老会である。そして、湖南調査局編『湖南民情風俗報告書』第九章「習染」では、「会匪」に「斎匪」と「哥匪」の二種があるとし、「哥匪」について次のように述べた。「哥匪とは即ち哥老会である。四川より起こり、哥兄老弟に名を取り、湖南省に蔓延した。この匪は草木の茂る所に仲間を集め、商人を襲い、市や村を焼き、物を強奪することを職業とした。各々が派別を持ち、それは立てた山堂や香水の名称で異なった。……凡そ、堂を開き飄を放てば頭目となり、他省の頭目と結託した者は、勢力が拡大した。常徳・澧州の各属は湖北・四川の匪目と繋がり、醴陵・瀏陽は多くが江西の匪目と結び、これらは比較的大きなものであった。行商や遠距離の商人で途上における略奪を心配する者は、必ずお金を納めてその会に入り、さもなくばその徒党に護衛を請い、保標とした。いわゆる標手である。彼らが多勢を集めて略奪を働けば、打宝子といった。有無相通じ、生死相結び、皆で得たものは皆でこれを用い、一人で得たものも私しない。盟長は坐して衆の入るる所を受け、また蓄えて皆の求めに応じた。これが勇なる所以であった」(七)と。ここからは、哥老会の特徴として、多くの派別に分かれ頭目同士が絆を強めた点、遠距離を行く商人が自身の身や荷物の安全を保つ目的で会と関係を持った点、会が生死や財産を共にするという共同体的な性格を持った点、などが指摘できる。

哥老会はもともと、乾隆年間に四川で起きた嘓嚕に起源を持ち、嘉慶・道光年間に天地会が北に移り、四川・湖南一帯の白蓮教や嘓嚕などと融合し、やがて哥老会の名がもたらされたという。(八) 哥老会が社会的な結社として大きく発展するのは、太平天国の激動期をへた咸豊・同治期、一八六〇年代以降のことである。その原因としては、第一に湘軍・淮軍の解散による失業した兵士の滞留、第二に交通路の変化に伴う失業者の増加、第三に清朝の衰退、官吏の腐敗、綱紀の弛緩と、慢性的自然災害や貨幣価値の下落による農村の困窮化、があげられる。加えて、アヘンの吸飲、賭博の流行が、人心の荒廃に拍車をかけた。この中にあって、同治年間、湘軍が解散されて後、失業した兵士は一部が地主となり、郷里に帰って享楽の日々を送った他は、大多数が遊民となった。彼らは互いに兄弟の契りを交わして続々と会党に入り、前途を「兄弟が難に遭えば救い、親しさは肉親を越えた」といった相互扶助の関係に託した。そして、西北に赴いて左宗棠の軍に入ったり、兵営、砲台、官衙、税局、水陸碼頭の湖南会館で働いたり、荷担ぎや行商に従事したり、小規模な商いをしたり、客桟、飯店、アヘン煙館を開設したり、賭博や密輸を庇護したり、或いは集団で開墾や牧畜に従事したりした。(九)

(二) 会党と武術家

湖南調査局編『湖南民情風俗報告書』第九章「習染」では、咸豊・同治以降の武術習得の流行を次のように伝えた。「徒手にて人を打つ法を習う、これを拳といい、五尺ばかりの木棍を用い持して習う、これを棍といった。湖南省では城市より村落まで、少年が数人、数十人と集まり昼夜練習し、これを習拳棍と名づけ、刀剣、鎌鞭、銅椎、鉄尺、神鞭などの長所を尽くした。この風習は咸豊・同治年間に最盛となった。最近はやや変化したものの、伝習する者は多く、一語でも合わなければ睚眦の怨みを修め、父・兄が伝えて拳を習い、随身の芸とし侮りを防いだ。湘陰の周・任・龍・甘・彭・高の六大姓家は、拳の習得に勇者が師となり、真伝は一族の中で年が若く力も強く忠義に富む者を選び、これを伝えた。湘郷・新化・邵陽・武岡・麻陽・辰州などでは有名な教師（諺で打師という）が輩出され、富家では名だたる教師を競い招き、それを護衛としたり、子弟を教育させたり、或いは生涯の扶養に努める者もいた。教師の伝えるものに派があり、秘密に伝えられたものに張家、少林、岳家の諸派があった」、と。そして、張家は気の力で人に勝るも、練習の法に生理を妨げるものがあり、岳家は少林に淵源を持ち、練習の方も運気の強壮や身体の強化を主眼とし、少林家は剣侠に類するものを伝え、闘撃の方も徒手を主とし、個々の奥義には内壮・外壮・内功・外功があった。(一〇)

清代初期、清朝は民間の拳械武芸を、一律に禁止したため、湖南の武術は秘密に伝授された。それは、個々の家や村ごとに、自衛のため世々代々伝えられたものであった。ところが、商品経済の発展する咸豊や同治期以降、秘密に伝授されてきた武術も公の活動を開始し、一部は農村から析出されて都市に出た。そして、保鏢業をしたり、道場を開き武術を伝授したり、軍隊の教官や衛士、大商人や官吏の武術教師となったのである。(一一)著名な武術家は門弟も多く、各地で持て囃された。李景僑「湖湘技撃紀聞」は、新化二伍、傭工某、羅四少爺、杜玉湘、伍童、武氏子、楊月庵、馮拐子、賓子奇、遊方僧、易五、朱老八、侠盗、遊士、劉大鵬、寧求卿・謝琳笙、羅雲卿、杜教師、販牛客、田夫、謝維尹、鳳姑など、清末の湖南省の、二四に及ぶ武術家の逸話を伝える。このうち、朱老八、本名・朱彪は門下生を数百名も抱え、省城における騒擾で名をあげると、哥弟会の会員もこぞってその門弟となることを望み、皆ながその名声を慕ったといわれた。また、羅雲卿は、「帯梢」、すなわちアヘン運搬業者の護衛として、世に知られたものであった。(一二)これら武術家の逸話からは、単に武術に秀でただけでなく、貧しさから武芸に励み、一代を築いた者や、周囲より侮りを受け、武術に精進して復仇を遂げた者など、一つの形が見出せるようである。それは、民衆の心情の中に潜む願望を、武術家の逸話という形で体現したとも、或いは民衆の願望を体現することで、武術家は逸話となって名を残したとも、いうことができるであろう。

ところで、武術家の発展が商品流通の展開と深く係わる限り、それは武術家同士の連携も必須のものとした。瀏陽・醴陵は哥老会の巣窟であり、かつ武術の里として名高い地であったが、当地の風習では旧暦五月一三日は盟会節とされ、会党の成員はこの日に集い、志があえば三人・五人と群れ、また二〇人・三〇人と義兄弟の契りを結んだ。中でも、武術家は多くの衆を集め、龍人傑、陳人初、饒友寿、万木匠、廖叔宝、沈益古などは二〇〇・三〇〇名から七〇〇・八〇〇名の門弟を持ち、馮乃古の門弟も一〇〇〇から二〇〇〇名に至った。(一三)このうち、廖叔宝は無法者を一撃で倒して後、名声は天下を震わし、家郷に多くの門弟を擁した。また、江湖の義侠を重んじ、多くと交友を結ぶ一方、門弟を引き連れて各地を渡り歩いた。そして、武術各派との連絡につとめ、武教師会を結成した。(一四)武術家は会党の成員と必ずしも一致するものではない。しかし、会党の成員にとっては、優れた武術家であることが必須の条件であったように思われる。ために、両者の界限は曖昧であった。そして、武術家は武術を売り物として、武術の伝授を行い、請われると護衛にも務めた。さらに、村々を渡り歩き、民衆と深い絆を結ぶと共に、会党の龍頭や成員、郷紳、富商などとも関係を持った。下層の民衆にとり、武術は自らを守り、侮りを防ぐためだけの道具ではなかった。何となれば、武術に秀でれば、例え出身が貧しくとも、人々の尊敬を勝ち得たからである。

二、姜守旦の洪福会

(一) 姜守旦の半生

姜守旦は一八六三年五月六日(同治二年三月一九日)、瀏陽県官渡郷雲山村に四人兄弟の末子として生まれた。父は姜本脈、農家と医者を兼ねた。武芸に秀で、姜守旦も父から武芸の手解きを受けた。姜守旦は幼少の頃、村の塾学に学んだが、家庭の貧困から二年で辞め、村人の経営する石灰窯で働いた。顔が四角くて耳が大きく、威厳があり声も大きかった。また、記憶に優れ、運搬用に石灰を積める作業では毎日数百担の数を全て暗記し、夜に帳場で数合わせをしても狂いがなかった。さらに、先祖伝来の医術も継ぎ、請われて病を治しても代金は求めず、村人の尊敬を集めた。姜守旦は石灰窯で働いていた時に、一世代前の先輩の勧めで哥老会に入り、三〇歳をへた一八九三年ごろ、生まれ育った郷里を離れた。以降、各地を渡り、その間に多くの武術家を知り、名師の指導も受けた。そして、武術は進歩し、気功も精緻となった。この間、主に江西、四川、湖北を転々とした。(一五)姜守旦の名が始めて官憲側の記録に登場するのは、一九〇〇年の唐才常による自立軍蜂起においてである。この時、姜守旦は「香長」として記されていた。(一六)姜守旦は洪福会を結成した時に、王茂先に改名を図るが、姜の上下を断ち切った字が王であり、不吉であるとの理由から、名を万鵬飛と変えた。鵬が一たび飛翔すれば万里に及ぶ、との意味である。ために、洪門の兄弟は彼を万大哥と呼んだ。(一七)

汪文溥は一九〇六年に、姜守旦が活躍した瀏陽・醴陵・萍郷一帯のこの地を、次のように述べた。「査するに、醴陵は江西の萍郷と接し、土地は湖南・江西の要道にあった。醴陵の東が萍郷の上栗市や瀏陽の金剛市で、本来が匪徒の巣窟であり、醴陵の普口市、白鷺潭などに蔓延した。醴陵の盗賊の多さが蜂起の遠因であることは、固よりである。近年、萍郷属下の安源炭鉱が大規模に坑道を開き、鉱夫は一万人に近く、内地の匪会の頭目もその中を巣窟とした。加えて萍潭鉄道も開通し、游匪もここを通り、頻々と往来した。この近因が再び匪徒の巣窟を激化させた」、(一八)と。すなわち、本来が「匪徒」の巣窟であった同地に、安源炭鉱の開発や鉄道開発のために、外部から職を求めて人が殺到し、治安が悪化したというのである。のちに同地を探査した日本の遠藤保雄は、「従って此等の兵勇は衣食の途を失ひ、遊手好閑相率いて匪徒に投するに至りたると、且つ湖南・湖北の鉄路工事が山東・河南地方より多数無頼の徒を招致したるとにより、湖南匪徒の勢力一時に激増したるものゝ如く、其党羽の多き、船夫・苦力を中心として、兵勇・農夫・商賈に及び、又稀に胥吏・学生の加わるものありと言う。今日彼等の牛耳を執るものは、高宗怡、姜守旦、万鵬飛、龔春台等数人となす」「然れども、白蓮・在理の徒は鉄道其他の工夫として漸次南下し、塩梟の徒は頻繁なる水路交通に由つて、漸次羽翼を上流に張らんとせり。之を以て近来此等匪徒の湖南に侵入せるもの甚尠からざるが如し」と述べた。(一九)もちろん、このうち、姜守旦と万鵬飛は同一人物である。ともあれ、この機に乗じ、白蓮教徒が混入しつつあったことは注目されよう。

ところで、一九〇〇年の自立軍蜂起が敗れて後、姜守旦を庇護し、頭目の一人に抜擢したのは馬福益である。馬福益は一八六五年に湘潭の貧農の家に生まれ、のち醴陵、渌口に移った。渌口では迎神賽に行われる賭博で会党が群れ集まり、混乱を極めていたが、馬福益がそれを仕切ってのち、混乱は静まり、馬福益の名は高まった。そして、哥老会の龍頭大哥の地位にまで伸し上がり、勢力は醴陵、湘潭、瀏陽から江西・湖北両省にまで及んだ。(二〇)馬福益もまた武術に秀で、一人で一〇人余りを倒す技を身につけていた。(二一)旧暦八月一五日は毎年、瀏陽西郷の普迹で牛馬交易会が開かれ、各地から会党の頭目が集まってきた。姜守旦は、一九〇四年に馬福益の紹介で龔春台、馮乃古、劉揆一、陳天華らを知り、頭目たちの仲間入りをした。そして、湖南省に程近い江西省の銅鼓、万載、修水などを往復し、勢力の拡大に努めた。(二二)一方、馬福益は一九〇四年一一月一六日に黄興と蜂起を図り、それが事前に露見して、清朝官憲により逮捕・処刑された。一九〇五年四月二〇日の馬福益の死後、同地の会党は四分五裂したが、一九〇六年当時でこの地に勢力を張った者には、瀏陽の東郷に姜守旦がいた他、醴陵に龔春台、萍郷の安源一帯に肖克昌、瀏陽の普迹一帯に馮乃古（原名・黎洪堅）がおり、それぞれ徒党数千を擁した。さらに、醴陵の龔春台の配下でも、東郷・麻石の碼

頭官に李金奇、西郷・神福港の碼頭官に李香閣、北郷・官庄の碼頭官に譚石基がいた。(二三)

（二）洪福会の拡大

姜守旦の生まれた雲山では、姜守旦の出生に前後して二つの大きな蜂起が起きた。一つは一八五二年の徴義堂首領・周国愚による蜂起であり、他の一つは一八六七年に雲山の隣の姜盧塅で姜守東が起した蜂起である。同治『瀏陽県志』巻一三「兵防」では、周国愚は「身体は短小で容貌は醜悪、頗る技勇を習った」とし、徴義堂を組織、会徒二万余名を集めた。そして、太平天国と気脈を通じ、ために官憲に迫られて蜂起に及んだ。また、姜守東の蜂起は江西省の曾幗才と連携し、清朝に対し企てたもので、「守東の哥老会は紅教を喜ぶ」と言われた。(二四)同史料では、「土匪」の変じたものに哥老会と教匪の二種があり、後者はさらに黄教、紅教、白教の三つに分けられるといい、次のように述べた。「凡そ逆首は黄教を以って愚民を繋ぎ、浩劫〔大災害〕の説を流布して畏怖させた。紅教、白教は逃亡者を集めて乱の謀をなし、黄教は始めこそ茹斎〔肉食を断つ〕するも、後には悉く酒色に溺れた。伝えられる所ではこれは江西で唱えられたという」、(二五)と。野口鐵郎氏は、黄教、紅教、白教とは一つの宗教結社の三要素を示し、黄教は金丹教、別名が青蓮教で、紅教は紅蓮教で武術を特徴として哥老会の前駆的形態を示し、白教は白蓮教白号の系譜を引く、燈花教から流れたものではないかとされる。(二六)これより四〇年余りへた一九〇〇年代初頭にあっても、瀏陽にはこのような民間宗教を受け止める土壌が存在し、武術がそれと融合する風土があったということができるのではなかろうか。

姜守旦の会徒勧誘の方法を示す、興味深い史料がある。それによれば、一九〇五年八月頃、万鵬飛こと姜守旦は、周祥生ら同僚と連れ立って江西省武寧にある陳鴻賓のアヘン煙館に行き、アヘンを吸った。時に、姜守旦は陳鴻賓に対し、自分が各種の法術を習得している旨告げた。陳鴻賓は当初信じなかったが、姜守旦が床の上にて陳鴻賓を指で示した所、陳鴻賓は即座に地面に倒れ、ここで姜守旦に対する疑念を解いた。そして、仲間の聶由先、曾文興、王文懐、肖明徳、林緒宝を誘い、共にアヘン煙館に行き、姜守旦に頼んで法術の伝授を請おうとした。すると、姜守旦は陳鴻賓らを城外の寂れた場所に連れ出し、香を執り地に跪き天に誓いを立て、法術を伝授した。のち、阿片窟に戻り、陳鴻賓らが深く信じ込んでいるのを確めると、初めて自分が洪江会の頭目で、各省に多くの義兄弟がいることを告げた。ついで、陳鴻賓らに入会を勧め、如何なる土地に出掛けても食事や路用の心配は不要で、かつ入会すれば後に必ず利点があると言った。そして、彼らが入会を許諾し、姜守旦と兄弟の契りを結ぶと、姜守旦は紅い紙の上に「富有山、樹義堂、天下水、万国香、憑票発足典銭一千文」と記した票を取り出した。次に、内口号として「日新其徳」、外口号として「訪尽英雄」を伝授し、各人に一枚の紙を与え、熟読させてのち焼いた。さらに、以後いかなる場所に赴いても、胸の前の襟を内側に折り入れ、髪を打ち丸く結べば、自然に会内の人が接待し、招き入れてくれようと述べた。(二七)

湖南調査局編『湖南民情風俗報告書』第九章「習染」では、湖南省の武術について「近世では、三派〔張家・岳家・少林家〕の他に、いわゆる五雷手、亡人手なるものがあり、その拠って来た所は不明だが、全て符手と名付けた。亡人手は人を撃つのに必ずしもその身に及ぼさず、手の一指を用い即死させることができた。五雷手も人を撃ち即死させることができたが、蘇生させることもできた。また、専ら符水を習う者もいて（俗に水師と名付けた）、骨折・兇傷も僅かに神水を用るだけで直すことができた」とあるため、姜守旦が会徒の勧誘に用いたのも、この「符手」であったと思われる。(二八) そして、勧誘の場として利用したのはアヘン煙館であった。それは、仲間の連絡場所、集合場所でもあった。一九〇七年五月に、湖広総督張之洞は前年の萍瀏醴蜂起を総括して、「会匪・姜守旦らは各鎮市に秘密裏に碼頭偽官を配置し、ごろつきの入会せる者と結託して、謀反を謀った」と述べたが、[二九] 姜守旦はアヘン煙館の他、各鎮市の飯店、賓館などに拠点を設け、広く連絡網を築くことで、会徒の拡大に努めたものであろう。これらは、会党の伝統的な手法に則ったものであった。そして、票を配布して、会徒の組織化を図ったのである。票に記された「富有山、樹義堂、天下水、万国香、憑票発足典銭一千文」の文字は、一九〇〇年の唐才常の自立軍蜂起で用いられたものと同じである。[三〇]

(三)「排満」の論理

姜守旦は蜂起の檄文の冒頭で次のように述べた。「明室が競わず、漢統は途絶え、犬・羊どもが王位を占拠し、生臭さが中原に瀰漫し、四百州が皆な荼毒の禍に遭いてより、二〇〇余年がたち、この間、日月の光を見ることがなかった。夷狄の夏を乱すことは、何れの代にもなかったことである。罪は大きく悪も極まり、極悪にして非道、上は天心を犯し、下は人道に悖る。天誅・天討の加う所、九征・九伐の赦さざる所のものは、現世における覚羅満清より甚だしいものはない。……そして、哭声が郊原を震わし、餓死者の死体が道に溢れ、聞く者をして心を痛ましめ、見る者をして涙を落さしむるは、皆な天が胡運〔夷狄の運〕を憎みてこの厲災を降し、汚れを洗い、古きを除くの徴候を示したのである」、と。すなわち、夷狄が中原を支配し、悪逆極まり、世の中が乱れに乱れた。打ち続く災害や飢饉は、この世の乱れに対する天の警告であり、ために天意に従って夷狄を討ち、世界を本来のものに戻すべきである、とするのである。ここに見られるのは、善なる世界に「異」が乱入し、秩序を乱し、苦しみをもたらしたとする考えである。そして、姜守旦は「異」の最たるものとして満洲族の清を位置付け、「我らの蜂起の志は、満賊を駆逐することにあるだけである」と主張したのである。[三一]

湖南省で伝説として言い伝えられたものに、「殺家韃子」がある。「殺家韃子」の伝説とは、民国『醴陵郷土志』によれば、元末の時代、蒙古人は漢人を支配するために漢人の家々に居住したが、漢人が蒙古人の横暴を酷く憎み、中秋の夜に約して彼らを酒に酔わせて殺害する計画を立てたことを指す。(三二)別稿で詳論したように、伝説が伝えるものは、「異」なるものの放逐と郷里の奪回、平和の回復であり、満月と結び付けられて考えられた。中秋節の満月、それは団円、つまり和を現すものである。さらに、郷里の奪回は、失われた共同体の回復を意味する。また、自らを育んだ郷里、母、自然への回帰をも意味する。すなわち、「殺家韃子」の伝説の根幹は、本源的なるものへの回帰にあった。そして、清末には、中秋節は満洲族の放逐、つまり「排満」の成就される日として流布していた。何となれば、旧暦八月一五日を示す隠語の「二四加一五」が、一九〇〇年の義和団の掲帖にも、一九一〇年の長沙米騒動における掲帖にも、均しく見出しうるからである。興味深いことに、旧暦八月一五日は、単に満洲族の放逐の日というだけでなく、末劫の到来、救世主の出現、至福の世界の実現という民間宗教の内容と、組み合わさり説かれていた。すなわち、満洲族の駆逐は、民衆の理想の実現と同義であったのである。(三三)そして、より重要なことは、このような伝説が、代々言い伝えられることで地域の記憶となり、人々の行動の規範を形作っていったのではないか、と考えられる点であった。

姜守旦の「排満」の念が、このような地域に伝わる伝説の中で育まれたことは、いうまでもない。そして、それは瀏陽の風土、特に周国愚や姜守東の蜂起の伝統や、同地が哥老会の地盤であったこと、また姜守旦自身が貧しい家庭に生まれ、幼少より辛酸を嘗め社会の矛盾を感じて育ったこと、さらに一九〇〇年の自立軍蜂起の失敗や一九〇五年の馬福益の刑死などにより、決定的なものとなった。しかし、姜守旦の「排満」の念は、新しい政治体制の構築を目指す方向は取らなかった。むしろ、姜守旦は「立憲・専制・共和の定論に泥むなかれ。ただ、我が漢族をえて天子となせば、やや専制を形づくり、我が家の祖父のように威厳を示すと雖も、栄光は我の得る所となろう」と述べ、あえて政治体制の是非は論じなかったが、願ったのは皇帝による政治の堅持であった。[三四]すなわち、姜守旦によれば、皇帝政治はやや専制と似かよるが、専制政治とは異なっており、親が子を慈しむように、皇帝が民衆に慈愛を示してゆけば、自ずと万民の和らぎ楽しむ世界となるものであった。しかし、現在の皇帝は異民族であり、漢人のことなど考えずに利益、特権を独り占めにし、そこで政治は専制と化し、腐敗し、混乱した。従って、異民族を放逐し、漢族の郷土を漢族の手に取り戻せば、自ずと世界は本源的なものに帰し、万民も和らぎ楽しむというのである。これこそが姜守旦の「排満」を主張する所以であった。

三、蜂起の絆と論理

（一）湖南省と飢饉

湖南省の巡撫は、一八九五年の日清戦争における清朝の敗北以降、一九一一年の辛亥革命勃発に至るまで、陳宝箴から兪廉三・趙爾巽・陸元鼎・端方・龐鴻書・岑春蓂・楊文鼎・余誠格へと目まぐるしく代わり、至上とされた改革も一進一退を遂げた。その中にあって、湖南省の財政は、一九〇二年には剰余金が三〇〇余万両あったものが、広西辺境における反乱鎮圧のための軍事費、新政の経費、災害救恤金、銅銭の鋳造停止、粤漢鉄道回収資金などにより、一九〇六年以降は毎年一〇〇万両前後の欠損を出した。[三五]新政が生み出したものは、財政負担だけではなかった。官僚機構の周辺に多数の外郭団体を作りだし、権力を内部から腐食させた。日本の探査員・山口昇はその模様を次のように述べた。「今や清国上下の民は、一般に新政を以て暴民の虐政となさゞるなく、怨嗟満地、其の上を見る仇敵の如し。而かも民の新政に反抗する所以のものは、決して新政其のものに対して反抗するものに非ず。彼等は寧ろ新政の如何なるものなるかは之を了解せず。たゞ地方の貪官汚吏の此の間にありて新政を口実とし、新政を苛徴するものあるが為めに、遂に彼等は反対し激発するに至れるなり。近時の地方騒乱の多くは、実に土匪無頼の徒に非ずして、是等貪官汚吏の為めに挑発せられたる良民の一揆なり」(三六)、と。すなわち、政府の権威は衰退し、官吏、郷紳らの跋扈を統御できなかったのである。

一九〇六年、湖南省では正月から四ヶ月もの間、大雨が降り続き、特に三月後半から五月初旬にかけては酷く、大雨がさらに河川の氾濫を引き起こした。そして、大量の水と土砂が田畑・家屋をのみこんだ結果、死者は三、四万人、避難者は三〇、四〇万人にも及び、「今回の奇災は湖南省で二〇〇余年もの間未だなかった」といわれた。(三七)瀏陽でも米価は急騰し、五月八日に一升三八文と定めていたが、程なく四八文に値上がり、五月から六月にかけては五六文へと跳ね上がった。(三八)もともと、湖南省では飢饉発生の度に民衆は食糧を求め、居住地を離れて各地を流浪するのが習わしで、強き者の多数を集め郷邑に横行するを「逃荒」、富者に向かい物乞いするを「喫大戸」といった。(三九)瀏陽を東と西に分けた場合、姜守旦が地盤としたのは東郷である。一九〇六年の飢饉では、西郷の普迹市では東郷に比べて被害が小さかった。その理由は、飢饉に際して西郷の紳・商が予め調達を図り、一軒毎に倉を調べて帳簿を作り、巨商や・富室が斟酌して財物を献納すると共に、他所から米を工面して瀏陽に運び、米を安価に放出し、附近の鎮頭市などもそれを真似、各々巨額の資金を出して故郷の救済を図ったためであるとされた。(四〇)ところが、東郷では救済が不備であり、一九〇六年六月以降、強奪事件が頻発した。場所が東郷であれば、事件には恐らく姜守旦の配下の者が係わっていた。(四一)

一九〇六年六月二九日の『申報』紙上には、次のような記事が掲載されていた。「長沙府属の湘潭・寧郷・瀏陽の一帯に、近頃ごろつきで神拳の伝習を唱える者が現れた。凡そ、その教えに従う者は、ただ神牌九位を供えればよく拳を打ち刀を舞うことができ、習いて四九日に達すれば普ねく身体は強靭となり、刀や斧も入らず、更に再び久しく習えばよく五遁をなすことができるとした。この種の妖術は徐々に蔓延し、官長も知りても問わず、説く者は近日における湖南の民の風気は乱を好んでいると述べた。現在また災民が蠢動し始めた矢先に、もし再び策を施して消滅を図らなければ、庚子の禍〔自立軍蜂起〕は目前にあるであろう。特に慮るべき事柄である」、と。[四二] すなわち、湘潭・瀏陽の地では、飢饉を前にして神拳が現れ、流布していた。これが同年六月の湘潭、瀏陽における蜂起を示すとすれば、神拳の流行には姜守旦が係わった可能性もある。仮りに、姜守旦が係わったとすれば、天意に従い、悪徳地主や貪官汚吏、異民族王朝の清を討ち、失われた共同体を回復するために、神拳を用いたということもできよう。同時に、武術は悪を討つため、天より無限の力を付与されたものであり、その故に、多くの民衆を惹きつけた。すなわち、武術家は村の秩序を維持すべく、天に替わり悪を討つという任務を負うと共に、そのような民衆の意思を代弁することで、分散的な民衆を一つに纏める役割も果たしたのである。

（二）姜守旦の蜂起

姜守旦は武術に秀でていたため、先ず農民に武術を学ばせ、次いで飄布を配布して農民を組織し、入会させると、会員は数万人にも及んだという。[四三] そして、一二月二五日の『申報』には、次のような記事が掲載されていた。「先ず、これ、両邑〔瀏陽・醴陵〕では、等しく会匪がいて、該所で飄布を放ち、飄布一枚ごとに銀一元で売り、成功の日には一〇元にて返す、と注記していた。また、手槍があって、一本ごとに洋銭若干で売り、仮に手槍一本があれば、一家を保全できるとした。現在、すでに飄布を放出する者が甚だ多くいて、凡そ結託して数万人の多きに至るという。また、瀏陽の蜂起にあたっては、某日に県城を攻撃し、某日に監獄を強奪すると宣言していた。かつ、掃清滅洋、革命義軍の旗号を打ちたて、更に貧民には迷惑をかけず、ただ官長を襲撃・殺害し、悪どく富をなした家を襲撃すべきであると称えた。ために、各郷の富家で強奪された者は、数えきれなかった」(四四)と。これよりすれば、飄布を身につけさえすれば、災害から身が守られ、衣食に困らないだけでなく、蜂起が成功した暁には金銭が一〇倍となって返されたことになる。そして、旗号には「革命義軍」「掃清義軍」が掲げられ、攻撃の目標も厳密に選択されていた。すなわち、官吏と共に、不当な手段で蓄財を行った者が、攻撃の対象となったのである。それは、民衆の敵、地域社会の秩序を乱す根源と目されたものであった。

一九〇六年三月から四月の間、姜守旦は孔金唐を陳鴻賓のアヘン煙館に赴かせ、職位を与えて組織固めを図り、また六月から七月にかけ、範金田に姜守旦の書簡を携えさせ、蜂起計画を打ち明けていたが、その時はまだ期が熟していないということで、決行は一〇月頃に変更された。(四五)そして、一九〇六年一〇月、秋の収穫を待って、姜守旦は、江西省の銅鼓県、万載県より、湖南省瀏陽県の陳家坊、張坊一帯に移った。率いたのは、手に鳥銃、刀槍を持ち、服装も不揃いの、会徒一〇〇余名であった。姜守旦が移動を開始した日の晩、軍は陳家坊に駐屯した。姜守旦の口号は「富者から財を奪い貧者を救い、民に迷惑はかけない」というもので、軍は規律が保たれ強奪もなく、民衆の支持を受けた。そして、水害の被害が酷かったため、多くの民衆が姜守旦の軍に加わった。軍が陳家坊を出発した時には、この一帯で軍と行動を共にしたものも多く、軍も瞬く間に膨れ上がった。ただし、彼らは武器を持たず、携えたのは僅かに木棍、竹竿、火叉、火鉗などであった。(四六)この間、姜守旦は頭目の王永求を瀏陽県城に派遣し、情報を探らせたが、王永求は官憲に捕えられた。姜守旦は王永求を救おうと、瀏陽県城への攻撃を図るが、果たさず、やがて王永求も処刑された。(四七)そして、姜守旦は陳家坊より大光洞に至った。

一〇月後半、姜守旦は三〇〇余名の兵と共に、瀏陽東郷の三口塅に至った。三口では王なる一族が莫大な勢力を有し、かつ大団総の王顕疇の郷里であった。王顕疇は残酷かつ非道、尊大横暴を極め、多くの悪事を行い、民衆からは忌み嫌われた。ために、王顕疇は屋敷の防備のため、清朝の官兵に防備を請い、かつ自ら五〇名の保鏢を雇った。しかし、姜守旦はこれらの保鏢とは、内々に通じていた。そして、三口に至った姜守旦は、三口における洪江会の頭目・王応庚、沈牛大らと謀り、王顕疇の屋敷を襲う計略に出た。一〇月二八日、王応庚・沈牛大らは郭家亭の沈老五酒店に宴を設け、哨官の蒋興貴を招いて外におびき出した。この隙に、姜守旦らは王家の保鏢と通じて屋敷の中に侵入し、王顕疇やその管帯ら八人を殺害、銃弾や貴重品を奪った。と共に、米倉を開き、米を貧者に分け与えてのち、屋敷に火を放ち焼き払った。硝煙や炎に驚いた蒋興貴は、急ぎ洋槍隊一〇余名を率いて現場に至り、姜守旦の軍と交戦状態に入った。姜守旦の軍は洋槍隊の銃撃に対して刀や槍で応じ、負傷者一〇〇余名を出した。姜守旦の軍は形勢不利と見、目標をかえて清朝の官吏である李進初の屋敷（「植本堂」といった）を襲い、次に村の悪玉・王勉堂を殺害し、富嶺、大光洞に撤退した。(四八)これらは皆な、一二月に龔春台が決起し、一九〇六年の萍瀏醴蜂起と呼ばれる事件が起こる以前の、姜守旦の行動であった。

おわりに

一九〇五年八月二〇日、日本の東京で中国同盟会の結成大会が開かれ、孫文の提唱する「韃虜を駆除し、中華を恢復し、民国を創設し、地権を平均する」との四大綱領を、中国同盟会の綱領とすることなどが追認された。会員らはその方針に従い、本国に帰って支部を設け、党勢の拡大に従事した。そして、中国同盟会の劉道一と蔡紹南はその計画に従い、湖南・江西両省で会党との連携に努め、龔春台を中心とする洪江会の結成となった。会談は一九〇六年一二月までに春と夏、七月の、三回もたれた。そして、第三回目の会合がもたれた同年七月頃、姜守旦は龔春台と永和鎮のアヘン煙館で会談を行い、蜂起の際に龔春台への協力は約束したが、龔春台の洪江会の拘束は受けないことが確認された。(四九) すなわち、龔春台が蜂起後に発した檄文で、「本督師は将来の建設において、単に韃虜を駆逐し、少数の異民族に利益を独占せしめないだけでなく、必ずや数千年の専制政体を打ち破り、君主一人に特権を享受せしめず、共和民国を建立して四億同胞と共に平等の利益を分け、自由の幸福を獲得せんとするものである」と主張したのに対し、姜守旦は皇帝政治の堅持を説いて、双方の構想に一致をみなかったのである。そして、蜂起が起こると、龔春台は自らの蜂起軍を「中華国民軍南軍先鋒隊」と名付け、また姜守旦は「新中華大帝国南部起義恢復軍」と名付け、齟齬を生じたのである。(五〇)

一九〇六年一二月四日、龔春台は蜂起を決意してのち、高家台に貯蔵してあった武器を各地に分け与え、かつ萍郷の上栗市を根拠地とするとの指令を出した。一方、姜守旦は、一二月八日に龔春台が軍を出して瀏陽を攻撃したのを知ると、かつての約束に従って大旗山、大光洞、九鶏洞等の会衆約一〇〇〇〇名を結集し、瀏陽県城の攻撃を図り軍を西に進めた。一二月九日昼、姜守旦の軍隊が三元宮を通過した時、姜守旦は廟に進み、瀏陽県城を攻めるのに適当な時は何時かと、占いをたてた。占いでは、戌（午後八時頃）と出た。そこで、姜守旦は戌の時まで軍を休め、戌の時期を期し瀏陽県城の攻撃を図るために軍を進めた。そして、洗薬橋で、清朝の軍隊と遭遇した。闘いは熾烈を極めたが、体制を立て直した清朝の軍隊の前に、姜守旦の軍隊は大敗した。そして、大渓山の天岩塞まで敗走したのである。時に、兵として残れるは僅か二〇〇〇数余、姜守旦はここで残兵を整え、再起を期した。しかし、梁国楨の部隊の易、李の二隊が北上を行い、かつ王正宇、夏正魁が掃蕩攻撃を行ったため、姜守旦の軍隊では死者数十名を出した。その後、姜守旦は大光洞まで引き、そこから平江に出、さらに岳州に至り、湖南省の外に出て再起を図った。しかし、一二月二二日、敗走の途中で道に迷い、平江巡防営統領の陶廷梁の攻撃を受けた。そのため、姜守旦の軍隊は前後を挟撃され、全軍ほぼ壊滅し、姜守旦も「終わる所を知らず」とされた。(五一)

姜守旦が蜂起に至り、壊滅する過程を見てみるならば、それは中国同盟会の方略や龔春台の論理とは無縁の所に位置していたともいえよう。姜守旦は蜂起に先立ち、「告示を出す容赦はしない、先ず富者を襲い後に貧者を済う、婦女を強姦する者は斬罪に処す、郷民よ逃げてはならない」との御触れを出したとされる。(五二)これが、蜂起において、姜守旦が民衆に示した主張の根幹であった。既に見てきたように、姜守旦の主張の背後には、瀏陽の風土に育まれた「排満」の念があった。それは、本源的に善な世界に「異」なるものが乱入し、秩序を乱し、苦しみをもたらしたという考えから、「異」の放逐という方向を取った。そこで、天意に従い、秩序攪乱の根源である悪徳地主や貪官汚吏、異民族王朝の清を、討とうとした。その場合、武術は悪を討つものとして、天より無限の力を付与されたものであった。そして、民衆を惹きつけた。すなわち、武術は単に個々人の護身用の道具というだけではなく、村の秩序を維持すべく、天に替わって悪を討つという任務を負い、その故にまた民衆を一つに纏める役割を果たしたのである。それは、武術の伝授のため村々を渡り歩いた武術家にして可能なことであった。

《注》

＊本論では、以下の史料については（　）内のように略記した。また、日本の外交史料や新聞記事などを引用する場合、表題を除き、漢字を一部当用漢字に直すと共に句読点をつけ、片仮名は平仮名に改めた。年月日も原則として西暦を記した。

ただし、論述の都合上、旧暦を用いる場合は、「旧暦」の文字を記した。引用文中の（　）は原註、〔　〕は引用者が補ったものである。

・萍郷市政協・瀏陽県政協・醴陵市政協合編『萍、瀏、醴起義資料匯編』湖南人民出版社、一九八六年（『萍瀏醴資料匯編』と略記）

・日本外務省外交史料館所蔵外務省文書・門一・類六・項一・号四—二—一—一『各国内政関係雑纂　支那ノ部　革命党関係　別冊　革命党ノ動静探査員派遣』（『動静探査員派遣』と略記）

（一）沈祖燕「憂盛編」（『萍瀏醴資料匯編』所収）。

（二）一九〇六年の萍瀏醴蜂起に関する先行研究には次のものがある。中村義「辛亥革命の諸前提——とくに湖南省を中心として——」（『歴史学研究』第一八八号、一九五五年、のち同『辛亥革命史研究』未来社、一九七九年に収録）、清水稔「萍瀏醴における革命蜂起について——洪江会を中心として——」（『東洋史研究』第二九巻第四号、一九七一年）、Joseph W. Esherick, **Reform and Revolution in China: The 1911 Revolution in Hunan and Hubei**, University of California Press, 1976、滌塵「一九〇六年的萍瀏醴大起義」（湖南史学会編『辛亥革命在湖南』湖南人民出版社、一九八四年）、熊羅生「論萍瀏醴起義爆発的歴史原因」（湖北省社会科学聯合会編『辛亥両湖史事新論』湖南人民出版社、一九八八年）、饒懐民『同盟会与萍瀏醴起義』（岳麓書社、一九九四年）など。

（三）「論愚民暴動於中国前途之危険」（『申報』一九〇六年三月八日、一〇日、一二日、一三日、一七日、一八日）。

（四）筆者は別稿で、一九〇六年の萍瀏醴蜂起と民衆文化の係わりについて論じた（拙稿「一九〇六年の萍瀏醴蜂起と民衆文化——中秋節における謡言を中心に——」、準備中、参照）。しかし、そこでの考察は民衆の観念や世界観と蜂起との関係に留まり、会党の活動形態や蜂起に至る論理までは言及することができなかった。

（五）明清時代の民間宗教結社と武術家の係わりに関しては、野口鐵郎氏がその問題点を的確にまとめておられる。そして、宗教結社の外郭に位置した武力派の、いわば独立した形として会党を位置付けると共に、宗教結社と武力派の近似性を主張し、そこに民間宗教結社から政治結社に転化しようとする過渡的形態を指摘した（野口鐵郎「秘密結社研究を振り返って──現状と課題──」森正夫他編『明清時代史の基本問題』汲古書院、一九九七年、所収）。

（六）「署湖南巡撫陸元鼎奏湖南省節次拿辦会党匯案具報摺」一九〇五年一月二二日（『萍瀏醴資料匯編』所収）。

（七）湖南調査局編『湖南民情風俗報告書』第九章「習染」（湖南法院、一九一二年）。

（八）蔡少卿『中国近代会党史研究』所収「関於哥老会的源流問題」（中華書局、一九八七年）、酒井忠夫『中国帮会史の研究 紅帮篇』第七章「会匪・教匪の競合と哥老会の成立、その拡延」（国書刊行会、一九九八年）。

（九）陳浴新「湖南会党与辛亥革命」（田伏隆編『辛亥革命在湖南』岳麓書社、二〇〇一年、所収）。

（一〇）註七に同じ。内壮は一〇〇日、外壮は一二〇日で達成でき、前者は健康の保持、後者は身体の強化を目的とした。また、内功は呼吸を整えて刀とし、気を吐いて人を殺し、これを呑吐剣と名付け、外功は気を練ること神の如くし、気を飛ばして人を殺し、これを飛騰剣と名付けた。この他に、内功で烟剣と名付くものがあったが、内功・外功とも少林派のものの特徴であったという。

（一一）林伯原『近代中国における武術の発展』第二章「軍隊武術の衰退と民間武術の分化（一八四〇──一九〇〇）」（不昧堂出版、一九九九年）、湖南省体育運動委員会武術挖整組編『湖南武術史』第一篇「古代湖南武術史」（湖南省体育文史委員会、一九九〇年）。

（一二）李景僑「湖湘技撃紀聞」（『抱一遺書』一九三六年）。

（一三）鄒魯「魏宗銓伝」（『萍瀏醴資料匯編』所収）。同史料では、武教師の名を陳仁初、饒有寿、廖叔保としているが、他の諸史料から勘案しつつ、本論ではそれを陳人初、饒友寿、廖叔宝に改めた。

（一四）張漢柏「廖叔宝伝略」（『萍瀏醴資料匯編』所収）。

（一五）彭静華「姜守旦伝略」（『萍瀏醴資料匯編』所収）。哥老会は、石灰工場の窯工と密接な関係を持ったと考えられる。例えば、湘潭の雷打石は石灰石を産し、二〇幾つかの石灰工場を有した。そして、中でも馬家河の黄姓の設けた窯が最も多かったが、窯工は皆な哥老会に入会していたといわれた（郭緒印編著『洪帮秘史』第二編「洪門歴史的沿革」四「洪門対辛亥革命的貢献」上海人民出版社、一九九六年）。
(一六)「岳州鎮呈報匪情咨」一九〇〇年八月二五日（杜邁之・劉泱泱・李龍如（輯）『自立会史料集』岳麓書社、一九八三年）。自立軍蜂起は、一八九八年の戊戌政変ののち、唐才常らが長江流域の会党諸派と図り、一九〇〇年に起した蜂起のことである。香長とは、入会の儀式を取り扱う役職で、席次は低かった（平山周『支那革命党及秘密結社』第四章「哥老会」、初出は一九一一年、長陵書林より一九八〇年に復刻、参照）。
(一七)彭静華「姜守旦籍貫出身考略」（『萍瀏醴資料匯編』所収）。
(一八)汪文溥「醴陵平匪日記」一九〇六年一一月五日の条（『萍瀏醴資料匯編』所収）。
(一九)遠藤保雄「服命書――湖南」一九一一年二月二〇日（『動静探査員派遣』所収）。高宗怡・姜守旦・万鵬飛（姜守旦の別名）・龔春台のうち、高宗怡について、遠藤保雄は次のように述べている。「高宗怡は沅江県の産、拳法神打を能くす。常に技人数人を養ひ、修技を名として無頼の徒を糾合し、密に洪天保なる哥老会の一派を立てゝ自ら頭目となる」、と。高宗怡は紅燈会の頭目とされ、一九一一年に桃源県で官憲により捕らえられ、処刑された（「湘中会匪之充斥」『申報』一九一二年六月二七日）。
(二〇)張平子「我所知道的馬福益」（『辛亥革命回憶録』第二集、中華書局、一九六二年）。
(二一)廖恵風「首身異兮心不懲――辛亥革命先駆馬福益的事迹」（『萍瀏醴資料匯編』所収）。
(二二)注（一五）に同じ。
(二三)注（一三）に同じ。
(二四)同治『瀏陽県志』巻一三「兵防」。
(二五)右に同じ。
(二六)野口鐵郎「清末江西の紅白黄教」（『歴史における民衆と文化――酒井忠夫先生古稀祝賀記念論集』国書刊行会、一九八

二年、所収)、「紅蓮教と哥老会」(『東洋史研究』第四二巻第三号、一九八三年)、共に同『明代白蓮教史の研究』(雄山閣出版、一九八六年)に収録。

(二七)「護理江西巡撫沈瑜慶奏武寧県訪獲洪江会党摺」一九〇八年四月一七日(『萍瀏醴資料匯編』所収)。

(二八)注(七)に同じ。

(二九)「湖広総督張之洞奏瀏陽会党起事知県疏防失職応厳加議処片」一九〇七年五月二四日(『萍瀏醴資料匯編』所収)。姜守旦が各地にどれ位の拠点を築き、それぞれ何人位で運営されていたのかについては、未詳である。ただし、姜守旦と同行した周祥生の他に、黄重元なる者がいて、周は五人、黄は四人を勧誘していた(「義寧州稟陳研訊会匪情形」『申報』一九〇七年三月三〇日)。拠点毎に運営にあたった人数も、四人か五人と見るのが妥当ではなかろうか。

(三〇)「岳州鎮呈報匪情咨」一九〇〇年八月二五日(前掲)。蔡少卿氏は、自立軍蜂起での「憑票発足典銭一串」の意味について、この票を得たならば、人々は①頭目より銭一〇〇〇文を受けることができ、②太古公司や怡和公司の輪船に無料で乗ることができ、③身家を保つことができた、としている。すなわち、民衆は票を買ったのではなく、票を無料で得て、さらにそれで金銭と交換ができたとするのである(「論自立軍起義与会党的関係」(中国会党史研究会編『会党史研究』学林出版社、一九八七年、所収)、のち同『中国近代会党史研究』前掲に収録)。ただし、これは、資金が豊富な自立軍蜂起においてこそ可能であり、一九〇六年の萍瀏醴蜂起では民衆に売りつけたと見る方が妥当であろう。

(三一)陳春生「丙午萍醴起義記」(『萍瀏醴資料匯編』所収)。

(三二)民国『醴陵郷土志』第四章「風俗」、一九二六年。同書では「殺家韃子」を「殺韃子」としているが、一九四八年刊の『醴陵県志』巻四「礼俗志」で「殺家韃子」に修正された。

(三三)拙稿「一九〇六年の萍瀏醴蜂起と民衆文化――中秋節における謡言を中心に――」(準備中)、参照。

(三四)注(三二)に同じ。

(三五)『湖南財政説明書』「湖南財政総説」。

(三六) 山口昇「清国情勢及秘密結社」一九一〇年一〇月二〇日（『動静探査員派遣』所収）。
(三七)「湖南来函（為水災事）」（『新民叢報』第四年第九号、一九〇六年）。
(三八) 張新裕「三荒記」（『萍瀏醴資料匯編』所収）。
(三九) 注（七）に同じ
(四〇)「瀏陽西郷安静之原因」（『申報』一九〇七年二月一七日）。
(四一) 一九〇六年六月には、瀏陽の東郷において、飄布を配布した廉で、湯春初、郝礼相が逮捕された。同人らの供述では、飄布は張桂生、劉松林から配布されたものという（「又獲飄匪」「拿辦会匪彙誌」『申報』一九〇六年六月二一日、六月二四日）。背後には、大きな組織が係わっていたように思われる。
(四二)「湘省又有拳匪蠢動」（『申報』一九〇六年六月二九日）。神拳については、注(一九)を参照されたい。
(四三) 陶和順（口述）・李海量（整理）「丙午年起義見聞」（『萍瀏醴資料匯編』所収）。
(四四)「湘省由湖北調兵剿辦土匪詳誌」（『申報』一九〇六年一二月二五日）。
(四五) 注(二七)に同じ。
(四六) 李元標（等口述）・欧其夫（整理）「姜守旦率起義軍経過張坊」（『萍瀏醴資料匯編』所収）。
(四七)「湖南巡撫岑春蓂致軍機処請代奏電」一九〇六年一二月九日（『萍瀏醴資料匯編』所収）。
(四八) 欧遠福（等口述）・欧其夫（整理）「姜守旦打三口」（『萍瀏醴資料匯編』所収）。
(四九) 陳春生「丙午萍醴起義記」、鄒永成「萍瀏醴起義的真相」、曾省斎「丙午萍瀏醴革命始末記」、鄒魯「魏宗銓伝」（『萍瀏醴資料匯編』所収）。
(五〇) 注(三一)に同じ。
(五一) 潘信之「起義大軍在瀏陽」、彭静華「姜守旦伝略」（『萍瀏醴資料匯編』所収）。
(五二) 注(三八)に同じ。

戦後日台仏教交流の変遷
—日華仏教文化交流協会の成立と展開—

松金　公正

はじめに

「仏教」は、日本と台湾双方に共通して存在する宗教のひとつであるが、双方の仏教は、名称こそ同一であるものの、それぞれの地域の文化的影響を深く受けており、僧侶の生活習慣から仏教の社会的位置づけにいたるまで様々な差異が存する。このような日台仏教の差異は、それぞれの置かれた歴史的経緯や存立基盤としての社会的背景の差異により生じたものといえよう。このため、両者の交流の変遷を考察することは、異文化接触による文化変容の動態を捉えるための、非常に重要なケーススタディーになる可能性を有している。

しかし、日本の台湾植民地支配に起縁する百年以上に及ぶ両者の接触・交渉の歴史についてはこれまで十全に研究されてきたとはいえない。また、相互の接触が始まって以来、日本の仏教界では「仏教」という同一性のみが強調され、台湾の仏教を異文化のもとに形成された日本仏教とは異なる文化的存在として認識してきたとはいいがたい。

このため、筆者はこれまで日台間の仏教交流の歴史を異文化接触という観点からとりあげ、日本植民地統治期の日本仏教の台湾での展開[一]や布教使たちの活動について論じてきた。[二]

本稿では、先論であまり論じられることがなく、どのような交流が展開されたのかというような初歩的な事実確認すらなされていない第二次世界大戦後の日台仏教交流の変遷について、(一)第二次世界大戦終結から日華平和条約の締結、(二)日華平和条約の締結から日華断交、(三)日華断交から戒厳令解除、(四)戒厳令解除から現在という四つの時期に区分し、それぞれの時期の特徴、及び変容過程を考察することとしたい。そして、とくに日台仏教交流促進のために成立され、これまで両者の関係強化を積極的に推進してきた日華仏教文化交流協会(三)という日本側の仏教団体について、具体的にどのような事業を展開してきたのかを概観することにより、日本仏教側がどのように台湾の仏教を捉えてきたのかについて考えていく手がかりとしたい。

一、第二次世界大戦終結から日華平和条約の締結

第一節　敗戦と日本仏教の撤退

八宗一四派にわたる日本仏教が戦前台湾で布教活動を展開し、各地に寺院及び布教所を設置していたことは拙稿に述べた。(四)宗派によっては、在台日本人の冠婚葬祭などの法事実施のみに専心し、台湾本島人への布教をほとんど実施しなかったものがある一方、また別の宗派においては、一般本島人への布教に留まらず、本島人布教使養成のため、講習会を開催し、さらに進めて教育機関を設置するものや、(五)医療事業・釈放者保護事業などを中心に各種近代的社会事業の推進をはかるものなど、(六)戦前における日本仏教諸宗派の台湾における活動は種々多様であったといえよう。

しかしながら、日本が第二次世界大戦に敗れると、一九四五年一二月頃から当時およそ四〇万人にのぼったといわれる在台日本人の引き揚げが始まることになる。(七)そしてそれにともない台湾各地に布教使として在住していた僧侶も

日本へと引き揚げることとなった。一九四六年二月より始まる在台一般日本人対象の第一次還送は、四月末までに終了し、(八)特殊な技能のため中華民国政府に引き続き用いられた留用者や台湾本島人との婚姻関係など特別な事情で台湾に残留するものを除いた大部分の日本人は日本に帰還することとなった。(九)

それでは、先述の留用者の中に僧侶は含まれていなかったのであろうか。一九四六年五月一四日付の『留台日第三報』(一〇)の中には「在留日本人中宗教家ノ状況」があり、留用された僧侶の存在や留用の目的を窺い知ることができる。それによると、第一次還送後、留用された宗教家は四名おり、その内三名が僧侶であったことがわかる。

仏　教　日蓮宗　　　台北市法華寺　　　沖原龍進
仏　教　浄土真宗　　台北市東本願寺　　佐藤慧澄
仏　教　浄土真宗　　台北市東本願寺　　森田泰信
基督教　日本基督教団　台北市　　　　　上与一郎(一一)

それでは、これら三名の僧侶はどのような目的で留用されていたのであろうか。

現在、留台宗教家ハ左記ノ通リナルガ、始メ宗教工作ノ為、留用セラレタル宗教家ハ、基督教牧師一名ニシテ、仏教ニ関シテハ、僧侶二名ガ、台北市政府ノ宗教図書館設立準備工作ノ為メニ、留用セラレタルニ過ギザリシモ、多数ノ留用日本人ヨリ、葬祭ニ当リテ僧侶及寺院ノ存続ヲ必要ト認メ、四月二十六日、台北日僑互助会長ノ名ヲ以テ、当時僅カニ接収ヲ免レ居リタル法華寺ヲ留用日僑寺院トシテ使用シ、前述ノ僧侶二名ヲシテ、兼ネテ宗教的服務ニ従事セシメラレ度旨申請方取計ヒタル処、四月二十九日附ヲ以テ、宗教工作ニ従事スル事ニ関シ、次デ、五月十一日附ヲ以テ、寺院ノ存続使用ニ関シ、許可セラルヽニ至リタリ。(一二)

前記史料よりわかるように、僧侶三名の留用目的は大きく分けて二つあり、一つが台北市政府（市役所）の宗教図書館設立準備のためであり、もう一つが、留用された日本人の冠婚葬祭のためであった。また、これら僧侶の活動拠点としては、当時唯一政府に接取されていなかった日本宗派が建立した寺院である法華寺があてられることになった。

ところで、留用された僧侶の出自宗派に着目すると、一人が法華寺（日蓮宗）であり、二人が東本願寺（浄土真宗大谷派）であった。日蓮宗と大谷派は、戦前いずれも内地人中心の布教活動を行っていた宗派であり、台湾本島人への布教はあまり積極的には行っていなかった。(一三) 宗教図書館設立準備、及び留用者の冠婚葬祭の実施という留用の目的と考え合わせても、彼ら留用僧侶が台湾で布教活動を実施していたとは考えにくい。一方、戦前、台湾本島人布教を重点的に進めていた宗派であった臨済宗妙心寺派や曹洞宗僧侶の名前は留用僧侶の中にあがっておらず、両宗派の大部分の布教使は第一次還送にて日本に引き揚げたと考えられる。

例えば、戦前高雄龍泉寺(一四)など台湾中南部で積極的に本島人への布教活動を行っていた臨済宗妙心寺派の布教使東海宜誠(一五)もこの第一次還送時期にあたる一九四六年三月二九日に離台しており、(一六) また、同じく本島人に積極的に布教を行っていた曹洞宗の僧侶であった内田正利も四月中に帰国している。(一七)

このように台湾本島人布教に積極的であった禅宗系の僧侶を留用していないことからも、この時点での僧侶の台湾滞在は、台湾の人々への布教とは全く無縁であったといえ、(一八) 日本敗戦以降、台湾での日本人僧侶による布教はほとんど行われなかったと考えてよかろう。

それでは、その後留用僧侶はどうなるのであろうか。『留台日第十四報』(一九) 第十二「宗教家ノ留台経緯ニ付テ」によると、以下のように記されている。

第二次還送終了後宗教家トシテ、

台北市若竹町　法華寺　　　　沖原龍進
台北市東門町　東本願寺　　　佐藤慧澄
台北市幸町　　キリスト教会　上与一郎

ノ三氏留用セラレタルモノナルガ、

（一）沖原氏ハ、台北日僑総世話役ヨリ小職[二〇]ヲ経由、当局ニ対シ之ガ留台許可ヲ申請。

（二）佐藤氏ハ、同僚森田氏ト共ニ自ラ直接当局ニ対シ、留台許可ヲ申請シタルモノナルトコロ、当局ニ於イテハ、東本願寺ヲ一人（佐藤氏ヲ指名）トシ、沖原氏ト共ニ小職ニ於テ留台ノ必要ヲ認メ、且、其ノ身元ヲ保証スルニ於テハ、留台許可スベキ旨指示アリタルニ付、小職ハ資料第三十二ノ如キ保証書ヲ提出以テ、留台ヲ許可セラレタルモノナリ[二一]。

ここから一九四六年一〇月から一二月にかけての第二回還送後も員数削減はあるもののこの僧侶留用は引き続き行われていたことがわかる。しかし、その後の留用者の引き揚げとともにこれら僧侶の必要性も失われ、留用僧も日本へと引き揚げ[二二]、一部の例外を除いて[二三]、ほぼすべての台湾寺院から、日本人僧侶は姿を消すことになったのである。

第二節　中国仏教会による台湾仏教の再編成と日本仏教色の払拭

それでは次ぎに日本敗戦後の台湾でどのような台湾仏教界再編が行われたのかについてみてみることとしたい。

一九四五年一二月三一日に台北龍山寺で「第一次台湾省仏教組織籌備会」[二四]が開かれ、台湾仏教組織の再編成がはじまることとなった[二五]。

翌一九四六年二月一〇日に第二回目の準備会が開かれた後、同月二五日に龍山寺において台湾省仏教会会員代表成立大会が開催され、第一期の理事長には沈本円[二六]が選出され、そのほか七名の常務理事、二名の常務監事、及び理事、監事を選出し、台湾本島人僧侶を中心とした台湾仏教界の新たな中核組織が正式に誕生することとなった。[二七]

ところが、翌年一月一一日から一二日にかけて行われた第四回理事監事会議において、この「台湾省仏教会」は「中国仏教会台湾省分会」へと名称を変更し、分会の本部も龍山寺から善導寺に移すことになった。[二八]これは、当時中国全体の仏教統括組織を結成しようとしていた南京の中国仏教整理委員会の訓令をうけての改組であり、[二九]その結果、台湾仏教界は中国内の一省として組織的に中国仏教会の下に組み込まれることになったのである。

その後、第一期理事長の沈本円は一九四六年七月一五日に遷化し、[三〇]中国仏教会台湾省分会は成立直後に早くも理事長不在という状態を迎えた。しかし、会運営はその後も順調な発展をみせ、同年七月には花蓮・基隆・新竹、八月には嘉義、九月には台中と次々に支会が組織され、[三一]一二月一一日に開かれた台湾省分会としての初めての代表大会では、理事長に沈徳融を選出し、[三二]その後も宋修振[三三]・林宗心[三四]・釈隆道[三五]・釈玄信[三六]など台湾本省人が理事長を歴任し、台湾各地の支会の整備も進み、台湾全体の仏教統括機構として発展していった。

しかし、一九四九年に中華民国国民政府が国共内戦に敗れ台湾に移るとこの状況は一変することとなった。国民党政府の下、全中国の仏教統括組織として各省分会を成立し、一九四七年五月二八日に南京において第一期全国会員代表者大会を開き、理事長に章嘉[三七]を選出した中国仏教会の幹部や、各省分会幹部をはじめとした多くの僧侶が国民党とともに台湾へと渡来し、多数の住所不定のそれら所謂外省人僧侶は、多くの台湾仏教寺院に身を寄せることになったのである。中国仏教会の幹部は台北市内の十普寺に中国仏教会駐台弁事処を設置し、[三八]台湾の外から流入した僧侶を保護するとともに組織化を図ることとなった。[三九]そして、一九五〇年二月に政府に対し正式に中国仏教会の復会を登録し、[四〇]一九五二年八月三〇日、台北において第二期全国会員代表者大会を開き、第二期理事長には章嘉が連任することとなった。(四一)この結果、台湾の中に本来全中国仏教統括組織として成立した中国仏教会とその下部組織である台湾本省人を中心とする台湾省分会が並存することになったのである。

これら大陸から台湾に移ってきた僧侶の目に映った台湾の仏教は、彼らの考える仏教とは違った側面をもっていたようである。そして、その差異は日本仏教からの影響とみなされ、改善されるべき悪習と捉えられていたことが以下の資料からわかる。『重修台湾省通志』には、大陸僧侶が台湾に移ってきた後の台湾仏教の変化について次ぎのように記されている。

とくに日本植民地統治末期には妻帯肉食を行う（台湾）僧侶は少なくなかった。（しかし、）第二次世界大戦後、大陸から台湾にやってきた僧侶との相互比較の中、戒律を持修する者がもつ荘厳な大陸僧侶の外貌に台湾僧侶が尊敬をよせるようになり、次々と日本的僧侶の生活旧習を捨てていった。加えて中国仏教会が台湾において正式に復会し、台湾僧侶の旧習の改革、並びに統一に着手することが企図されることになった。(四二)

ここでは、妻帯や肉食といった中国仏教にとっては破戒としかみなすことができない行為を多くの台湾僧侶が行っており、それを中国仏教会がいかに改善することができたかについて述べられており、当時の中国仏教会が台湾における「大陸仏教の再建」(四三)を目指し、台湾仏教の中の日本仏教的色彩を払拭することに尽力した様子を窺うことができる。

しかし一方、当時の台湾仏教界には、戦前日本人僧侶の弟子となった者や日本式の修業を行って授戒した者、また、日本に留学し、教育機関で仏教学をはじめ様々な近代的知識を吸収した者が少なくなかった。(四四)このため、日本仏教と関係をもつ台湾僧侶は台湾省分会内に数多く存在していた。

このような状況下において、中国仏教会は肉食妻帯といった日本仏教の生活レベルの習慣にのみ着目し、初めからそれらの日本的習慣を受け入れることのできない旧習とし、その払拭を目指すこととなった。そのため、なぜ、台湾がそのような習慣を受け入れたのかということや、ましてや日本仏教がなぜそのような習慣をもつにいたったのかについて、社会的背景などを考慮することはなかったのである。

第三節　日本仏教撤退後の日台仏教交流

一・二節において、戦後すぐに日本仏教による台湾布教が中止を余儀なくされ、その後の中国仏教会による台湾仏教界再編の動きの中で日本仏教的要素が払拭されていったことについて検討した。それでは、戦後直後における日台仏教交流はどのような形をとって行われていたのであろうか。

戦後における日本仏教の国際交流は一九四六年に復活した全日本仏教連合会[四五]の国際部を中心に進められることになった。中華民国においても中国全体を代表する組織である中国仏教会が台湾省仏教会を中国仏教会台湾省分会として取り込んだため、日本と台湾の間の仏教交流は、以降この全仏と中国仏教会がその主幹組織となって進められていくことになった。

しかし、両者の間には、一九五二年にいたるまで実質的な交流はなかったといえる。この両者間の本格的な接触の端緒は、一九五二年九月に日本で開かれた第二回世界仏教徒会議への中国代表団派遣によるものであった。すでに中国仏教会はその組織の母体を台湾に移しており、実質的な影響力も台湾島内に限られた存在となってしまっていた。

次ぎに両者が接触するのは、一九五四年であった。ビルマで開かれた第三回世界仏教徒会議に参加の際、曹洞宗管長高階瓏仙を団長とする日本代表団が香港から沖縄に移動する途中に台湾に立ち寄ったのであった。[四六]この際、理事長の章嘉をはじめとした中国仏教会の面々は台北の飛行場で日本代表団を迎え、空港内にて茶会を開催した。二時間ほどの茶会を終えると、そのまま代表団は沖縄へと飛び立って行った。

このようにこの時期の日台仏教交流は世界仏教徒会議への参加を通じた活動を中心としたものであり、日本と台湾との間に特別な交流が「継続的」にもたれていたわけではなかった。

二、日華平和条約の締結から日華断交

前章において述べたように、戦後直後においては日台間の仏教交流はあまり盛んではなかったようである。しかし、一九五二年の日華平和条約締結による両国の国交正常化が、このような関係に転機を促すこととなる。本章では、日華平和条約締結後、どのような交流が日台双方の間に育まれていったのかについて考察することとしたい。

第一節　玄奘霊骨返還という日華親善

前節でも述べた第二回世界仏教徒会議は一九五二年九月二五日より日本で開催され、(四七)中国仏教会から章嘉を団長とする代表団七名が日本へ派遣された。(四八)この年は、ちょうど日華平和条約の調印（四月二八日）・発効（八月五日）の年にあたり、すなわち、この代表団は国交正常化後に中国仏教会が日本へ初めて送った代表団であり、中国代表としての来日であった。このため、戦後の本格的な日台仏教間の人的交流は日華交流という形で始まることとなった。

そしてこの代表団訪日時に埼玉県岩槻市の慈恩寺玄奘塔に奉安されていた玄奘三蔵の霊骨を台湾へ分祀するという問題が持ち上がることとなった。そのいきさつについては、史料によって、日本側から提案されたものというものも(四九)

あれば、台湾側から申し入れがあったというものもあり、実際どのような経緯で始まったのかについては確定しがたい。いずれにしても、その後、一九五五年に中国仏教界より駐日中華民国大使を通じ正式に分祀の申し入れがあり、倉持秀峰玄奘三蔵鑽仰会会長や柳了堅全仏国際部長などが協議を重ね、最終的に全仏常務理事会の決議により分祀することが決定することとなった。(五一)そして、同年一一月二五日に倉持秀峰・阿部龍伝・長岡慶信・大島見道・柳了堅の五名が(五二)玄奘三蔵の霊骨奉持・親善使節団として渡台し、霊骨は日月潭に安置されることになった。

以下、この分祀実現までの過程をみることにより、この交流が日本と中華民国との間でどのような観点より行われていたかについて明らかにしていきたい。

まず、この玄奘の霊骨はなぜ日本に安置されていたのであろうか。柳了堅によると、以下のようないきさつで埼玉県岩槻市の慈恩寺玄奘塔に奉安されていたことがわかる。

大東亜戦争中に、金沢出身の高森隆介砲兵大佐が南京城外で日本軍の砲兵工廠を建造中、玄奘三蔵法師の石棺が土中から発見され、ただちに南京市郊外に壮大玄奘塔を建立しました。その後、わが国へも一部の霊骨が大使館を通じ大日本仏教会へおくられたのであります。

大日本仏教会では、当時副会長の埼玉県蕨市三学院住職倉持秀峰師が代表して霊骨を受領し帰国。大師ゆかりの岩槻市天台宗慈恩寺に、住職大島見道師が中心となって霊塔を建立し奉安されたのであります。(五三)

この霊骨分祀に対する日本側の反応は、以下の史料からわかるように日華親善を強調する好意的な意見であった。史料中にもあるように「日華両国の国交を親密にしたい」という高森隆介の声明は、同年締結された日華平和条約による国交正常化と無縁ではあるとはいえない。

唐の玄奘大師の霊骨は、わが国（中国）の宋仁宗天聖年間より南京に現在にいたるまで八〇〇年の長きにわたり祀られてきた。第二次世界大戦時に日本軍にその一部を持ち去られたところ、一九五二年九月二五日、日本において、第二回世界仏教徒会議が開催された際、日本の高森隆介氏は、玄奘大師はわが国（中国）にとって大変偉大な人物であり、その霊骨は無上の国宝といえ、その際の中国仏教会代表の趙恒惕・李子寛・李添春居士などに玄奘大師の霊骨をわが国（中国）に返還することをもって、日華両国の国交を親密にしたいと表明した。(五四)

日華友誼親善のために日本の慈恩寺はすぐにこのこと（玄奘霊骨の返還）に同意した。(五五)

しかしながら、第二回世界仏教徒会議から分祀実現までには三年の時間を費やしており、この間、分祀に関して大きな障害が二つ存在した。一つは中華人民共和国の仏教団体との交流を実施していた在日日中仏教交流団体からの猛烈な反対であり、(五六)そしてもう一つは、受け入れた霊骨を台湾のどこに安置するかということに関し、南投・新竹・台南などが相争い、なかなか確定できなかったことである。とくに一時は南投日月潭に安置が決まっていたのであるが、その後、台湾における古くからの霊山である獅頭山を有する新竹が安置を主張し、両者は激しく争うことになる。その様子は、『台湾日月潭史略　明海大観』(五七)によって知られる。

この問題を解決するためとられた台湾側の対処法の視角を考察することによって、台湾側の霊骨分祀に対する志向性を知ることができよう。

まず、なかなか決まらない安置場所について、駐日大使より中国仏教会に対し寄せられた意見をまとめると「できるだけ早く霊骨を迎える準備を整え、中国共産党につけいれられる隙を与えてはいけない」(五八)ということであった。当時、霊骨の中華民国への返還に対し中国共産党側は猛烈に巻き返しの機会を狙っていたことを受けての発言であった。

また、最終的に台湾内一四県市の支持を受け、安置場所は当初の予定通り南投に決定するのであるが、これら市県より中国仏教会などに送られた建議書では、この霊骨返還は「反共復国に対し、非常に大きな貢献を果たすことができ、価値がある」(五九)という政治的側面が日本同様強調されている。

すなわち、ここに共通してみられる考え方は、この霊骨返還を通じて、日華国交正常化に基づく中華民国の中華人民共和国に対する外交的優位性を顕示するという態度である。確かに、この玄奘霊骨返還は日本と台湾の間で行われた戦後初めての公的仏教親善交流であるが、あくまでそれは、全仏と中国仏教会という台湾にありつつも中国全体の仏教を代表することを標榜する団体との間で行われた日華仏教交流であったといえる。このため、日華平和条約締結後の国交正常化の下での日台仏教交流は、中国仏教会と全仏といった「総合的」な形ではなく、「個人的」な親善交流という形を以って推進されていくこととなった。

第二節　宝覚寺林錦東と日本人遺骨収集

それでは、この「個人的」な親善交流とはどのような形で培われていたのであろうか。

玄奘の霊骨を中国仏教会に引き渡した全日本仏教会代表メンバーはその足で台中にある寺院を訪問し、一二月一日に解夢観音像をその寺院に贈呈した。(六〇)その寺院こそ現在にいたるまで日台仏教交流におけるキーステーションのひとつとなっている宝覚寺であった。

宝覚寺は、日本植民地時代に台中地域布教の中心として設立された臨済宗妙心寺派の末寺である。臨済宗妙心寺派の布教については、胎中千鶴や王見川の論稿に詳しいが、(六一)台湾本島人への布教を活動中心に据え、数多くの本島人僧侶との友好な関係を有していた宗派といえる。戦後、宝覚寺に入った住職も臨済宗妙心寺派で禅宗を修めた林錦東で(六二)あった。ここで少し林錦東の活動についてみてみよう。

林錦東は一九二三年に現在の南投県竹山鎮で生まれた。竹山公学校を卒業した後、一九三六年臨済宗妙心寺派の台湾開教監督であり、鎮南専門道場の師家であった高林玄寶に投礼することになり、台北の臨済護国禅寺の専修道場で仏法を研究することとなった。その後、一九三九年から六年間京都の臨済宗学院に入学し、禅学を学んだ。一九四四年台湾に戻り、宝覚寺の仏教専修道場の教師となり、一九四五年八月二九日、住持廖罡宗の引退にともない新住持となった。戦後は、中国仏教会台湾省分会の理事・監事を歴任した後、一九五三年に第五期台中市仏教支会理事長になり、一九五五年より第四期・第五期台湾分会理事長を連任した。一九七六年一〇月二四日より四〇日間訪日するも、帰国後一九七七年四月六日心臓病のために死去した。

（六三）（六四）（六五）

さて、この林錦東が日本人僧侶との「個人的」親善交流のキーパーソンとなったのには、二つの理由が考えられる。一つは、彼が臨済宗妙心寺派の僧侶を師とした日本仏教系の僧侶であったことであり、もう一つは、台湾に放置された日本人の遺骨を収集し、遺骨安置所の設立に尽力したことである。林錦東は、日本人墓地の遺骨が散乱しているのを見過ごすことができず、個人的に遺骨の収集、安置をはじめ、台北・台中・高雄における日本人遺骨安置所建立に尽力し、一九六一年、台中においての安置所を自坊宝覚寺内に設置、遺骨一万四千柱を迎えたのである。このため、宝覚寺には現在でも慰霊のために数多くの日本人が訪れている。一九六六年には遺骨安置への返礼として、宝覚寺に対し日本より平和の鐘が送られている。

また、林錦東は各種社会事業の推進に積極的であり、宝覚寺を文化センターとして位置づけようとしていたようである。文書布教のため雑誌『覚生』『新覚生』を出版した他、「成功」・「同朋」託児所を設立し、幼児教育にあたり、また、台中仏学書院を設け、全省的布教講習会を開催した。（六六）

第三節　旧布教使による個別交流

さて、この時代の「個人的」親善交流におけるもう一つの特徴としては、旧布教使とその関係者との間に展開された交流であるという点をあげることができよう。

一九五二年に日華平和条約が締結され国交が正常化し、また、一九六一年に台北・台中・高雄に日本人遺骨安置所が建立されると、旧台湾布教使などを中心に日本人僧侶が渡台し、宝覚寺など各地の日本仏教ゆかりの寺院や僧侶との「個人的」交流を展開することとなった。

旧布教使の代表的な例としては、東海宜誠（六七）をあげることができよう。東海は戦前臨済宗妙心寺派の布教使として台湾中南部を中心に台湾本島人への布教活動を展開した。このため、高雄龍泉寺の隆道など、東海を師と仰ぐ台湾本島人僧侶は少なくなかった。一九四六年に離台した後、台湾に足を運ぶ機会がなかった東海であるが、ついに一九六四年一〇月二九日より一一月二一日まで臨済宗妙心寺派の訪華親善教使として約三週間の間、引き揚げ後初めて台湾各地の寺院を歴訪することになる。各地での歓待ぶりは非常に盛大であった。また、翌一九六五年三月二五日から四月四日にかけても東海は妙心寺派管長古川大航とともに渡台（六八）、台湾各地の妙心寺派ゆかりの寺院（六九）を歴訪した。

この他、一九六七年の孝道教団統理岡野正道訪台、一九七〇年日華親善和平祈願慰霊団訪台など、徐々に個別ではあるが多くの日本人僧侶が台湾を訪れ、日本仏教ゆかりの寺院や僧侶、日本人遺骨安置所での法要などを通して日本と台湾の交流が育まれていった様子を知ることができる。

このように国交正常化後の日台の仏教交流は中国仏教会と全仏との間で玄奘霊骨返還というセレモニー的行事はあったものの、あくまでそれは中国仏教会を中国を代表する仏教機構と捉えた上での日華仏教交流であり、台湾との交流の底辺を支えていたのは、台湾本島人による日本人の遺骨収集・安置とそれに対する日本人僧侶の訪台法要、及び旧布教使を核とした日本宗派関係者の間で展開される交流であった。

第三章　日華断交と日華仏教文化交流協会の成立

前章において国交正常化の後、ようやく日台間の仏教交流が「個人的」親善交流を通じて盛行していく様子を検討した。しかし、一九七二年九月二九日、日華平和条約が破棄され、日本と中華民国との国交が途絶えたことにより、両者の関係はさらなる転機を迎えることとなる。本章では、断交後の日台仏教交流の変化について考察することとしたい。

第一節　林錦東の死と日華断交

日華断交後も個人的親善交流は途絶えることなく続いていった。前章で取りあげた東海宜誠は断交直後の一九七二年年一一月に「沖縄・台湾慰霊団」に参加し、戦後三度目の渡台を果たしている。(七〇)この際も東海はそれまでと同様に台湾各地の関係寺院を巡行しており、師弟関係を基調とした交流は活発化の様相を呈して行った。同年、当時妙心寺派管長であった梶浦逸外を中心とした訪問団も台湾を訪れており、「吉田茂・蒋介石握手の像」を台湾に贈っていることからもわかるように政府間の外交関係の有無とは無関係に、断交までに培われた「個人的」親善交流を母体として両者の交流はさらに進展をみせることとなった。

一方で国交のない日本と台湾との仏教交流を支えるためには、特別な交流団体が必要との観点から、台湾のみを交流対象とする仏教団体の創立が模索されるようにもなった。まず、一九七三年七月に日華仏教関係促進協会が成立する。この協会は、台湾僧侶の絵画展覧会開催を企画するなど精力的に活動した。しかし、徐々に活動を縮小していくこととなった。

このような中、一九七六年一一月に林錦東は念願の戦後初来日を果たすことになった。これまで、台湾で日本僧侶を歓待する立場にあった林錦東は、各地で多くの日本人に歓待を受けることとなった。（七一）また、日本側も林錦東に対し、断交後の日台交流のキーパーソンとして期待を寄せることとなった。しかしながら林錦東は、帰国後まもなく一九七七年四月六日に突然死去し、日本側はこれまでの日台交流における在り方の変容を迫られることとなった。

第二節　日華仏教文化交流協会の成立

林錦東の死後、一九七八年に日華仏教文化交流協会が成立した。この協会の設立が断交と無関係でなかったことは、初代会長梶浦逸外が機関誌である『普照』創刊号に寄稿した「機関誌発行によせて」の中から推察できる。

さきに日本と中国大陸との間には日中平和友好条約が結ばれ、はなばなしい両国の国民的交流が開始されましたが、反面私たちは中華民国台湾への恩義を忘却してはならないのであります。

このとき、日本と中華民国、「台湾」との間に新たに仏教徒を中心とする日華仏教文化交流協会が誕生いたしましたことは、まことに慶賀に堪えないのであります。

日本の中国に対する外交が、どのように展開されましょうとも、私の中華民国「台湾」に対する感謝の気持は微動だにするものではありません。それは今は亡き蒋介石総統に対する感恩の情から発するものであります。（七二）

また、事務局長の鎌田良昭は、次ぎのように記している。

今を去る二年前、私ども数人が会合して、台湾仏教界との交流を、広く、しかも、定着性と信憑性のあるもの

にしたいという願いがここに結実を見たわけであります。(七三)

この発言から「個人的」な親善交流以外に「総合的」かつ「継続的」な交流を目指すことが日華仏教文化交流協会の設立に当って、大きな課題であったことがわかる。

このため、協会は、早速台湾側と協議を行い、中国仏教会と共催で継続的な仏教文化交流聯誼大会を開催することが決定された。中国仏教会内においては、かつて花園大学に学び、日本仏教に詳しく日本語も堪能な浄心を窓口として開催を協議することとなった。そしてついに、一九七八年一一月二八日、台湾において第一回日華仏教文化交流聯宜大会が開催されることになった。日本から梶浦会長以下一五〇余名が参加し、台湾側からは政府機関の来賓を含め八〇〇余名が参加し、日台仏教交流史上、未曾有の盛況となった。(七四)

その際、共同声明が出されており、それによると、

中華民国と日本は、過去永きに亘り、極めて深い友愛と信頼の関係を保ちつつ交流がなされてきた。しかしながら、数年前にその国交が断たれたことは、われわれ両国の仏教徒にとって洵に遺憾なことであった。

爾来、われわれは仏教を通じて交流を促進してきたが、ここに機熟し、両国の仏教文化交流を定着性のあるものへとすべく、ここに日華仏教文化交流聯誼大会を盛大に挙行する運びとなった。これは両国仏教史上非常に意義深いことである。

われわれ華・日両国仏教徒は仏の慈悲と寛容の精神を基調として両国の仏教教学及び学術振興を通（じ）て固い友好関係を確立し、以て両（国）の仏教による交流を一層増進する（こ）とを誓い、ここに声明する。

十一月二十八日

日華仏教文化交流聯誼大会(七五)

とあり、この大会の主旨が、それまで、日台間において欠けていた（一）個人的個別交流に留まらない定着性のある総合的な交流の継続的推進、（二）仏教教学、及び学術振興を通じた友好関係の確立もであることが明らかである。

この大会宣言を受け、一九七九年一一月七日に第二回大会が今度は日本で開催されることとなった。(七六)これにより、一年おきに台湾と日本で交互に大会を開催するという基本スタンスができあがることとなり、一九九九年末までに合計一三回開催されることとなったのである。

そして、この日華仏教文化交流聯誼大会の開催により、それまでにはなかった新たな形の日台仏教交流が誕生したといえる。すなわち、それまでは一宗一寺の交流を基礎とした「個人的」親善交流のみが行われ、双方の仏教界の代表相互による交流がみられていなかったが、聯誼大会開催にあたり、日華仏教文化交流協会が、台湾における唯一の仏教統括組織である中国仏教会の唯一のカウンターパートとの承認を内政部より受けることにより、日台間に初めて双方を代表する組織相互の「総合的」かつ「継続的」な交流が推進されることになったのである。

第三節　台湾の本土化と日華仏教文化交流協会の変容

さて、日華仏教文化交流聯誼大会が一九九九年末までに合計一三回開催されていることは前述したが、その主な内容は表一の通りである。

とくに一九八七年の第十回大会までは、ほぼ毎年開催されており、その盛況振りには目を見張るものがあり、それぞれの仏教界を代表する組織双方がそれぞれ交互に交流しあうという大きな成果を生み出すこととなった。しかしながら、最後の一三回大会が開かれたのが一九九四年であり、その後、六年間は全く開かれていない。そのかわり日本側は毎年のように代表者を派遣し、台湾の各地の寺院を巡回することになった。

表一、《日華仏教文化交流聯誼大会の変遷》

回数	開催期日	開催地	参加人数（日）（台）
テーマ			
主要参加者　（日）名前　（台）名前			
記念講演会　名前・所属・テーマ			
その他特記すべき内容			
1回	1978年11月28日	台北（中泰賓館）	（日）154名（台）800余名
テーマ　なし			
主要参加者（日）梶浦逸外・柳了堅・安藤義裕（全仏）・鎌田良昭・西村輝成　（台）悟明・浄心			
記念講演会　花山勝友・武蔵野女子大学教授「中国仏教と日本仏教」			
2回	1979年11月7日	東京（ホテルニュージャパン）	（日）300余名（台）150余名
テーマ「広げよう仏教の輪を、若人に－日華両国の友愛の絆を強めよう」			
主要参加者（日）梶浦逸外・柳了堅・安藤義裕（全仏）・鎌田良昭・稲葉修・和田龍宏 （台）白聖・隆道・悟明・浄心・林金莖			
記念講演会　後藤秀弘・東北福祉大学学長「仏教の輪を広げよう」			
部会報告　「仏教の教法宣布について」（美濃部薫一・美濃部学園理事長） 「仏教と社会福祉について」（塩入亮達・大正大学教授） 「仏教と教育事業について」（望月良晃・立正大学助教授）			
3回	1980年9月30日	高雄（浄覚幼育院）	（日）60名（台）300余名
テーマ「アジア仏教圏の団結を強めよう」			
主要参加者（日）梶浦逸外・柳了堅・加藤海晃（全仏）・鎌田良昭　（台）白聖・浄心・浄良・了中			
記念講演会　金岡秀友・東洋大学教授「アジア仏教圏の連帯感を強めよう」			
4回	1981年9月16日	塩釜（グランドパレス塩釜）	（日）150余名（台）90余名
テーマ「アジアの仏教徒は連帯しよう」			
主要参加者（日）柳了堅・加藤隆芳・仲田順和・鎌田良昭　（台）白聖・悟明・浄心			
記念講演会　松田紹典・聖和学園学長「仏教の特質と連繋の意義」			
5回	1982年9月10日	台北（来来ホテル）	（日）80余名（台）400余名
テーマ「仏教徒の現代的使命」			
主要参加者（日）稲葉心田・和田龍宏・小倉秀峰・浜田嘉伸・鎌田良昭 （台）白聖（代読）・悟明・浄心・浄良・了中・黄監察院長・鄭国民党社会工作会副主任・悟一			
記念講演会　安居香山・大正大学教授「仏教徒の現代的使命と課題」			
6回	1983年9月29日～10月4日	台北・高雄等	（日）51名（雅楽会台湾演奏団）
テーマ　なし			
主要参加者　（日）柳了堅・山本康彦・鎌田良昭・磯山福正（全仏）			
記念講演会　なし			
7回	1984年9月13日	東京（深大寺）	（日）150余名・（台）148名
テーマ　なし			
主要参加者　（日）和田龍宏・小林承鉄・柳了堅・藤井教雄・谷玄昭・稲葉修・伊藤公介・鎌田良昭・小倉秀峰　（台）白聖・林金莖・了中・浄心・悟明			
記念講演会　大久保良順・大正大学学長「日中（華）両国間の天台宗の交渉」			

8回	1985年10月24日	高雄（元亨寺）	（日）130余名・（台）320余名
テーマ「両国仏教の興隆と人類の福祉を」			
主要参加者　（日）松山萬密・山本健史・柳了堅（台）浄心・悟明・黄尊秋監察院長・白聖・了中			
記念講演会　平野宗浄・花園大学教授「禅と仏教」			
9回	1986年9月10日	名古屋（徳源寺）	（日）300余名・（台）100余名
テーマ　なし			
主要参加者（日）鎌田良昭・柳了堅・松山萬密・谷耕月・竹中玄鼎・石塚正信・小倉秀峰・谷玄昭 （台）悟明・了中・浄心			
記念講演会　釈浄心・中国仏教会台湾省分会会長「中国仏教の特質－禅」			
１０回	1987年10月20日	台北	（日）130余名・（台）800余名、
テーマ「仏陀のネガイー世界の平和」			
主要参加者　（日）松山萬密・柳了堅・谷玄昭・藤井教雄・山本健史　（台）浄心・悟明・黄尊秋監察院長・趙中国国民党中央党部社会工作会主任・成一・了中			
記念講演会　なし			
世界和平冥陽両利大法会（中国仏教会）　世界平和祈念大法要（日華仏教文化交流協会）			
１１回	1990年10月4日	日月潭（玄奘寺）	（日）100余名
テーマ　なし			
主要参加者　（日）松山萬密・谷玄昭（台）浄心・悟明			
記念講演会　なし			
１２回	1992年5月26日27日	台北・高雄	
テーマ　なし			
台北大会（1992年5月26日、世界貿易センター）（日）600余名（台）約2400名			
主要参加者　（日）松山萬密・成田孝英・鎌田良昭　（台）浄心・了中・明光・黄尊秋監察院長			
記念講演会　なし			
高雄大会（1992年5月27日、元亨寺）（日）600余名（台）約2400名			
主要参加者　（日）小倉宗徳　（台）菩妙・浄心・呉高雄市長			
記念講演会　なし			
１３回	1994年5月30日	高尾山（薬王院）	（日）140余名（台）160余名
テーマ　なし			
主要参加者　（日）成田孝英・谷玄昭・春見文勝・鎌田良昭・西澤貫誠　（台）浄心・林金莖			
記念講演会　なし			

このような変化が起こった要因としては、主に台湾側の仏教勢力の変容によるものと考えられ、中国仏教会と一定の距離をおいた団体が次第に台湾内で勢力を強めていった結果といえよう。ちょうど十回目の会議が開かれた一九八七年は会議の直前に戒厳令が解除された年であり、翌一九八八年には蒋経国が死去、李登輝が新大統領となり、以後、台湾の本土化が進んでいく転機となった年であった。このような台湾社会の変化は国民党と共に歩んできた台湾における唯一の仏教統括組織である中国仏教会の変容とも無縁ではなかった。

一九八九年一月に公布された「人民団体法」第七条は、それまで認められていなかった同一分野での複数の団体を認可する規定に改正され、これにより、中華仏光会や中華民国仏教青年会、慈済功徳会など、中国仏教会以外の諸仏教団体が台湾に成立することが可能になった。その結果、相対的に中国仏教会の台湾仏教全体に対する統制力は弱まっていき、以前のような日本と台湾を代表するような交流は不可能となっていった。一方、日本留学経験もあり、日華仏教文化交流協会との交流において常に中心的役割を果たしてきた浄心が一九九三年中国仏教会の理事長となる。浄心は台湾出身の僧侶であり、それまで白聖など外省人が歴任してきた中国仏教会理事長の職をはじめて本省人として担ったのである。しかし、すでに中国仏教会には往時の力はなく、浄心在任中現在にいたるまで両者の間で開かれた会議は一九九四年の一回のみである。(七七)興味深いことに浄心がこれまで日華仏教文化交流協会との間に繰り広げてきた交流の内容を見てみると、学術シンポジウムへの参加や姉妹寺院の締結、自坊光徳寺臨済宗妙心寺派末寺への復帰などが中心となっており、非常に「個別的」な交流へと再び変化する様相を呈している。

さて、一方、日華仏教文化交流協会も次第に変化をしていくこととなる。一九九〇年にそれまで全日本仏教会の国際部長をつとめ、協会の理事長を歴任した浄土真宗の柳了堅が死去すると、次第に臨済宗妙心寺派を中心とした組織へとシフトしていくこととなる。そしてこの妙心寺派は、一九九〇年以降、復帰というかたちで、宝覚寺など戦前末寺や連絡寺廟であった関係寺院を末寺へと組み込むようになるのであった。

おわりに

以上、戦後における日台間の仏教交流の変遷について概略述べてきたが、大きく四つの時期区分が可能であると思われる。

まず、日本の敗戦から日華平和条約の締結までが第一期である。日本人布教使の撤退で始まった戦後日台仏教の交流であるが、国共内戦の結果、国民党とともに大陸から移ってきた全中国仏教の統括組織である中国仏教会が台湾仏教をその統制下におくこととなった。中国仏教会は台湾に残っている日本仏教の残影を払拭し、また、国交正常化前のため日本人僧侶が台湾を訪れることもかなわなかった。ほとんど交流がなかった時期といえる。

第二期は、日華平和条約の締結による国交正常化から破棄による日華断交にいたる時期である。国交正常化以降、両者の往来は比較的自由となり、両者の代表団同士が世界仏教徒会議などを契機に顔を合わせる機会もあったようである。また、同じ「仏教」という名の下、世界平和や日華親善のために霊骨返還などのセレモニー的行為も行われた。しかしながら、両者の交流の基盤を支えていたのは、日本仏教の教育を受けた台湾の僧侶による日本人遺骨安置所の設置であり、また、旧台湾布教使による訪台時の師弟間の交流であった。

しかしながら、このような交流は、日華断交によって変容することになる。それが第三期であり、断交後から戒厳令解除に至る時期がそれにあたる。断交や親日的な台湾僧侶の死去という交流活動断絶の危機を乗り越えるための文化交流団体として、台湾のみを対象とする交流団体である日華仏教文化交流協会が設立されることとなった。しかし、この団体の成立は予想外の成果を生むことになる。当時、国民党一党支配の台湾において、国民党と密接に結びつき全台湾仏教をすべて統制していた中国仏教会が日華仏教文化交流協会を唯一のカウンターパートとすることによって、布教使とその弟子といった「個人的」な関係に基づく交流から一歩ふみだし、初めて本格的な日本と台湾との間だけの仏教交流会議を開催することができるようになったのであった。もちろん、断交後も数多くの団体によって個別の交流が益々盛んになっていたのであるが、双方の「総合的」交流を可能にしたという意味で日華仏教文化交流協会の果たした役割は大きいといえるのではないだろうか。

そして、第四期が戒厳令の解除から現在までであろう。戒厳令解除後の台湾の急速な民主化と本土化は、二つの影響を中国仏教会に与えることとなる。一つは、浄心という本省人理事長の登場である。これまで、外省人が歴任していたポストをはじめて本省人が手に入れることとなったのである。もう一つが、他の強力な新興仏教統括団体の出現である。これにより、相対的に中国仏教会の力が弱まり、日本との交流においてもこれまで国民党や中国仏教会を中心に事業を展開してきた日華仏教文化交流協会には大きなハンディキャップとなり、次第に大規模な全台湾を代表するような会議を開催することは不可能になっていったのである。

また、日華仏教文化交流協会自体も次第に変容をみせ、妙心寺派色が徐々に強まっていくこととなる。妙心寺派は戦前台湾において盛んに台湾本島人布教を行っていたこともあり、日本仏教の中では比較的台湾仏教との関係が深い宗派であった。このため、かつての連絡寺廟などを中心に本山末寺関係の回復を目指すこととなったのである。すなわち、近年みられるようになった日台間における本山末寺関係の復活は、以上述べてきたような日台それぞれの違った思惑が重なり合った結果といえ、お互いが相手を充分に理解した上で起こった現象とみなすことはできない。

以上、四つの時期に分けて、簡単に戦後の日台仏教交流の変遷について述べてきた。日台相互の交流が日本台湾それぞれの国際的な仏教交流全体においてどのような位置を占めているかについては、さらに考察すべき内容であるが、それは、今後の課題として本稿を結ぶこととしたい。

表二、《『普照』特集及び主要記事目録（創刊号〜第43号）》

号数	出版日時	特集、及び主な内容
創刊号	1978.11.3	日華仏教文化交流協会の設立と『普照』発刊 WFB日本大会に参加した中国仏教代表と懇談 台湾の仏教・台湾の宗教
2号	1979.2.25	日華仏教文化交流聯誼大会特集号
3号	1979.8.15	第二回大会1979年11月7日、日本での開催決定 中国仏教会との交流は本会が唯一の窓口に（内政部が承認）
4号	1980.1.1	日華仏教文化交流日本大会特集号
5号	1980.7.25	第三回大会1980年9月30日、高雄での開催決定 日華仏教文化交流協会と立正佼成会との合意書 中正記念堂落慶式に本会から参列
6号	1981.1.1	日華仏教文化交流高雄大会特集号 『親善握手の銅像』について　／　葉酔白画伯「天馬展」
7号	1981.9.10	梶浦逸外老師追悼号
8号	1982.1.15	第四回日華仏教文化交流大会特集号 稲葉心田新会長就任　／　世界仏教僧伽大会台北で開催
9号	1983.1.10	第五回日華仏教文化交流大会特集号
10号	1983.8.15	第六回大会1983年9月29日、高雄・台中・台北での開催決定
11号	1983.1.10	第六回日華仏教文化交流大会特集号／雅楽会台湾演奏旅行記
12号	1984.8.10	第七回大会1984年9月13日、深大寺での開催決定
13号	1985.1.10	第七回日華仏教文化交流大会特集号 松山萬密会長就任　／　戦友で結成した柏会が訪台
14号	1985.8.10	第八回大会1985年10月24日、高雄での開催決定 浄土真宗東京組長会訪台／東京本願寺「台湾・香港友好親善の旅」
15号	1986.1.10	第八回日華仏教文化交流大会特集号 台湾にあった日本の寺の調査を 西本願寺東京教区「日華仏教親善の旅」 浄土宗東京教区江東組青年会「日華仏教親善旅行」
16号	1986.8.10	第九回大会1986年9月10日、徳源寺での開催決定 稲葉心田前会長遷化 （仮称）旧台湾日本寺院調査特別委員会の設置について
17号	1986.1.10	第九回日華仏教文化交流名古屋徳源寺大会特集号 台湾旧日本寺院等調査委員会
18号	1987.8.15	第十回大会1987年10月20日、台北での開催決定 旧台湾日本寺院等調査委員会第一回、第二回委員会報告 各宗派旧台湾開教使懇談会報告書
19号	1988.1.15	第十回日華仏教文化交流聯誼大会特集号 旧台湾日本寺院等調査報告
20号	1988.8.15	旧台湾日本寺院等調査委員会
21号	1989.1.15	旧台湾日本寺院参拝と合同慰霊法要特集号／日華仏教親善の碑除幕式
22号	1989.8.15	『台湾開教の歩み』刊行　／　白聖長老の本葬（1989年5月25日）
23号	1990.1.15	釈白聖大法師本葬参列報告　／　世界仏教僧伽会第五回大会参加報告 『台湾開教の歩み』について 国際仏教学術研究会報告（日華仏教文化交流協会・浄覚仏教研究所共催）
24号	1990.8.15	日華両国仏教の絆－玄奘大師霊骨捧持の思い出

２５号	1991.1.15	第十一回日華仏教文化交流聯誼大会特集号 臨済寺で達磨忌法要　／　第二回世界宗教徒聯誼大会参加報告 宝覚寺に和平英魂観音亭落慶並びに霊安故郷記念碑除幕 柳了堅前理事長遷化
２６号	1991.8.15	第十二回大会 1992 年 5 月 25～29 日、台北・高雄での開催決定
２７号	1992.1.15	第六回国際仏教学術研究会特集号 （浄覚仏教研究所主催、台北）テーマ「仏教の未来像」 釈浄心大法師玄奘寺の新住職に－晋山典礼厳粛に挙行
２８号	1992.8.15	第十二回日華仏教文化交流聯誼大会特集号
２９号	1993.1.15	日月潭玄奘寺参拝と WFB 台湾大会参加特集号
３０号	1993.8.15	春見文勝会長就任　／　仏光山東京別院完成
３１号	1994.1.15	第十三回大会 1994 年 5 月 30 日、高尾山での開催決定 八王子七福神会が台湾七福神めぐり
３２号	1994.8.15	春見文勝日華仏教文化交流協会会長、釈浄心中国仏教会会長合同就任披露 祝賀会・第十三回日華仏教文化交流大会大会特集号 李登輝総統との会見　／　台湾七福神めぐりの旅
３３号	1995.1.15	第七回国際仏教学術研究会特集号 （浄覚仏教研究所主催、台北）テーマ「宗教と政治」
３４号	1995.8.15	松山萬密老師（米寿）・春見文勝老師（卒寿）「賀宴」開催 中国仏教会代表団妙心寺遠諱に参拝／真言宗豊山派「友好親善の旅」 高尾山薬王院「台湾不動寺参拝」／北九州仏教会「親善交流の旅」
３５号	1996.1.15	第八回国際仏教学術研究会特集号 （浄覚仏教研究所主催、高雄光徳寺）テーマ「二十一世紀を拓く仏教」 松山萬密老師（米寿）・春見文勝老師（卒寿）「賀宴」開催 光徳寺落慶式典
３６号	1996.8.15	松山寛恵会長就任　／　台湾光徳寺落慶本尊開眼法要営む 中国仏教会代表団妙心寺遠諱に参拝　／　宝覚寺住持釈心観が逝去 光徳寺と地福寺との姉妹寺院締結
３７号	1997.1.15	台湾七福神巡り特集号 姉妹寺締結を記念して台湾・光徳寺から祝賀訪問団 日華両国の民間交流「台湾七福神めぐり」のおすすめ
３８号	1997.8.15	台湾光徳寺臨済宗妙心寺派復帰記念法要特集号 李登輝総統を表敬　／　ダライ・ラマ法王初の台湾訪問実現
３９号	1998.1.15	明石元台湾総督の墓など戦後放置された台北の日本人墓地
４０号	1998.8.15	協会設立二十周年記念事業 寺院交流訪問と両国戦没者・関係個人の慰霊法要 記念書籍の出版仮題『絆』　／　日台仏教交流百年歴史の旅・報告 日華（中日）仏教文化交流　茶道・華道高雄展の開催
４１号	1999.1.15	中国仏教会妙心寺参拝団が来日 釈浄心中国仏教会会長の古稀祝賀式典 春見文勝前会長遷化　／　台北臨済寺が立退きを求められる 台中宝覚寺で得度式妙心寺派への復帰を申請 旧三板橋墓地の日本人遺骨が宝覚寺へ
４２号	1999.8.15	協会設立二十周年記念事業 台中宝覚寺妙心寺派復帰記念法要　／　台北臨済寺文化財保存討論会 台湾仏教にふれる旅　／　台湾別院撤去免れる 浄心「浄覚老人養護中心」（高雄光徳寺）建設準備のための訪日
４３号	2000.1.15	台湾大地震特集号 九二一台湾大震災見舞報告書　／　九二一台湾大震災物故者慰霊法要の旅

《注》

（一）拙稿「植民地時期台湾における日本仏教寺院及び説教所の設立と展開」（『台湾史研究』第一六号、一九九八年）、及び「日拠時期日本仏教之台湾布教―以寺院数及信徒人数的演変為考察中心」（『円光仏学学報』第三期、一九九九年）。

（二）拙稿「関於日拠初期日本仏教従軍布教使的活動―以浄土宗布教使橋本定幢『再渡日誌』為例」（『円光仏学学報』第三期、一九九九年）、「曹洞宗布教師による台湾仏教調査と『台湾島布教規程』の制定―佐々木珍龍『従軍実歴夢遊談』を中心に―」（『比較文化史研究』第二号、二〇〇〇年）、「日本統治期における妙心寺派台湾布教の変遷―臨済護国禅寺建立の占める位置―」（『宇都宮大学国際学部研究論集』第一二号、二〇〇一年）、「日本植民地初期台湾における浄土宗布教方針の策定過程（上）（下）」（『宇都宮大学国際学部研究論集』第一三号、第一四号、二〇〇二年）。

（三）日華仏教交流協会は、一九七八年に発足し、これまで二〇年余の歴史を重ねてきた。一年に二回『普照』という会誌を発行してきた。この資料により、われわれは、この協会がいかに発足し、どのような交流を台湾との間で展開し、現在に至るまでどのように変遷してきたのかを知ることができる。もちろん、この資料は、日本側の団体が発行したものであり、台湾側がどのようにこのような日本側の活動を捉えていたかについては、別途研究を要するであろう。表二は、創刊号（一九七八年）から四三号（二〇〇〇年）の各号ごとの特集、及び主要記事の一覧表である。

（四）注（一）を参照。

（五）拙稿「日拠時期日本仏教在台湾推行之『社会事業』（一八九五―一九三七）」（宗教伝統与社会実践中型研討会、報告用論文、一九九九年）。

（六）注（五）を参照。

（七）財団法人台湾協会編『台湾引揚史―昭和二十年終戦記録』、一九八二年一二月一日、八頁を参照。

（八）河原功監修・編集『台湾協会所蔵台湾引揚・留用記録』第一巻、一九九七年九月二五日、ゆまに書房、「解題」四頁を参照。河原氏によると第一次還送は一九四六年二月二一日から四月二九日まで、約二八万人が引き揚げることになったとしている。

（九）例外については、河原、前掲書、五～六頁を参照。
（一〇）河原、前掲書第一巻、五二～五四頁を参照。
（一一）河原、前掲書第一巻、五四頁を参照。
（一二）河原、前掲書第一巻、五三～五四頁を参照。句読点は筆者による。
（一三）注（一一）参照。
（一四）龍泉寺第一代住職の東海宜誠は敗戦後弟子隆道に任せて帰国した。（林明憲編『仏心（日文版）』、人生書局、一九九七年、五〇頁、五八頁）を参照。
（一五）王見川「略論日僧東海宜誠及其在台之台湾事業」（『円光仏学学報』第三期、一九九九年）、林明憲、同書を参照。
（一六）林明憲、前掲書を参照。
（一七）曹洞宗海外開教伝道史編纂委員会編『曹洞宗海外開教伝道史』、一九八〇年、曹洞宗宗務庁、七六頁を参照。
（一八）胎中千鶴「日本統治期台湾の佛教勢力―一九二一年南瀛佛教会成立まで」（『史苑』第五八巻第二号、一九九八年）、及び「日本統治期台湾における臨済宗妙心寺派の活動―一九二〇～三〇年代を中心に」（『台湾史研究』第一六号、一九九八年）を参照。
（一九）一九四七年四月二〇日（河原、同書第四巻）。
（二〇）留台日僑世話役速水國彦を指す。
（二一）河原、前掲書第四巻、二八九～二九〇頁。句読点は筆者による。
（二二）ただし、三名が帰国した正確な日付を示す資料は管見のところ不詳。
（二三）筆者は台湾におけるフィールドワーク調査において、日本人であることを隠し、台湾本島人としてその後も台湾に居住しつづけたT郷K寺の日本人僧侶の存在を確認した。

(二四) 第一回台湾省仏教組織準備会の意。

(二五) 林普易著『台湾宗教沿革史』第六章「宗教変遷」、一九五〇年、二八頁を参照。

(二六) 沈本円については、江燦騰「日拠前記台湾北部新仏教道場崛起—基隆月眉山霊泉寺与台北観音山凌雲寺」(『台湾仏教百年史之研究』、南天書局、一九九六年、一二七〜一五四頁)を参照。

(二七) 林普易、前掲書、二八〜二九頁を参照。

(二八) 林普易、前掲書、二九〜三〇頁を参照。

(二九) 林普易、前掲書、二九頁を参照。

(三〇) 林普易、前掲書、三〇頁を参照。

(三一) 釈妙然編『民国仏教大事年紀』(海潮音雑誌社、一九九五年、二五九〜二六〇頁)を参照。

(三二) 林普易、前掲書、二八〜二九頁を参照。

(三三) 張文進編『台湾仏教大観』(正覚出版社、一九五七年、一〜二頁)によると、第二期理事長を沈徳融としているが、林普易、前掲書、三四頁によると、第二期理事長には智性が選出されている、とある。

(三四) 林錦東については、国際仏教文化出版社編『宗心大師紀念専輯』(台中市宝覚寺、一九七八年)を参照。

(三五) 釈隆道については、李明憲、前掲書、及び『万寿山一百万年天然形成之観世音仏像』(人生書局、一九九四年)を参照。

(三六) 釈玄信については、朱其昌編『玄信大法師専輯』(華宇出版社、一九七九年)を参照。

(三七) 釈妙然、前掲書、二五七〜二五八頁を参照。

(三八) 釈妙然、前掲書、二七一頁を参照。

(三九) 瞿海源編『重修台湾省通志』巻三「住民志宗教篇」、台湾省文献委員会、一九九二年、一四九頁を参照。

(四〇) 瞿海源、前掲書、一四九頁を参照。

(四一) 瞿海源、前掲書、一四九頁を参照。

(四二) 瞿海源、前掲書、一五九頁を参照。
(四三) 江燦騰「戦後在政治威権陰影下発展的台湾仏教」(『台湾仏教百年史之研究』、南天書局、一九九六年、二五〇頁)を参照。
(四四) 江燦騰、前掲論文、二四八頁を参照。
(四五) 以下、「全仏」と略記することとする。
(四六) 仏教タイムス社編『明治百年記念仏教大年鑑』(仏教タイムス社、一九六九年) 八二〇～八二三頁を参照。
(四七) 曽永坤『台湾日月潭史略―明海大観』(一九六六年) 三八頁を参照。
(四八) 団員は、章嘉・印順・宋振修・趙恒惕・李子寛・李添春・梅静軒。仏教タイムス社、前掲書、八二〇頁、柳了堅「日華両国仏教の絆―玄奘大師霊骨奉持の思い出」(日華仏教文化交流協会『普照』第二四号、三頁、釈妙然、前掲書、二八五頁、瞿海源、前掲書、一九七頁などを参照。
(四八) 同注(四七)。
(四九) 曽永坤、前掲書、二八頁を参照。
(五〇)『普照』創刊号、一三頁を参照。
(五一)『普照』創刊号、一二頁、第二四号、三頁を参照。
(五二)『普照』創刊号、一二頁を参照。
(五三)『普照』第二四号、三頁参照、なお、創刊号、一二頁にも類似記事がみられる。
(五四) 曽永坤、前掲書、二八頁を参照。( )内は筆者が加筆した部分。
(五五) 曽永坤、前掲書、三三頁を参照。( )内は筆者が加筆した部分。
(五六)『普照』第二四号、三頁を参照。
(五七) 曽永坤、前掲書、三二～三三頁を参照。

(五八) 曽永坤、前掲書、三〇頁を参照。
(五九) 曽永坤、前掲書、三五頁を参照。
(六〇) 曽永坤、前掲書、三八頁を参照。
(六一) 胎中・王見川、前掲論文、及び前注（二）拙稿を参照。
(六二) 宗心は林錦東の法名。
(六三) 京都天球院久下保建提供の妙心寺派教務本所に所蔵されている僧籍簿によると、高林玄寶の台湾在任期間は、一九三二年一月一八日から一九三九年九月二〇日までとなっている。
(六四) 拙前注（二）拙稿「日本統治期における妙心寺派台湾布教の変遷―臨済護国禅寺建立の占める位置―」を参照。
(六五) 国際仏教文化出版社、前掲書、七～八頁を参照。
(六六) 同注(六五)。
(六七) 李明憲、前掲書、五三頁を参照。
(六八) 李明憲、前掲書、五三頁を参照。
(六九) 台湾にあった妙心寺派寺院、布教所、連絡寺廟については、遠山禅益編『妙心寺派寺院録』(妙心寺派宗務本所、一九三七年) 三八二～三九四頁を参照。
(七〇) 李明憲、前掲書、五三頁を参照。
(七一) 国際仏教文化出版社、前掲書、一〇三～一〇五頁を参照。
(七二)『普照』創刊号、四～五頁を参照。
(七三)『普照』創刊号、一六頁を参照。
(七四)『普照』第二号、一頁を参照。
(七五)『普照』第二号、一頁を参照。（ ）内は筆者が加筆した部分。

（七六）『普照』第四号を参照。
（七七）『普照』第三二号、一二頁を参照。

〈以上〉

附記
本稿は、中国文化大学（台湾台北市）において二〇〇〇年三月二〇日〜二一日に開催された「第一届日本研究・台日関係・日語教育国際学術研討会」における報告に加筆・訂正を加えたものである。

北満鉄道小史

横山　寛厚

はじめに

平成九年十二月下旬、入試も近づき三年生の教室は静かな緊張感に包まれていた。あるクラスで世界史の授業を終え退室しようとした私に、ひとりの生徒が「うちの物置にこんなものがありました」と、一冊の本を示した。古ぼけて色あせた小冊子である。『満洲と日本』と右から左に書名が記され下方に「二五九七」とある。発行所は南満洲鉄道株式会社、著作兼発行者は松本豊三氏であり、昭和一二年三月に発行されている。昭和十五年（一九四〇年）が皇紀二六〇〇年といわれていたことを思い出し、さきの「二五九七」は当時のいわゆる皇紀の年だとわかった。昭和一二年は日中戦争が始まる年（一九三七年）であり、太平洋戦争勃発に先立つこと四年である。日本の植民地として支配されていた中国東北地方（満州国）を、その支配機関である満鉄がどのように描いているのだろうか。強い興味を覚えた私は、その小冊子を借り、その夜読みふけった。六〇頁のこの冊子は、目次を見ると十七の項目からなっていた。「同胞流血の聖地」「日本の『命脈』」「日清日露の両役」「その後に来るもの」「満州事変勃発」「『満州国』の新生」「日満の経済提携」「満州の動脈『満鉄』」「満鉄の事業と組織」「委託経営と建設」「王道は鉄路より」「関係会社」「満州の資源と日本」「移民の過去及将来」「日本人移民」「治安維持と行政」「日満共栄の一途へ」である。

小論は、この小冊子の内容の紹介と、東清鉄道の北半を占めた「北満鉄道」の変遷について整理することを目的としている。「北満鉄道」とは、日露戦争後日本に譲渡された東清鉄道南部支線の長春以南を除く、ハルビン～長春間および満州里～ハルビン～綏芬河間の鉄道をいう。(一)［地図1参照］本稿では、かつて日本で使われた歴史的呼称としての「満州」・「満州国」を用いることにする。また文字は現代の字体に統一し、歴史的かなづかいも現代のかなづかいに直した。以下、この小冊子から引用する場合は、引用後に頁数を示しておく。

地図1

満州国と鉄道（日露戦争後の南満州鉄道と北満鉄道のみを示した）

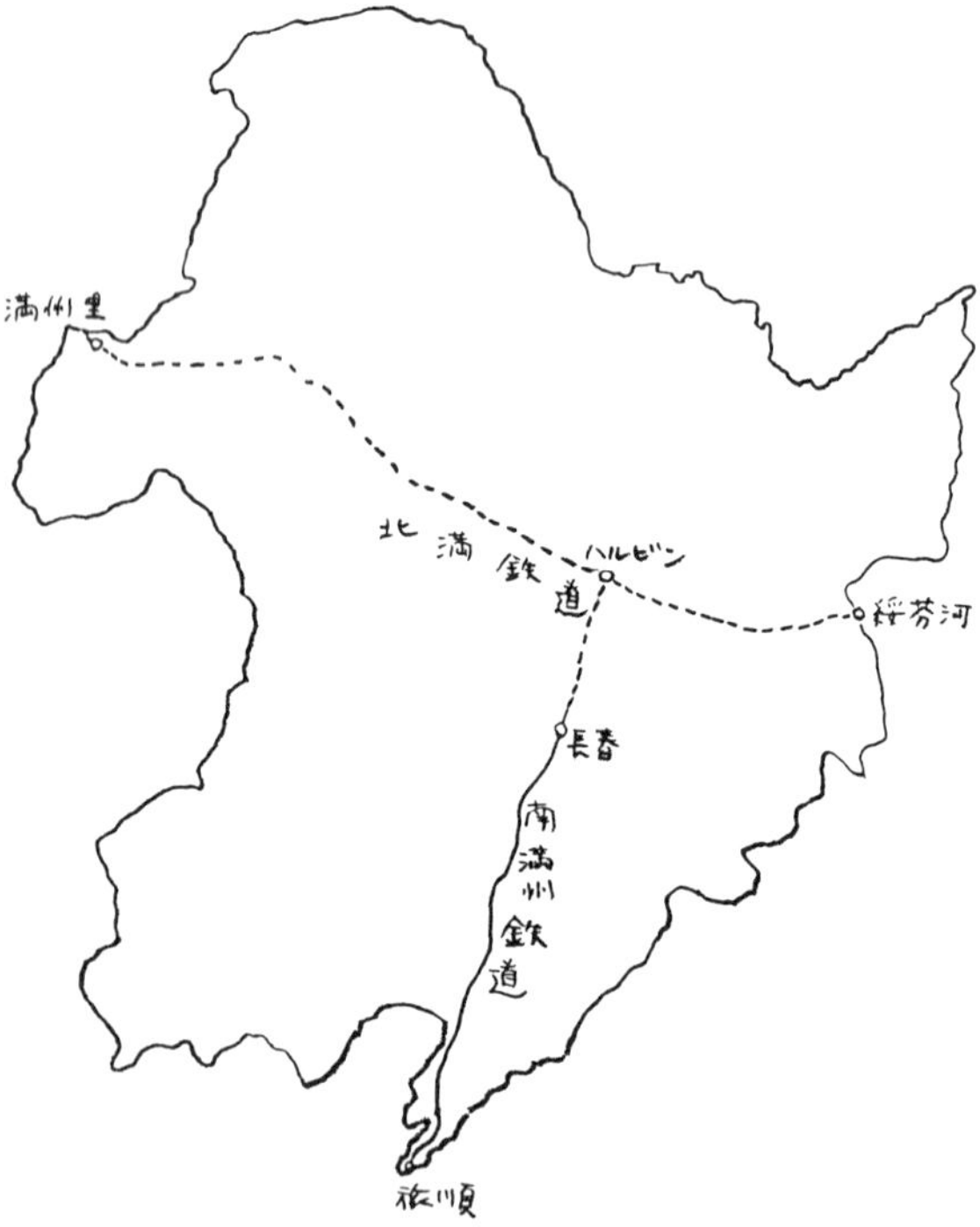

一、『満州と日本』と満鉄の論理

この小冊子を手にした私がまず関心をもったことは、満鉄という植民地支配の国策会社が、その経営すなわち支配をどのように正当化しているのか、ということであった。まず満州経営の根源に人口問題・資源問題をあげている。

「局限された東亜の一島国を以てして、無限に増大しつつある人口をどうすればいいのか、而も日本の天然資源は、もはや日本国民の将来の生活を保証することはできない。（中略）生死の巌頭に立った日本は、歴史的にも、宿命的にも不即不離の関係に立つ満州において率直に生存権を主張しその生命を培うべく余儀なくされた。」（五頁）

ここに過剰人口のはけ口としての植民地の機能が明示され、その獲得の意図が鮮明にされている。もちろん人口過剰と資源不足は日本固有の国情ではないから、正当な事由とはならない。他国への平和的な移住も不可能だったわけではない。また『不即不離の関係』とは日清・日露両戦争以降の日本と満州との関わりを前提にしているのであろうが、中国人の主体的選択によったものではない。さらに次の一節に、もっとあからさまに満州国が日本の傀儡国家であることが示され、同時に日本の満州支配の目的を看取することができる。

「満州国の興廃が日本の存亡を制する事実も其の『生命線』の意義に照らして明らかであろう。又、満州国それ自体も、日本の実力と威望なくしては到底独立国としての存在は期し難い事も言を俟たない。つまり日本と満州国とは、協力提携する事に於てのみ始めて其の発展が期待し得られるのである。―狭い日本と広い満州―人口の過大に悩む日本と人口稀薄な満州―資源に乏しい日本と富源の満州―工業国日本と原料供給国としての満州―」

（一四〜一五頁）

この引用の前半では、満州国が「満州三千万住民の総意によって創建された……」（一二頁）のではないことをはしなくも示しているし、後半では典型的な植民地のすがたを満州に求めている。

小冊子『満州と日本』の十七項目の内容を概観すると以下のごとくである。

「同胞流血の聖地」では、日本が日清・日露・満州事変の三度の戦争によって満州に勢力を扶植したことに触れ、満州は日本の命脈であると位置づけている。

「日本の『命脈』」では、人口過剰・資源不足に悩む日本にとって、満州は日本が国家的生存をかける土地であり、またそれを保障する命脈たる地域であるとしている。

「日清・日露の両役」では、日清戦争は日本の国防上の正当防衛であり、日露戦争は日本の存亡を決する戦争であったとしている。

「その後に来るもの」では、日本が満州に政治的安定と経済的発展をもたらしたと主張している。

「満州事変勃発」では、奉天軍閥張作霖が満州に混乱をもたらし、その子張学良が帝国主義打倒・国権回復を呼号して日本を駆逐しようとしたので日本は自衛のためにたちあがったとし、満州事変を正当化している。もちろん関東軍の謀略である柳条湖事件も中国側のしわざとして非難している。

「『満州国』の新生」では、溥儀を皇帝とし民族協和をめざす満州国を支えるのが日本の責務であるとし、国際社会における孤立（＝国際連盟からの脱退）を敢えて選択してでも満州を独立させる—日本が支配する—ことを明言している。

「日満の経済提携」では、満州が日本の植民地としての機能を果たすことを露わに表明し、土地所有・経済活動・

幣制等において、日満の一体化（＝日本による完全な支配と統制）が進んでいることに言及している。

「満州の動脈『満鉄』」では、満鉄の歴史とその役割に触れ、満鉄こそ満州経営の主柱であると自任している。

「満鉄の事業と組織」では、満鉄が担っている鉄道・倉庫・建設・港湾・炭鉱・製油などの広範な事業および医療・教育・研究機関などの付帯施設を示し、満鉄の組織図を掲げている。満鉄はニューヨークやパリにも事務所をもっていた。

「委託経営と建設」では、満鉄の会社線と委託されている満州国国有鉄道（満州国成立以前は中華民国の国有鉄道）について触れている。満州国国有鉄道は、昭和八（一九三三）年、借款の担保として満州国から満鉄に、その経営が委託された。このとき奉天に鉄路総局が、大連に鉄道建設局が設置された。また昭和十（一九三五）年には、ソ連から満州国に売却された北満鉄道も満鉄が経営することになり、その結果満州全域の鉄道が満鉄の一元的管理下におかれることになった。

「王道は鉄路より」では、満鉄管理下の鉄道・港湾・水運・バスなどの事業の拡大と、その保全について述べている。また鉄道保全のための鉄路愛護村の設置・愛路少年隊の養成・鉄道自警村移民などの施策について触れている。厳しい自然条件だけでなく、中国民衆の排日運動（「匪襲」と表現されている）があったからである。

「関係会社」では、満鉄の直系十三社・傍系三十四社の関連企業に言及している。

「満州の資源と日本」では、満州の農業・林業・畜産業・鉱業などの現状と特徴についてふれ、それらの資源と日本との関係について述べている。たとえば当時日本は農産物輸入の三十五％を満州に依存している。

「移民の過去及び将来」では、満州の住民を構成する漢人・朝鮮人・日本人・ロシア人および原住民族である満州人・蒙古人について、その人口・移入の実態・今後の展望などにふれている。民族別人口は漢人三千二百万人、満州人・蒙古人・朝鮮人がそれぞれ八十万人、日本人が五十万人、ロシア人が七万人としている。

「日本人移民」では、従来日本人の移民が増えなかった理由や、今後官民挙げて集団的移民が遂行されるであろうことが述べられている。移民地図も付せられている。

「治安維持と行政」では、関東軍司令官が駐満大使を兼務すること、関東軍の一元的統制下に治安維持がなされることなどが述べられている。

「日満共栄の一途へ」では、日本が満州を死守すると強調し、

「実に日本と満州は一蓮托生であり、日満共栄か、共倒れかの一途あるのみだ。」（五六頁）

と、強硬な方針を明示している。ここには日本の国際的孤立を強く感じさせるものがある。そしてこの項の末尾に

「我が日本及び日本国民は、終始眼点を大局に注ぎ、常に道義と信念の下に満州人を善導すべく、日本の往くところ吾また往かんの敬慕の情を喚起し以て東洋平和保善の輝ける先達者とならなければならぬ。」（五八頁）

と述べこの小冊子を閉じている。ここに、当時の指導者たちの認識を明瞭に見ることができる。そしてこのような認識のもとに遂行された満州経営が、最終的に彼我の民衆にどのような運命をもたらしたかは、その後の歴史が我々に示すとおりである。

二、北満鉄道経営の変遷

世界史の教科書では、日露戦争後のポーツマス条約（一九〇五）で、日本がロシアから東清鉄道の南部支線の長春以南を獲得したことに言及している。この鉄道は翌年設立された南満州鉄道株式会社によって経営される事になっ

た。いわゆる満鉄と呼ばれた国策会社である。満鉄はこの鉄道の経営だけでなく、炭鉱・港湾なども経営し鉄道沿いの地域の行政権までもつような巨大組織であった。多くの支線を敷設し、会社線以外の鉄道も「委託経営」の名のもとに管理し、一九三五年には全満州の鉄道を一括管理するようになった。筆者はポーツマス条約で割譲されなかった北満州の東清鉄道（種々の呼称があるが、ここでは地域の限定がわかりやすく一九三二年以降の名称でもある「北満鉄道」と称することにする）(二)の経営の推移に関心をもち、諸文献に基づいてまとめてみた。別表一のごとくである。以下別表一にもとづいて、一九世紀後半以降の満州情勢、およびこの地域の鉄道経営の歴史的変遷をたどってみたい。なお地図一では、満州国の境界と日露戦争後の南満州鉄道および北満鉄道を示した。

一九世紀後半、ロシアは再び極東進出を活発化させ、一八五八年のアイグン条約で黒竜江（アムール川）以北の清領を獲得し、一八六〇年の北京条約では沿海州を獲得した。そして沿海州の南端に太平洋進出の根拠地となるべきウラジヴォストークを建設した。このウラジヴォストークに至るシベリア鉄道の、満州を貫通する支線として敷設されたのが東清鉄道である。その敷設権は三国干渉で日本から清に遼東半島を返還させた代償として、一八九六年に手に入れた。翌年清は、ロシアの満州進出に対抗するため康熙帝以来の満州封禁を解除し、漢人などの移住を容認するようになった。(三)一方『満州国史』の総論には、一八六〇年代から山東・河北の漢人の満州移住を容認したとある。(四)世紀末の一八九八年、ロシアは遼東半島南部を租借し旅順・大連に至る東清鉄道南部支線を敷設する権利を得て、一九〇一年にハルビン・大連間を開通させた。また時期を同じくしておこった義和団事件で、ロシアは他の列強とともに北京を占領し、その後も満州を占領し続けたのである。ロシアの進出に朝鮮さらには自国の存立の危機を感じた日本は、ロシアの態度を不快とする英米の財政支援や日英同盟の支えにより、日露戦争に踏みきった。日露戦争は清国の領土である満州を戦場として戦われた。のち満州の覇者となる張作霖が始めロシア側につき、のち日本側に転じたのは、この戦争時においてであった。一九〇五年、日露戦争の講和条約であるポーツマス条約で、日本はロシアから長春以南の東清鉄道南部支線を手に入れた。同時に遼東半島南部の租借権も手に入れ、これらを翌一九〇六年の日清満州善後条約で清に認めさせた。この清との条約の付属協定で、満州に外国人の居住・通商を認める開放都市を設定することが約された。北満における開放都市として、ハルビン・チチハル・ハイラル・満州里などがあった。いずれにせよ、日本の満州支配の端緒が開かれたのである。同じ一九〇六年、国策会社として南満州鉄道株式会社が設立された。満鉄の誕生である。以後一九四五年に消滅するまで満鉄は、満州の鉄道・港湾・炭鉱などを経営し、まさしく日本の満州支配の実務執行機関として機能しつづけたのである。

日露戦争に敗れたロシアは満州から撤兵し、以後日本との協調に転じ満州進出を図るアメリカに対抗して日露による満州分割支配を図った。すなわち一九〇七年の日露協約で、ハルビン・吉林の中間地点を南北の分界線として、満州の北半を勢力圏とした。なお一九一二年に清が滅び中華民国が成立すると、東清鉄道は東支鉄道と称されるようになる。またのち中国東北（中東）鉄道とも称された。

第一次世界大戦はヨーロッパのみならず、満州における勢力関係にも大きな影響をおよぼした。まずドイツとの戦いで武器の不足に悩んだロシアは、協商国の一員の日本に武器援助を求めた。日本はその代償として、一九一六年の第四回日露協約によりハルビン以南の北満鉄道支線を獲得しようとしたが翌年ロシア革命がおこり、ソヴィエト政権が秘密条約を暴露したので、この鉄道譲渡計画は頓挫してしまった。

大戦中の一九一七年、満州の内外で情勢が激変した。満州の実力者にのしあがっていた張作霖は、関内の政局の不安定に乗じ東三省（奉天省・吉林省・黒竜江省）の独立を宣言した。他方隣接するロシアでは社会主義革命がおこり、大戦の帰趨を左右しかねない事態となった。ドイツと単独講和をした社会主義ロシアを憎む列強は、チェコ兵救出を名目に翌年シベリア出兵（一九一八～二二）を強行した。日本はその尖兵となってシベリアを占領したが、列強のこの革命への干渉はかえってロシア人の愛国心を燃えあがらせ、この企ては失敗した。シベリア出兵中北満鉄道は列強の管理下におかれた。『アジア歴史事典』（平凡社）の「中国長春鉄道」の項によると、一九一八年に日本軍が北満鉄道を占領し、翌一九年、日米間に「シベリア鉄道及び中東鉄道監督協定」が結ばれ、米英日仏伊中の六か国が構成する国際監督委員会の管理下に入った。一九二一～二二年のワシントン会議でもその経営権について決着がつかなかったが、現地の混乱の中で中国は鉄道管理の実権を強めていった。これより先にソ連政府（正確にはまだソ連は成立しておらずロシアが正しいのだが、革命政府になっているので、帝政ロシアと区別するためにあえてソ連と称することにする）は、旧政府の秘密条約を暴露し中国に対する不平等条約の廃棄を宣言した。いわゆるカラハン宣言（一九一九）である。このなかでソ連は当初中国に北満鉄道を無償で返還するとしていたが、翌年これを撤回し、その管理・経営権の継承を主張した。こうして一九二〇年、中ソ間に「中東鉄道敷設及び経営に関する続訂契約」が成立し、北満鉄道は中国・ソ連・極東共和国の三国で経営されることになった。極東共和国（一九二〇～二二）とはロシア革命後シベリア東部に建設された列強とりわけ日本とソ連との間の緩衝国で、シベリアから日本軍が撤兵するとソ連に併合された。この一九二〇年の契約で、北満鉄道付属地域の行政権が、正式に中国に返還された。これ以後付属地域は「東省特別区域」と称され、ハルビンに設置された東省特別区高等審判庁の法的管轄下におかれることとなった。(五)

ロシア革命前後の北満州情勢は複雑である。『東支鉄道問題と露支紛争』（寺島善八著）によると、日露戦争後からロシア革命までの十年余りは、北満州ではロシアが圧倒的勢力をもっており、長春以北はあたかもロシア領のようであったという。革命でロシアが混乱に陥ると、その後の三・四年は日本が急激に勢力を伸ばしたが、やがて中国が権益回収の波にのり、北満鉄道に関する諸権益の回収に全力をあげ、相当な成功をおさめるのである（同書二三一頁〜二三六頁）。

一九二四年、四年前の契約にもとづき中ソ協定・中東鉄道管理暫定協定・奉ソ協定が締結された。直隷派軍閥がおさえる北京政府（大総統曹錕）と中ソ協定が結ばれたが、奉天派軍閥の張作霖がそれを拒否したのでソ連は別に張と奉ソ協定を結んだわけである。これらの協定を通じて、ソ連は鉄道付属地行政権も含め一切の特権を放棄したので、北満鉄道は純然たる商業目的の鉄道となった。そして中ソ両国の合弁企業が経営することになったのである。(六)

一九二五年の秋から冬にかけて、張作霖の部下で奉天の実力者郭松齢が、張作霖打倒を叫んで反乱をおこした。郭松齢は民族主義的傾向が強く、日本の傀儡とみなされていた張作霖に反感をもつようになった。また郭の反乱の背後には、張作霖に敵対する軍閥馮玉祥がおり、さらにその馮玉祥をソ連・コミンテルンが支援して張を牽制しようとしていたという。しかし満州の混乱を恐れた関東軍が、権益擁護を理由に郭松齢に対して威圧的態度にでたので郭の企図は挫折し、張作霖はその地位を保つことができた。ところが今度は張作霖が関東軍の羈縻を脱せんとし、また北京での実権掌握に熱心になったので、関東軍にとって安心できない存在となった。そこで一九二八年六月、関東軍は北伐軍に敗れ奉天に撤退しつつあった張作霖を奉天近郊で爆殺した。いわゆる奉天事件である。これは張の敗北を機に革命勢力が満州に波及することを関東軍が恐れたことも、その一因であった。関東軍による謀殺を確信した息子の張学良は、亡父の敵であった蒋介石側に奔り日本に対抗することになった。

そのころ満州各地では、関内と同様反帝国主義のスローガンの下、国権回収運動が盛んになっていた。この風潮に乗じて張学良は一九二九年、奉ソ協定を無視して北満鉄道を武力接収した。憤激したソ連はただちに侵入・反撃し、満州里・ハイラルを占領した。張学良はこの奉ソ戦争に敗北しハバロフスク議定書により原状に復帰することが約された。このときソ連は、張学良軍に参加した白系ロシア人部隊七万名の武装解除を張学良に要求した。この奉ソ戦争の経緯については『関東軍と極東ソ連軍』（林三郎著）および前掲『東支鉄道問題と露支紛争』に詳しい。林氏の著書によると奉ソ戦争の結果は、関東軍に二つの認識をもたらした。一つはソ連軍の機動力についての評価を高め関東軍が警戒心を強めたこと、今一つは張学良軍の脆弱性を知り、二年後の満州事変をひきおこさせたこと、である。父から受け継いだとはいえ満州における張学良の覇権は確固としたものではなく、父の部下や地方の実力者をつなぎとめるのに腐心していた。一方満州における国権回収の動きは引き続き展開されており、これに危機感をもった関東軍は、問題の一挙解決の機をうかがっていた。

一九三一年九月一八日、関東軍は柳条湖事件をおこし、それを機に満州全域を占領した。満州事変である。北満占領にあたっては、ハルビン居留日本人の保護を名目とし、軍の輸送につき北満鉄道の利用すなわちソ連の協力を依頼した。日ソ間の調整をへて結局北満鉄道は利用することができた。この間の経緯について『満州国史』では日本側が北満鉄道の中立性を尊重し、ソ連を刺激しなかったことが北満占領成功の原因であったとしている（同書総論一五〇頁）が、極東ソ連軍に関東軍を圧倒するだけの実力がこの時点ではまだなかったというのも、一因ではないかと思われる。翌一九三二年三月、関東軍は清朝の廃帝溥儀を擁立し、日本の傀儡国家満州国を樹立した。ソ連もこの現実を追認したので、北満鉄道は中ソの共同経営から満ソの共同経営になった。上述したように、満州における中華民国国有鉄道は、満州国成立後満州国国有鉄道に接収・編成されていたのである。なお満州事変のころ張学良は華北にいたのだが、北満州には三人の有力者がいた。馬占山・張景恵・熙洽である。関東軍は彼らを懐柔し、ソ連の北満侵攻もなく、思惑通り満州占領に成功した。しかし馬占山はのち、国民政府に奔り日本に対抗する姿勢を鮮明にした。ソ連は関東軍の北満鉄道利用を最終的には容認せざるをえなかった。

一九三三年、満州国国有鉄道の経営が全面的に満鉄に委託されることになった。ただし北満鉄道を除き、日満両国以外の国が債権・債務などで関係している鉄道については、満鉄が対応することになった。例えばイギリスが関与している奉山線（北寧鉄道）については、その借款の償還資金は満鉄が負担することになった。同じ一九三三年、満ソ間で北満鉄道の満州国への売却の交渉が始まった。ソ連が北満鉄道を手放そうとしたのは、北満鉄道の経営が赤字続きであったこと、五カ年計画の完遂のため内政に総力を注いでいたこと、シベリア方面の軍事力が関東軍と戦えるほどには充実していなかったこと、西方で台頭してきたナチス＝ドイツに対抗する必要から日本と協調する必要があったこと、などが挙げられる。売却交渉は難航を極めた。それは、当初の売却価格について満ソ間の開きが大きすぎたこと、関東軍ハルビン特務機関の謀略により北満鉄道ソ連人従業員が満州国の反共法（暫行懲治叛徒法）違反容疑で拘束されたことなどによる。(七) 交渉は一九三五年に妥結し、北満鉄道は一億七千万円で満州国に売却された。そして、満州国からの委託により満鉄が経営することになった。こうして一九三五年には満鉄による満州内の鉄道の一元的管理が確立した。北満鉄道は三十年にわたるその独自の歴史をここに閉じたのである。

おわりに

戦後五十年以上ものあいだ、ある旧家の物置におかれていた一小冊子。そのなかに私は、植民地満州を支配した満鉄の生々しい姿を垣間見た。また戦前の北満州情勢についての私の関心を深めたのもこの小冊子であった。関連する文献を読み進むうちに、私は、多くの民族が混住し、統一権力の存在すら定かならぬ満州の曠野を、漠然と想像するようになった。列強や軍閥の支配と抑圧のなかで、人々はたくましく生き抜いていたのだろうか。小冊子を貸してくれた生徒が同時に貸してくれた絵葉書写真集『東洋の巴里大哈爾賓』をみると、松花江の水泳場でくつろぐ人々が登場する。そこには、ロシア語の看板の売店でものを買う白系ロシア人（八）ではないかと思われる女性が写っている。また別の写真には、ロシア正教の聖堂が見える。さらには街を散歩する日本軍人の姿がある。皮膚の色・服装・習俗などを異にする様々な民族を、その色あせた写真の中に俯瞰することができる。長い戦争とその後の混乱の中で、この人達はどんな運命をたどったのであろうか。自分ではどうすることもできない時代の嵐のなかで、生きのびることができただろうか。昭和十五年十月十七日の日付けが捺されたその絵葉書写真集を、私は物思いにふけりながら見つめていた。

《注》

（一）満州国史編纂刊行会編『満州国史』（一九七〇～一九七一）総論四五〇頁。
（二）江口圭一『十五年戦争小史』（青木書店、一九八六）六四頁。
（三）前掲『満洲と日本』四〇頁。
（四）前掲『満州国史』総論一四頁。
（五）『北満州と東支鉄道』（満鉄、一九二八）五八～五九頁。
（六）武藤富男『私と満州国』（文藝春秋社、一九八八）二八頁。
（七）前掲『私と満州国』二二一～三二一頁。
（八）森下紀良『北満初年兵の生活日記』（論創社、一九八〇）には北満州の白系ロシア人の生活が描かれている。

参考文献

・『満州と日本』（満鉄、一九三七）。
・江口圭一『十五年戦争小史』（青木書店、一九八六）。
・松本豊三編『南満州鉄道株式会社三十年略史』（満鉄、一九三九。復刻本は原書房、一九七五）。
・岡部牧夫『満州国』（三省堂選書、一九七八）。
・満州国史編纂刊行会編『満州国史』（一九七〇～一九七一）。
・武藤富男『私と満州国』（文藝春秋社、一九八八）。
・寺島善八『東支鉄道問題と露支紛争』（拓務省管理局、一九二九）。
・『北満州と東支鉄道』（満鉄、一九二八）。
・林三郎『関東軍と極東ソ連軍』（芙蓉書房、一九七四）。
・波多野善大『中国近代軍閥の研究』（河出書房新社、一九七三）。
・『世界の歴史』十四　第一次大戦後の世界（中央公論社、一九六二）。
他に『アジア歴史事典』（平凡社）、『国史大辞典』（吉川弘文館）の該当項目に拠った。

別表一　　東清鉄道および北満鉄道の経営の変遷についての年表

一八九六　ロシアが東清鉄道（満州里・綏芬河間）の敷設権を得る。
一八九八　ロシアが東清鉄道南部支線（哈爾賓・旅順間）の敷設権を得る。
一九〇一　東清鉄道本線および南部支線が開通。
一九〇三　東清鉄道本線および南部支線が営業を開始。
一九〇五　日本が東清鉄道南部支線の長春以南を獲得（日露戦争後のポーツマス条約による）。

一九〇六　南満州鉄道株式会社（満鉄）設立。
一九一二　中華民国の成立により東清鉄道は中東鉄道（中国東北鉄道）と呼ばれるようになる。
一九一八　日本軍が中東鉄道（北満鉄道）を占領。
一九一九　中日英米仏伊の六カ国が北満鉄道を共同管理。
一九二〇　中ソ極東共和国三国が北満鉄道を共同管理。
一九二四　中ソ協定・奉ソ協定により北満鉄道は付属権益を失い、普通の商業鉄道になる。
一九二九　張学良が北満鉄道を武力接収するが、ソ連軍に敗れ返還。
一九三一　満州事変勃発。日本軍は北満鉄道の利用をソ連に認めさせる。
一九三二　「満州国」成立にともない、北満鉄道は満ソの共同管理になる。
一九三五　北満鉄道をソ連が「満州国」に売却。

反戦捕虜政策の形成とその論理
——蔣介石、白崇禧、鹿地亘の史的役割——

菊池　一隆

はじめに

第二次国共合作を背景に、一九三八年武漢の国民政府軍事委員会に統一戦線形態で政治部が設置され、その任務は軍隊と民衆の政治動員であった。政治部長陳誠、副部長は張厲生（「C・C」系）、黄祺翔（第三党）、周恩来（中共）三人、秘書長賀衷寒（藍衣社）が就任した。特に第三庁長は郭沫若で、田漢、胡愈之、范寿康、杜国庠、馮乃超ら文化人で固められ、文化宣伝活動とともに「対敵宣伝」を担当した。三八年三月郭沫若の紹介で、鹿地亘は陳誠から「軍事委員会設計委員」として招聘された。(一)かくして、政治部第三庁下で、鹿地亘指導による日本人捕虜の反戦運動が展開されることになる。「C・C」系の潘公展ですらアジア各国民衆の中国支援とともに、日本兵士の反戦運動に高い評価を与えている。すなわち、抗戦以後、朝鮮と台湾の革命同志は義勇隊を組織し、前線、敵後方で敵瓦解工作を担当している。インド国民会議も日本品ボイコット運動を指導し、同時に医療救護隊を中国に派遣してくれた。ビルマも訪中団を組織し、鼓舞してくれている。ベトナム民衆は我抗戦に各方面から極めて大きな共鳴を与えてくれ、敵国の日本革命志士達までもが反戦工作団体を組織し、前方工作に参加し、共同で日本帝国主義打倒のために努力、奮闘している、[二]と。潘の論理は中国の抗戦が決して孤立したものではなく、中国のためだけではなく、アジア解放の先駆的戦いと位置づけ、それ故にこそ、アジア各地から支援を受けると強調しているのである。そこで、本稿では、不明点の多い重慶地域の反戦運動解明の一環として、

（1）蔣介石の軍事構想・戦術の中での捕虜優待政策の目的と論理

（2）反戦捕虜政策への転換における鹿地亘、白崇禧、陳誠らの役割

等に焦点を合わせ論じる。なお、私は管理が強まったとはいえ、通説と異なり、日本敗戦まで重慶国民政府の捕虜優待政策は貫徹されたと考えており、その点に関しては、紙幅の関係から別稿①鹿地亘指導による反戦運動の実態と意義、②捕虜収容所の管理と捕虜自治等で論じたい。[三]

一、蔣介石の捕虜優遇政策と情報収集

一九三七年一〇月一五日軍事委員会は「俘虜処理規則」を公布した。これが抗戦期を通じて基本的法令となったと考えられる。

（1）総則：捕虜対象者は敵将兵、従軍者、官吏、身分不明者、行動疑わしい者、及び帰国命令後も逗留する一五歳以上、六〇歳以下の居留民等である。捕虜の対象外は、救護担当者、宗教家等であるが、ただし武器携帯者、軍情偵察者等は捕虜の対象とされ、従軍僧はこの範疇内と見なされたようである。

（2）処置：①武器、軍馬、軍用文書等は没収するが、私的な金銭、証書、勲章等は捕虜所有とする。②捕虜は速やかに後方安全地帯に移送し、「傷病重態」者は現地で治療する。③捕虜に対して、（イ）姓名、年齢、国籍、

住所、職業、(ロ)所属部隊、地位、(ハ)家族等の通信先等を取り調べ記録する。④外交ルートで本国の捕虜家族に拘置先等を通知する。

(3)待遇：①捕虜は我国軍民と同等に待遇し、かつ人格名誉を尊重。②捕虜に対し、虐待、脅迫、詐欺の手段で所属国の軍情報告を誘導してはならない。③捕虜の食衣や日常必需品は我国軍民と同等に給付する。本規定の範囲内との限定付きであるが、④捕虜は家族、あるいは捕虜同士で通信、為替、金銭、被服、書籍等をやりとりでき、⑤自費で食料、書籍、及び日常必需品を購入できる。⑥捕虜は待遇に不満がある時は、最高軍事行政機関に控訴できる。

(4)管理：①私有の金銭と一切の物品は代わって保管する。ただし捕虜は許可により随時所有できる。②捕虜に来往する書簡、電報、小包、及び購入物品は検査する。没収は(イ)禁制品と危険物、(ロ)毒薬、(ハ)軍事関係、及び我国を毀損する文書、書籍、物品等。③捕虜逃走の場合、収容所官長は追いかけ捕縛する。必要時を除いて射撃の必要はないが、捕虜の暴動、武器強奪、あるいは武器を持って逃走した時はこの限りにあらず。

(5)服役：①捕虜は能力により仕事をおこなわせることができる。②労働時間は毎日八時間を限度とし、休日は停止す。③工賃は(イ)収容所の管理・設備・警戒防備等には支払わず、(ロ)公共の仕事には通常工賃の半分、(ハ)私的な仕事には一般の労働者と同等の賃金を支払う。④服役は編隊を組み、隊毎に統率者と監視兵を置き、監督・管理する。⑤通常時期に軍事関係労働、危険な労働等に服務させてはいけない。

(6)懲罰：法令違反の捕虜に対して①収容所長官が直ちに法により処分、②刑事犯罪は最高軍事機関に送致して審判、③捕虜の犯罪は重罪を除き、(処分を)軽くすることを原則、④脱走や脱走幇助の捕虜は禁閉処分、

⑤待遇不満で控訴した捕虜に対し、懲罰、論罪せず、⑥凌虐、苛酷労働、苛酷な待遇を以て懲罰方法とせず。

(7)釈放、帰還：個人所有の財物を返還す。なお、捕虜が死亡した場合、①死亡証明書の作成、写真、遺言、遺留物を外交ルートで本国を経て家族に送付、②姓名、国籍、埋葬地点を記録する。(四)

以上のように、「処置」、「待遇」、「管理」等を見ると、虐待、拷問の禁止、収容所内の待遇に関しての公訴権、及び重罪を除き刑を軽くするなど、確かに全般的に「捕虜優待」、捕虜の人権擁護を打ち出している。ただし、書簡等の検査、「捕虜の暴動、武器強奪等」に対しては武器使用も否定せず、「脱走、及び脱走幇助の捕虜は禁閉処分」とされ、また服役も「隊毎に統率者と監視兵を置く」とされる。すなわち、「優待」とは捕虜放任を意味するのでは決してなく、当初から原則と厳格さを貫いていることは押さえておく必要がある。だが、問題はむしろ他の点にあった。当初、自決、もしくは殺害により日本人捕虜がほとんどいなかったのである。

なお、「規則」では通信の自由を明記しているが、では、実際に捕虜収容所の中から日本の家族等に通信は可能であったのだろうか。内務省警保局によれば、日本の家族に通信する捕虜がおり、警戒し、取締りを加えたとする。例えば、四一年頃、①鎮遠捕虜収容所から元江ロ丸船長の脇田富二若は下関の妻に、治療のため三十円程度の送金を依頼してきたが、差し控えさせた。③同収容所にいると考えられる旭龍雄は佐賀の実兄に五十円の送金を依頼し、実兄は月十円程度を送金することとしたという。(五)

蔣介石は三八年一月二七日参謀会議で、情報員派遣の必要性を力説し、現代の戦争は諜報戦であり、それが成功して戦争は勝利できると強調した。これまで最大の失敗は偵察が無能で情報が不確か、甚だしくは資料がなく、敵情を判断する術がなかった。前線で捕虜を捕らえても勝手に殺害し、尋問もできない。戦利品があっても研究せず、勝手に捨て去った。かくして、敵情が不明なままで応戦し、毎回失敗した、(六)と批判した。つまり捕虜殺害が頻発していたことを窺わせる。二九日蔣介石は再び参謀会議で敵情研究の材料欠乏を強調し、その打開のため、「捕虜優待」と戦利品鹵獲と保存、及びそれに褒賞を与えることを打ち出した。すなわち、前線各部隊からは僅かな捕虜と戦利品しか送られてこない。「捕虜優待」は「敵軍瓦解の最も重要な手段」であり、敵情を尋問でき、各種戦利品も敵情研究の最も貴重な材料となる。以後、特に部下の将兵を戒め、第一に捕虜の殺害を許さず、速やかに護送すること、第二に大小の鹵獲物件にかかわりなく全て指揮部を経て軍事委員会に送り研究、保管する。そして、高級指揮官と参謀長は種々の方法で、部下を教育し、褒賞を与え、捕虜捕縛と戦利品鹵獲は「極めて栄誉なこと」を教えなくてはならない。この効果が発揮されれば、知らぬ間に部隊の戦闘力をかなり増大できる、(七)と。このように、日本軍の情報獲得を重視する視点から、「捕虜優待」による捕虜尋問を打ち出していた。つまり〔捕虜優遇・鹵獲品獲得〕→〔情報入手〕→〔戦闘力増大〕→〔敵軍瓦解〕という単純な構図であった。換言すれば、蔣介石にとってあくまでも情報源としての捕虜であり、捕虜活用、もしくは捕虜の自発性尊重・反戦運動の視点は完全に欠落していたことは明確に押さえておく必要がある。

こうした状況下で、捕虜殺害傾向は若干の改善が見られただけで、情報獲得は相変わらず不十分であった。それ故、約一一ヵ月後の三八年一一月二六日第一次南嶽軍事会議で、蔣は各師団長に「捕虜優待」を再度強調せざるを得なかった。敵に対する諜報が不完全、偵察が不健全で、甚だしくは幾日か戦闘した後も、敵の部隊番号すらも知らない。敵情を明白にできる最良の秘訣は捕虜を捕まえることを奨励し、捕虜を優待する。捕虜惨殺や勝手な釈放を厳禁する。そして捕虜から敵の種々の情報を聴取する。これが敵情報を集め、敵情を判断する最も主要な方法である、(八)と。その上、捕虜にした後も問題があり、忍耐強く尋問することを知らなかったため、敵情を明らかにできなかったといえよう。

ただし、問題があるとはいえ、捕虜獲得のみならず、獲得後の対応にまで言及していることは一定の進展があった。(九)

「捕虜優待」政策は必然的に抗戦理念、国民政府軍の規律、及び中国兵待遇に跳ね返る問題である。では、蔣介石はいかなる理念を有し、いかなる方策を採ろうとしていたのか。三八年一月蔣介石は、抗戦を「侵略者に対する戦争、公理の強権に対する戦争、民族生存と国家自由のための革命戦争」と位置づけ、最後の勝利を必ず収めると鼓舞した。その上で、①第一期抗戦での軍事上挫折は恥辱であったが、抗戦の全局から見れば、日本軍の南京占領以後、進退窮まり、進むほど抜け出られなくなるという弱点、及び「残虐な獣行」を完全に暴露できた。したがって、部隊を改善し、抗戦を強化すれば、必ず機に乗じて日本侵略者を消滅できるとした。②軍人人格は「智」（中国軍人の知識不足、旧式の戦闘方式、戦闘技術の劣悪さ等を打破）、「信」（戦闘への自信、抗戦・革命・救国・救民の最高原則たる革命的三民主義への信仰）の外、最も緊要なのは「仁愛」の修養である。抗戦は日本を恨んで戦っているわけではなく、国家、民族、民衆、部下を救うためである。日本侵略者の「姦淫・焼殺」の中から苦しむ同胞を救い出し、四億人の繁栄と留まることなき生命を保障する。全国将兵がこの最大の「仁心」さえ発揮すれば、初めて畏れることなき精神をもち、死を恐れず、犠牲を恐れず、敵を消滅できる、と。(一〇)このように、日本の長期戦に弱い体質と「蛮行」が露呈し、その侵略に対して、中国は持久戦を梃子に部隊を改善し、「救国」、「救民族」、「救百姓（民衆）」、「救部下」を目指し、「仁愛」の精神を以て戦うとした。

ところで、蔣は三八年一月「作戦懲奨弁法」を公布し、「賞罰」を明確にすることを提起した。（1）懲罰：①命令なく退いた者は死刑、②民家に押し入った者は死刑、③強制購入・強奪は死刑、④婦女と戯れた者は死刑、⑤デマで秩序を擾乱した者は死刑等。（2）奨励：①勇気を奮い敵軍に出撃して目的を達した者は登用か二階級昇進、②敵軍将兵を捕虜にした者一万元、その他の官長一〇〇元、兵士一〇元、③敵の交通、鉄道、橋を破壊した者一〇〇～一〇〇〇元の賞金、④敵銃砲の鹵獲者は軍政部の規定により褒賞を与える、⑤死傷者は「撫恤条例」によって処理する。(一二)

部隊改善の一環として、「奨励」と「厳罰」、いわゆる「飴と鞭」の政策を以て部隊規律の厳格化と戦闘力強化を目指したものといえる。ただし、やむを得ない面があったとはいえ、「捕虜優待」の本質的意味を理解させるというより、報奨金制度の導入に見られるように、旧体質脱却に旧方法を採用し、射幸心をあおるという矛盾が存在した面を否めない。

三八年一一月蔣介石は兵士待遇、逃亡兵防止、民衆に対する対応等に踏み込んで論じる。①我軍は戦死将兵の遺体を埋葬できず、戦場に晒している。将兵が国に身を献じても遺骨を収集してもらえなければ、士気にかかわる。いかなる困難があろうとも埋葬し、墓標を立て姓名を記載する。②現在、前線部隊を退いた傷病兵を至るところで見る。医薬もなく、飢え、服もなく、流離して呻吟しており、緊急に改善すべきである。③逃亡兵防止のため、厳しく監視するという「消極的防止」の外、最も有効な根本的方法は部隊の政治訓練工作を促進し、一般将兵に抗戦必勝の基本的観念を注ぎ込み、国家・民族意識を高めることである。特に兵士生活と待遇を改善し、長官は兵士を自分の家族同様に愛護する。④もし我軍が到達した地方で、民衆が逃げ出したら恥ずべきことである。抗戦は民衆の信頼を勝ち取って民衆を指導でき、軍・民を一つにして共同抗戦し、初めて最後の勝利を獲得できる。以後、一般将兵に厳しく規律を守らせ、民衆を愛護して、民衆が我軍隊を恐れないようにさせる、と。(一三)つまり日本兵への優待政策は中国兵の待遇改善と密接に連動しており、かつ民衆への配慮の重要性に気づき始めている。

将は抗戦の精神的支柱、軍事規律、命令貫徹を最重要視していた。①日本の最も優位な特徴に全国軍民一致で服従する「忠君愛国」の精神があり、いわゆる「大和魂」を養成することにある。我々は現在、国家独立、民族復興を求めている。ただ一般軍民の国家観念と民族意識を高めるだけでは不十分で、さらに「忠党愛国」精神で全国の軍民を徹底的に団結させる。また三民主義を我々国家、民族の魂として、全国軍民を「一つの党、一つの主義」の指導下で共同奮闘させる。②各師団長は（「獣行」等から）敵の軍事規律不良を指摘するが、日本軍が最重要視しているのは戦闘の軍事規律で、軍人は命令に絶対服従である。甚だしきは、むしろ死して犠牲となることを願い、捕虜になっても屈さない。日本軍の「放火惨殺、姦淫略奪」等の「獣行」がまさに日本軍国主義教育の結果で、それを軍隊戦闘力の基盤と見なしているのである。それに対して、もちろん中国哲学と教育精神は「仁愛」であり、「人を愛す」ために革命する。我々が戦うのは「救国救民」、「人類救護」のためで、人間を愛すがため闘争している。しかし、敵の軍事規律、とりわけ命令尊重、命令服従、命令貫徹の軍紀は、我軍隊の及ばないところで、今後、特に見習わなくてはならない、と。（一三）このように、蒋は、日本の「忠君愛国」に対して、中国は「忠党愛国」精神、三民主義を国家、民族の魂として、全国軍民を「一つの党、一つの主義」の指導下で戦うべきことを訴え、日本軍の軍事規律、命令に絶対服従の姿勢をむしろ高く評価する。換言すれば、ファッショ的な日本軍に対して、ある意味で蒋自身も軍をファッショ的再編して戦うことを指向していたことの傍証となる。

では、日本人捕虜を「優待」する国民政府であるが、逆に日本軍の捕虜となった中国兵をどう扱うのであろうか。三九年八月軍事委員会は、日本軍の捕虜になった後、逃亡し、帰還した中国軍将兵に対する「暫行弁法」を作成した。①捕虜期間の長短にかかわりなく、一ヵ所に隔離する、②将兵は厳密な取調べと感化教育を経て信頼できると確認後、諜報員に適する者は「高級司令部情報科」で徴用する、③訓練管理、感化教育は集団軍総部の派遣兵員が政治部と共同でおこなう、④将兵は原属部隊に送還、あるいは通知して引き取らせる、⑤通敵の証拠が確実な者、敵の利益誘導を受けて「反間工作者」は均しく「漢奸」として罰す。（一四）このように、一時期は隔離し、取り調べ、感化教育等をおこなうが、「漢奸」を除き、原隊復帰を許可している。捕虜に関しては、日本軍に比しかなり柔軟であった。とはいえ、押さえておくべきことは、前述した通り、自国兵士の待遇改善を主張した蒋ではあるが、他方で、全般的に極めて厳しい「戦時軍律」も課した事実である。例えば、①守備地の放棄者、②敵前退却者、③敵前での命令反抗者、④敵への投降者、⑤抗戦を妨害を意図して後方擾乱の者、⑥造言で大衆を惑わし、軍心を動揺させる者、⑦「縦兵殃民」（兵を放任し民衆に災いをもたらした）者、⑧軍用物品を携えた逃亡者、⑨略奪・強姦者等は死刑に処す。また①武器・軍糧の水増報告や横領者は死刑、無期、あるいは十年以上の懲役刑、故なく②部隊長で職務離脱者と③傷病将兵の遺棄者は七年以上の懲役刑等であった。（二五）

以上のような蒋介石の提起による「捕虜優待」、報奨金制度は次第に明確な形をとり、三九年一一月軍事委員会発令の「修正俘虜及戦利品処理弁法」でほぼ規定・内容的に固まったものと見なせる。（甲）俘虜に対する処置。①武装解除をした者や逮捕した敵将兵は殺害せず、これを優遇し、各戦区司令部に護送する。②逃亡意志がある俘虜、あるいは逃亡後、逮捕された者も俘虜として「待遇」する。（乙）戦利品に対する処置。①各部隊の鹵獲戦利品は戦闘停止後、直ちに戦利品の種類、人数、時間、地点、戦役、及び敵軍番号等を表記し、直属戦区司令長官部に送付する。②戦区司令長官部は戦利品を記録し、軍事委員会に報告するとともに、戦利品を後方勤務部を経て軍事委員会戦利品保管委員会保管所に保管させる。（丙）賞与。①戦区司令長官は俘虜、及び戦利品を収容後、「賞格」規定に従い賞金を交付し、かつ軍事委員会に報告する。「俘虜及び鹵獲戦利品賞格標準表」（三九年五月修正）によれば、懸賞金は事細かに決められており、（1）捕虜：兵卒一人五十元、「士官」（下士官等）百元、「尉官」（少尉・中尉・大尉等）三百元、「佐官」（少佐・中佐・大佐等）八百元、「将官」（少将・中将・大将等）二千元、（2）鹵獲品の武器等は七五高射砲二千元、重機関銃二百元、歩兵銃十五元、拳銃十元、装甲車七百元、トラック二百元、無線機五十元、望遠鏡三十元、軍馬三十元、鉄帽四元、水筒四角、連隊旗一千元、中隊旗十元、師団命令簿百元、暗号電報五十元、陣中日記二十元、将兵個人日記十二元等々である。（一六）このように、「捕虜優待」は貫徹され、一旦逃亡した日本人捕虜も再逮捕された場合、捕虜として「待遇」するとあり、当然「優待」されるという意と解釈される。相対的に捕虜は高額であり、捕虜は国民政府兵士にとって経済的利益とも結びついた。捕虜の金額が安価であれば、必然的に危害を与え、もしくは殺害し、所持品等を奪う危険性が増大することから、それを阻止する意味も含まれていたと考えられる。ところで、褒賞額から国民政府の価値観が読みとれ、武器では日本軍の重火器は高額になり、戦闘等ですぐに手に入る水筒等は低額となる。ただし、武器では修理を要するものや破損したものは減額された。日本兵の精神的支柱ともなった軍旗等も重視され、情報源として陣中日記は当然として、将兵個々人の日記にも着目していた。ただし、それまでの経緯から、この弁法においても相変わらず「捕虜利用」や捕虜の自発的活動の視点は抜け落ちていた。

二、反戦捕虜政策への転換と鹿地亘・白崇禧の史的役割

蔣介石の「捕虜優待」、報奨金制度を、次の段階として反戦捕虜政策へと飛躍させるためには、別の大きな流れが必要であった。その役割を担ったのが鹿地亘と白崇禧である。

鹿地亘は湖南省（常徳収容所？）に到着後、一九三八年一〇月一〇日各新聞に「双十節告中華友人」を発表し、「我々は孫中山先生の『革命未だならず』の堅忍精神に本づき、勝利の日に向かって邁進すべきである」（一七）と述べている。後に三民主義の押しつけに反発する鹿地ではあるが、ここでは孫文に対する高い評価が窺え、また、そうすることで無意味な国民党幹部との軋轢を避けたのであろう。

軍事委員会桂林行営（主任白崇禧）の三九年四月「利用俘虜宣伝並設立日本人民反戦同盟軍」に関する一案は、六月政治部長陳誠の認可を受け、中央各関係機関の審議を経て指導委員会を組織することを決定した。そこで、三九年一一月一六日桂林行営から、政治部第三庁第三科に向けて文書が出された。実施の手順はまず桂林行営が試験的に着手するとしている。これまで、①桂林収容所の捕虜はそれぞれ審査後、政治訓練によって「感化」する。②最近、鹿地亘が桂林に来た後、(イ)捕虜に、日本軍閥の侵略戦争反対の真義を充分に理解させ、(ロ)極少数の「不良分子」は隔離することとした。次いで、弁法としては①日本反戦同盟本部を重慶に設立し、中央に隷属させる。桂林行営と西安に西南、西北両支部を設立する。桂林方面では、まず西南支部準備会を発足させる。②義勇隊総隊部下に支隊を置き、西南支部に直属させる。支隊の成立以前に、まず工作隊を設立しており、現在すでに捕虜の中から「優良分子」を選抜して訓練を開始している。③支部所在地はしばらく広西地方幹部学校の近くの高崗廟とすることなどを決めた。[一八]なお、三九年一二月二九日何応欽も「準備会規約草案」を読んだとして支持を与えている。このように、蔣介石による優待政策とは異なる形で、明確に日本人捕虜を利用しての「日本人民反戦同盟軍」（おそらく反戦同盟・義勇軍〈隊〉という意味と解せるが、白はほとんどこの名称、もしくは略称を使用している）組織化を打ち出し、反戦捕虜政策の実施に向けて着実に歩を進めていた。

ところで、白崇禧から蔣介石に以下のような経過報告と要請があった。すなわち、三九年一〇月中旬、鹿地亘を桂林に呼び寄せ、広西方面で試験的に実施する事がらを相談し、「日本人民反戦同盟・反戦義勇軍組織計画実施草案」を起稿させた。一一月初旬、実施（草）案に基づき、捕虜の「自覚分子」一〇余名を選抜するともに、別に西南支部準備会を組織し、かつ行営顧問機関を成立させ、これを指揮させるとした。同組織を「試行」して以来、一方で積極的に精神訓練をおこない、他方で各種反戦工作の準備をしている。成果は頗るよく、将来日本革命、抗戦に対する意義は極めて大きい。ただ、今なお正式な批准を受けておらず、経費が支給されていないのみならず、一切の工作も則るべきものがない。そして、「実施草案」の再検討、及び予算の許可・経費支給を求めた。(一九)

白崇禧の経過報告に「試行」とある通り、こうした法整備、予算に先行する形で、白の承諾を受けて、三九年一〇月五日日本人民反戦同盟準備会がすでに鹿地亘、池田幸子、山本薫、木下悟、江渡洋、高野誠、山川要、成倉進、岸本勝、西村芳夫、林長吉、秋山龍一、沢村幸雄、有本信三ら二七人で結成されていた。つまり法令はある意味で事後承諾の形であった。その役員選挙で、幹事長は山本薫、幹事は成倉進、西村芳夫、岸本勝、秋山龍一が選ばれた。ただ、幹事長山本と幹事西村は「やむを得ぬ理由」（詳細不明）で辞任し、選挙の結果、幹事長有本、幹事沢村と決定した。一八日このことは、馮乃超に伝えられた。(二〇)

前述の白崇禧の蔣介石への経過報告と要請に添付されていた三九年一一月「極機密・在華日本人民反戦同盟及日本人民反戦義勇軍組織計画実施草案摘要」、「準備時代之反戦同盟西南支部及工作隊之工作計画摘要」は、鹿地亘の建議によって桂林行営参謀処が作成したものである。まず第一に、「実施草案摘要」等によれば、反戦同盟総顧問、及び反戦同盟下には宣伝を主とする反戦工作隊の以外に、軍事的政治的に日本の侵略計画の阻止・破壊を目的とする反戦義勇隊を桂林と甘粛省天水（西安行営〈主任程潜〉が移転）に組織するとある。では、反戦同盟総顧問にはいかなる人材が就任し、いかなる任務を果たす計画であったか。①総顧問（中将）は桂林行営派遣の軍事人員が就任し、その任務は国民政府・桂林行営の代表と反戦同盟の連絡をおこない、各種革命工作の進行に協力する。②総顧問指揮下にある顧問（三〜五人）は桂林行営参謀処、軍政処、軍事訓練処、及び政治部から派遣された軍事・政治・経済などの専門家が兼任し、反戦工作を処理、協力、研究する。③総顧問弁公室（行営派遣委員十三〜十五人）は総顧問の命を受け、日本人反戦関係の文書、庶務、会計を担い、反戦同盟西南支部・工作隊とは実際上、密接な合作関係にある。(二一)

②を見ると、権力バランスを考慮した結果と考えられるが、この段階では顧問が多処から出ており、指導が分散する危険性があった。第二に、「工作計画摘要」によれば、①反戦同盟（あるいは西南支部）準備会は、同盟成立以前、同盟員を養成する。可能な活動は宣伝品作成、技術幹部・講師・放送員・講演者の派遣等である。②準備期間の工作隊は訓練地域で中国軍民に対して移動講演や演劇等の宣伝工作をおこない、将来の前線での工作実習とする。この訓練終了後、逐次前線に派遣されるとあり、（二二）その任務、訓練内容、及びそれらの位置づけ等が次第に明白にされつつあった。

反戦同盟、工作隊、義勇隊の関係をより正確に把握するため、上記文書に付されていた**表1**を見ると、反戦同盟が日本人反戦活動の中心的役割を担い、工作隊、義勇隊に対して統一的に指導する。反戦同盟の工作内容は人員養成、出版物による宣伝、反戦放送、捕虜教育等であり、工作隊は前線に赴き、直接反戦宣伝をおこなう。義勇隊は軍隊編制の武装組織であり、「軍事上、政治上、日本帝国主義の侵略計画を破壊」するというから、当然日本軍との戦闘も想定されていたといえよう。そして、日本国内においても戦闘行為に及び、日本の革命に呼応し、日本の「新軍隊」をここから創造するという重要な歴史的役割を担うことになっていた。反戦同盟下に工作隊と義勇隊は並列に存在するように考えられるが、**図1**を見ると、反戦同盟総部がまだ成立しない段階で、実質的に西南支部等が義勇隊を政治指導し、かつ義勇隊の下に工作隊が位置づけられている。おそらく前線で武装組織の義勇隊が非武装の工作隊を守ることが想定されているからであろう。表1の「組織関係」、「組織大綱」を併せ鑑みると、初期の義勇隊は工作隊と同様とあり、工作隊から義勇隊を創造しようとしていたことが窺える。

なお、予算は(1)創業費は二千元、(2)西南支部準備会月予算千百五十元（準備会特別事務費、工作隊事務費など）、(3)総顧問弁公室月予算七百十九・九元、(4)活動費一千元（準備会、工作隊、顧問弁公室の対外費用。書籍

表１　日本人民反戦同盟・反戦義勇軍（隊）組織計画

名称	性質と任務	組織関係	組織大綱	工作内容
反戦同盟	①在華日本人革命家（軍人か否かを論じず）が構成する政治的指導団体 ②日本人民革命のために、在華派遣隊が人民革命促進・帝国主義の侵略戦争阻止などの工作に従事	①中国政府指定の責任者と連絡をとり、その統制、協力、指導などを受ける（支部もまた同様） ②重慶に本部を設け、西南、西北に支部を設置する ③各支部は政治幹部を反戦工作隊に派遣し、これを指導する	①反戦同盟幹事会を重慶に設置（会長１名、委員若干名、書記２名）。会長は反戦同盟代表 ②各支部に支部幹事会を設置（支部長１名、支部委員若干名、書記１名）	①在華日本人民の反戦活動を統一指導 ②対日政治軍事工作の技術者を養成し、中国各機関内に派遣 ③出版物で対日宣伝、国際宣伝をおこなう ④講演者、放送員、講師などの派遣 ⑤教官を派遣し、収容所の捕虜教育の責任を負う
反戦工作隊	①反戦同盟の政治宣伝工作隊 ②日本軍兵士に反戦工作を展開	①工作時には、中国の軍事指揮に服従する ②政治方針の指導、統制は反戦同盟がおこなう	①５人乃至１０人を一隊とする ②各隊に隊長１人。総顧問の認可後、反戦同盟幹事会が任命	①前線の日本軍兵士に直接反戦工作をおこなう(例えば、呼びかけ等) ②前線の中国軍兵士への宣伝と鼓舞（特に対敵政治知識を教える）、及び民衆工作への協力（公演、劇など）
反戦義勇隊	①反戦工作を発展させるため、武装した日本人民革命の軍事組織 ②中国抗戦への協力と日本人民革命のため、軍事上、政治上、日本帝国主義の侵略計画を破壊する	反戦工作隊と同じ	開始時期は工作隊と大体同じ。発展後、軍隊編制でこれを組織する	①日本軍閥に対する破壊工作 ②日本の侵略行為を停止させる ③日本国内の軍閥打倒 ④日本人民の革命武装組織の基盤として、日本国内の革命に呼応し、日本軍の政変を促し、新軍隊を創造する

〈出典〉「在華日本人民反戦同盟及反戦義勇軍組織計画摘要」、国防部 062-1-6010『日本人民反戦同盟案』1939年 11 月。

図１　反戦同盟西南支部指揮予定系統図

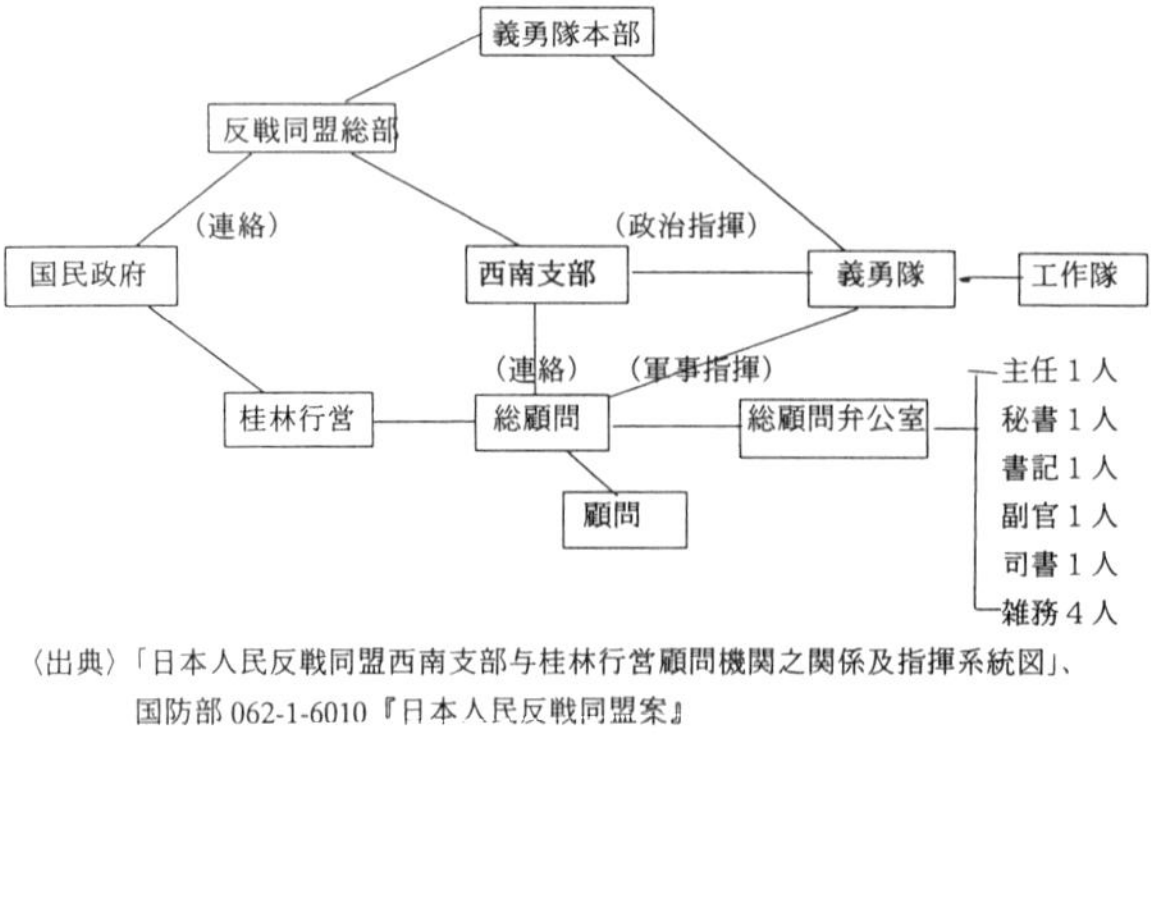

〈出典〉「日本人民反戦同盟西南支部与桂林行営顧問機関之関係及指揮系統図」、国防部 062-1-6010『日本人民反戦同盟案』

新聞の購入と小印刷物の発刊）の計四千八百六十九元九角である。(二三)
四〇年五月これらは軍事委員会の指令、六月陳誠の認可を経て一部修正（おそらく指導管理の強化）が加えられ、基本的に了承された。それによると、反戦同盟総会の構成は総幹事一人（反戦同盟で選挙）、幹事五〜七人（同）、事務員二人、雑務三人、炊事二人とある。総顧問と顧問若干人は軍事委員会政治部から派遣され、その中の一人が総会に常駐して工作をする。予算は反戦同盟総額は結局、計三千六百五十九元であった。内訳は(1)総会経費二千百八十一元（生活費九百七十八元、事務費二百三元、事業〈出版・宣伝〉費一千元）、(2)西南分会経費千四百七十八元（生活費九百七十八元、事務費二百元、事業費三百元）である。総会、分会とも会員一人、生活費が三十人をベースに月二十五元として計算、別に兵士一人の月主食費四元、副食費三元となっている。(二四)「会員」と「兵士」との区別が判然としないところも残るが、「会員」は主要に日本人捕虜・反戦兵士で、「兵士」は「職員」に含まれていることから、中国側の衛兵等とみなせる。総会と西南分会各経費は増額になっているようにも見えるが、切り離されていた「活動費」が「事業費」等に包括されている形をとっており、国民政府財政の逼迫からか実質的に約千二百元の減額となった。
かくして、四〇年三月二三日には「日本人民反戦革命同盟会規約草案」一二ヵ条も起草され、内容がほぼ固まった。「宗旨」では、反戦同盟が対中侵略戦争に反対、日本軍閥打倒、（日本に）「非侵略」国策と政権を樹立し、中国と協同で真の東亜和平を確立することを明確にした。そして、第三条「実施要綱」で①日本軍の中から計画的に大規模な反軍閥革命暴動を策動する。②日本社会の中から民衆を喚起し、反軍閥政権の革命運動を促進する。③各国の日本居留民と連絡をとり、反戦同盟への入会を勧め、陣容を充実させ、並びに募金を集め、財政を裕かにする。④対外宣言を発表し、並びに各種外交手段を用いて国際的な共鳴を勝ち取るとしており、日本軍内を重要するが、同時に海外日本人を参加させることで、財政基盤確立が目指された。⑤中国国内では軍事委員会政治部の許可を経て、かつ顧問等の検査、同意を受け、新聞、刊行物、郵便、電信等の各種方法で宣伝する。このように、「対中侵略戦争」反対の宗旨が明確にされるとともに、日本国内での革命運動、国際的宣伝までも視野に入れたものとなっている。

「組織」（第四条）は、同盟総会を重慶、分会を天水、桂林に設け、会務の進展に伴い、政治部と相談し、分会か支部を必要な（中国）各地、日本国内、及び日本人の多い各国に増設する。①総会は正副会長を各一人、総幹事一人、幹事七〜九人、中国籍顧問若干人を設け、会務を処理し、必要に応じて雇員若干人を置く。その人選（顧問は除外）は反戦同盟が政治部と相談の上、決定する。②分会は総幹事一人、幹事五〜七人、中国籍顧問若干人を設け、必要に応じて雇員若干人を置く。人選（顧問は除外）は分会が当地の軍事機関等と決定するが、総会、政治部の審査を受ける。③総会・分会の中国籍顧問は政治部が委員長（蒋介石）に申請して派遣する。

「入会」（第五条）できる者は、日本国内外の日本人（中国で戦闘をしている日本陸海「空」軍の将兵が最も主要とする。なお、周知の通り、日本には空軍はない）は職業、性別を問わず、①日本将兵で義挙を起こそうとする者、②反戦革命の確証のある者、③同盟顧問の審査を経て同盟員二人の保証がある者、④「入会志願書」を記入し、並びに自ら永久に同盟を退かず、中途で変節しないと宣誓する者は政治部規定の会員証を受け取れる。第七条「経費」は会員の義務献金、及び募金の外、不足時は政治部が協力する。予算はしばらく政治部が決め、同盟会務が進展して財政的に余裕が出た後、同盟が予算を作成し、財政に参画する。第八条では、捕虜の日本軍将兵は政治部の「友誼義務」の趣旨に基づき、感化、訓練、選抜、試験を受ける。同盟顧問は同盟員の思想の動揺、不真面目な態度等が発覚した時は、政治部に引き渡し、再訓練を施す。そして、第九〜一一条で一切の反戦革命活動は政治部の指導、監督、並びに顧問の協力を得て、中国朝野も極力充分な活動の機会と援助を与える。ただし、中国の法律を絶対遵守。もし同盟員の同盟に対する謀反・反動、及び中国の「抗戦建国」に不利な行為が発覚した時、「戦時緊急治罪法」によって処罰するとなっている。(二五) 日本や国際的なインパクトも考慮され、条例・弁法の作成等は政治部主導で極秘裏に進められた。

ではここで、反戦同盟の重要な下部組織であるはずの「反戦義勇隊」構想についてより深く追究したい。(A)「日本人民反戦義勇隊指導委員会組織大綱草案」によれば、反戦義勇隊の活動を指導するため、「日本人民反戦義勇隊指導委員会」を設立し、委員は軍事委員会弁公庁、軍政部、軍事訓練部、軍令部、政治部から派遣された人員、並びに中日専門家を招聘し、七〜九人で組織する。(二六) このように、不思議なことに、ここでは「反戦同盟による指導」は出てこず、軍事委員会と反戦義勇軍により結成された総隊部が指導するとなっている。政治部が反戦同盟と義勇隊双方の橋渡しとなり、「中日専門家」に鹿地亘と青山和夫を含めれば問題はないと考えてのことであろう。だが、これでは反戦同盟と義勇隊が分離してしまう危険性があった。その後、出された（B）「日本人民反戦義勇隊組織大綱草案」は総隊部、義勇隊に絞って作成されたもので、前者と矛盾もあるが、内容に修正を加えながら、機構的にも実現に向けてより具体的なものとなった。(1)前線の「対敵（日本軍）工作」は敵将兵の反戦潮流を造成し、日本反戦反軍の組織を創りだし、「日本人民反戦義勇隊」を成立させる。(2)総隊部は重慶に置き、支隊部はしばらく桂林、天水の二ヵ所に分設する。(3)総隊部には総隊長、副総隊長各一人を置き、全義勇隊の工作指導の責任を負う。(4)総隊本部機構が明確にされ、三組から構成されるとした。すなわち、①「機密組」は総隊長の処理事項や機密等を専門に担当、②「政治組」は全義勇隊の訓練、教育、及び一切の宣伝事項を担当、③「総務組」は人事、経理。各組には組長一人、組員若干人を置く。また、支隊部にも「政治組」(「隊内の生活」が追加)、「総務組」が設けられ、業務はほぼ同様である。(5)各支隊は必要時、宣伝隊を組織し、前線に赴き、各部分の対敵工作に協力する。前線工作の時、各戦区司令長官、司令部、あるいは下級司令部の指導を受けなくてはならないとし、[二七]現地軍の指導が強調されている。ただし、「政治組」を見ても分かる通り、総隊本部も支隊も「宣伝」に力点が置かれている。

四〇年四月二六日陳誠は白崇禧から上記文書を受け取ったとして、蔣介石に対して「構想は甚だよい」と上申した。ただ組織に関しては、総隊部は重慶に設け、「軍事委員会弁公庁、軍政部、軍事訓練部、軍令部、政治部派遣の委員会がこれを管理」から「軍政部あるいは政治部の主弁」と絞り込み、桂林、天水の各支隊部は「行営から派遣された者が主弁であるが、総隊部の指揮を受ける」とすべきとした。指導の統一を図ったものといえよう。その段取りは、【第1段階・調査工作】まず各地収容所の捕虜を調査、試験し、自覚分子、及び知識の比較的高い者を隊員として選抜する。人数はしばらく制限を設けず、試行後、再考慮する。【第2段階・訓練工作】二ヵ月を期限とし、隊員に政治・軍事などの訓練を実施し、同時に「国語」（中国語）を教える。【第3段階・運用工作】前線、戦地の各作戦単位、及び政治部に配置し、直接「対敵工作」に参加するように命令し、主要に「対敵宣伝」に用いるとした。[二八]

こうして、結局義勇隊も戦闘ではなく、完全に「宣伝」が主要任務とされたため、反戦同盟以外に、こうした組織を作る必要性は薄れていく必然性があったといってよい。

ここで一応、白崇禧の見解を押さえておきたい。白によれば、宣伝戦は武力戦の効果を高めることにあるとし、欧州戦争におけるドイツ軍の最終的崩壊は英仏側の宣伝効果が極めて大きいと評価する。そこで、中国側は戦闘以外に、宣伝強化が勝利獲得の必要手段である。日本軍は武漢侵略後、士気はますます失われ、民心は離れ、まさに中国側が宣伝を強め、その崩壊を促す好機と見なす。したがって、蔣が言うように「第二期作戦」は政治は軍事より重く、宣伝は戦闘より重いのであるから、捕虜を利用して「日本人民反戦同盟軍」を組織し、専ら宣伝に当たらせたいとした。日本人が日本語で宣伝すれば溝はない。とりわけ、捕虜には知識分子が乏しくなく、深い意味の宣伝ができる。（1）組織理由は、①このニュースが日本国内に伝われば、大多数国民の反戦運動の表面化、激烈化を促進できよう。②日本人民革命の基礎となり、同時に東亜民族の真に友好の基礎を樹立する。③世界のいわゆる「民主主義国家」の国民の多くは中国に同情をしているが、言葉だけの声援である。もし突如として「日本人民革命軍」（反戦同盟軍）が生まれれば、世界に伝わり、侵略国に対する抵抗を強化できる。④日本の「以華制華」の毒計を破壊するに足る。その上、こうした日本人組織の結成により、日本人内の「侵略」か「反侵略」かという政治理念・思想の問題に転換でき、日本兵が中国側に来ることが「投降」ではなくなると考えているのである。（2）組織方法として、管理・指導する委員会を設立し、①行営参謀処、②行営、政治部からの派遣人員、③日本人代表（例えば、鹿地亘、青山和夫）で組織する。そして、最初、極少数の日本人員で組織し、その後、状況によって随時拡充する。必要時には、さらに朝鮮革命同志を参加させたり、別に朝鮮人民革命軍を組織し、アジア民族の反侵略戦線を拡大できる。（3）訓練と工作として、①精神訓練期間は約二ヵ月。訓練終了後、その主要工作としては日本国内と日本部隊に対する各種宣伝である。将来可能な場合、諜報工作、あるいは遊撃隊内に数人を配置する。②訓練場所は桂林。③「反戦同盟軍」の成立後、創立意義、組織綱領など、日本軍、日本国内、及び国際的に宣言するとした。（一九）以上のように、白は宣伝の国内外に対する影響を重視し、またアジア反侵略戦線への拡大までも視野に入れ、さらに将来「反戦同盟軍」に特務活動までも担わせようとしていた。

このようにして、白崇禧の了承を受けた鹿地ら先行的動きと法整備が合流する形で、四〇年七月重慶に反戦同盟総部が成立した。その「成立大会宣言」を見ると、「敵は東亜全民族の共同敵たる日本帝国主義」とし、日本人民の海外革命的支隊としてこれを打倒し、日本人民救済のため闘争する。そして「中国抗戦を軸とする朝鮮、台湾等の東亜諸民族の光輝ある解放戦と呼応協同し東洋平和の奠定に邁進」するとし、「綱領」によれば、第四条で大会を本同盟の最高機関とする。大会は年一回、ただし同盟員三分の二以上の要求、及び同盟総部委員会の必要と認めた場合、臨時に召集す。第五条では、会長は本同盟を代表して総部委員会の議長を兼ね、同盟に関する一切の責任を負う、(三〇)とある。これを見る限り、大会を最高機関とし、同盟会長、総部委員会が圧倒的力を持っている。大会を最高機関とし、その議を経て就任する会長は日本人、総部委員会も日本人が占めると考えられ、日本人の主体性が貫徹されているようにも見える。ところが、同時期に出されたと見なせる「機密・在華日本人民反戦同盟会指導弁法」の第二条で、これまで繰り返し主張されてきたように、やはり政治部が委員長蒋介石の命により反戦同盟の直接の最高指導機関とあり、また第四条では政治部が同盟に派遣、駐在させている顧問は、同盟の対内外一般工作の処理に協力し、同時に同盟の一切の工作等を監督、審査の責任を負うとなっていた。(三一)同時期、陳誠が第六戦区司令長官に異動し、後任が張治中となり、政治部が改組され、副部長周恩来、第三庁長郭沫若が追放され、郭の地位には「藍衣社」系の第二庁長杜心如が就任し、常務顧問は「C・C」系の汪恰民がなった。このように、七月総部成立とともに「藍衣社」、「C・C」系の管理統制が次第に強化された。(三二)

おわりに

以上のことから以下の結論を導き出せる。

第一に、蒋介石は「捕虜優待」を打ち出したが、これは情報収集の重要さを強調したものであり、この時点では反戦運動を結びつける視点は一切なかった。その後も、蒋介石は繰り返し「捕虜優待」を強調するものの、ある意味で捕虜は鹵獲品と同一に論じられ、やはり情報収集の域を脱するものではなかった。ただし、「捕虜優待」は蒋の主張する「仁愛」とともに、重要な意味を持った。なぜなら、南京での日本軍の蛮行等を明確に浮かび上がらせ、侵略戦争に対する精神的優位に立ち、国際的支持を獲得できる基盤を整えたからである。「捕虜優待」の実行には、まず現地での捕虜殺害を阻止する必要があった。そのため、国民政府軍将兵に「捕虜優待」の目的や意義を理解させる必要があったが、それを徹底できず、その打開策として即効的な褒賞金制度を採らざるを得なかったのである。

第二に、こうした蔣介石の狭義な目的を有す「捕虜優待」を基盤としながらも、反戦捕虜政策にまで止揚する必要があった。その役割を担ったのが鹿地亘、白崇禧である。白の支持の下、鹿地は捕虜による反戦運動を打ち出し、構想とともに先行的に実際活動を開始した。指導部は当初、軍事委員会各処であり、政治部第三庁と桂林行営へと収斂していくことになるが、まさに鹿地が所属したのは軍事委員会政治部第三庁であり、これこそ第二次国共合作を背景に、左翼知識人の集中したところで、鹿地は活動を容易に展開できた。

第三に、重慶国民政府の捕虜政策は日本人捕虜からの情報収集を前提に、宣伝、諜報戦、戦闘等、どこまでを目指すかという点で揺れが生じた。その結果、反戦同盟を指導機関としながら、軍事面を重視する反戦義勇隊、反戦工作隊という三つの組織で構成される計画であった。特に義勇隊は武力的に日本の侵略を阻止し、かつ日本軍に代わる新軍隊創出までも目指していた。しかし、義勇隊自体も反戦宣伝を主要任務とすることで、結局のところ組織化の必要性は薄れていった。このように、鹿地や白崇禧の一貫した考えにもかかわらず、義勇隊構想は次第に後退し、現実化しなかった。そのため、反戦同盟と前線宣伝の工作隊がダイレクトに結びつけられることになる。しかし、もし非暴力形態を採る反戦同盟と工作隊以外に、軍事的に日本軍と対峙、戦闘する武装暴力形態の義勇隊が現出したならば、「反戦」の理念との間で自己矛盾に陥るのみならず、当時の日本人捕虜の心情から日本軍との戦闘行為は不可能であり、非暴力的な反戦宣伝であったからこそ、より多大な成果と歴史的意義をもったといえよう。

《註》

（一）鹿地亘『日本兵士の反戦運動』同成社、一九八二年、一八～一九頁等。
（二）潘公展「東方各被圧迫民族聯合起来！」『中央日報』一九四一年六月一八日。
（三）従来、日本人反戦運動は中国共産党（以下、中共と略称）下のものが著名であり、①安井三吉「抗日戦争時期解放区における日本人の反戦運動」（『近きに在りて』第三号、一九八三年三月）、②井上久士「中国共産党・八路軍の捕虜政策の確立」（藤原彰・姫田光義編『日中戦争下中国における日本人の反戦運動』青木書店、一九九九年）、③堀井弘一郎「日中戦争期、華中における日本人反戦運動」（『歴史学研究』第七三八号、二〇〇〇年七月）等が出て一定の研究蓄積が見られる。これに対して、重慶国民政府地域の反戦運動は不明点が多い。こうした中で、④内田知行・水谷尚子「重慶国民政府の日本人捕虜政策」（藤原彰・姫田光義前掲書所収）が国民政府の捕虜優待政策の推移等に着目し、概説的とはいえ、そのアウトラインを出した点、大同学園を発掘した点は高く評価できる。だが、研究は緒についたばかりであり、本格的解明のためには、さらに内容に踏み込んだ緻密な分析と実証研究が必要であろう。そこで、本稿は捕虜優待政策の推移よりも、その論理、形成過程、内実、構造に分析の重点を置き、それがいかに反戦捕虜政策へと転換していくかを明らかにしたい。
（四）軍事委員会「俘虜処理規則」一九三七年一〇月一五日、軍政部編、呂集団司令部訳『遊撃法令彙編』一九四〇年六月、二〇五～二一八頁、防衛研究所図書館所蔵 S15-103『陸支密大日記』36-2-1所収。内田知行・水谷尚子前掲論文参照。
（五）「在支極左邦人の利敵対日反戦運動状況」、内務省警保局『昭和十六年中に於ける外事警察概況』（復刻第七巻）一〇〇頁。
（六）蔣介石「部隊長官与参謀人員的責任和修養」一九三八年一月二七日、『蔣総統思想言論集』巻十四、中央文物供応社、一九六六年、一二七～一二八頁等。
（七）蔣介石「抗倭戦術之研究与改進部隊之要務」一九三八年一月二九日、『蔣総統思想言論集』巻十四、一三六～一三七頁。
（八）蔣介石「第一次南嶽軍事会議訓詞（一）」一九三八年一一月二六日、『蔣総統思想言論集』巻十四、二七九頁。

（九）蔣介石「第一次南嶽軍事会議訓詞（二）」一九三八年一一月二六日、『蔣総統思想言論集』巻十四、二八三～二八四頁。
（一〇）蔣介石「認識抗戦真諦与建立必勝基礎」一九三八年一月一七日、『蔣総統思想言論集』巻十四、九九、一〇二、一〇八～一一〇頁等。
（一一）蔣介石「抗戦検討与必勝要訣（下）」一九三八年一月一二日、『蔣総統思想言論集』巻十四、九三～九五頁。
（一二）前掲「第一次南嶽軍事会議訓詞（一）」『蔣総統思想言論集』巻十四、二七〇～二七三頁。
（一三）蔣介石「第一次南嶽軍事会議訓詞（三）」一九三八年一一月二七日、『蔣総統思想言論集』巻十四、三〇二～三〇四頁。
（一四）軍事委員会「俘ヘラレ逃ケ回リタル（中国）官兵処置暫行弁法」一九三九年八月二八日、『遊撃法令彙編』（日文訳）一八〇～一八二頁。この呂集団司令部の日文訳は極めて悪く、各所で考察を必要とし、「逃ケ回リタル」はおそらく「逃回」の訳で、「逃げ帰った」と考えた。
（一五）国民政府「修正中華民国戦時軍律」一九三九年一〇月二一日、『国民政府公報』渝字第一九九号、一九三九年一〇月二五日。
（一六）軍事委員会「修正俘虜及戦利品処理弁法」一九三九年一一月一五日、『遊撃法令彙編』（日文訳）一六三～一七七頁。
（一七）「鹿地亘在湘播講」『新華日報』一九三八年一〇月一三日。
（一八）軍事委員会委員長桂林行営→政治部第三庁第三科「為関於利用俘虜宣伝案謹将試辦経過及辦法□備案由」一九三九年一一月一六日、国防部史政編訳局（台湾）所蔵062-1-6010『日本人民反戦同盟案』。以下、国防部と略称。
（一九）白崇禧→蔣介石「為呈請委座核准在華日本人民反戦同盟及義勇軍組織計画実施草案並核准予算発給経費以利工作進行由」一九三九年一二月、国防部062-1-6010『日本人民反戦同盟案』。
（二〇）山本薫（日本反戦同盟準備会幹事会）→馮乃超「各拟日本人民反戦同盟準備会□約草案」一九三九年一〇月一八日、国防部062-1-6010『日本人民反戦同盟案』。なお、馮乃超（一九〇一－一九八三）の原籍は広東省南海県。華僑の子弟として横浜で生まれる。大同小学校、成城中学校、第八高校を経て、京都大学文学部哲学科、東京大学文学部社会学科に進学、マルクス・レー

ニン研究会に加入。二七年中国に帰国し、創造社に参加、「芸術与社会生活」を発表して「革命文学論」を提唱。二八年中国共産党（以下、中共と略称）に入党。前後して上海芸術大学、華南大学等で教鞭を採る。三〇年三月魯迅らと左翼作家連盟を結成、第一次党団書記、宣伝部長。三八年全国文芸界抗敵協会が成立すると、理事、組織部副部長。国民政府軍事委員会政治部第三庁第七処第三科長・中共特別支部書記。四〇年中共中央南方局文委委員等を歴任。重慶国共談判中共代表団顧問。人民共和国成立後、中央宣伝部幹部処長、政務院文化教育委員会副秘書長、中山大学副校長、第一届全国政協代表等を歴任した（小山三郎「馮乃超」、山田辰雄編『近代中国人名辞典』霞山会、一九九五年、一九七〜一九八頁。『中国人物大辞典』河北人民出版社、一九九一年、一一七三頁）。

（二一）鹿地亘建議・桂林行営参謀処作成「極機密・在華日本人民反戦同盟及日本人民反戦義勇隊（軍）組織計画実施草案摘要」、「同盟支部及工作隊之顧問機関組織計画摘要」一九三九年一一月八日、国防部062-1-6010『日本人民反戦同盟案』。

（二二）鹿地亘建議・桂林行営参謀処作成「準備時代之反戦同盟西南支部及工作隊之工作計画摘要」一九三九年一一月八日、国防部062-1-6010『日本人民反戦同盟案』。

（二三）鹿地亘建議・桂林行営参謀処作成「予算表」一九三九年一一月八日、国防部062-1-6010『日本人民反戦同盟案』。

（二四）軍事委員会「日本人民革命同盟総会編制表」一九四〇年五月三〇日、国防部062-1-6010『日本人民反戦同盟案』。

（二五）「日本人民反戦革命同盟会規約草案」、国防部062-11-6010『日本人民革命組織案』。

（二六）「日本人民反戦義勇隊指導委員会組織大綱草案」、国防部062-1-6010『日本人民反戦同盟案』。

（二七）「日本人民反戦義勇隊組織大綱草案」、国防部062-1-6010『日本人民反戦同盟案』。

（二八）陳誠→蔣介石「為呈得組織日本人民反戦同盟軍意見書」、国防部062-1-6010『日本人民反戦同盟案』。

（二九）白崇禧→蔣介石「桂林行営代電抄件」、国防部062-1-6010『日本人民反戦同盟』。なお、白崇禧（一八九三―一九六六）は広西省桂林生まれ。回民。辛亥革命に広西北伐学生敢死隊に参加、一五年保定軍官学校卒。二四年中国国民党入党、広州に赴き、孫文と会う。北伐開始後、国民革命軍総司令部副参謀長。二九年春、蔣桂戦争で広西派敗北後、一時、広西に潜伏。三一年一

二月国民党第四届中央執行委員。広西民団総司令等を歴任、広西派内で李宗仁に次ぐナンバー2の地位をあった。三六年六月両江事変に参加。三七年七・七事変後、広西派も全面的に抗日戦争に参戦、白は軍事委員会副参謀総長。三八年国民政府軍事訓練部長、広西綏靖副主任、桂林行営主任、中国回教教会理事長等を歴任。四六年国防部長、四九年末、台湾に逃亡（塚本元「白崇禧」、前掲『近代中国人名辞典』七〜九頁。前掲『中国人物大辞典』一六七〜一六八頁）。

（三〇）「在華日本人民反戦革命同盟会成立大会宣言」、「在華日本人民反戦革命同盟会綱領」一九四〇年七月二〇日、鹿地亘資料調査刊行会編『日本人民反戦同盟資料』第四巻、不二出版、五八、六一頁。以下、『反戦同盟資料』と略称。

（三一）「機密・在華日本人民反戦革命同盟会指導弁法」『反戦同盟資料』第四巻、六四頁。

（三二）拙稿「都市型特務『C・C』系の『反共抗日』路線について」（下）、『近きに在りて』第三六号、一九九九年一二月。

中国現代史における宗教
―イスラム教との関係性を中心に―

上野　稔弘

はじめに

二〇世紀中期以降の中国における宗教を捉えた場合、それまでの中国宗教史の流れとは異なる状況が見られる。それは第一に中華世界的秩序が破綻した結果、中国社会と諸外国との関係性がこれまでになく密接になったこと、第二にマルクス・レーニン主義というこれまでの中国思想史とは別系統の社会思想が登場したことである。特にマルクス・レーニン主義に関しては、「宗教とはアヘンである」という言説に代表される、宗教に対する不寛容さがしばしば指摘される。しかしその点にを過度に強調し、単なる政治的問題としてのみ見るのではなく、二〇世紀後半の中国における宗教問題を歴史的文脈の中に置き、宗教にまつわる諸問題の歴史的背景や時代的状況における特質を見いだすことが必要であろう。本論ではこうした点を踏まえ、諸問題が集約的に見られたイスラム教の状況を中心に分析し、これを通じて中国現代史における宗教問題の特質を明らかにしたい。

一、「回族」の成立と中国イスラム教

現代中国史におけるイスラム教の問題を考えるとき、回族の存在をまず見なければならない。というのも、中国共産党（以下「中共」と省略）が彼らをその宗教的特性によって漢族とは別個の民族集団として認定したことが、それまでの中国におけるイスラム問題とは別の局面をもたらしたからである。宗教としてのイスラム教はかなり以前から中国に伝播していた。そして新疆の諸民族以外に、中国西北部の甘粛・寧夏地方と中国南部の広州・海南島一帯を中心とする中国各地にイスラムに帰依するムスリムが分布している。彼らは唐代のソグド人や元代の色目人の末裔とも言われ、その後の通婚・混血を通じて身体的特徴の上では漢族と大差なくなっているが、イスラム法に基づく独自の社会生活方式を持ち、周囲の漢族集団との大きな差異をなしていた。また清代には乾隆・嘉慶年間の甘粛でのジャフリーヤ派の叛乱や道光年間の雲南省での杜文秀の叛乱など、回民叛乱が深刻化したが、これもあくまで宗教叛乱という形で処理された。辛亥革命後、孫文は漢・満・蒙・藏・回の「五族共和」を唱えたが、ここで言う「回」とは、広くイスラム教を信仰する西北少数民族を指したものであり、ムスリム諸民族に対する認識はそれほど深まっていなかった。また蒋介石の中華民族宗族論に見られるように、民国期においては内地回民はイスラム教を信仰する漢人であると認識されていた。

中共が回民対策を真剣に考えねばならなくなったのは、長征により根拠地を陝西省北部に移転した後である。この一帯は回民や、蒙古人の居住地域に隣接していた。当時寧夏・甘粛・青海は回民叛乱鎮圧の功績で勢力を拡大した回民軍閥の支配下にあった。彼らは国民党と手を組み、中共の西北部での勢力拡大に反抗した。中共は東部・南部からは国民党の包囲を受け、さらに内蒙古方面からは日本の勢力が拡大していた。特に日本が反共と漢民族からの自立を

名目にモンゴル族や回民への影響力を拡大しようとしたことは、彼らの存立を危うくするものであった。こうした状況にあった中共としては、内線の即時停止と抗日民族統一戦線の結成を主張することはより切実な意味を持つものであった。それと同時に、中共は周辺のモンゴル人と回民の取り込みを懸命に模索した。そのため回民をイスラム信者としてではなく一つの民族集団として扱うという方策が採られたのである。そうした中で中共はイスラム信仰尊重のための三つの禁止令と、回民の風俗習慣に配慮するための四つの注意がスローガンとして掲げた。(二) また一九三六年五月二十五日には中華ソビエト中央政府の名義で「回族人民に対する宣言」が出され、その中で回民を一つの民族＝「回族」として扱い、彼らに独立自主政権の樹立を認めている。これは国民党の回民に対する圧政を「大漢族主義」として批判し、同時に回民の「民族自決」を認めるという形で日本の勢力拡張に対抗することで、回民を中共主導の抗日民族統一戦線に取り込むという戦略であった。しかし「回」ないし「回回」は二〇世紀初頭においてはイスラム教ないし新疆をも含む西方地域一帯のムスリム民族の総称として通用しており、当時は中共内部でも「回民」に対するこうした見方は徹底していなかった。例えば当時中共陝甘寧省委宣伝部長だった李一氓は、「回民工作中の幾つかの問題」という文章の中で、この点を、

「回民工作において、我々の一部同志はまだ一種の誤った観念を持っており、この誤った観念の来源は、彼らが南方で見た回民（の印象）で、陝甘の回民を推し量り、南方の回民は宗教信仰の違いを除くと漢民と何の区別もないと言えるため、回民が一つの民族であるという認識がことさら不足していることにある。……総政治部は、回民工作過程における根本的欠点は「回民が一つの民族である」ことを軽視している点にあると再三指摘しており、そのため豫旺区域は回民が多くないのに回民工作を充分に展開できずにいるのであり、我々は今この誤った理解が主要な原因であることを認めねばならない」。

と指摘している。[二] 一九三九年に成立した中央西北工作委員会はこうした点に鑑み、モンゴル族と共に回民の分析研究を展開し、その成果は一九四〇年の『回回民族問題』という書物として結実した。この中で回民は、独自の歴史と社会文化を持つ一つの民族集団＝「回族」として公式に認定された。

このことはその後の中国におけるイスラム教のあり方を大きく規定することになった。すなわち、回族の認定によってイスラム信仰とそれに由来する生活様式が民族的アイデンティティを規定する特質とされ、同時に漢人のイスラム教徒（Muslim Chinese）という存在がなくなり、イスラム教＝少数民族宗教という図式が出来上がったのである。これ以後、回族及びその他のムスリム民族にとって宗教問題と民族問題はかなりの部分において輻輳することとなった。そして中共にとってもイスラム教の扱いは宗教問題と民族問題の両面での理論的整合性が求められることになる。

二、新疆の解放と中国の対イスラム政策の展開

中国共産党の対イスラム政策において再度転機をもたらしたのは、新疆の「解放」である。中共はかねてから新疆において親ソ勢力との接触を図っていたが、実際に新疆を勢力圏に納めたのは中華人民共和国成立後であった。それが新疆省主席ブルハンの帰順により実現したことで、人民解放軍の速やかな進駐が可能となり、また既存の民族軍を第五軍として再編したことで、新疆南部のウイグル族地区への進駐と抵抗勢力の掃討も有利に展開した。しかしそのために中共側ではこの広大な少数民族地区で早急に政権基盤を確立する必要に追われることになった。そこで問題となったのがイスラム教の扱い、より具体的にはアホンなどのイスラム教に携わる宗教職業者の扱いであった。

中国共産党には自らの無神論的立場が少数民族の宗教信者に与える懸念の払拭に努める必要があった。当時中共カシュガル地区委員会第一書記だった王恩茂は、アクスで開催した全県アホン会議の経験を総括しているが、その中でアホンと地主階級は必ずしも一致せず、政治的姿勢も様々であること、またアホンの搾取に対する大衆の不満は存在するものの、アホンと大衆の宗教的結び付きが依然存在し、大衆は信仰上アホンを必要としているので、大衆の離反を避けるためにもアホンについての具体的分析を行い、一般論としてアホン反対のスローガンを出すべきでないとしている。その一方でアホンによる政治への干渉や民衆に対する搾取迫害、様々な人生儀礼での金銭要求、女性への侮辱については大衆も反対するため、この方面での民衆の指導を呼びかけている。[三]また中共中央も同年六月一〇日に「新疆の少数民族宗教問題に関する意見」を配布しており、そこでも「宗教の少数民族に対する束縛・害毒はとても大きく、その政治・経済・文化及び社会の発展をかなり阻害している。新疆の回教においてアホン、マウラーらが宗教の権勢を借りて政治に干渉し、人民を搾取するのもまたかなり深刻である。しかし少数民族の宗教問題は、歴史性と民族性を持つ大衆の思想信仰問題であり、それは少数民族の後れた経済、文化及び社会状況と密接に関連している。少数民族の経済がかなり発展して人民の自覚が大いに高まる以前においては、宗教は少数民族人民の生活中でまだ深い影響を持ち続けており、そのため少数民族宗教問題に対する態度は十分慎重であるべきで、焦ってはならない」とし、安易に改革を口にすることや、協力的な少数民族知識人に盲目的な反宗教的感情を植え付けないよう呼びかけている。[四]

王恩茂は中共の掲げる宗教信仰自由の政策が今後とも変わらぬことを強調し、協力的態度を取る「愛国守法」の宗教人物に対しては引き続き友好的対応を取ることを表明し、さらに社会主義事業への貢献をも期待している。さらに「共産党は宗教を消滅させる」とか、中国には信教の自由がないといった言説は帝国主義や反革命分子によるデマであると断じ、そうした一切の反革命活動を撃退せねばならないとする。ただ、宗教界の合法活動と非合法活動、宗教活動と反革命活動の間に厳密な区別を設けること、また宗教を隠れ蓑に破壊活動を行う反革命分子と反革命分子に盲目的に従う宗教信徒を厳密に区別し、前者は撃退し、後者には団結して教育するという政策を堅持すべきことも指摘している。(五)

中共は中国西北部の民族地区で土地改革などを進めるに当たり、イスラム社会との衝突回避に注意を払わねばならなかった。例えば回族の比較的集中する甘粛省固原地区で土地改革を進めた際に、宗教施設に付随する土地の扱いをめぐって対立が起き、ついには叛乱が生じた。中共側は土地改革の暫時延期を決めると同時にこれらの地区で回族の民族区域自治を実施した。また新疆においては、本来無神論者であるべき党や軍の構成員であっても、新たに加入した少数民族出身者の場合、宗教信仰が依然根強く存在していた。例えば、劉少奇は中共新疆分局が示した現地少数民族の入党条件として「宗教信仰の放棄」が求められていることに対して、少数民族が本当に信仰を捨てるには思想改造が必要であるが、それは入党後に行うべきだとして、宗教信仰の放棄を入党の条件にしないよう求めている。(六)このことは現地民族幹部の中に、共産党への忠誠を誓いつつもイスラム信仰を持ち続ける党員が存在したことを物語っている。さらに王恩茂は人民解放軍新疆軍区第五軍として再編された旧三区革命民族軍の中に、宗教観念が根強く存在していることも認めている。(七)

王恩茂は宗教問題の処理いかんに新疆での工作の成否がかかっていることを強く認識していた。彼は「宗教問題は歴史的、大衆的、社会的な問題であり、短期間に簡単で性急な命令強制という方法で解決できるものではない。もしそうすれば必ずや大衆の反対に遭って民衆が離反し、自身を孤立させ、反革命分子がその機に乗じて宗教を利用し、革命を破壊しかねないのであり、それは我々にとって不利である」と指摘している。その上で、新疆での土地改革等

の政策推進における対宗教的措置として、
（一）宗教信仰自由政策の宣伝
（二）進歩的アホンとの団結とその利用
（三）礼拝寺（モスク）の保護と少数民族幹部の礼拝参加の容認
（四）少数民族大衆の宗教感情を傷つけるような反宗教的宣伝・教育・政策の禁止
（五）宗教学校や宗教授業の継続
（六）ウシュルやザカートといった宗教税徴収の容認
（七）ローズ節やクルバン節といった宗教祭日に対する幹部の配慮
（八）少数民族の宗教的風俗習慣に基づく生・死・結婚・離婚儀式の容認
を挙げている。(八) また、甘粛省や河南省の回族居住地区からは漢族幹部や民衆の回族居民への蔑視や宗教信仰や風俗習慣への軽視といった現象の存在が報告され、中共中央はこれを大漢族主義の蔓延と見なして全国に民族工作執行状況の検査を命じた。このようにイスラム教に関しては反政府的抵抗には毅然たる態度を求めつつも、実際にはかなり慎重な対応を求めざるを得ないところに中共の苦渋がうかがえる。

国際関係において、中国の対イスラム教政策は独自の役割を担うこととなった。朝鮮戦争を契機に、中国では特にキリスト教のローマ教皇庁や西側勢力からの影響を断絶するために、自治・自養・自伝の「三自」運動を展開した。イスラム教に関して言えばキリスト教の様な激しい展開を見せることはなかった。それはローマ教皇の司教叙任権のように西洋諸国からの直接的な権力介入を意識しなくてもよかったことと、先に述べたようにむしろ国内の民族政策との関連で強力な政策的措置が回避されたという事情が絡んでいる。しかし、先に述べたように、中共は「共産党は宗教を消滅させる」といった言説に対し、これを帝国主義や封建勢力によるデマであり、革命事業の妨害であるとしているが、そのためにも中共が宗教信仰の自由を堅持しているという姿勢を国際社会に宣伝する必要があった。

朝鮮戦争期に強力に押し進められたキリスト教会の「三自」運動は、他の宗教に対しても愛国宗教団体の結成という形で波及した。イスラム教においても、一九五二年七月末に中国イスラム教協会準備会議が開かれ、一九五三年五月九日、中国イスラム教協会成立大会が開かれた。百十一名の出席者の多くは全国各地のアホン等のイスラム教関係者で、回族やウイグル族、カザフ族、サラール族など十の民族を含んでいた。協会主任には新疆省主席ブルハンが、副主任には馬震武や達浦生といったアホンのほか、楊静仁、馬玉槐といった回族中共党幹部が任命された。中国イスラム教協会は中国に幾つか存在するイスラム教諸宗派を統合した全国組織であり、その成立は中央の党・政府によるイスラム教会に対する指導のチャンネルを確立させただけでなく、ここの民族における宗教問題とその経験が一般化されて全国に工作方針として通達される形を作り出した。

こうした活動の一環として、中国イスラム教会を通じてメッカ巡礼団が組織された。第一回目の巡礼団は一九五五年七月に派遣され、九月下旬に帰国した。この間、巡礼団はカイロ、カラチ、デリーなどを訪問し、パキスタン大統領との会談も行っている。翌五六年には第二回目の巡礼団が派遣され、帰途においてヨルダン、チュニジアを訪問している。

メッカ巡礼団の活動は、中国の対イスラム教政策の宣伝として格好の役割を果たすものであり、訪問地において中国における宗教信仰の自由をアピールした。それは中国当局が懸念する「帝国主義勢力」による中共の宗教政策批判への反論でもあった。しかしそれ以上に、一九五四年にインドシナ問題をめぐって周恩来がジュネーブ会議に出席して以来、アジア・アフリカ諸国との関係強化を通じて欧米やソ連に対抗しようとする中国の外交政策において、イスラム教への手厚い配慮を見せることは、中東のイスラム教諸国との関係維持にとって必要不可欠のものであった。例えば一九五六年五月に、周恩来はパキスタンイスラム教代表団およびインドネシアイスラム教代表団と会談した際に、宗教問題についてこのように語っている。

「皆さんは宗教家ですから、恐らく宗教の中国における前途が心配でしょう。私は皆さんに一つの事実を申しましょう。中国の宗教徒は共産党員より多いのです。……ですから、どうして宗教をなくすことなどできましょうか？まして、民族全体で一つの宗教を信仰している少数民族の場合、宗教の家庭関係や社会関係に対する影響がより大きいのです。中国の宗教信仰自由政策は着実に執行されています」。

また、イスラム学院の拡充についても言及し、エジプトから教師を招いており、今後この事業を発展させて他国との教員・学生の交流も考えていることを示している。(九) その意味ではこの時期は中国政府の宗教政策と宗教、特にイスラム教との関係が最も良好な一時期であったとも言える。

三、政治急進化と宗教政策の激変

しかし一九五〇年代中期にかけて微妙な均衡を保ちつつも推移してきた中国の宗教政策は、一九五七年の反右派闘争に始まる政治路線の急進化に伴い、大きく変更されることになった。すなわち、宗教界における右派分子の摘発と社会主義教育の展開という二つの運動が、宗教界における主導的人物の立場に大きな影響を与えると同時に、宗教と社会主義の関係性が厳しく問われることになったのである。宗教界における反右派闘争は当初キリスト教において展開され、何人かのキリスト教関係者がバチカンや西洋諸国との関係を問われて右派分子として批判され、キリスト教諸団体は「三自」精神の再確認を迫られた。こうした動きがイスラム教やチベット仏教などに波及したのは、一つには同年八月の鄧小平による「整風運動に関する報告」により、少数民族に対しても「地方民族主義への反対」という形で右派分子の摘発が拡大したこと、そして人民公社設立を中心とする大躍進運動が少数民族地区においても展開されたことによる。特に回族の場合、居住地区の多くが漢族との雑居状態にあり、五〇年代後半に始まる農業合作化運動と農業合作社の規模拡大による漢族との共同生産に伴い、宗教的風俗習慣をめぐる摩擦が起こっていた。反右派闘争の展開はこの問題をさらに深刻なものにした。

まず、一九五七年十二月には山東省民族事務委員会が全省百十名余りの回族・宗教人士を集めて代表会議を開き、淄博市のアホン丁文豪らを右派分子として告発・批判した。さらにこれを受けて済南市や聊城、泰安など各地で回族・民族上層会議が開かれ、地方民族主義批判を中心とする整風と社会主義教育運動が展開された。こうした運動の結果、民族間の団結と生産への積極性向上という状況が現れたという。例えば淄博市金嶺鎮回族郷では回族が農業生産技術に習熟していないとして「漢民が自主的に援助」し、回族と漢族の民族連合社では養豚と堆肥生産に対して回族が自主的に賛同と支持を表明したという。また会議の席上でアホンが個々に「躍進計画」を策定し、愛国守法、地方民族主義の克服、民族団結の推進、宗教活動の節約、労働への積極参加などについて、相互監督を行うこととした[二〇]。

また河南省においても五八年一月に河南省民族事務委員会が第四次拡大会議を開いて反右派闘争を行い、その後各地で反右派闘争大会を展開した。ここでもイスラム聖職者の言動が右派分子の罪状として挙げられ、特に合作社への批判的発言や党の指導に対する批判、回族幹部を「回奸」「叛教」と呼ぶ侮蔑的行為が断罪され、宗教関係者はそれまで漢族との合作社や生産統一管理に反対したことへの自己批判を行い、現地党委員会に誓約書を提出し、自己改造の躍進計画を策定した（一一）。

こうした動きは回族が集中的に分布する甘粛・寧夏地区にも波及した。この動きの背景には寧夏における回族自治区新設という事情があった。民国時代に立てられた旧寧夏省は一九五三年に一度甘粛省へ編入されたが、その後中共中央は一九五六年二月に省内に三つ存在する回族自治州のうち、黄河上流域の呉忠回族自治州及び隣接する固原回族自治州を中心として、省レベルの自治区を設立する案を提唱した。この提案は現地政府に受け入れられ、翌五七年五月に甘粛省人民政府はこの両回族自治州に銀川地区を加えた寧夏回族自治区案を可決した。回族は元々分散して居住しているため、漢族との雑居状態は避け得ないのであるが、漢族の多く居住する銀川地区を自治区に含めると、自治区における回族の比率は三二・一五％へと大きく低下してしまう。そうした中で呉忠・固源の両自治州政府が抹消されてその中の各県が自治区政府の指導下に入ることは、回族の自治権利の制限に繋がりかねないという懸念もあった。こうした中、甘粛省内では回族及びチベット族地区において大規模な叛乱が勃発した。

こうした状況を受けて、一九五八年五月一七日に中共中央統一戦線部と中央民族事務委員会党組は中共中央に「回族党員中の無神論教育の進行とアホンへの反右派闘争の進行に関する報告」を上申し、中共中央は六月六日にこれを公布した。同時に中共中央統一戦線部は一九五八年五月二七日から六月七日にかけて、青島で回族イスラム教問題座談会を開いた。座談会において、統一戦線部長の李維漢は談話を発表し、その中で回族地区におけるイスラム教の問題で最も突出しているのは、寺院への納税に見られる宗教的負担と、日常生活における宗教的消費に見られる宗教的消耗であるとした。特に宗教的消耗については、ラマダンにおける労働効率の低下を例に挙げ、こうしたイスラム教の規則は回族の生産力や生産の発展を妨げ、物質生活や文化生活の改善を妨げていると断じた。李維漢がこの問題を指摘した背景には、回族が宗教方面に財物や労働力を費やし続けていては、回族と漢族の間の経済的格差が一向に解消しないという苛立ちがあった。彼はこの状況に「合作社を数十年やっても、数百年やっても、二つの民族はやはり事実上不平等だ」と不満を隠さない。(二二)

この座談会の結果を受けて、統戦部は八月一〇日に「回族の中での宗教制度改革に関する意見」を出した。この「意見」では、全国各地の回族に見られる宗教問題の情況として、宗教的束縛と回族の発展との間の矛盾が一層突出していると指摘している。ここで言う「宗教的束縛」とは、

（一）教権統治
（二）宗教負担
（三）宗教寺院の封建的所有制
（四）頻繁かつ大規模な宗教活動
（五）宗教の女性・児童に対する抑圧と束縛

である。そして回族問題の解決とは、回族人民をこうした抑圧や束縛から解放することであり、それこそが真の宗教信仰の自由を実現することであるとする。「意見」では宗教信仰自由実現の原則として、

（一）民族と宗教の分離
（二）宗教信仰と宗教制度の分離
（三）宗教と生活習慣の分離
（四）宗教と行政の分離
（五）宗教と教育の分離
（六）党内外の分離

を掲げる。特に宗教制度の改革は回族の宗教的矛盾を解決するための鍵であるとし、改革の対象として、

（一）門宦制度と世襲イマーム制度
（二）封建的な清真寺管理制度
（三）清真寺・道堂による土地・家畜・森林の封建的所有制
（四）清真寺・道堂および教主の教徒に対する労役制度
（五）強制的な宗教負担制度
（六）信仰にとって不要な、生産を阻害し資産を浪費する宗教活動制度
（七）婚姻の自由に干渉し女性を抑圧・蔑視した制度
（八）児童に教義の学習と断食を強制させる制度
（九）大衆の文化娯楽活動を制限する制度
（一〇）アホン・マウラーの労働不参加制度
（一一）宗徒に対する宗教的処罰制度

を挙げている。（二三）

一九五八年八月一七日から翌九月六日にかけて、中国イスラム教協会は銀川で回民座談会を開催した。この座談会では陝西・甘粛・青海・雲南・吉林・河北・新疆・寧夏などの省・自治区のムスリム代表四百七名が出席した。この座談会では、固原回族自治州州長で中国イスラム教協会副主任・寧夏回族自治区準備委員会委員でもあるジャフリーヤ派の教主馬震武を、「宗教界に潜む、一貫して反党、反人民、反社会主義的な、徹頭徹尾の極右分子」として告発する運動が展開された。馬震武に対する罪状は主として過去に寧夏一帯で起きた叛乱を主導したことであり、「決し

て宗教問題とか教派の問題などではない」とされる。しかし、彼の宗教活動についても、「ゴンバイ」や「道堂」を建て多くの清真寺や宗教職業者を操って民衆を経済的に搾取し、さらに封建的特権維持のために宿命論や「天国」観念で回民大衆に迷信思想を植え付けて精神的に束縛し、「アラー」の名の下に彼の地位と封建制度の神聖化を目論んだと断罪され、「文化革命と技術革命の宿敵」として馬震武の経済的基盤から宗教形式での封建制度を含む意識形態に到るすべてが、社会主義とは根本的に相容れないものとして批判されている。(一四)座談会の結果を受けて馬震武は全ての職を解かれ、その後六一年に病逝したが、中国イスラム教界で主導的立場にあった人物の一人が「極右分子」として批判され、その宗教活動が「封建的宗教制度の維持」という形で実質的に全面否定されたことは、イスラム教各教団組織に大きな動揺を与えた。そして馬震武の排除から間もない九月一一日、中共寧夏自治区工作委員会は工作委員会統戦部の「馬震武批判の基礎に立ち、宗教界で反悪人悪事、反右派闘争を起こすことに関する報告」を伝達した。この報告では宗教界において反悪人悪事、反右派闘争を展開する条件が完全に熟したとの判断が示されている。(一五)これを契機に寧夏地区の宗教界では反悪人悪事・反右派闘争が展開されたが、その際「反革命叛乱を陰謀段階で消滅させる」という方針が採られ、証拠不十分なままでの告発が相次いだ。(一六)その一方で馬震武ら農業合作化に異を唱える宗教指導者や回族幹部が排除されたことで、九月には固原地区で人民公社の設立が相次いだ。一〇月二五日の寧夏回族自治区の成立はこうした中央に抵抗する回族指導者の排除や強力な農業合作化推進と表裏一体だったのである。

一九五八年一二月七日に中共中央は民族事務委員会党組の「当面のイスラム教、ラマ教工作問題に関する報告」に回答し、宗教の一切の封建的特権と寺廟の封建的管理制度を排除するよう提言している。(一七)また中共寧夏自治区工作委員会は工作委統戦部の「人民公社化後のイスラム教の若干の問題に関する処理意見」を伝達し、その中で、

（一）公社党委員会による清真寺への直接指導の強化

（二）アホンの労働参加と公共食堂での食事

（三）寺院等併合への指導強化

が述べられている。[一八]

汪鋒は一九六〇年五月の寧夏回族自治区全区文教群英会における報告の中で宗教問題に言及している。その中で風俗習慣と宗教の関係について、「イスラム教を信ずる回族人民には豚肉を食べないという風俗習慣があり、余人は干渉すべきではないが、宗教界がこの問題を聖域にするのは正しくない」としている。また、党・政府が宗教活動に干渉しているのではないかという疑念に対しては、「問題は生産に影響するかどうか、建設に影響するかどうかである。もし生産に影響し、建設に影響するのであれば、我々は意見を出してよいし、協議会を開いて協議してよい。我々は宗教活動に干渉しないが、宗教が社会主義建設に影響を与えてはならない」と答えている。[一九]馬玉槐は党機関誌の論説で、労役の強制と宗教的負担の押しつけが回族の生活の困窮をもたらし、回族女性の権利に干渉する封建的規則や宗教制度は男女平等を困難にし、「一日五回の礼拝」「一年一回の断食」という規定は生産活動による回族の生活向上をひどく妨げていると指摘する。こうしたイスラム教制度の束縛と搾取に対して回族労働者が政治的自覚を高め、主体的に制度撤廃を要求するのは合理的で回族の発展と進歩に有利なことであると評価している。[二〇]また甘雷春は、生活習慣は生産の需要と不可分で、生産・社会発展需要への適応いかんで淘汰されるが、宗教的規定は戒律であり、両者を厳密に区別せねばならないと指摘する。その上で生産発展や社会主義建設、人々の心身の健康、民族の発展進歩に不利な、後れた風俗習慣は大衆を教育して改変すべきで、しかも改変は早ければ早いほどよいとし、風俗習慣の宗教化・神聖化に反対している。例として回族の豚肉食への禁忌は飲食習慣の一種として尊重するが、牛羊の食肉加工におけるアホンの読経は宗教迷信の問題であって、こうした宗教戒律を人民に押しつけるのは、宗教を宣揚するためなので、無信仰者にまで押し付けるべきでないとする。さらに、回族が豚を飼い堆肥を作るのは生産に有利であり、人々の思想解放の表れとして高く評価している。[二二]

中共の主張は、宗教における封建的特権や封建的搾取は民衆の解放と発展を妨害する深刻な障害であり、宗教とは別物であって、これを排除することで民衆が宗教の抑圧や束縛から解放され、民衆に真の信仰自由がもたらされるという点にあった。チベットにおいては一九五九年のラサ叛乱鎮圧後に、チベット仏教の影響力の浸透したチベット族社会の「民主化」が図られたが、反右派闘争後のムスリム民族に対しても宗教的生活習慣の「民主化」が目指されたのであり、先に示した中共幹部の発言は、こうした考えを反映したものであった。

一九六〇年以降、回族に対して髭を剃り、お下げを切り、喪葬習俗を変えるよう強制が行われた。またイスラム教ではタブーとされる養豚の実施がイスラム教の宗教制度に対する一大改革と考えられ、強力に推進された。固原地区では、この養豚の強制が三度にわたって行われたほか、豚食の強制も行われた。こうした傾向は文化大革命期にさらに拡大し、固原県ではお下げの断髪所が設けられたり、イスラム歴に基づく祭日活動が禁止されたりした。また養豚を受け入れるか否かが進歩的かどうかの目印とされた。また正常な宗教活動も路線闘争の一環として批判の対象になり、例えば海原県では一九六八年六月に県革命委員会が「走資派」洗い出しのために武装警察を巡回させたところ、ある人民公社の回族がイスラム暦正月を過ごしているのを発見してこれを反革命叛乱とみなし、首謀者拘束の際に銃を乱射したため流血の騒ぎになったという。[二三]こうした動きは寧夏一帯に限ったことではなく、回族やその他のムスリム民族のいる甘粛省や青海省、雲南省、新疆ウイグル自治区などでもイスラム寺院の閉鎖やイスラム戒律に基づく風俗習慣の禁止が相次いだ。

五〇年代末から文化大革命期にかけての宗教政策の急変は、正常な宗教活動を不可能に近い状態に追いやった。しかしそれを正当化する要因は中共の宗教政策の根底に初めから存在していたのであり、特に少数民族及びその信奉する宗教に対しては、当初は民衆への浸透不足や組織的抵抗を回避するため長い時間をかけて実行しようとしていたに過ぎない。ところが反右派闘争や地方民族主義批判という形で有力宗教指導者による組織的抵抗力が排除され、大躍進政策下において全国的に展開された生産向上への熱狂的傾斜が民衆の宗教改革への自覚を高めるとの中共側の期待が高まったことにより、宗教の究極的消滅に向けての歩調を一挙に早めようとしたのである。

おわりに

最後に文革以降の情況に触れておきたい。イスラム教に限ってみれば、文革期の混乱に対する是正措置は林彪派の没落と併行して比較的早期に採られた。七二年一月には中共中央と国務院は北京で寧夏固原地区工作座談会を開催して叛乱平定拡大化の問題を検討し、その報告を公布した。その結果寧夏では固原地区における回族への養豚強制の停止、五〇年代以来の回族地区における諸事件に対する再審査が行われた。しかし中国の宗教政策の全面的「復活」は文革の終結後であった。しかもそれは五〇年代末から文革期にかけての行き過ぎを反省し、建国当初の宗教政策の原点に戻ることを表明したに過ぎない。例えば一九八二年三月に出された「我が国社会時期の宗教問題に関する基本的観点と基本政策」においても、宗教消滅時点までの宗教信仰自由政策の堅持、不信仰の自由の保障、党員の宗教信仰の禁止という従来の政策が確認され、これに加えて宗教活動場所の政府による管理も打ち出されている。(二三)その意味では確かに緩和の姿勢は見られるものの、宗教と政治の間の緊張関係は依然として存在している。

例えば新疆ではイスラム教信者が急増したが、これについては長期間の抑圧に対する揺り戻しであり、また農業責任生産制により農民の生活に宗教活動に参加する時間的・経済的ゆとりができたことの現れとして積極的評価をする一方、信仰を持たないものに対して握手をしない、祭日に訪問しない、葬儀に参列しないといった状況が出現していることも指摘している。[二四]また青海省では、「宗教特権」の復活現象として、一部聖職者の行政への介入、基層行政組織選挙や文化教育、婚姻への干渉、児童への入信強制のほか、宗教活動を放棄した民族幹部や政府に協力的な宗教職業者に対する批判の横行が見られた。[二五]古参幹部は宗教の浸透が宗教に名を借りた反革命活動の温床になりかねないと警鐘を発している。しかしその一方で九〇年代初めにイスラム教を侮辱する内容を持つ出版物が相次ぎ出現し、各地で回族らの抗議運動を引き起こし、大きな社会問題となった。この問題ではイスラム信仰やそれに関連した習俗に対する漢族など非ムスリム民族の無理解が浮き彫りになっている。[二六]この場合、回族の認定によりイスラム教＝少数民族宗教という位置づけがなされていることが、中国社会において圧倒的多数の漢族をイスラム教から遠ざけ、根強い宗教的偏見と民族的蔑視を相乗的に助長させる結果にもなっている。漢族がイスラム教に入信する可能性がほとんど語られない点に、仏教やキリスト教といった漢族と少数民族の間にまたがって信者の存在する宗教との相違点が存在する。

一元的な集権統治体制を志向する歴代中国の統治者にとって、民衆の精神世界に別の拠り所を提供する宗教とは、支配力をより末端に浸透させようとすると却って民間で影響力を増し、時には叛乱という形で異議申し立てをする存在であった。ゆえに宗教叛乱を徹底して封じ込め、コントロール可能な状態に置いておくことが歴代中国の統治者にとってしばしば重要なことであった。「帝国主義や反動封建勢力の陰謀」という名目の下、階級闘争という形で個別的な攻撃を行うという戦術上の違いはあるものの、国家の統治に沿わない宗教勢力を解体・廃除し、政府に協力的な宗教者により愛国的宗教団体を組織し、宗教を国家のコントロール下に置こうという中共政権の宗教政策は、歴代中国統治者の宗教政策の流れを汲んでいる。農村基層組織にまで党・政府の影響力を浸透させ、「迷信」を放棄させようとした中共の政策は、そうした方針をより徹底させようとしたとも言えるであろう。

ただ、そうした点をふまえてなお、中国共産党という統治集団の持つ特異性を指摘しておかねばならない。執政党が無神論の立場にあることは、宗教信仰者の政治中枢への参与を困難にしており、宗教問題への対応を硬直したものにしていることは否めない。しかし社会主義の実現で民生の向上を図ろうとした中共の諸施策が宗教制度の固定化による貧困の構造化を打破する側面があったのも確かである。宗教政策の急進化の裏に抑圧的制度さえ除去すれば民衆は幸福になれるというある意味で楽観主義的な発想が存在したのである。しかし革命路線を後退させた今日の中国において、回族などムスリム民族の青年層の間では経済的豊かさの追求と共にイスラム信仰の希薄化が見られるが、その一方で中国全土で宗教信仰及び宗教活動が活発化するという皮肉な現象が見られる。党・政府はこれに対して迷信一掃のキャンペーンを展開し、宗教管理体制の強化を図っているが、宗教との平和共存のための新たな政策理論を構築する必要性が出てくるかも知れない。

《注》

(一)「中国工農紅軍総政治部関於回民工作的指示」(一九三六年五月二四日)、中共中央統戦部『民族問題文献匯編』(中共中央党校出版社、一九九一年一二月)三六二〜三六五頁。

(二) 一氓「回民工作中的幾箇問題」(一九三六年九月三日)、中共中央統戦部『民族問題文献匯編』(中共中央党校出版社、一九九一年一二月)五一八〜五二一頁。

(三) 王恩茂「関於宗教問題的請示報告」(一九五〇年三月二九日)、『王恩茂文集』(中央文献出版社、二〇〇〇年) 上冊二六～三〇頁。
(四)「中共中央轉發烏蘭夫劉格平『対新疆少数民族宗教問題的意見』」(一九五〇年六月一〇日)、中共中央文献研究室編『建国以来重要文献選編』第一冊 (中央文献出版社一九九二年五月) 二七六～二七七頁。
(五) 王恩茂「関於南疆社会情況」(一九五〇年五月一八日) 注 (三) 前掲書、三一～三九頁。
(六) 劉少奇「中央同意新疆建党中幾個問題的規定給西北局的電報」(一九五〇年一月二日)『建国以来劉少奇文稿』第一冊 (中央文献出版社、一九九八年一一月) 二二二～二二三頁。
(七) 王恩茂「在第十三師直属機関幹部会議上的講話」(一九五一年四月三〇日) 注 (三) 前掲書、八一～九三頁。
(八) 王恩茂「南疆当前工作方針和任務」(一九五〇年九月六日) 注 (三) 前掲書、四〇～五二頁。
(九) 周恩来「不信教的和信教的要互相尊重」(一九五六年五月三〇日)『周恩来統一戦線文選』(人民出版社、一九八四年一二月) 三〇八～三一二頁。
(一〇) 金光「反対宗教界反動分子的闘争、給山東回族人民帯来了新気象」『民族団結』一九五八年第五期、八頁。
(一一) 馬達「河南回民反対民族内部宗教界右派分子的巨大勝利」『民族団結』一九五八年第六期、二頁。
(一二) 李維漢「在中国伊斯蘭教問題座談会上的講話」(一九五八年六月四・七日)『統一戦線問題與民族問題』第二版 (人民出版社、一九八二年一〇月)、五四九～五六五頁。
(一三) 羅広武編著『一九四九―一九九九新中国宗教工作大事概覧』(華文出版社、二〇〇一年一月) 一七四～一七七頁。
(一四) 李健「極右分子馬震武的真面目」『星火』一九五八年第三期、二六～三〇頁。
(一五) 中共寧夏回族自治区委員会党史研究室・中共寧夏回族自治区委員会党校・寧夏回族自治区檔案館編『中共寧夏党史大事記』二二六頁。
(一六) 劉偉・黒富礼主編『固原回族』(寧夏人民出版社、二〇〇〇年一〇月) 二四九～二五五頁。

(一七)『当代中国的民族工作』編輯部編『当代中国民族工作大事記一九四九―一九八八』(民族出版社、一九八九年九月)一二六頁。
(一八)注(一五)前掲書、二三八頁。
(一九)王鋒「関於民族問題的報告(摘要)」(一九六〇年五月一七日)『星火』一九六〇年第六期、四～九頁。初出は『寧夏日報』五月二四日。
(二〇)馬玉槐「加強民族団結、反対地方民族主義」『星火』一九六〇年第八期、七～一二頁。
(二一)甘雷春「我們同地方民族主義反党集団在民族問題上的根本分岐」『星火』一九六〇年第九期、一～一二頁。
(二二)注(一六)前掲書参照。
(二三)「中共中央印發『關於我國社会主義時期宗教問題的基本観点和基本政策』的通知」中共中央文献研究室総合研究組・国務院宗教事務局政策法規司編『新時期宗教工作文献選編』(宗教文化出版社、一九九五年八月)
(二四)何炳済「新疆伊斯蘭教與我国社会主義実践相適応的問題」羅竹風主編『中国社会主義時期的宗教問題』(上海社会科学出版社、一九八七年四月)、二四七～二五六頁。
(二五)李耕硯「保護宗教信仰自由與廃除宗教特権」中国社会科学院民族研究所民族理論研究室編『宗教與民族研究資料選輯』(中国社会科学院民族研究所、一九八六年一〇月)、二八一～二八五頁。初出は『青海日報』一九八二年二月二五日。
(二六)馮今源・胡安「做好伊斯蘭教工作是維護社会穏定的重要一環」江流・陸学芸・単天倫『一九九三―一九九四年中国:社会形成分析與預測』(中国社会科学出版社、一九九四年一月)。

台湾海峡有事における台湾軍の対応に関する研究

門間　理良

はじめに

ロシアからの軍事的圧力が大きく後退した現在、日本の一部には中国の軍事力の伸長に脅威を見出す向きもないではない。しかし、李登輝総統（当時）の訪米（一九九五年六月）後及び第一回総統直接選挙（一九九六年三月）の際に、中国が台湾本島近海にミサイル発射演習を行っていること、国際世論が呼びかけているにもかかわらず、中国が台湾武力解放のオプションを放棄していないことを考えれば、第一に中国の軍事的脅威にさらされているのは、紛れもなく台湾なのである。(一)

台湾海峡の安全保障を決定する主要因は大きく分けて、中国の動向・台湾の内政・台湾問題に対するアメリカの関与政策を挙げることができる。(二)この三要因と密接に関係しているのが、米中台が保有する軍事力である。中国は東アジアにおいて卓越した力を保持した国になることを望んでおり、(三)中国軍も二百五十万の将兵と戦略核を保有している。他方、世界で比類ない軍事力を持つアメリカと米軍の東アジアにおける影響力の巨大さは、一九九六年の総統選挙の際も示された通りである。これら米中両軍に関する研究論文は、日本でも数多い。翻って、台湾軍そのものの分析は、台湾海峡の安全保障という枠組を超え、アジア全域に影響を及ぼす力量を持った米中両軍の陰に隠れてしまうためか、日本では非常に少ないのである。(四)

さて、米台の研究においては、台湾海峡有事に関し、さまざまな予測が立てられている。

出版当時「台湾の民間版国防白書」といわれた『二〇一〇中共軍力評估』は、二〇〇五年には中国が第四世代軍事戦力の整備を終える一方、二〇一〇年にはアメリカと西側諸国の弾道ミサイル防衛システムが実戦配備されると予測し、これが核兵器を保有する国家の核戦略バランスに影響を与える結果、二〇〇五年から二〇一〇年の間に中国側が台湾に対し軍事行動を起こすと見ている。(五)

一九九九年二月に米国防総省が議会に提出した「台湾海峡における安全保障状況」(六)は、台湾軍が二〇〇五年までに防空システムや対潜作戦等の能力を向上させるものの、中国軍のミサイル攻撃は、台湾の軍事施設や経済インフラにダメージを与え得るし、台湾の主要軍港に対する封鎖能力を保持し続けると指摘している。また、中国軍の弾道ミサイル戦力は、今後数年で実質的に成長するものと予測し、巡航ミサイルもロシアから技術を導入することによって研究開発が進んでいるとしている。

二〇〇〇年六月に同省が議会に提出した「中国の軍事力に関する年次報告」(七)は、中国軍の台湾に対する統合作戦指揮について、二〇一〇年までは、能力は増すものの依然欠点があり、侵攻を図れば政治・経済・外交的にも大きな損失を蒙ることになると分析している。その後二〇一〇年から二〇二〇年にかけて、中国軍は先進的な戦闘機・巡航ミサイル・海上戦闘部隊を含めた多くの新しいシステムを獲得し、陸海空・ミサイル戦力の統合指揮能力を進歩させるとしている。

しかし、ここで我々が特に注目したいのは、台湾政府・国防部が具体的にどのような台湾有事を想定し、対処しようとしているのか、という点にある。国家の利益が何かを示し、国家目標を設定し、安全保障環境を分析しつつ、目標を実現するための大戦略・安全保障戦略を策定し、これらの戦略の遂行を保証する軍事戦略を立てるのが政府・国防部の役割(八)である以上、彼らの認識と対応こそが重要であると考えるからである。

このような問題意識に立って、本稿は次の点に分析を加える。

第一に、台湾国防部が立法院で報告した中国軍の台湾侵攻モデルを分析すること。

第二に、台湾海峡有事の際に、侵攻してくる中国軍に対する台湾軍の戦備や対応を分析すること。

さらに、これらの分析を通じて、台湾軍のもつ特徴や限界も明らかになってこよう。

なお、本稿において、中国とは中華人民共和国政府が実効支配する地域もしくは中華人民共和国政府を指す。中国軍とは中国人民解放軍を指す。一方、台湾とは現在の中華民国政府が実効支配する台湾本島・澎湖・金門・馬祖地域（台湾の主権が及んでいる周辺の離島を含む）もしくは台湾政府（台湾に遷ってからの中華民国政府）を指す。台湾軍とは中華民国国軍を指す。両岸とは中台を指すものとする。また、人名に付記された肩書は、全て当時のものである。

一、中国による台湾侵攻モデル

まず、台湾国防部は、中国の軍事力をどのように評価しているのだろうか。唐飛国防部長の立法院報告(九)をまとめると、概ね次のようである。

①核兵器とその運搬手段を保有し、その戦力強化に努めていること。また、巡航ミサイルの開発に着手している

こと。

②海軍では、潜水艦を多数擁していること。ロシアよりソブレメンヌイ級駆逐艦を購入するなど多くの装備を更新していること。

③空軍では、SU-27 型戦闘機のロシアからの購入及び瀋陽におけるライセンス生産を行っていること。また、台湾を作戦行動半径内に捉える基地に同型機を配備していること。SU-30型機の導入するなど、空軍力の強化に努めていること。

④インフォメーション＝ウォーフェアでの技術的発展が著しいこと。中国は電子戦の分野において二〇一〇年に至るまでに総体的な優勢を完成させると台湾側は予測している。

しかしながら、武力侵攻の能力・可能性が存在することと、それが実行に移されるということは、もちろん別次元の話である。台湾国防部が行政院に提出した「国軍整備建設および施政計画」によれば、目下の解放軍の軍事力は、渡海作戦に必要な運輸能力および海空軍統合作戦能力が十分でないために、短期的には台湾に対し全面進攻を行う能力がなく、台湾軍は少なくとも二〇〇五年までは質的優勢を保つと報告していると台湾紙は報じている。（二〇）台湾が独立を宣言する、核兵器を保有する等したときに、中国が攻撃してくる可能性が非常に高いと台湾側は予測している。（二一）だが、中国はどのように台湾に侵攻するのか。唐飛国防部長は、中国の台湾侵攻モデルを以下のように立法院で報告している。（二二）

（イ）脅迫行動モデル

（ロ）戦争で統一を迫るモデル

（ⅰ）離島を攻撃しても占領はせず、統一を迫る。

（ii）海空の封鎖を実施して統一を迫る。
（iii）海空戦力及びミサイルで重要な戦略目標を攻撃し、統一を迫る。
（iv）離島の一部を攻撃占領して、統一を迫る。
（v）澎湖島を攻撃占領して、台湾軍の救援兵力を誘い込み殲滅する。

（ハ）ハイテク技術条件の下での陸海空による台湾本島への直接侵攻モデル

（イ）は、李登輝総統が「特殊な国と国との関係」（一九九九年七月九日）を発表して以後、中国が香港メディアを通じて台湾を威嚇した方法に通じている。これにより、台湾の株式市場が一時的に影響を受けた等の影響はあったが、致命的と言えるほどの力は発揮できない。同様に、第二回総統直接選挙直前にも、中国の朱鎔基総理が台湾に対して威嚇的発言を行ったが、台湾民衆の反発がかなり大きく、中国側からすると逆効果であったと当時台北にいた筆者は感じた次第である。戦力自体もさることながら、台湾政府が民衆の信頼を勝ち得ているか否かで効果は異なってくる。また、言葉だけで実行が伴っていなければ、威嚇の効果は小さくなっていくだろう。

（ロ）は実行されれば、かなりのインパクトを台湾に与えることになる。(一三)

（i）の「離島を攻撃しても占領はせず、統一を迫る」方式は、純軍事的作戦としては中国が最も成功させる確率が高い。ここでいう離島とは、金門・馬祖のような比較的大きな島ではなく、東引島のような大陸沿岸に近接した小島を指す。この作戦を採用した場合、中国の弱点である渡海能力の低さは余り問題にならず、補給線も短くて済む。台湾側は地形的には守備が困難で守備兵も少ない。救援するにしても多少時間がかかる。結局、作戦期間が短いので、たとえアメリカが何らかの介入を行おうとしても、その前に中国軍が五星紅旗を島にうち立てて、帰還していることになる。その後、台湾軍が無人の島を奪還することになるかもしれない。

離島の攻撃は台湾本島に対する攻撃よりも、台湾に与えるインパクトが小さくなる。この機に乗じて台湾が独立を宣言しなかったとしても、大陸に近接した地域の支配権は放棄してもよい、といった議論が台湾内部で持ち上がり、結果的に台湾の中国離れが加速する可能性は高くなるため、中国が期待する統一という政治目的を達成することは不可能であろう。

(ii)の「海空の封鎖を実施して統一を迫る」方式は、米軍が動かない可能性が高ければ、考えられる選択肢かもしれない。その場合、中国が多数の潜水艦を保有していることも有利な条件となっている。但し、何の名目も立たないままに、中国が台湾の海上封鎖を実施すれば、国際世論が台湾への同情に傾き、その結果、米軍が動く可能性が非常に高い。米軍が動かない可能性としては、アメリカの忠告を無視して台湾が突然独立を宣言するなどの行為に出た場合だが、現在の情勢では、台湾側が必要以上に中国側を刺激することなど、まず考えられない。

また、台湾本島周囲の台湾・バシー両海峡は、東アジア諸国の動脈にあたる。そこを封鎖することは、日本・韓国に与える影響も大きい。封鎖が効果をもたらすよりも早く、中国非難の大合唱が起こる可能性もある。台湾側も二隻の潜水艦をフル稼働させて中国側の封鎖を行うかもしれない。

(iii)のケースは、〈Battle of Britain〉[一四]で実現済みであり、中国軍が熱心に戦史研究を行っているものと予測される。高度に工業化された島国を攻撃するという基本的条件は、当時のイギリスも現在の台湾も同様である。また、中国の航空戦力は、数は多いが、そのほとんどはJ7より古い機種であり、単純な空戦を挑んでも敗北は必至の状況であること、爆撃機も保有しているが、旧式のため戦力に算定できないという条件もある。

中国が第二次世界大戦におけるドイツの失敗に学び、徹底的な台湾海空軍力の撃砕を意図し、「非対称能力」(asymmetric ability) を生かした弾道ミサイルによる攻撃を執拗に実施するシミュレーションを立てていても何ら不思議はない。軍事情報の結節点（node）となる軍司令部や通信中継所をはじめ、空軍基地（桃園・新竹・台中・花蓮など）・海軍基地（基隆・左営・蘇澳など）・レーダーサイト・軍事工場が真っ先に破壊対象となろう。(一五)

台湾を攻撃することになれば、それ事態確かに暴挙ではあるが、中国が台湾人民を殺戮し恐怖に陥れるためにミサイルを使用することはないと考えられる。その理由は、第一に、中国は台湾武力解放のオプションは放棄していないものの、「一般の台湾同胞に向けて武力を行使するわけではない」ことを明言しており、それを覆す行為を自ら積極的に行うとは考えられないことである。但し、ミサイルは明確な政治目的と軍事戦略に基づいて打ち込まれることになる。台湾に対する断固たる意思を示すために、上記に掲げた対象以外に、（命中するかどうかは別として）総統府にミサイルの照準を合わせることは、十分に考えられる。第二に、中国は民間住宅に貴重なミサイルを打ち込むような費用対効果の薄いことはできないはずである。また、これでは〈Battle of Britain〉で、ドイツが犯した失敗の轍を踏むことにもなりかねない。

中国にとって最も「現実的な」選択肢である弾道ミサイル攻撃だが、問題も多い。第一に、通常弾頭の破壊力はかなり限定されたものである。一発では塹壕破壊や滑走路を一時使用不能にする程度の破壊しか望めない。例えば一つの空軍基地の機能を長期間麻痺させるためには、十数発は打ち込む必要があろう。第二に、ミサイルの増強及び精度向上が重要となること。一発当りの破壊力が小さいということは、大量のミサイルを準備する必要があり、また、精度も重要視されることを意味する。もっとも、駐機場や停泊中の艦艇を狙うには、弾道ミサイルより巡航ミサイルが確実である。第三に、現在推定されている五百発の弾道ミサイルを中国が大幅に増強したとしても、(一六)これまでのコソヴォでの戦闘例などを見てもわかるように、台湾側がそれで降伏するかどうかは未知数で、最終的には陸上部隊を投入しなければならなくなる可能性もある。(一七)

(iv)は(i)よりも台湾に対するインパクトが高い作戦であるが、(i)同様に台湾の中国離れを惹起する可能性が高く、それでは反って逆効果になりかねない。(一八)この問題を中国側がいかに考えるかであろう。

(v)の澎湖島攻撃は、中国軍にとって次のような利点がある。すなわち、①小さく平坦な島であり、台湾本島よりも攻略しやすい。②台湾本島のすぐ近くまで中国軍が進駐することで、台湾政府・人民に大きなプレッシャーをかけられる。③徹底的なミサイル攻撃を行っても、観光島である澎湖島にはさしたる経済インフラが存在しないので、経済損失は最小限に抑えられる。④澎湖島は、台湾本島の北端(基隆)と南端の軍港(左営)を抑えやすい位置にある。また、若干中国大陸に近く、中国側が設定する「前線基地」に最適である。⑤歴史的に見て、澎湖島と大陸との関係は、台湾本島と大陸との関係よりも格段に深く、そこを攻撃する心理的障壁は低くて済む。マイナス要因としては、航空・海上優勢を奪取するまでに、離島を奪取する作戦と比較して、中国軍はかなりの兵力損失が予想されることが挙げられる。

なお、ある地点を攻撃・占領し、そこへ向かう敵の救援部隊を捕捉撃滅する作戦は、戦後の国共内戦期において、中共軍がもっとも得意とした戦術のひとつであり、戦場が陸上と海上という大きな違いはあるにせよ、戦史研究は進んでいると見るべきであろう。

(ハ)については、中国軍の能力や「費用対効果」の面から見ても、少なくとも近い将来の間に起こり得る事態とは考えられない。しかし、中国が台湾に対しゲリラ戦を仕掛けて政情不安を煽り、政府転覆を図るという選択肢は残されている。「弱く或いは技術的に遅れた相手が、自分より強力な敵の力を避けながら、敵の弱い部分を予測できない或いは革新的な方法を用いて攻撃」する非対称戦争(asymmetric warfare)を、中国が台湾に対し仕掛けてくる可能性は高まっている。但し、民間人多数を巻き込むようなテロを行った場合の代償がいかなるものになるかは、二〇〇一年九月にアメリカで発生した飛行機乗っ取りテロで証明されており、非人道的と非難されるような極端な手段に訴えることはできないであろう。

二、台湾軍の対応

本節は、前節に取り上げた中国の台湾侵攻モデルに対し、台湾がどのように戦力を整備して対応しようとしているのかをまとめていく。

台湾の国防は「国家の安全を保持し、世界の平和を維持する」ことを目的としている（中華民国憲法第百三十七条）。但し、中国が「武力による台湾侵攻」を放棄していないため、中国の武力侵攻を未然に防ぎ、戦時には勝利を得ることを国防の目下の主要目標としている。(一九)

そこで台湾は、二千三百万の人口に対し約三十八万の軍隊を保持し、成人男子に一年一〇ヵ月徴兵制を課し、多額の予算（二〇〇二年度予算案：約二千三百八億台湾元(二〇)）を費やして兵器・装備の更新に努力している。この台湾軍の存在意義は、敵（中国）の台湾侵略の意図を未然に挫くという「抑止機能」にあり、抑止に失敗して侵攻が行われたときには、侵攻を効果的に阻止する「拒否抵抗機能」にある。

抑止機能は台湾が中国を相手にする場合、十全に働くことを期待することはできない。なぜなら、抑止とは「費用と危険が期待する結果を上回ると敵対者に思わせることにより、自分の利益に反する行動を敵対者にとらせないようにとする努力であり、合理的敵対者に対してのみ働きえる機能(二一)」だからである。中国が理性的な政治的決定を下せる状況にあるならば、中国による台湾攻撃発動の可能性は、さしあたり低いと言える。但し、中国共産党政権は統治の正統性や政権の存続に揺らぎを与えかねない主権問題に直面した時、武力を通じて解決を図る傾向がある。このことは、五十年あまりの中華人民共和国の歴史が証明してきており、台湾海峡をめぐる問題に関し、台湾及び国際社会が全幅の信頼を中国に置くわけにはいかない状況が続いているのである。

また、中国が核弾頭を搭載可能な弾道ミサイルを有している一方、台湾には、中国本土を攻撃できる戦略兵器は存在しないことは、軍事戦略の観点から、決定的なアンバランスとなっている。以下は台湾の拒否抵抗機能の実態を分析していく。

1．早期警戒活動

一九九九年にS-2T対潜哨戒機二個中隊（二十四機）及び関係人員が空軍から海軍に編入された。[二二]これによって、台湾海軍はS70C等の対潜ヘリコプター約二〇機と合わせて、比較的完成された海軍航空兵力を擁することになる他、空中対潜指揮管制・通信情報に関する作業の一体化が可能になり、台湾周辺海域防衛の効率は幾分上昇すると思われる。しかし、S-2Tはかなりの旧型であり、二〇〇一年の米台兵器売却会議で挙げられたP-3対潜哨戒機が導入されれば、台湾の対潜能力は格段に向上することになろう。

空軍はE-2T早期警戒機を四機保有している。さらに金門・馬祖といった大陸沿岸に至近にある島にはレーダーサイトがあって、電波傍受を含めて多角的に大陸を監視している。李登輝総統の「特殊な国と国との関係」発言（一九九九年七月九日）後に確認されたSU-27型機による台湾海峡の中間線を越えた飛行の際や、サンクト＝ペテルブルクより回航してきたソブレメンヌイ級駆逐艦の台湾海峡通過時[二三]には澎湖島のレーダーサイトを含めて、貴重な情報を収集していたと思われる。

なお、二〇〇〇年四月一七、一八両日、ワシントンで実施された米台兵器売却会議では、Pave Paw 長距離レーダーシステムが供与される旨報じられている。(二四)

2. 金門・馬祖・澎湖及び離島の防衛

金門・馬祖などの離島に駐屯しているのは、ほとんどが陸軍部隊である。

往時には、金門には四個師団を含む計五万五千人が、馬祖には一個重装備師団を含む一万八千人が駐屯していると見られていたが、(二五)唐飛国防部長は金門・馬祖、それに澎湖でも兵員数を削減した旨言明した。実際の駐屯将兵数・削減数ともに明らかではないが、金門については兵力の四十八%を縮小したとの報道もある。(二六)歴史的に見ても、両岸が常に緊張していた時期の金門島の司令官は上将（大将）だったが、現在では中将である。情勢の変化に加え兵器の発達などもあり、監視・情報収集といった分野を除くと、金門・馬祖の軍事的重要性は徐々に低下していると考えてよいだろう。

中国大陸と至近距離に位置する金門・馬祖を攻撃するのに、中国軍は弾道ミサイルを使用しないだろう。高性能の地中貫入弾頭を準備したカノン・榴弾砲や大量のロケット砲を準備して、地下要塞化した島を沈黙させることを企図しているのではないだろうか。それに対抗する台湾側の兵器も、主として各種火砲が中心である。(二七)

澎湖島には、馬公基地という左営に次ぐ海軍基地のほか、空軍基地（民間空港と共同使用）もあって、IDF で構成される第二十八中隊の分隊が進駐している。(二八)海空軍においては、同基地が対中国に関する事実上の最前線となっているが、前述のとおり、仮に攻撃を受けた場合、同島の防衛はかなり困難なものとなる。

台湾が実効支配する離島は、これだけではない。台湾は、スプラトリー諸島最大の島である太平島に海軍陸戦隊一個大隊（四百名）を駐留させていたが、それを一九九九年一二月からは海岸巡防部隊に、さらに二〇〇〇年二月からは、海岸巡防部隊や海上警察隊・税関等を核にして新設された海岸巡防署に警備が移管された。その公式理由として軍は、太平島が地形上「難守易攻」で、攻撃されれば一たまりもない島であること、同島近辺で各国との間に漁業紛争が起きており、軍隊が駐屯するよりも、司法権を有した警察組織が警備に当たる方が実際に役立つことを挙げ、同海域における軍事衝突の可能性が低くなることを期待すると声明した。(二九)

軍の説明には一理あるが、島の管轄を軍から地方政府に移すことで、これらの島を将来的に台湾の行政区域に組み込み、台湾の実効支配という状況を強化する目的も政府はもっているのであろう。(三〇)ちなみに、東沙島も海岸巡防署が警備する措置が採られているが、こちらは既に高雄市の行政区域に入れられている。

3．防空作戦

陳水扁総統は、これまでの「防衛固守、有効抑止」という軍事戦略から、「有効抑止、防衛固守」という新軍事戦略に移行した。これは、台湾の領域（十二海里の領海・領空）からできるだけ離れたところで防衛作戦を行うものと説明されている。

（1）防空ミサイル

これには、E-2Tや離島・台湾本島に設置されたレーダーなどで、中国本土上空及び台湾周辺を常時監視して、できるだけ早期に侵攻する攻撃機を察知し、自動警戒管制組織から迎撃のための的確な指示を出すことになる。台湾でその役割を担っているのは、空軍作戦司令部に設置されている「強網（ストロング＝ネット）」と称される自動警戒管制組織である。「強網」によって、海峡対岸の中国軍機の活動・戦闘機の離着陸・機数・機種等の情報は一目瞭然であると報じられている。[三一]「強網」の第二段階は、電子偵察・気象・陸軍防空ミサイルシステム等とデータリンクして、総合的自動警戒管制組織に組み込み、空軍の新型戦闘機・警戒機等のアクティブ敵味方識別機能等を完成させ、指揮管理機能を向上させることを国防部は目標としている。この計画は二〇〇二年末までに完成予定という。

対航空機用としては、天弓地対空ミサイルを運用している。現在、天弓ミサイルの陣地は高雄林園など四ヵ所、離島に二ヵ所ある。南部陣地は一九九六年一一月に編成され、一九九七年四月の戦力テストを経て、正式運用に入っている。同陣地内には天弓一型、二型が配備されている。[三二]その他にも第三世代改良ホークミサイル十八個中隊が一九九七年末までに実戦配備され、二〇一〇年まで使用可能とされている。[三三]

また、アメリカより購入したペトリオット防空ミサイルシステムに関し、注目すべき報道がある。一九九八年八月二四日付『聯合報』が、台北周辺に配備した同システムの陣地を航空写真及び解説図解付きで紙面に公表した。同システム三セット(二百発)が購入され、台北周辺に陣地が設けられつつあること自体は何ら秘密ではなかった。しかし、陣地の写真及び図解が南港以外の地名付で報じられたのは初めてであった。写真の存在と記事の詳細さ、そして国防部の強い反発からして、報道内容はかなり信頼できるものと思われるが、その概要は次の通りである。

①台北（台北市・台北県を中心とする地域を指す）の松山・万里・五指山・示範公墓・南港・新店・林口など多くの場所に防空ミサイルの主要陣地及び機動陣地があり、既に何ヵ所かは工事が完成し、ペトリオットが運び込まれ、現在一、二ヵ所が工事を続行中である。

②これら新しく成立したペトリオット部隊の指揮通信管制システムは稼動可能となっており、ミサイル来襲に関する予想データを利用して、大台北地区の対ミサイル防御網はペトリオット二発で中国のM9・M11ミサイルを八〇%の確率で撃墜できる。

③同システムは、一九九六年末から数度に渡り台湾に運び込まれ、編成・訓練を重ねてきたこと、一九九七年一二月には、第一セットのシステムに携わる人員の訓練が一定のレベルに達し、九鵬ミサイル基地でコンピュータ接戦プログラムによる模擬試射にも成功した。

④最近陸軍総司令部とミサイル指揮部が十二名を米国に派遣し、「改良型ミサイル防空ミサイルシステム」売却検討会に参加させるとともに、米国陸軍ミサイル部隊のペトリオット実弾演習を参観させた。

⑤大台北以外の地域における防空システム配備には、少なくともあと五年はかかるとされている。

その後、二〇〇一年四月に「漢光十七号」演習で実施されたコンピュータによる机上撃墜演習の結果は散々なものだったと伝えられているが、同年六月に台湾南部の屏東県牡丹郷にある九鵬基地において実施されたペトリオットの実弾試射では、三発の天弓ミサイルが標的とされ、いずれも撃墜に成功したという。(三四)

なお、日本のペトリオットは航空自衛隊の指揮下にあって航空機撃墜を主任務としているが、台湾のペトリオットは陸軍管轄の PAC2Plus で、任務は、中国の弾道ミサイル撃墜と見られている。また、先の報道が確かならば、台湾のペトリオットは、空軍のバッジシステムといまだデータリンクしていないことになるが、それを問題とするよりも、そもそも現時点で、空軍と陸軍が情報を統合して運用ができるかどうかという問題の方が、より大きいのではないだろうか。

さて、これら防空ミサイルに関する実験・演習は、主として九鵬基地で行われている。台湾軍は、「神箭」防空ミサイル射撃演習を台湾北部の淡水・祥稠子基地で過去三十七回実施してきたが、一九九八年四月二三日の同三十八号演習以降、九鵬基地で行うよう変更した。これは、北部地域における民間航空機の頻繁な飛行という実態、両岸間緊張情勢の回避等の観点が理由として挙げられている。同基地は、中山科学研究院に所属する国内唯一のミサイル試射場で、緑島・蘭嶼島・台東・太麻里にも支部を設置しており、複数の関連データを測定できることから、精密度はより高くなる旨中科院関係者は指摘している。[三五] 沈方枰・中科院院長によれば、一九九七年に九鵬基地で行われたミサイル試射訓練は計四十六回にのぼる。実弾試射の他、同基地ではコンピュータによる模擬演習もできるため、台湾軍の防衛的兵力の発展に多大な貢献があるとされている。

（2）戦闘機

次に迎撃を任務とする空軍作戦機の状況を見てみよう。空軍の将兵数は二〇〇〇年六月末の時点で五万五千余名になる予定である。[三六] 中国のSU-27型機と対抗できる、いわゆる第四世代戦闘機は約三百四十機を数えており、全機が既に実戦配備についていると推測される。

IDF　「経国号」が正式名称。IDFは第四世代機種の中で最も早く空軍への配備が始まった機種で、二個連隊（百三十機）が台南や台中・澎湖島等に実戦配備されている。製造を担当した漢翔公司の胡謹総経理は、IDFの性能をSU-27型機、MiG-29型機に相当する旨自己評価している。しかし、唐飛国防部長は、IDFの性能が空軍を満足させるものではなかった旨明らかにしており、[三七] 胡総経理のIDFに関する評価は過大なものと考えざるを得ない。任務は主として低高度侵入機に対する迎撃戦闘及び対地攻撃とされている。

F-16A/B　全百五十機が既に実戦配備されていると推測される。二〇〇〇年九月にはアムラームミサイルがアメリカから台湾に売却された。現代空中戦の鍵が高性能の中長射程のミサイルにかかっていることを考えると、売却数は二百発ではあるが、今後も継続して購入が可能であれば、戦力強化につながるであろう。（三八）任務は主として中高度侵入機に対する迎撃戦闘及び対地攻撃とされている。

Mirage2000-V　同型機は二〇〇一年五月一〇日に第四九九連隊における三個目の中隊が実戦配備についたことで、六十機全てが実戦配備についた。（三九）任務は主として高高度侵入機に対する迎撃戦闘となっている。

F-5E　一世代前に当たる同型機は徐々に除籍となっているが、百機程度を強化して使用している。また、シンガポールで偵察機に改造された RF-5E は一九九七年より実戦配備されているが、こちらは RF-16に転換する計画もあると伝えられている。（四〇）

ここで注目すべきは、台湾が第四世代戦闘機三機種を並行して導入していることである。以前筆者は、これが台湾軍に多大な負担をかける恐れを指摘したことがあり、（四一）この質問を台湾軍幹部に投げかけたことがある。回答は、「負担はあるにはあるが、耐えられないほどのレベルではない」というもので、訓練・補修・運用に自信を見せていた。だが、原因が明確・不明確なものを合わせ、既に RF-16は四機、ミラージュは二機が墜落・消息不明となっていることを考えると、何らかの負担が現れているようにも思われる。（四二）

また、台湾はこれら第四世代戦闘機のために十分な訓練空域を準備する必要に迫られている。台湾は、台湾海峡中間線から台湾寄りの空域などを含め、本島周辺に訓練空域を設けているが、積極的に外国の空域を探しているとの報道もある。（四三）その理由として、民間航空機の便数増加により戦闘機の訓練空域が縮小されたこと、空対空ミサイルの射程がかなり長いため、現行の訓練空域は使用できなくなったことが指摘されている。また、訓練を頻繁に台湾海峡側で行った場合、何らかの偶発事故が起こる危険性もあり、安全で秘密を保持しやすい台湾東部海域が注目されていると予想される。他方、与那国島周辺上空で台湾戦闘機による飛行訓練が頻繁に行われているとの報道もある。(四四) 機種はMirage2000-Vとされているが、日本を下手に刺激することは台湾にとって何ら得策ではなく、戦闘訓練空域が今後ある程度台湾東部海域に移動していく可能性はあろう。

事実であれば、台湾空軍にとって憂慮すべき報道もある。パイロットの定員千七百余名に対し、現員は千四百名余で、約三百五十名の欠員が出ていると指摘する記事もある。(四五) 航空作戦におけるパイロット一名の損失は、戦闘機一機の損失の比ではない。旧型機が大半を占め、訓練も十全ではないとは言え、中国空軍の作戦機は計三千機を越えると見積もられ、作戦行動半径の長いSU-27型機も配備されている。これにより中国空軍は台湾南北端を迂回して台湾の東海岸を攻撃することも可能となっている。台湾空軍の負担は増大しており、効率的な迎撃を行うことが以前にも増して重要となるであろう。

4．台湾海峡防衛作戦

台湾は島国であり、日本同様多くの物資を海外からの輸入に依存している。台湾経済を叩くために、中国が海空戦力により、台湾島に対し、各種手段を用いた封鎖や、潜水艦・水上艦艇・航空機による攻撃を行うことが予想されている。ここでは、海軍が行う各種作戦について取り扱う。

海軍の将兵数は、約六万八千人を数える。新型艦艇の実戦配備も進行中である。オリバー＝ハザード＝ペリー級をライセンス生産した「成功」級フリゲートが既に七隻が就役し、(四六) ラファイエット級フリゲートの「康定」級六隻も既に実戦配備されている。ノックス級駆逐艦は八隻が実戦配備され、武装強化されている七隻のギアリングFRAM－1級武進三型を合わせると、現状では主要艦二十八隻体制となっている。その他にも錦江級と称される五百トンクラスの沿岸巡視艦全十一隻が実戦配備されている。(四七)いずれの艦もミサイル兵装を充実させている。南沙諸島における高速ミサイル艇用の軍港建設にも着手しているとも伝えられている。(四八)

その一方で、一九四〇年代に建造されたサムナー級・ギアリング級などの、第二線に退いていた老朽駆逐艦、通称「陽字型」が次々と除籍となった。(四九)これは一九九八年八月にギアリング級駆逐艦「綏陽」がボイラー火災事故を起こし、七名の下士官・兵士が殉職したことも除籍を急ぐきっかけの一つとされている。

二〇〇一年の米台兵器売却会議において、キッド級駆逐艦四隻を台湾が購入することが報じられた。同級の購入が正式決定されれば、武装強化されて残されていた七隻の武進三型を除籍させ、その人員をキッド級用に転換訓練すると思われる。「成功」級・「康定」級・ノックス級が、対潜作戦を得意とする艦であるのに対し、キッド級は防空能力にも優れた対水上戦向けの艦である。購入価格も四隻合計で約八億ドルと見られており、イージス艦を購入できるあてもない現状においては、「お買い得」ではないだろうか。

対潜作戦及び対水上艦戦、海上封鎖などで重要な位置を占める潜水艦だが、台湾において実戦に耐え得る潜水艦は、依然オランダ製の二隻に留まっている。アメリカは二〇〇一年の米台兵器売却会議において、台湾が八隻のディーゼル潜水艦を取得することに同意したと言われる。但し、アメリカは既にディーゼル潜水艦を製造していないこと、ドイツ・オランダというディーゼル潜水艦建造に定評ある国が、台湾用に艦を建造することはない旨述べており、台湾が実際に潜水艦を購入できるか否かは別問題である。

5．台湾本島に対する直接侵攻への対処

中国軍上陸部隊を水際で阻止し、着陸するのを攻撃する役割を担うのは、主として陸軍部隊である。陸軍は侵攻部隊を実力で排除する最終的な力であり、抵抗のシンボルとなる存在でもある。
陸軍の将兵数は現在約二〇万と見られている。従来の基本戦略単位は歩兵師団が中心だったが、「精実案」によって諸兵種旅団中心の編制に改めることになった。「精実案」とは、一九九七年七月から開始された精兵政策である。これにより、台湾軍の将兵数を四十五万人（一九九七年七月）から三十八万人（二〇〇一年六月）に削減する一方、兵器・装備を近代化することで火力・機動力などを向上させ、総合的な戦力向上を図るというものである。(五〇)
このような部隊の大規模再編の裏には、若者人口の減少により従来の師団中心の編制では定員を保てず、充足率が大幅に低下している実態が存在する。李登輝総統はその著書の中で、「過去の台湾軍の編制は師団単位だが、一個師団あたりの将兵数は約五千人であった。通常、軍の編制から言って、一万人以上いなければ師団と称することはできない。そこで今後は旅団を主軸単位とする」と述べている。(五一)
阻止部隊は、主力戦車（M60A3）・対戦車ヘリ（AH-1W）・多連装ロケット（雷霆二〇〇〇）など多岐にわたる兵器で構成されている。中国軍の空挺部隊・ヘリボン部隊には機動部隊が対応することになるが、その他にも、パワーショベルなどの重機に多数の「槍」を括り付けて対空挺・ヘリボン障害として着陸予想地点に配置する等の演習も行われている。このようなことが実戦時に迅速に実行できるのか、どれほどの効果が期待できるのか甚だ疑問ではあるが、各種動員演習を通じて民間の力も運用できる体制が、台湾にはある程度整っているということは言えそうだ。
対着上陸作戦が戦争の最終段階であり、しかも台湾が地形的に縦深が浅い島国であり、人口密度も高く、工業地帯を抱えている関係上、敵を引き込んで抵抗を続けることは不可能である。よって、台湾本島及びその周辺海域を一つの戦区に見立てて、陸軍に残存する海空軍を加えた統合作戦がスムーズに実施されなければ、台湾にとって、その後の逆転は非常に困難なものとなろう。

台湾軍が対着上陸作戦をいかに進めるかについては、台湾軍の年次演習中、最大規模で行われる「漢光演習」が参考となる。一九九八年に台湾東部に位置する台東県台東市知本海岸及び空軍志航基地で実施された「漢光一四号」演習を例にとると、同演習は、五月一四日の演習は唐飛参謀総長が総指揮を執り、

（イ）中国軍が侵攻し台湾本島西部の飛行場・港が破壊に遭い、局部的に一時航空優勢と海上優勢を失う。

（ロ）台湾軍が兵力を東部に移動させたところ、さらに中国軍が長躯して、降下・上陸作戦で東部に進攻する。

という仮想情況が設定された。それを台湾の陸海空軍が共同して海岸線で撃退することを意図したものであった。演習終了後、軍関係者は台湾守備戦力が中国軍に勝利したと判定したものの、陸海空三軍による電子統合作戦及び後方支援能力については強化する必要があるとの認識を示した。その後も、毎年同様の演習が行われているが、統合作戦実施の困難さは変わらないようである。

組織編制に目を移すと、立法院が二〇〇〇年一月に可決成立させた「国防法案」、「国防部組織法修正案」が、国防部の指揮下に置かれる参謀本部を三軍統合作戦指揮機構と位置づけ、その指揮官に参謀総長をあてるという組織改編は注目に値する。

台湾が三軍統合作戦を重視していることがよくわかるが、実際に効果的運用ができるようになるまでは、かなり長期にわたる意思疎通を含めた準備と訓練が必要である。

おわりに

本稿によって、国防部が想定する台湾海峡有事のモデル、それに対応する戦力がおおむね理解できた。また、台湾

軍が航空・水上戦力を中心にほぼ順調に兵器・装備の更新を続けていること、中国の着上陸作戦に対抗するための陸海空統合作戦のために錬度の向上を図っていることも明らかとなった。それと同時に、台湾軍の限界もまた明らかになった。ここでは、それら表出した問題点を指摘してみたい。

1．台湾軍だけで中国軍に対する抑止力を形成することの困難さ。どの国とも軍事同盟を結べない以上、軍事戦略的には、中国に攻撃を躊躇させるだけの武力を持つ弾道ミサイルを台湾は持つべきである。しかし、台湾政府は安全保障戦略として、弾道ミサイル研究を放棄している。そこで、台湾はできる限りアメリカを台湾海峡有事に引きずり込む必要がある。(五二)

2．弾道ミサイル攻撃への対応は、現状では難しい。陸軍のペトリオット部隊が、早期警戒衛星の支援なしに、高速で飛来する弾道ミサイルを撃墜できるのか。装備されたフェイズド＝アレイ＝レーダーだけでは、はなはだ心もとない。また、空軍とのデータリンクを目指しているようだが、それがうまく機能するかも疑問である。さらに、ペトリオットの防空範囲が台湾北部しかカバーしていないことをどうするか。そもそも中国の台湾攻撃用の弾道ミサイルが六百発を超えると予測されているのに、二百発程度のミサイルで対処は不可能である。いずれの問題も一朝一夕には解決困難である。台湾は戦域ミサイル防衛（TMD）システムをいかに導入させていくのかが課題となる。

3．台湾海峡有事となれば、その戦域はそれほど広くない。そこに先進的兵器がつぎ込まれることになる。数で劣り、質で勝る台湾軍はできるだけ遊兵をつくらず、効率的な戦いをする必要がある。

4．台湾本島の地形に鑑みて、敵軍が大規模な上陸作戦を行えるのは、工業地帯であり人口稠密地帯となっている西海岸に限定されている。一般的に、敵が着上陸作戦を行うのは、航空・海上優勢を確保した後のことである。これは、その前の段階である弾道ミサイルによる攻撃を受けた時点で、まず台湾政府と人民が試されることになるのだが、台湾人民の間に抵抗を続行できる余力が物理的にも精神的に残っているかどうかがポイントとなる。逆に言えば、この難局を乗り切れば台湾は時間を稼ぐことができ、国際世論が台湾に有利に働く可能性も多分にでてくる。

5．三軍統合作戦の困難さ。台湾軍は三軍間に横たわる垣根をどこまで取り払うことができるのか。

6．米台兵器売却会議（二〇〇一年）における合意によって、台湾はキッド級駆逐艦四隻・P-3対潜哨戒機十二機・ディーゼル潜水艦八隻をはじめとする数多くの先進的兵器を購入する可能性がでてきた。しかし、「精実案」・「精進案」によって、台湾軍のダウンサイジングが進む中で、大量の新兵器を短期間に購入した場合、使用に習熟するまでの一定期間、台湾軍の戦力を逆に低下させる危険性もはらんでいる。また、これら質・量ともに増大した兵器を維持していくために新たな負担が増えることは、銘記せねばならない。

結局のところ、軍事バランスは相対的なものであり、中国が台湾を上回る速さで軍の近代化を進めていくならば、早晩台湾の台湾海峡における軍事的優勢は霧散することになる。それが二〇〇五年から二〇一〇年であるようだ。だが、今の台湾軍の行っていることは、従来の戦略に基づいて兵器を更新しているにすぎず、付け焼刃的なものに筆者には映る。また、台湾が軍事戦略的に決定的なアンバランス（弾道ミサイルの不備）を是正しないまま現在のような国際的地位を将来も保ちえるかについても、大きな疑問が残る。

「精実案」「精進案」にしても、新たな軍事戦略といわれる「有効抑止、防衛固守」にしても、それがどのような軍事理念に基づき、どんな意味を持ちえるのかについて、吟味する必要があろう。

もちろん、ここに掲げた問題点は、国防部や台湾軍だけで解決できる性格のものではない。台湾の政府と人民は、今一度その国家目標を明確化し、それに符合した安全保障戦略を描き出し、その達成を支える軍事戦略を根本的に練り直さなければならない時期に差し掛かっているようだ。

《 注 》

（一）確かに台湾は中国以外の国との間にも緊張関係がないわけではない。例えば、台湾は日本と尖閣諸島の主権を争っているし、フィリピン・ベトナム・マレーシア・ブルネイ各国とスプラトリー諸島をめぐる主権に関し主張が重なっている。しかし、台湾がこれら諸国から受ける軍事的脅威は、中国からの脅威と比較して圧倒的に小さい（林正義「外交と安全保障」若林正丈編『もっと知りたい台湾　第二版』（弘文堂、一九九八年）一二三四頁。

（二）森本敏『安全保障論』（ＰＨＰ、二〇〇〇年）四六六頁。

（三）Report to Congress Pursuant to the FY2000 National Defense Authorization Act; "ANNUAL REPORT ON THE MILITARY POWER OF THE PEOPLE'S REPUBLIC OF CHINA" (http://www. defenselink. mil/news/Jun2000/china06222000. htm)

（四）例えば、宇佐美暁『中国の軍事戦略』（東洋経済新報社、一九九七年）、門間理良「台湾における軍事改革の現状と課題」『東亜』一九九八年三月号などがある。また、財団法人霞山会が隔年で発行する『中国総覧』には、台湾軍事に関する項目が設けられており参考になる。

（五）張建邦画定・林中斌校正『二〇一〇中共軍力評估』（麦田出版、一九九八年）五二～五三頁。

（六）Report to Congress Pursuant to the FY99 Appropriations Bill;"The Security Situation in the Taiwan Strait" (http://www. defenselink. mil/pubs/twstrait_02261999. html)

（七）Report to Congress Pursuant to the FY2000 National Defense Authorization Act; "ANNUAL REPORT ON THE MILITARY POWER

OF THE PEOPLE'S REPUBLIC OF CHINA" (http://www. defenselink. mil/news/Jun2000/china06222000. htm)

(八) 中華民国国防部主編『中華民国八十五年 国防報告書』(黎明文化出版公司、一九九六年) 五九頁。

(九)『立法院公報』第八八巻二八期 (一九九九年五月二九日発行) 一七三~二一六頁。

(一〇)「国軍質精　四年内居台海優勢」『自由時報』二〇〇一年一月二日。

(一一) 前掲『中華民国八十五年　国防報告書』二〇四~二〇六頁。なお最近では、TMD参加問題や李登輝総統の「特殊な国と国との関係」発言を受けた形で、①独立に向けた法律制定作りや憲法改正が実施された時には、台湾が独立向けて踏み切ったと判断し、もって台湾攻撃の要件とする、②台湾がTMDに参加した時に台湾攻撃に踏み切る、といった議論が中国側から発せられるようになっているのは注目すべきである。

(一二)『立法院公報』第八五巻第五五期 (下) (一九九九年一二月一五日発行) 三九一頁。

(一三) 問題は、中国がどのモデルを実行するにせよ、安全保障戦略的・軍事戦略的にどのような目的をもって実行するかにかかってくる。侵攻を貫徹し、あくまでも台湾本島の奪取を目的とするのか、中越戦争時のような膺懲的なものに留めるのか、である。また、陳水扁総統は就任にあたり、中国が武力行使しない限り独立を宣言することはないと明言している。裏を返せば、中国の離島攻撃を口実に台湾の独立宣言を行う可能性も高い。要は、このような事態を中国政府がいかに判断するかである。

(一四) 第二次大戦中のドイツが、戦闘機・爆撃機を駆使し、英空軍基地の破壊と航空機の撃破を狙ったもの。ドイツは航空優勢を確保した上で、最終的にイギリス上陸を企図していた。しかし後に、ドイツが途中で攻撃目標を都市に変えたため、英軍事力の破壊は徹底されず、その結果英国は息を吹き返した。

(一五) 林郁方「経験與教訓：波湾戦争中的指管通情系統」楊志恒等『台湾的国防安全』(業強出版社、一九九五年) 一六一~一六二頁。

(一六) 中華民国国防部主編『中華民国九十一年 国防報告書』第一篇 第四章 第三節参照。(http://www. mnd. gov. tw)。同報告書

は、二〇〇五年までに台湾を狙う弾道ミサイルが六百発に達すると推定している。

（一七）この問題は、そのときの台湾政府と人民の士気、国際情勢などさまざまな数字化できない要素が複雑に絡んでくる。

（一八）台湾の軍事研究者である蘇進強は、離島を占領して台湾軍将兵を捕虜することで、台湾側を交渉のテーブルにつけさせることができ、国際社会の注意と譴責も受けづらく、「国士回復」の意図もあるなどの見方から、このモデルを中国が採る可能性が最も高いと見ている（蘇進強『台湾安全與国防改革』（業強出版社、一九九五年）二〇六頁。

（一九）中華民国国防部主編『中華民国八十七年　国防報告書』（黎明文化出版公司、一九九八年）四九頁。

（二〇）http://www. dgbasey. gov. tw/dgbas01/91btab/91b102. xls

（二一）防衛大学校・防衛学研究会編『軍事学入門』（かや書房、一九九九年）一九～二〇頁。

（二二）海軍航空指揮部は一九九九年八月二五日、花蓮で成立した（『中央日報』一九九九年八月二六日）。

（二三）同級一隻目は二〇〇〇年二月に、同級二隻目は二〇〇一年一月にそれぞれ中国にデリバリーされた（「中共新艦　昨午低調過台海」『中国時報』二〇〇〇年二月一二日、「中共新購駆逐艦　日前通過台海」『中国時報』二〇〇一年一月二〇日）。

（二四）`Pentagon won't Back Taiwan Deal' *Washington Post*, 17 Apr. 2000.

（二五）頼義雄・林正義「台湾防衛政策検討」『国防外交白皮書』（業強出版社、一九九二年）一二五頁。

（二六）『聯合報』一九九九年七月一九日。

（二七）「小三通後的金門戦備」『全球防衛雑誌』（二〇〇一年四月号）。

（二八）「反制作戦　我軍素有詳細計画」『聯合報』一九九九年八月二一日。

（二九）国防部定例記者会見（一九九九年一一月一六日）。（http://www. mnd. gov. tw/modnews/ref/news881104. html#3）。

（三〇）例えば、マレーシアも西沙諸島でホテルを建設し観光客を誘致するなどの観光開発を進めている。また、香港紙はベトナム政府がスプラトリー諸島に地方政府を設置する予定であるとの越官製メディア報道をキャリーしている（「越将在南沙設地方政府」『明報』二〇〇一年二月一二日）。

(三一)『自由時報』、『聯合報』一九九九年九月八日。

(三二)「天弓飛弾連陣地 首度公開」『聯合報』一九九九年八月二七日。

(三三)「九鵬基地之旅（上）　射鵰英雄陸軍『神箭38号演習』」『尖端科技』（一九九八年五月号）。

(三四)「台湾国防武力面面観　建構台湾飛弾戦略」『全球防衛雑誌』（二〇〇一年八月号）。

(三五)『中央日報』一九九八年四月二三日。前掲『尖端科技』（一九九八年五月号）。

(三六)『中央日報』一九九九年五月五日。

(三七)『立法院公報』第八八巻第五二期（下）（一九九九年一二月四日）八九頁。

(三八)「美国宣佈新一波対台軍售」『尖端科技』（二〇〇〇年一一月号）。

(三九)「飛龍在天氣豪壮　幻象聯隊慶成軍」『全球防衛雑誌』（二〇〇一年六月号）。

(四〇)『聯合報』一九九九年八月一五日。

(四一)前掲注（四）門間理良、六五頁。

(四二)筆者は旧知の空軍関係者にも、この危惧を伝えて意見を聞いたところ、導入されたばかりの時期と除籍寸前の時期にある機種は、事故が多発するという「バスタブ理論」（時間の経過をX軸、事故発生率をY軸にとったグラフが、バスタブの断面図のような線を辿ることから名称がつけられている）を強調しつつ、問題は解決するだろうとの楽観的見通しを述べていた。

(四三)『聯合報』一九九八年二月二日。これは台湾がフィリピンへF-5E戦闘機を贈与する見返りの措置とも言われていた。フィリピンには十二～十八機の同戦闘機を購入する意欲があったものの、中国の反発を考慮して購入を取りやめたことをフィリピンの参謀総長は示唆した（『聯合報』一九九九年七月三〇日）。

(四四)『産経新聞』一九九八年三月二三日。また、平松茂雄氏が同年四月一五日付同紙に「無視される日本の領空・領域」を発表している。なお、本件を主題にした論文として、安田淳「東シナ海の空域をめぐる諸問題　―台湾空軍近代化の視点から一」『民主主義研究会紀要』（一九九六年一一月・第二五号）がある。

(四五)『中国時報』一九九九年六月一四日。同様の報道は、「新戦機飛行菁英厳重『缺貨』」（『聯合報』二〇〇〇年四月二四日）にも見られるが、空軍総司令部は、反駁に努めている（「去年飛行員補充数已呈正成長」『青年日報』二〇〇〇年四月二六日、「空総強調飛官員額充足」『中央日報』二〇〇一年一一月一日）。

(四六) その後、第八隻目にあたる「田単」も建造中である。

(四七)「錦江艦成軍131艦隊重振雄風」『全球防衛雑誌』（二〇〇〇年一一月号）。

(四八)『民衆日報』一九九八年四月二〇日。

(四九) 二〇〇〇年二月の時点で除籍となっている「陽字型」駆逐艦は、恵陽（DDG906）、富陽（DDG907）、貴陽（DDG908）、慶陽（DDG909）、洛陽（DDG914）漢陽（DDG915）、南陽（DDG917）、昆陽（DDG919）、開陽（DDG924）、綏陽（DDG926）の計十艦である。

(五〇) 台湾軍には「精実案」を終了させた後、さらに将兵を三十五万人にまで削減する「精進案」が控えている（「九五年底国軍精減至三十五万人」『中国時報』二〇〇一年二月八日）が、唐飛国防部長は、条件さえ整えば一〇年以内に二十七万人にまで将兵をさらに削減するとも語っている（「唐飛：軍政軍令一元化一年完成」『中央日報』二〇〇〇年一月二四日）。

(五一) 李登輝『台湾的主張』（遠流出版、一九九九年）二八三頁。

(五二) その点からみれば、台湾が民主化を成功させ、西側諸国と価値観を共有できる存在になったことは、台湾の安全保障上大きな進展であった。

過ぎこしの記

野口　鐵郎（二〇〇二年八月現在）

一九三二（昭和　七）年　七月　一〇日、父茂夫（現茨城県北茨城市平潟町出身）・母嘉津子（現福島県いわき市小名浜小野氏出身）の長男として、祖父母鐵四郎・ヤスの居住する現茨城県北茨城市大津町に生まれる。以後、学齢にいたるまで、父の勤務に従って、東京府北多摩郡砧村（現東京都世田谷区砧）・同東京市王子区下十条（現北区東十条）・同滝野川区（現北区）西ケ原に住む。一妹三弟をもつ。

一九三九（昭和一四）年　四月　東京府東京市滝野川区立滝野川第三小学校に入学。一九四一年の国民学校令の公布・一九四三年の都制の施行によって、卒業時の校名は東京都滝野川区立滝野川第三国民学校という。一九四四年八月、学童集団疎開によって、群馬県吾妻郡高山村双松寺に疎開。翌一九四五年二月、中学校入学試験のために帰京。家族は、母の生家のある福島県小名浜に疎開していたため、現北区上十条に居住していた叔母方に止宿。いわゆる東京大空襲などを体験。

一九四五（昭和二〇）年　四月　東京都立第五中学校（現東京都立小石川高等学校）に入学。入学式直前に、五中も自宅も空襲によって焼失したため、小名浜に転居。

一九四五（昭和二〇）年　五月　福島県立磐城中学校に転入。軍事教練の中で選ばれて、陸軍幼年学校受験のための特訓を受けさせられたが、八月の敗戦直後の第二学期初には、教員の軍事教育から民主教育への姿勢転換に、戸惑いよりも不信感と倦怠感をもたされた。磐中は新制の県立磐城高等学校となり、都合六年間を学んだ。課外には、テニス部のほかに弁論部・演劇部に所属。弁論部では、あたかも中華人民共和国の成立の時にあったことから、それを題材とした県下のディベート大会に出場したが、思えば、中国への関心はこの頃に芽生えたようである。演劇部では、県下のコンクールに優勝した。

一九五一（昭和二六）年　三月　福島県立磐城高等学校卒業。

一九五一（昭和二六）年　四月　東京教育大学文学部入学。一九五五（昭和三〇）年、同史学科東洋史専攻卒業。文学士。卒業論文を作成するために利用した冷暖房施設の不備な旧東洋文庫、現在は迎賓館になっている当時の国立国会図書館、煉瓦造りであった上智大学図書館など、思い出すと懐かしい。

一九五五（昭和三〇）年　一月　現住所に移転。

一九五五（昭和三〇）年　四月　東京教育大学大学院文学研究科修士課程東洋史専攻入学。修士課程への入学とともに、東京都立両国高等学校定時制の非常勤講師となった。以後、断続的に都立白鴎高校・都立北野高校・都立武蔵丘高校・都立杉並高校・桜蔭学園高校・東京都中野区立一九五七（昭和三二）年　三月　第十一中学校などの非常勤講師を歴任。

一九五七（昭和三二）年　九月　東京教育大学大学院文学研究科修士課程東洋史専攻修了。文学修士の学位を取得。

一九五八（昭和三三）年　四月　東京都公立学校教員として、東京都立中野工業高等学校全日制教諭となる。一九六〇年四月、同定時制に転じて、一九六五年三月まで勤務。いわゆる「六〇年安保」には、東京都高等学校教職員組合員として、これに参加。

一九五九（昭和三四）年　六月　石井和子（現東京都東村山市出身、正巳・サト長女）と結婚。和子は、一九五四年に東京学芸大学教育学部卒業後、東村山市の公立小学校に勤務していたが、結婚とともに練馬区に転じ、以後一九八六年三月まで、同区内の区立小学校教諭を勤続。

一九六一（昭和三六）年　四月　長男明史誕生。環境省勤務。神奈川県箱根町仙石原出身の勝俣都美と結婚し、二女一男をもつ。

一九六二（昭和三七）年　八月　東京教育大学大学院文学研究科博士課程東洋史専攻入学。

一九六四（昭和三九）年　三月　長女千里誕生。埼玉県朝霞市出身の大畑由生と結婚し、一女一男をもつ。

一九六五（昭和四〇）年　四月　東京教育大学大学院文学研究科博士課程東洋史専攻単位取得満期退学。

一九六七（昭和四二）年　四月　東京都立練馬高等学校教諭に転任、一九六七年一〇月まで。一九六六年度の東京都研究員に任ぜられて、その社会科世界史の分野を担当。

一九六七（昭和四二）年　五月　東京教育大学文学部非常勤講師、一九六八年三月まで。

一九六七（昭和四二）年一一月　横浜国立大学教育学部非常勤講師、同年一〇月まで。

横浜国立大学教育学部講師、一九六九年三月まで。

一九六九（昭和四四）年　四月　横浜国立大学教育学部助教授、一九七五年一〇月まで。いわゆる「七〇年安保」に伴う学園闘争には、教授会広報を主宰して学生集団と接触したが、学園封鎖や一九七二年二月の「浅間山荘事件」には大きな無力感を味わった。これらのことが新大学構想を生み、その結果として、母校の廃学が浮上してくるとそれに反対する意思を表したが、やがて当の新大学に転ずることになろうとは、この時点では夢想だにしなかった。

一九七五（昭和五〇）年　四月　筑波大学歴史・人類学系助教授に配置転換、一九八二年一〇月まで。その間一九七五年一〇月までは、横浜国立大学教育学部助教授を併任。東京教育大学文学部・同大学院文学研究科非常勤講師、一九七七年三月まで。

一九七五（昭和五〇）年　六月　熊本大学教育学部非常勤講師、一九七六年三月まで。

一九七五（昭和五〇）年一一月　横浜国立大学教育学部非常勤講師、一九七六年三月まで。

一九七七（昭和五二）年　五月　日中友好協会主催の訪中団に加わって、初めて中国の地を踏み、上海・大連・瀋陽などの各都市を訪問。同八月には、北京を経由してモンゴル人民共和国ウランバートルなどを訪問。

一九七八（昭和五三）年　七月　筑波大学生とともに、香港・広州・長沙・武漢・上海などを訪問。以後、数回にわたって中国各地を歴訪。

一九七九（昭和五四）年　四月　早稲田大学教育学部非常勤講師、一九八八年三月まで。

一九七九（昭和五四）年　六月　八月にかけて、文部省科学研究費補助金により、シンガポール・マレーシアの華人社会を調査。

一九八〇（昭和五五）年　四月　岩手大学人文社会学部非常勤講師、同年九月まで。

一九八〇（昭和五五）年　八月　明清史国際学術討論会（中国天津市）に参加。天津から清の東陵・承徳などへの調査旅行の途次に、薊県を通ってその付近に宿泊し、かつての時代の白蓮教徒活躍のあとを偲んだ。

一九八一（昭和五六）年　八月　Conference on Orthodoxy and Heterodoxy in Late Imperial China, Cultural Belief and Social Division に参加（米国サンタバーバラ）。米国西海岸各地を観光旅行し、グランドキャニオンなどの壮観を目にして、対米戦争の無謀を改めて認識。のちに真珠湾軍港を見学したときにも、同様の感想をもった。

一九八二（昭和五七）年　四月　埼玉大学教育学部非常勤講師、一九八三年三月まで。

一九八二（昭和五七）年一〇月　成城大学文芸学部非常勤講師、一九八五年三月まで。

一九八二（昭和五七）年一一月　筑波大学歴史・人類学系教授、一九九四年三月まで。

一九八四（昭和五九）年　三月　文学博士の学位を取得。

一九八四（昭和五九）年　四月　筑波大学大学院博士課程歴史・人類学研究科長併任、一九八六年三月まで。このころからのほぼ一〇年間は、学内外の役職を兼任することがとくに重なり、机に座る時間がとみに減少した。

一九八四（昭和五九）年　七月　文部省大学設置審議会専門委員（大学設置分科会）に就任、一九九〇年三月まで。日本歴史学協会委員に選出、一九八八年七月まで。

一九八四（昭和五九）年一一月　東洋史研究会評議員に選出、一九九六年一一月まで。東方学会地区委員に選出、一九九四年一一月まで。

一九八五（昭和六〇）年　七月　日本学術会議歴史学研究連絡委員会委員となる、一九九四年九月まで。

一九八六（昭和六一）年　二月　文部省学術審議会専門委員（科学研究費分科会）に就任、一九八八年一月まで。

一九八六（昭和六一）年　三月　筑波大学生とともに、台北・嘉義・台南・高雄などの各地を訪問。

一九八六（昭和六一）年　四月　筑波大学歴史・人類学系長・筑波大学評議員併任、一九八八年三月まで。

一九八六（昭和六一）年　九月　日本歴史学協会委員長に選出、一九八八年七月まで。委員選出法の改革に努力し、現規定を作成。

一九八七（昭和六二）年　六月　国立歴史民俗博物館評議員に就任、一九八九年五月まで。

一九八八（昭和六三）年　四月　筑波大学附属高等学校長併任、一九九〇年まで。同校の創立百周年記念式典を挙行。このころから、学校における式典に国旗を掲揚する文部省の強い要請があり、校内には議論が沸騰した。

一九八八（昭和六三）年　八月　文部省学術審議会専門委員（科学研究費分科会）に就任、一九八九年三月まで。

一九八九（平成　元）年　八月　天禄基金により、シンガポール・マレーシアの華人社会の調査に従事。以後、文部省科学研究費補助金により、一九九二年まで毎年継続。

一九九〇（平成　二）年　四月　東北大学大学院文学研究科非常勤講師、一九九一年三月まで。

一九九〇（平成　二）年一二月　中国政教関係国際学術研討会（台湾台北市）に参加。

一九九一（平成　三）年　二月　文部省学術審議会専門委員（科学研究費分科会）に就任、一九九三年三月まで。

一九九一（平成　三）年　九月　桜美林大学国際学部非常勤講師、一九九四年三月まで。

一九九二（平成　四）年　六月　中外関係史国際学術研討会（台湾台北市）に参加。

一九九二（平成　四）年一〇月　歴史人類学会長に選出、一九九六年一〇月まで。

一九九三（平成　五）年　四月　日本学術振興会特別研究員等審査会専門委員を委嘱される、一九九六年三月まで。

一九九三（平成　五）年一一月　日本道教学会長に選出、一九九七年一一月まで。

一九九四（平成　六）年　四月　桜美林大学国際学部教授に転じ、現在にいたる。筑波大学名誉教授の称号を受ける。

日本学術振興会特別研究員等審査会委員を委嘱される、一九九六年三月まで。

一九九五（平成　七）年　六月　十八世紀中国与世界国際学術討論会（中国北京市）に参加。中国人民大学客座教授の称号を受ける。この年一月の「阪神・淡路大震災」と三月のオウム真理教による「地下鉄サリン事件」は、わが国の安全神話を一挙に覆した。オウム真理教には、往昔の白蓮教の姿が重なってみえた。

一九九七（平成　九）年　四月　桜美林大学国際学部国際学科長・桜美林大学評議員併任、一九九九年三月まで。中央大学大学院文学研究科非常勤講師、一九九八年三月まで。

一九九九（平成一一）年　四月　桜美林大学国際学部長・桜美林大学評議員（二〇〇二年三月まで）、続いて同運営会議員併任、現在にいたる。

二〇〇〇（平成一二）年　一月　文化庁海外宗教事情調査委員会委員を委嘱されて、現在にいたる。

野口鐵郎先生著作目録（二〇〇二年八月現在）

〔編著書〕

中国思想・宗教・文化関係論文目録（共）　一九六〇（昭和三五）年　五月　中国思想宗教史研究会

基本世界史A（共）　一九六三（昭和三八）年　四月　清水書院

通制条格の研究訳註　第一冊（共）　一九六四（昭和三九）年一二月　中国刑法志研究会

東洋史概説（共）　一九六九（昭和四四）年　六月　南雲堂深山社

世界史事典（共）　一九七〇（昭和四五）年　二月　評論社

通制条格の研究訳註　第二冊（共）　一九七五（昭和五〇）年　三月　国書刊行会

中国・朝鮮の史籍における日本史料集成　明実録之部（一）（共）　一九七五（昭和五〇）年　四月　国書刊行会

中国・朝鮮の史籍における日本史料集成　明実録之部（二）（共）　一九七五（昭和五〇）年　六月　国書刊行会

中国・朝鮮の史籍における日本史料集成　明実録之部（三）（共）　一九七五（昭和五〇）年一〇月　国書刊行会

通制条格の研究訳註　第三冊（共）　一九七六（昭和五一）年　三月　国書刊行会

中国思想・宗教・文化関係論文目録　新版（共）　一九七六（昭和五一）年　六月　国書刊行会

中国と琉球　一九七七（昭和五二）年　一月　開明書院
仏教史年表（共）　一九七九（昭和五四）年　一月　法蔵館
明史刑法志索引　一九八一（昭和五六）年　三月　国書刊行会
磯原天妃社の研究（共）　一九八六（昭和六一）年　一月　サン＝プランニング
明代白蓮教史の研究　一九八六（昭和六一）年　二月　雄山閣出版
中国史における中央政治と地方社会（編）　一九八六（昭和六一）年　三月　文部省科学研究費報告書
道教研究のすすめ（共編）　一九八六（昭和六一）年一一月　平河出版社
中国史における乱の構図
―筑波大学創立十周年記念東洋史論集―（編著）　一九八六（昭和六一）年一二月　雄山閣出版
中国犯科帳（編訳）　一九八九（平成　元）年　二月　平河出版社
明・清宗教史研究文献目録〔稿〕（共編）　一九八九（平成　元）年一一月　史峯　第四号　別冊
中国悪僧物語（編訳）　一九九〇（平成　二）年一〇月　平河出版社
道教事典（編著）　一九九四（平成　六）年　三月　平河出版社
中国史における教と国家
―筑波大学創立二十周年記念東洋史論集―（編）　一九九四（平成　六）年　九月　雄山閣出版
選集　道教と日本　第一巻―道教の伝播と古代国家―（責任編集）　一九九六（平成　八）年一二月　雄山閣出版
選集　道教と日本　第二巻―古代文化の展開と道教―（責任編集）　一九九七（平成　九）年　三月　雄山閣出版
選集　道教と日本　第三巻―中世・近世文化と道教―（責任編集）　一九九七（平成　九）年　六月　雄山閣出版

明清時代史の基本問題（共編著）　一九九七（平成　九）年一〇月　汲古書院
資料中国史―前近代編―（共編著）　一九九九（平成一一）年　四月　白帝社
講座　道教　第一巻―道教の神々と経典―（編集代表）　一九九九（平成一一）年一一月　雄山閣出版
講座　道教　第三巻―道教の生命観と身体論―（編集代表）　二〇〇〇（平成一二）年　二月　雄山閣出版
資料中国史―近現代編―（共編著）　二〇〇〇（平成一二）年　五月　白帝社
講座　道教　第二巻―道教の教団と儀礼―（編集代表）　二〇〇〇（平成一二）年　五月　雄山閣出版
講座　道教　第四巻―道教と中国思想―（編集代表）　二〇〇〇（平成一二）年　八月　雄山閣出版
訳注　明史刑法志　二〇〇一（平成一三）年　一月　風響社
講座　道教　第五巻―道教と中国社会―（編集代表）　二〇〇一（平成一三）年　二月　雄山閣出版
講座　道教　第六巻―アジア諸地域と道教―（編集代表）　二〇〇一（平成一三）年一〇月　雄山閣出版

〔雑誌・論集等所載論考・研究動向等〕

明代宗教結社の教徒の問題　一九五八（昭和三三）年　七月　東方宗教　一三・一四（合）
中国宗教史研究の発展（共）　一九六一（昭和三六）年　九月　歴史教育　九―九
明代北辺の白蓮教とその活動　一九六二（昭和三七）年　六月　清水博士追悼記念　明代史論叢
天啓徐鴻儒の乱（上）　一九六二（昭和三七）年一二月　東方宗教　二〇
天啓徐鴻儒の乱（下）　一九六三（昭和三八）年　七月　東方宗教　二一

明清時代の白蓮教　一九六四（昭和三九）年　九月　歴史教育　一二―九

明代中期の仏教界―左善世継暁をめぐってのノート―　一九六五（昭和四〇）年　一月　東洋史学論集　七

世界史の授業進度のおくれとその対策　一九六五（昭和四〇）年　二月　歴史教育　一三―二

白蓮教社の変容をめぐって　一九六七（昭和四二）年一二月　山崎先生退官記念東洋史学論集

明代宗教結社の経済活動―性格究明の一環として―　一九六八（昭和四三）年一二月　横浜国立大学人文紀要一―一四

明代寺田の税役と砧基道人　一九六八（昭和四三）年一二月　仏教史学　一四―二

明清時代の宗教結社と三教　一九六九（昭和四四）年　七月　歴史教育　一七―三

高校世界史を考える　一九六九（昭和四四）年　八月　総合歴史教育　四・五（合）

初期朱元璋集団の性格　一九七二（昭和四七）年一〇月　横浜国立大学人文紀要一―一八

元末のいわゆる東系紅巾軍諸勢力について
―郭子興と芝麻李―　一九七四（昭和四九）年一〇月　横浜国立大学人文紀要一―二〇

明初の宗教結社と支配体制　一九七六（昭和五一）年　三月　歴史人類　一

『平妖伝』にみる道教的反乱者の倫理的性格（訳）　一九七七（昭和五二）年　三月　道教の総合的研究

白蓮の「教」と「術」　一九七七（昭和五二）年　五月　吉岡博士還暦記念道教研究論集
道教の思想と文化

明史刑法志索引稿（一）　一九七八（昭和五三）年　三月　歴史人類　五

中国宗教結社史研究序章
―とくに白蓮教史を中心とした研究史的動向―　一九七八（昭和五三）年一〇月　近代中国　四

明史刑法志索引稿（二）　一九七九（昭和五四）年　二月　歴史人類　六

Taoist Studies in Japan（共）　一九七九（昭和五四）年　Facets of Taoism（Yale Univ.）

明史刑法志索引稿（三）　一九七九（昭和五四）年一〇月　歴史人類　七

明の貨幣　一九八〇（昭和五五）年　六月　月刊歴史教育　二―六

白蓮教運動理解への試論―千年王国論に触発されて―　一九八〇（昭和五五）年一二月　中嶋敏先生古稀記念論集（上）

真空教と無為教―または廖祖経と羅祖経―　一九八〇（昭和五五）年一二月　歴史人類　九

Hui Kuans and Religious Activities in Singapore and Malaysia　一九八一（昭和五六）年　三月　An Investigation into the Actual Condition of the Hui Kuans of the Chinese in Singapore and Maleysia

中国近代化における秘密結社の役割　一九八一（昭和五六）年　三月　中国近代史における近代化と伝統

明末清初における千年王国論的宗教運動　一九八二（昭和五七）年　二月　千年王国的民衆運動の研究―中国・東南アジアにおける―

シンガポール・マレーシア華人会館と宗教信仰　一九八二（昭和五七）年　三月　歴史人類　一〇

関于白蓮教運動性質的考察　一九八二（昭和五七）年　七月　明清史国際学術討論会論文集

清末江西の紅白黄教　一九八二（昭和五七）年　九月　酒井忠夫先生古稀祝賀記念論集　歴史における民衆と文化

シンガポール社会　一九八二（昭和五七）年一二月　もっと知りたいシンガポール

道教と民衆宗教結社　一九八三（昭和五八）年　四月　道教　二

最近日本の道教研究（共）　一九八三（昭和五八）年　八月　道教　三

道教年表・道教研究文献目録（共）　一九八三（昭和五八）年　八月　道教　三

日本的道教研究（共）　一九八三（昭和五八）年一一月　中華文化復興月刊（北京）一六—一一

東南アジアに流伝した二つの中国人宗教　一九八三（昭和五八）年一二月　東南アジアの華人文化と文化摩擦

紅蓮教と哥老会　一九八三（昭和五八）年一二月　東洋史研究四二—三

「斎匪」と「会匪」　一九八四（昭和五九）年二月　田中正美先生退官記念論集　中国近代化の諸問題

Revolts and Religious Sects in Chiang-hsi in the End of the 19th Century　一九八四（昭和五九）年四月　Proceedings of the 31th CISHAAN

中国の秘密宗教の術　一九八四（昭和五九）年四月　史境　八

日本的道教研究（共）　一九八五（昭和六〇）年三月　中国哲学史研究（北京）一九八五—四

中国宗教結社史研究序章—特別以白蓮教史為中心的研究史動向—　一九八五（昭和六〇）年五月　世界宗教資料（北京）一九八五—二

那覇久米村の天妃廟　一九八五（昭和六〇）年九月　南島史学　二五・二六（合）

明清時代の「邪教」結社と民衆　一九八五（昭和六〇）年一一月　史潮　新一八

中国の政治機構と民衆　一九八六（昭和六一）年三月　都歴研紀要　二二

白蓮教—底辺の宗教と中国民衆—　一九八六（昭和六一）年一〇月　東書　日本史世界史　一二七

元代宗教結社の諸相—白蓮教の形成に係わる臆論—　一九八六（昭和六一）年一二月　中国史における乱の構図

道教的千年王国運動の萌芽　一九八七（昭和六二）年三月　道教と宗教文化

『古事記』における道教　一九八七（昭和六二）年　三月　古事記の総合的研究

世界宗教徒聯誼大会と台湾の道教研究　一九八七（昭和六二）年　五月　東方宗教　六九

星・馬地域の華人同族集団とその機能　一九八八（昭和六三）年　三月　史境　一六

白蓮教　一九八八（昭和六三）年　三月　歴史読本　三三—六

東南アジア華人会館等の奨学金制度　一九八八（昭和六三）年　三月　アジア教育史体系成立への理論的・基礎的研究

マレーシアの奨助貸学金制度に関する資料をめぐって　一九八九（平成　元）年　三月　アジア教育史体系成立への理論的・基礎的研究

マレーシアの奨助貸学金制度に関する資料　一九八九（平成　元）年　六月　歴史学と歴史教育　三七

仏教と社会運動　一九八九（平成　元）年一〇月　仏教文化事典（佼正出版社）

東南アジア華人会館の奨学金制度　一九九〇（平成　二）年　四月　アジア教育史研究の基礎的課題

寺租四六の法をめぐって　一九九〇（平成　二）年　三月　山根幸夫教授退休記念明代史論叢(下)

道教与民衆宗教結社　一九九〇（平成　二）年一二月　道教学探索（台南）三

中国宗教の正統と異端—明・清の場合—　一九九一（平成　三）年　三月　中国史における正統と異端

明朝の宗教政策と反体制宗教　一九九一（平成　三）年　三月　大谷大学史学論究　四

明清時代の‚正教‛と‚邪教‛　一九九一（平成　三）年　六月　第二届中国政教関係史国際学術研討会論文集（台北）

道教の日本伝来とその残像　一九九二（平成　四）年　九月　道教学研究（韓国）一〇

媽祖信仰東伝日本的過程与其現状　一九九二（平成 四）年 九月　第二届中外関係史国際学術研討会論文集（台北）

A Genealogy of Millenarian Movements in China　一九九三（平成 五）年 一月　MILLENARIANISM IN ASIAN HISTORY

マレーシアとシンガポールの中国系宗教　一九九三（平成 五）年 二月　環太平洋地域の華僑社会における伝統と変化

Chinese Religious Sects in Malysia and Singapore　一九九三（平成 五）年 二月　Continuity and Change in Overseas Chinese Communities in Pan-Pacific Area

白蓮教　一九九三（平成 五）年 二月　歴史読本特別増刊 世界謎の秘密結社

南京劉天緒の乱とその周辺　一九九三（平成 五）年 三月　明清時代の法と社会

民衆の生活と道教　一九九四（平成 六）年 二月　「道教」の大事典

万暦期の板升をめぐって　一九九四（平成 六）年 六月　史学研究（広島）二〇四

シンガポール社会　一九九四（平成 六）年一一月　もっと知りたいシンガポール（第二版）

Research on Overseas Chinese　一九九五（平成 七）年 六月　Historical Studies in Japan Ⅷ

中国の民衆運動と宗教　一九九五（平成 七）年一〇月　国士館大学教養論集 四〇

論河南李雪臣教案　一九九五（平成 七）年一二月　清史研究（北京）一九九五―四

国家と個人のはざまで―シンガポール華人をめぐって―　一九九六（平成 八）年 四月　国家のなかの民族―東南アジアのエスニシティ―

真空教的系譜　一九九六（平成　八）年　七月　明清以来民間宗教的探索—紀念戴玄之教授論文集—

‘乱’の研究—これまでとこれから—　一九九六（平成　八）年一二月　中国史学　六

東南亜流伝的両個中国人宗教　一九九六（平成　八）年一二月　民間宗教（台北）二

媽祖・娘々神　一九九七（平成　九）年　一月　月刊しにか　八—一

明清民衆宗教における木子弓長の意味　一九九七（平成　九）年　五月　創立五十周年記念東方学論集

秘密結社研究を振り返って—現状と課題—　一九九七（平成　九）年一〇月　明清時代史の基本問題

道教とは何か—その概要を中心に—　一九九八（平成一〇）年　三月　大東文化大学漢学会誌　三七

東アジアの道教と民間宗教　二〇〇〇（平成一二）年　五月　アジア遊学　一六

韓山童父子と劉福通　（中国アウトロー列伝）　二〇〇〇（平成一二）年一〇月　月刊しにか　一一—一〇

近代の秘密結社と道教—幇・会と民衆宗教—　二〇〇一（平成一三）年　二月　講座　道教　第五巻

〔口頭発表・講演〕

白蓮教と北虜の禍　一九五八（昭和三三）年一一月　大塚史学会年度大会　東洋史

白蓮教と弥勒信仰　一九六三（昭和三八）年一一月　日本道教学会年度大会

明清時代の白蓮教に関する二三の問題　一九六七（昭和四二）年　三月　社会文化史学会月例会

朱元璋集団の性格　一九七二（昭和四七）年　三月　社会文化史学会月例会

郭子興とその集団　一九七四（昭和四九）年　三月　社会文化史学会月例会

北京とウランバートル　一九七七（昭和五二）年一一月　社会文化史学会月例会

元末明初の西系紅巾について　一九七八（昭和五三）年一一月　東洋史研究会年度大会

中国近世の千年王国運動―白蓮教運動との類似要素の抽出―　一九七九（昭和五四）年　三月　千年王国研究会

関于白蓮教運動的性質　一九八〇（昭和五五）年　八月　明清史国際学術討論会（天津）

明末清初の南贛地域と宗教運動　一九八〇（昭和五五）年　九月　千年王国研究会

Heterodox Religious Sects of the Early Ming Period　一九八一（昭和五六）年　八月　Conference on Orthodoxy and Heterodoxy in Late Imperial China, Cultural Belief and Socsial Division（サンタバーバラ）

一九世紀末江西の宗教結社と反乱　一九八三（昭和五八）年　八月　千年王国研究会

Revolts and Religious Sects in Chiang-hsi in the End of the 19th Century　一九八三（昭和五八）年　九月　31th CISHAAN, Sec. 18（東京）

中国の民間秘密宗教の術　一九八三（昭和五八）年一〇月　歴史人類学会年度大会

明末の「邪教」結社と民衆　一九八四（昭和五九）年　六月　歴史学会月例会

明清時代の「邪教」結社と民衆　一九八四（昭和五九）年一一月　歴史学会年度大会

久米の天妃と北茨城の天妃　一九八四（昭和五九）年一二月　南島史学会月例会

中国の政治機構と民衆　一九八五（昭和六〇）年　五月　東京都歴史教育研究会

『古事記』における道教　一九八七（昭和六二）年　二月　学内プロジェクト古事記研究会

星・馬地区の華人同族集団とその機能　一九八七（昭和六二）年一〇月　歴史人類学会年度大会

明朝の宗教政策と反体制宗教　一九八九（平成 元）年一〇月　大谷大学史学会年度大会

明清時代の'正教'と'邪教'　一九九〇（平成 二）年一二月　第二届中国政教関係国際学術研討会（台北）

シンガポール・マレーシアの中国系宗教　一九九〇（平成 二）年 六月　環太平洋地域の華人社会における伝統と変化

媽祖信仰の日本への伝来とその現状　一九九二（平成 四）年 六月　第二届中外関係史国際学術研討会（台北）

シンガポールの教育—学校を中心とした人びとのからまり—　一九九二（平成 四）年一〇月　東京都東大和市教育委員会

万暦期の板升をめぐって　一九九三（平成 五）年一〇月　広島史学会年度大会

中国の民衆運動と宗教　一九九四（平成 六）年一一月　国士館大学教養学会

日本に道教は伝来したか　一九九五（平成 七）年 五月　桜美林大学第三三回公開講座

河南李雪臣教案をめぐって　一九九五（平成 七）年 六月　十八世紀中国与世界国際学術討論会（北京）

中国人の心を探る—道教とその歴史—　一九九五（平成七）年七～九月　都民カレッジ

民族葛藤から観た中国　一九九七（平成 九）年 二月　稲城国際交流の会国際理解講座

道教とは何か—その概要を中心として—　一九九七（平成 九）年 五月　大東文化大学漢学会

道教形成の歴史的背景　一九九七（平成 九）年 七月　第三回漢文教育研修会

シンガポール・マレーシアの華人社会と宗教　一九九八（平成一〇）年 七月　国際交流基金アジアセンター

〔書評〕

栗林宣夫『里甲制の研究』　一九七二（昭和四七）年　七月　社会文化史学　八

澤田瑞穂『校注破邪詳弁』　一九七二（昭和四七）年一一月　東方宗教　四〇

東京都中央区教育委員会『中央区教育百年のあゆみ』　一九七四（昭和四九）年　八月　総合歴史教育　一〇

陳文石「明洪武嘉靖間的海禁政策」　一九七七（昭和五二）年　一月　近代中国　一

鈴木中正『中国史における革命と宗教』　一九七七（昭和五二）年　七月　近代中国　二

奥崎裕司『中国郷紳地主の研究』　一九七九（昭和五四）年　四月　近代中国　五

張才書「《聖武記》所記白蓮教起義史料辨疑」　一九八〇（昭和五五）年一〇月　近代中国　八

多賀秋五郎『中世アジア教育史研究』　一九八〇（昭和五五）年一一月　東洋教育史研究　四

喩松青「清茶門考析」—併せて明清史国際学術討論会のこと—　一九八一（昭和五六）年　六月　近代中国　九

喩松青「明清時代民間的宗教和秘密結社」　一九八一（昭和五六）年一二月　近代中国　一〇

青年中国研究者会議『続中国民衆反乱の世界』　一九八四（昭和五九）年　七月　近代中国　一五

唐代進士科挙の裏面
—程千帆（松岡・町田訳）『唐代の科挙と文学』—　一九八七（昭和六二）年　四月　東方　七四

歴史屋のたわごと—三石善吉『中国の千年王国』—　一九九一（平成　三）年一二月　史峯　六

工具書を読むことが生む効用
—川越・荷見『新編東洋学論集内容総覧』—　一九九七（平成　九）年　五月　東方　一九七

〔雑載〕

世界史余話　一九六五（昭和四〇）年一月～　ぱれるが一六三号～
一九六八（昭和四三）年七月　二〇〇号

九月入学案に賛成する―高校・大学教育ともに多い利点―　一九七七（昭和五二）年一二月　朝日新聞（一二月二八日号論壇）

共通一次試験と大学九月入学　一九七八（昭和五三）年　四月　茗渓　九三七

明清史国際学術討論会に参加して　一九八一（昭和五六）年　二月　筑波フォーラム　一四

自分勝手な配架論　一九八六（昭和六一）年　九月　つくばね　一二―二

シンポジゥムをふり返って　一九八六（昭和六一）年一一月　道教研究のすすめ

はしがき　一九八六（昭和六一）年一二月　中国史における乱の構図

あとがき　一九八七（昭和六二）年　三月　大川富士夫『六朝江南の豪族社会』

わたしの小名浜は―変貌遂げる小名浜―　一九八七（昭和六二）年　八月　いわき民報（八月一二日号）

創立一〇〇周年を迎えて　一九八八（昭和六三）年一〇月　筑波大学附属中高校創立百年史

レッド・チャイナの崩壊―宦官の時代に戻ってしまった―　一九八九（平成　元）年　七月　新潮45（一九八九年七月号）

吉岡先生とわたし　一九八九（平成　元）年　九月　吉岡義豊著作集Ⅱ　月報

山崎先生を悼む　一九九三（平成　五）年　五月　東方宗教　八一

序　一九九四（平成　六）年　三月　道教事典

はしがきに代えて　一九九四（平成　六）年　五月　中国史における教と国家

序　一九九五（平成　七）年　二月　渡邉義浩『後漢国家の支配と儒教』

祝辞　一九九五（平成　七）年　三月　養生一（世界養生学会）

いまこそ問われる大学の姿勢　一九九六（平成　八）年一二月　桜美林だより　九〇号　私の主張

刊行にあたって　一九九六（平成　八）年一二月　選集　道教と日本　第一巻

無精で不健康　一九九九（平成一一）年　六月　月刊　健康　四九四号

刊行にあたって　一九九九（平成一一）年一一月　講座　道教　第一巻

はしがき　二〇〇一（平成一三）年　二月　講座　道教　第五巻

〔事典類執筆項目〕

中国思想事典（宗教結社・武当道・白蓮教）　一九八四（昭和五九）年　四月　研文出版

中国秘密結社事典（黄教・紅教・紅白黄教・紅蓮教・三乗教・青蓮教・世界紅卍会道院・燈花教・白教・白蓮教・羅教）　一九八八（昭和六三）年　三月　新人物往来社　歴史読本

道教事典（陰隲文・雲棲袾宏・王玄甫・王玄覧・音楽・楽器・九守・金闕帝君三元真一経・功過格・五時七候・五大宗・五帝・古仏天真考証龍華宝経・古仏天真収円結果宝懺・五部六冊・三官・三教一致・三皇・三才・三茅真君宝巻・三論元旨・邪教・衆喜宝巻・真空教・真銓・星辰・善書・太上老君開天経・太上老君虚無自然本起経・天皇至道太清玉　一九九四（平成　六）年　三月　平河出版社

冊・天尊・杜京産・徳教・杜子恭・寧封子・馬丹陽・潘師生・范長生・白蓮教・鮑靚・北斗君星・媽祖・馬頭娘・無為教・羅教・羅祖・閭丘方遠・臨凡・麗希生・楼観）

世界民族事典（シンガポール）　二〇〇〇（平成一二）年　七月　弘文堂

日本文化史ハンドブック（道教）　二〇〇二（平成一四）年　四月　東京堂

華僑・華人事典（華僑・華人の宗教生活・順天宮・真空教・先天大道・道院紅卍字会）　二〇〇二（平成一四）年　五月　弘文堂

中国文化史大事典（陰隲文・陰隲録・五部六冊・功過格・善書・白蓮教・北斗真君・羅教・龍興寺）　二〇〇二（平成一四）年　八月　大修館書店

あとがき

筑波大学名誉教授野口鐵郎先生は、本年七月にめでたく古稀をお迎えになられた。その慶寿をお祝いして、筑波大学大学院で親しく先生の謦咳に接した東洋史の受業生が集まり、記念論文集を出版しようとの企てがもちあがったのは一昨年の秋であった。ここに、受業生による十九篇の論文からなる本書を、先生の学恩に深謝して謹んで捧げたく思う。

先生が筑波大学に着任されたのは一九七五年四月のことである。以来、一九九四年三月にご退官されるまで、ご自身の研究を進められながら、多くの学生・院生を指導し、世に送ってこられた。

周知のことであるが、先生のご研究は、その学位請求論文である『明代白蓮教史の研究』を中心として広い範囲に及んでおられる。たとえば道教に関するご研究や東南アジアの華僑・華人社会に関する実地調査をふまえたご研究などは、その延長線上にあると申し上げてよいであろう。そしてそのいずれの分野でも斯学に大きな影響を与えてこられた。そのほかにも琉球関係史料や明代法制史料の訳注など、先生の学識の深さをうかがわせるご研究は数多い。また、内外の学会でもしばしばその成果を発表され、海外でも高い評価を得ておられる。一方、教育の場でも先生は受業生に対して真摯に接してこられた。校務にお忙しいなかでも、提出されたひとりひとりの論文を丁寧に読まれ意見を付して返されるなど、先生のご指導はきめの細かいものであった。そうしたことをはじめとして講義・演習の場面で示されたご指導には大変印象深いものが多かった。そのかたわら、先生は筑波大学にあっては歴史・人類学研究科長、歴史・人類学系長、附属高等学校長などの要職を兼任されたばかりか、学外でも日本歴史学協会委員長を始めとする多くの委員に選出されて斯学の発展に寄与された。そのほかに文部省や文化庁などから委嘱された多くの委員をつとめてこられた。このようにお忙しいなかで、研究と教育とに尽力されてこられた先生に対して、あらためて心から敬意を表したい。

先生は、明年三月をもって筑波大学ご退官後にお移りになられた桜美林大学教授の職を定年退任なされる。先生におかれましては、ますますご健勝にていつまでもわたしども後身の指導にあたっていただきたく切にお願い申し上げる次第である。

なお、本書におさめた「過ぎこしの記」と「野口鐵郎先生著作目録」は、先生自らの手になるものである。お手をわずらわせたことに対して心から先生にお礼を申し上げたい。

本書の編集には、野口鐵郎先生古稀記念論文集刊行委員会（池内功・伊藤敏雄・菊池一隆・町田隆吉・松本浩一・丸山宏・渡邉義浩）があたった。実務の面では、東京近辺在住の受業生が担当させていただいた。不慣れなため、先生をはじめとして執筆者のみなさまのお心を煩わせたかと思う。また、本来なれば、先生と専門領域を同じくし、かつご交誼の深い方々にもお声をおかけいたすべきであったにもかかわらず、わたしどもの力不足でこのような内容で出版させていただく仕儀になったことにつきましても、関係する方々のご寛恕を乞うものである。

最後に、学術書に対する厳しい出版事情のなかで、本書の出版を快くお引き受けいただき、出版にあたっていろいろとご示教いただいた汲古書院の石坂叡志社長にあらためて厚くお礼を申し上げたい。

二〇〇二年九月

野口鐵郎先生古稀記念論文集刊行委員会

町田隆吉

著者紹介（執筆順）

渡邉義浩（わたなべ・よしひろ）
大東文化大学文学部
伊藤敏雄（いとう・としお）
大阪教育大学教育学部
町田隆吉（まちだ・たかよし）
桜美林大学国際学部
渡邊孝（わたなべ・たかし）
日出学園中学・高等学校
森部豊（もりべ・ゆたか）
筑波大学歴史・人類学系
新城理恵（しんじょう・りえ）
大原情報ビジネス専門学校
松本浩一（まつもと・こういち）
図書館情報大学図書館情報学部
丸山宏（まるやま・ひろし）
筑波大学歴史・人類学系
高橋弘臣（たかはし・ひろおみ）
愛媛大学法文学部
池内功（いけうち・いさお）
四国学院大学文学部
楠木賢道（くすのき・よしみち）
筑波大学歴史・人類学系
乙坂智子（おとさか・ともこ）
横浜市立大学国際文化学部
顧盼（Gu・Pan）
成功大学文学院歴史学系
藤谷浩悦（ふじや・こうえつ）
東京女学館大学国際教養学部
松金公正（まつかね・きみまさ）
宇都宮大学国際学部
横山寛厚（よこやま・ひろあつ）
愛知県立豊橋東高等学校
菊地一隆（きくち・かずたか）
大阪教育大学教育学部
上野稔弘（うえの・としひろ）
東北大学東北アジア研究センター
門間理良（もんま・りら）
文部省初等中等教育局

中華世界の歴史的展開

平成十四年十一月　発行

編　者　野口鐵郎先生古稀記念論集刊行委員会
発行者　石坂叡志
印　刷　モリモト印刷
発行所　汲古書院
〒102-0072　東京都千代田区飯田橋二-五-四
電話　〇三（三二六五）九七六四
FAX　〇三（三二二二）一八四五

ISBN4-7629-2675-2　C3022

KYUKO-SHOIN, Co., Ltd. Tokyo.